YSTORYA GWLAT IEUAN VENDIGEIT

(Llythyr y Preutur Siôn)

YSTORYA GWLAT IEUAN VENDIGEIT
(Llythyr y Preutur Siôn)

Cyfieithiadau Cymraeg Canol o
Epistola Presbyteri Johannis

Golygwyd gan Gwilym Lloyd Edwards

*Cyhoeddir ar ran Pwyllgor Iaith a Llên
Bwrdd Gwybodau Celtaidd Prifysgol Cymru*

GWASG PRIFYSGOL CYMRU
CAERDYDD
1999

© Gwilym Lloyd Edwards ⓟ, 1999

Cedwir pob hawl. Ni cheir atgynhyrchu unrhyw ran o'r cyhoeddiad hwn na'i gadw mewn cyfundrefn adferadwy na'i drosglwyddo mewn unrhyw gyfrwng electronig, mecanyddol, ffotogopïo, recordio, nac fel arall, heb ganiatâd ymlaen llaw gan Wasg Prifysgol Cymru, 6 Stryd Gwennyth, Caerdydd CF2 4YD.

Manylion Catalogio Cyhoeddi'r Llyfrgell Brydeinig

Mae cofnod catalogio'r gyfrol hon ar gael gan y Llyfrgell Brydeinig

ISBN 0–7083–1534–8

Cysodwyd yng Ngwasg Prifysgol Cymru, Caerdydd
Dyluniwyd y siaced gan Chris Neale
Argraffwyd gan Wasg Dinefwr, Llandybïe

I gofio'n ddiolchgar am fy nhad a'm mam

Robert William Edwards (1884–1951)

Annie Edwards (1886–1950)

'A legend . . . which has had an immense influence on history, especially on the history of geographical discovery, and which affords a remarkable example of the courage and persistence of men in seeking evidence for something in which they would like to believe.'

C. F. Beckingham, 'The Quest for Prester John', *Bulletin of the John Rylands University Library of Manchester*, 62 (1980), 292

CYNNWYS

	Tud
Rhagair	ix

RHAGYMADRODD

Pennod I	xi
1. Y Preutur Siôn: Cefndir, Tarddiad a Datblygiad y Chwedl	xi
2. Llythyr y Preutur Siôn:	xvii
(i) Cynnwys llythyr y Preutur	xxi
(ii) Dyddiad ei gyfansoddi	xxiv
(iii) Iaith y gwreiddiol	xxvi
(iv) Deongliadau ohono	xxx
(v) Awduriaeth y llythyr	xxxv
(vi) Y ffurf a'r ffynonellau	xl
3. Y Preutur Siôn yn Llenyddiaeth Cymru	lii
Pennod II	lx
1. Pwy oedd y Preutur Siôn?	lx
Sylwadau rhagarweiniol	lx
(i) Y Preutur yn Asia	lxii
(ii) Y Preutur yn Affrica	lxxiv
2. Yr Enw: *Presbyter Johannes*	lxxxiii
Pennod III	lxxxviii
1. Y Testunau Lladin	lxxxviii
2. Cyfieithiadau o'r *Epistola* i'r Ieithoedd Brodorol	xc
3. Y Cyfieithiadau Cymraeg a'u Cydberthynas	xcv
4. Perthynas y Cyfieithiadau Cymraeg â'r Testunau Lladin	civ
5. Dyddiad a Tharddle'r Cyfieithiadau Cymraeg	cx
LLYFRYDDIAETH A BYRFODDAU	cxvii
Y TESTUNAU	
I. Coleg Iesu 119, Peniarth 15	1
II. Peniarth 47, Peniarth 267	15
NODIADAU	23
ATODIADAU	
I. Testun beirniadol Lladin	69
II. Llythyr y Pab Alecsander III	77
III. Cofnod Otto o Freising	80
GEIRFA	81
ENWAU LLEOEDD A PHERSONAU	98

RHAGAIR

Ffrwyth ymchwil yn fy amser fy hun yn ystod blynyddoedd cynnar fy ngyrfa fel aelod o staff *Geiriadur Prifysgol Cymru* oedd y traethawd a gyflwynais yn 1962 am radd MA yr un Brifysgol, ac ar hwnnw y seiliwyd y gyfrol hon. Cwtogwyd rhywfaint ar yr astudiaeth wreiddiol yma ac acw, yn enwedig ar yr adran o drydedd bennod y Rhagymadrodd sy'n ymwneud â chyfieithiadau o'r *Epistola* i rai o'r ieithoedd brodorol. Ar y llaw arall, manteisiais ar y cyfle i ddiweddaru'r gwaith, lle'r oedd angen, yng ngoleuni ymdriniaethau gan ysgolheigion cyfoes a gyhoeddwyd yn y cyfamser, ac felly y mae'r gyfrol hon gymaint â hynny'n gyfoethocach.

Wrth graffu a chraffu am hydoedd, weithiau â'r llygad noeth, dro arall dan lamp uwch-fioled, ar dudalennau anobeithiol o dywyll y testun unigryw a gadwyd yn llawysgrif Peniarth 47, nid unwaith na dwywaith y bûm yn gresynu na byddai copi diweddarach ar gael. Prin y gallwn goelio fy llygaid fod fy nyhead wedi ei sylweddoli pan ddarganfûm, ymhen rhai blynyddoedd ac yn gwbl ddamweiniol, yn llawysgrif Peniarth 267, y copi a wnaethai John Jones, Gellilyfdy, yng ngharchar y Fflud yn 1640. Iddo ef y mae'r diolch fod Testun II isod bellach yn llawer nes i fod yn gyflawn nag ydyw yn fy nhraethawd gwreiddiol.

Pleser yw cydnabod fy nyled a diolch yn ddiffuant i nifer o gyfeillion. I'r Athro J. E. Caerwyn Williams, yn arbennig, am awgrymu'r testun imi yn y lle cyntaf, a hwnnw'n destun diddorol a'm harweiniodd i feysydd eang ac ar lawer trywydd cymhleth a throfaus; hefyd am ei gyfarwyddyd a'i anogaeth gyson, ac nid yn lleiaf am ei amynedd diderfyn yn disgwyl gyhyd am y gwaith gorffenedig hwn. I Olygyddion *Geiriadur Prifysgol Cymru* (y diweddar bellach) Mr R. J. Thomas, a'i olynydd, Mr Gareth A. Bevan, am ganiatâd i elwa ar wybodaeth sydd i'w chael yng nghasgliad slipiau'r gwaith gorchestol hwnnw. I staff y *Geiriadur* ac i swyddogion Llyfrgell Genedlaethol Cymru am eu croeso a'u gwasanaeth parod bob tro yr awn ar eu gofyn. I Mr Martin Eckley, Llyfrgellydd Coleg Harlech, am ei gymwynas ymarferol dra gwerthfawr, sef darparu cyfleustra imi ddarllen ffilmiau. I'm priod,

Ann, yn bennaf oll, am ei chefnogaeth ddi-ball ac am ysgwyddo mor ewyllysgar lawer mwy na'i rhan, ar brydiau, o gyfrifoldeb teuluol. I'n dau fab, Penri a Cerith, hwythau, am ddygymod mor ddirwgnach â chwmni'r fath ddrychiolaeth â'r Preutur ar ein haelwyd am gynifer o flynyddoedd.

Yr wyf yn rhwymedig i ddiolch hefyd i'r Bwrdd Gwybodau Celtaidd am y gwahoddiad i baratoi'r traethawd ar gyfer ei gyhoeddi; i Susan Jenkins am gyfarwyddiadau wrth ei adolygu, ac yn enwedig i Ruth Dennis-Jones am fentro trafod teipysgrif a aethai erbyn y diwedd yn frawychus o gymhleth yr olwg – hi a fu'n llywio'r gwaith drwy'r Wasg a hynny'n ofalus neilltuol; i'r teipyddion amyneddgar ac i'r argraffwyr hwythau am gynhyrchu cyfrol lân a graenus.

Gwilym Lloyd Edwards
Mai 1999

RHAGYMADRODD
PENNOD I

1. Y Preutur Siôn: Cefndir, Tarddiad a Datblygiad y Chwedl

Dan y flwyddyn 1145 yng nghronicl Otto o Freising (1114?–58), esgob ac un o haneswyr enwocaf yr Oesoedd Canol, ceir cofnod[1] sy'n cynnwys cyfeiriad, a hwnnw hyd y gwyddys y cynharaf oll sydd ar glawr yn Ewrop, at *Iohannes quidam . . . rex et sacerdos . . . presbyter Iohannes*, y troswyd ei enw yn ddiweddarach i'r Gymraeg yn 'Ieuan Fendigaid' ac 'Ieuan Offeiriad', ond a adwaenir yn fwy cyffredin o gyfnod Beirdd yr Uchelwyr ymlaen fel 'y Preutur Siôn'. Ar 18 Tachwedd yn y flwyddyn honno yr oedd Otto yn Viterbo yn yr Eidal ac yno daeth i gyfathrach â Hugo,[2] esgob Gabala ar arfordir Syria i'r de o Laodicea. Daethai'r olaf i Viterbo i osod cwynion neilltuol gerbron y Pab ac i'w hysbysu mor adfydus oedd y sefyllfa yn Jerwsalem wedi cwymp Edessa ddydd Nadolig 1144. Taer erfyniai am gymorth yn ddi-oed gan arweinwyr y Gorllewin. Yn ei adroddiad cyfeiriodd at un Ieuan, frenin ac offeiriad, a oedd yn trigo 'y tu hwnt i Bersia ac Armenia, yn eithafoedd y Dwyrain'. Proffesai hwnnw a'i ddeiliaid y ffydd Gristnogol, eithr yn y wedd Nestoraidd arni. Ychydig flynyddoedd ynghynt ymladdasai yn erbyn brenhinoedd y Mediaid a'r Persiaid, sef dau frawd a elwid *Samiardi*, ac wedi brwydr ddi-ildio ac eithriadol o waedlyd a barhaodd am dridiau, enillodd y dydd a meddiannu eu prifddinas Ecbatana. Bwriadasai wedyn fynd rhagddo i gynorthwyo eglwys Jerwsalem ond ataliwyd ef gan afon

---

[1] Gw. Atodiad I. Ceir trosiad Saesneg yn Yule, *MP*³, I.233.

[2] Bruun, *ZGE*, 11, 285, 'er, wie es scheint, Hugo hiess'. Y mae'n weddol sicr mai Gorllewinwr ydoedd, 'one of those "Frankish" prelates who had taken up residence in the territories conquered by the Crusaders' yn ôl Helleiner, *Phoenix*, 13, 51; gw. hefyd R. Hennig, *TP*², II.456. Ychwanega Beckingham, *APJ*, 6: 'Hugh was active in matters of high policy, and was a zealous defender of Latin against Byzantine claims.'

Tigris. Ymdeithiodd tua'r gogledd, canys clywsai ei bod yno'n rhewi drosti yn y gaeaf. Bu'n oedi'n ofer ar ei glannau am rai blynyddoedd. O'r diwedd, ar ôl colli lliaws o'i wŷr oherwydd effeithiau'r hinsawdd, bu'n rhaid iddo ddychwelyd i'w wlad ei hun. Honnid ei fod o linach y Doethion a ddaethai o'r Dwyrain i addoli'r baban Iesu a'i fod yn llywodraethu'r un pobloedd ag a wnaent hwythau. Yr oedd mor gyfoethog fel yr oedd ei deyrnwialen o emrallt pur.

Yn ogystal â'i fod yn cynnwys y cyfeiriad cynharaf hyd y gwyddys at y Preutur Siôn, y cofnod hwn gan Otto yw unig sail yr holl chwedl amdano ym marn Yule.[3] Awgryma Marinescu,[4] fodd bynnag, ar bwys y geiriau *sic enim eum nominare solent*, fod ei enw eisoes yn hysbys yn y Gorllewin (ond gw. Pennod II, t.lxxxiv, a nn.119 a 120 yno). Cred Ross[5] yntau ei bod yn debygol y ceid traddodiad llafar yn llawer cynharach na'r ddeuddegfed ganrif am frenin-offeiriad galluog o Gristion a deyrnasai ymhell y tu hwnt i'r gwledydd yr oedd teithwyr o'r Gorllewin yn arfer ymweld â hwy. Sylwa Ullendorf a Beckingham hefyd y ceir yn fynych rai mathau o chwedlau sy'n cylchredeg gan chwilio am ffeithiau y gallant ymglymu wrthynt,[6] rywbeth yn debyg, gellid tybio, i'r modd yr oedd yr ysbrydion yn yr isfyd, yn ôl Fyrsil, yn dyheu am ymgnawdoli drachefn. Fel y ceir gweld, y mae chwedl y Preutur Siôn yn anad yr un yn profi gwirionedd y sylw hwn. Am Otto ei hun, ac yntau'n hanesydd cyfrifol a oedd wedi teithio'n helaeth, anodd bod yn sicr faint o goel a roddai ar yr hyn a glywsai, oherwydd gall fod tinc o amheuaeth yn ei sylw *Sed haec hactenus*.[7]

I Ewropeaid yn y ddeuddegfed ganrif, fel o hyd i ryw raddau, yr oedd rhamant a chyfaredd neilltuol ynglŷn â gwledydd dieithr, a chroesawent yr adroddiadau rhyfeddol amdanynt a oedd yn graddol dreiddio hyd atynt erbyn hynny. Nodwn un enghraifft sy'n berthnasol yn y cysylltiad hwn. Mewn traethawd o waith awdur anhysbys o'r ganrif honno sy'n dwyn y teitl *De Adventu Patriarchae*

---

[3] *MP³*, I.234.
[4] *BAR*, 10, 74.
[5] *TTMA*, 174.
[6] *HLPJ*, 1. Tebyg yw barn awdur yr erthygl ar 'Prester John' yn *The New Encyclopaedia Britannica*, 15th ed., 8, 199b: 'Because of rumours, lack of reliable information, or wishful thinking on the part of European Christians, the historical events, personages of the period, and geographical areas involved became interwoven into the legend of Prester John.' Cf. Pennod II, n.14.
[7] *HLPJ*, 2.

Yndorum[8] croniclir ymweliad 'John, Patriarch yr Indiaid' â Rhufain, achlysur a barodd chwilfrydedd nid bychan. Cyfeirir at hyn hefyd mewn llythyr o'r eiddo Odo, abad St Remi yn Rheims rhwng 1118 a 1151, at ryw uchelwr (*ad Thomam comitem*).[9] Ymddengys fod ei dystiolaeth ef yn annibynnol ar y traethawd gan fod rhai gwahaniaethau mewn manylion.[10] Trawsai llysgenhadon y Pab Calixtus II ar y Patriarch yng Nghaergystennin, lle y daethai i gadarnhau ei benodiad a'i arwisgo â mantell ei swydd. Wedi iddo gael ar ddeall mai Rhufain oedd prifddinas y byd, penderfynodd ymweld â hi yng nghwmni'r llysgenhadon pan ddychwelent adref. Tra oedd yn aros yn llys y Pab, traethodd yn ei ŵydd ef a chynulliad niferus o wŷr eglwysig a lleyg am ryfeddodau yn ei wlad nad oeddynt yn hysbys i'r Rhufeinwyr (*de . . . memorabilibus rebus, Romanis incognitis*), gan roddi'r lle amlycaf yn ei adroddiad i hanes gwyrthiol yr Apostol Thomas. Eglurodd y Patriarch mai ei gartref oedd Hulna, prifddinas yr India oll, dinas helaeth a mawreddog, a llifai Physon, un o afonydd Paradwys, drwy ei chanol, gan dreiglo aur a meini gwerthfawr yn gymysg â'i dyfroedd. Cristnogion o'r pybyraf (*fidelissimis . . . christianis*) oedd y dinaswyr, ac ar fryn uchel gerllaw y ddinas safai mam-eglwys Sant Thomas, wedi ei hamgylchynu gan ddyfroedd dyfnion drwy gydol y flwyddyn ac eithrio wyth niwrnod o boptu i ŵyl yr Apostol. Y pryd hynny ciliai'r dyfroedd a chyrchai llu o bobl o bell ffordd i'r eglwys, lawer ohonynt yn y gobaith y caent wellhad o'u hamryfal anhwylderau. Estynnai'r Apostol elfennau'r Cymun i'r cyfranogwyr â'i ddeheulaw ei hun (er ei fod yn farw, yr oedd ei gorff yn anllygredig a'i wisg hyd yn oed heb heneiddio amdano). Ped anturiai anghredadun, heretig, neu'n wir unrhyw bechadur ymlaen i gyfranogi o'r Cymun, fe gaeai'r Apostol ei law a thynnu'r elfennau'n ôl.

Amharod ar y cyntaf oedd y Pab i gredu stori'r Patriarch; yn wir, yn ôl Odo, fe waharddodd Calixtus iddo ledaenu'r fath anwiredd dan boen ysgymundod, ond parhau'n daer a wnâi'r ymwelydd ac o'r diwedd cymerodd lw ar yr Efengyl fod ei adroddiad yn hollol wir. Yna fe argyhoeddwyd y Pab a'r holl gynulliad a bu iddynt

---

[8] Gw. Zarncke, *Abh*, 7, 837–43.
[9] Ibid., 845–6.
[10] Y mae'r amrywiadau'n gyfryw ag na all y naill fod yn gopi o'r llall, ac y mae'r cytundeb rhyngddynt mewn hanfodion yn profi mai at yr un achlysur y cyfeirir; gw. ibid., 843, hefyd Yule, *EBr*, 11th ed., 22, 304.

ogoneddu Duw am y gwyrthiau a gyflawnasai'r Apostol Thomas. Awgryma Hennig,[11] fodd bynnag, mai oherwydd y byddent wrth eu bodd *petai* adroddiad y Patriarch yn wir y bu iddynt ei dderbyn. Yn sgîl yr awgrym hwn cyfyd cwestiwn diddorol, sef a oedd pobl yr oes honno mewn gwirionedd yn credu'r holl chwedlau a hanesion gwyrthiol a oedd yn cylchredeg. Meddylier yn arbennig am y cruglwyth dihysbydd bron o ryfeddodau a storïau ffansïol a gynhwysir yn nhestun yr astudiaeth bresennol: a fwriadai awdur y cyfansoddiad hwn i'w ddarllenwyr goelio'r rhain o ddifrif? Y mae'n cyflwyno ei 'gelwyddau hyfryd', chwedl Syr Ifor Williams,[12] fel pe na bai rithyn o amheuaeth ynglŷn â'u gwirionedd. Mwy na hynny, y mae i rai fersiynau o'r testun atodiad sy'n tystio i ddilysrwydd y cynnwys.[13] 'An epoch of universal credulity,' meddai Comparetti am yr Oesoedd Canol,[14] ond anodd credu y byddai neb mewn unrhyw oes mor ehud â rhoddi coel ar draethiadau o'r fath. Peryglus, yn ddiamau, yw ystyried hoffter yr Oesoedd Canol o hanesion rhyfeddol yn gyfystyr â pharodrwydd i'w coelio. Yn wir, gellir yn briodol ddigon gymhwyso at y rhain sylwadau Hole ynglŷn â'r *Arabian Nights*:

> The same kind of credibility is preserved in these tales, as the Greeks attached to the *speciosa miracula* of their poets; and ourselves to the vulgar superstitions of our own country. To such delusions as are derived from hoary antiquity, and are sanctioned by popular belief, the fancy easily assents, and we willingly suspend the operations of severer reason.[15]

Y mae Helleiner[16] yntau o'r farn fod gohebiaeth y Preutur yn arlwyo ar gyfer y dyheadau oesol hynny mewn dyn am ddianc rhag undonedd a chaledi bywyd pob dydd i fyd breuddwydiol dychymyg a ffansi, yr un dyheadau'n union ag a fodlonir heddiw gan ffuglen wyddonol a chynhyrchion llenyddol cyffelyb. Ystyrid yn y ddeuddegfed ganrif fod yr India bron cyn belled o Ewrop ag yw Mawrth

---

[11] *TI²*, II.399.
[12] *B*, 1 (1922), 116.
[13] Zarncke, *Abh*, 7, 924 *De confirmatione: omnia quae superius dicta sunt, quasi incredibilia, verissima esse, quidam cardinalis, Stephanus nomine, sub pollicitacione suae fidei dicebat et omnibus patenter pronunciabat*; hefyd Hilka, *ZFSL*, 43, 92–3.
[14] D. Comparetti, *VMA*, 254.
[15] Richard Hole, *Remarks*, 12; cf. Rachel Bromwich, *TRhOC*, 59.
[16] *Phoenix*, 13, 57.

a Gwener o'r Ddaear yn ein dyddiau ni. Breuddwydiai gwŷr yr Oesoedd Canol, fel eu disgynyddion modern, yn nhermau gofod, a hwnnw y tu hwnt i'w hadnabyddiaeth a'u profiad.

Pwy bynnag oedd 'Patriarch yr Indiaid', ynteu, ai Cristion fel yr haerai, ai Bwdist yn ymrithio fel Cristion er mwyn bod yn sicrach o dderbyniad yn y Gorllewin,[17] ai ymhonnwr rhonc yn chwennych bri a phoblogrwydd,[18] y mae ei adroddiad yn werthfawr fel drych o'r math o syniad a goleddid am yr India yn y cyfnod hwnnw[19] a hefyd fel cadarnhad i'r dyb, annelwig ar y pryd, fod cymuned Gristnogol gref yn ffynnu yno. Yn hyn o beth y mae'r Patriarch yn rhagredegydd i'r Preutur. Yn wir, erbyn 1196, cawn fod rhyw ŵr o'r enw Elyseus, yn ei ddisgrifiad o'r India, yn uniaethu'r ddau.[20] Rhaid pwysleisio, fodd bynnag, nad oedd a wnelai'r naill ddim o gwbl â'r llall yn wreiddiol ac mai'r enw yn unig a oedd yn gyffredin iddynt.[21]

Cofir mai yn y cofnod dan y flwyddyn 1145 y defnyddiodd Otto o Freising y geiriau *ante non multos annos* fel adeg y frwydr rhwng Ieuan Offeiriad a brenhinoedd y Mediaid a'r Persiaid. Mewn adran o'r *Annales Admuntenses* a ysgrifennwyd yn 1181[22] ac sy'n rhannol

---

[17] Cydolyga Hennig, *TP*², II.399, â Menhardt, ei bod yn debycach mai offeiriad Bwdistaidd oedd. Y grefydd honno a oedd yn ffynnu yn nhueddau dinas Hulna; cyffiniau Madras oedd canolbwynt Cristnogaeth yn yr India. Anodd, fodd bynnag, yw esbonio paham y daethai i Gaergystennin i dderbyn awdurdod ei swydd hyd yn oed petasai'n Gristion, a chwbl amhosibl os Bwdist ydoedd.

[18] Dyna a awgrymir gan Olschki, *HZ*, 144, 1 (am engh. arall o ffugiwr yn llechu dan gochl eglwysig, gw. Hennig, *TP*², III.59–60). Er hynny, dichon mai fel celwydd golau yr ystyriai ef ei hun ei stori. Ni ddylid anghofio chwaith fod Cristnogaeth (Nestoraidd) wedi cyrraedd China cyn canol y seithfed ganrif, gw. *EBr*, d.g. *Nestorians*.

[19] Zarncke, *Abh*, 7, 831; Thorndike, *HMES*, II.236: 'India, the home of the carbuncle, emerald, and other gems, and the land of mountains of gold guarded by dragons, griffins, and other monsters . . . was still [yn y 12 g.] a distant land of wonders and home of magic to the minds of medieval men . . . as even today many westerners are credulous concerning its jugglers, fakirs, yogis, and theosophists.'

Adlewyrchir syniadau o'r fath yn llenyddiaeth Cymru, e.e. yng ngwaith rhai o emynwyr y ddeunawfed ganrif, sy'n sôn am 'yr India fawr gyfoethog', 'trysorau'r India', a 'pherlau'r India bell'.

[20] Yn ei adroddiad o hanes y Preutur a'i wlad (gw. t.lxxxix), gwelir ôl benthyca o *De Adventu*, ac y mae uwchlaw amheuaeth mai'r un person o olygai'r Patriarch a'r Preutur i Elyseus. Felly hefyd i Johannes Witte de Hese (1389) ac i awdur *Tractatus Pulcherrimus* (15 g.). Y mae'n werth nodi'n ogystal fod stori'r Patriarch yn dilyn llythyr y Preutur yn rhai llsgrau., gw. Zarncke, *Abh*, 7, 836.

[21] R. Hennig, *TP*², II.398.

[22] *MGH Script*, IX.579; ceir y cofnod ar y t. dilynol yno.

seiliedig ar gronicl Otto, cofnodir y frwydr dan y flwyddyn 1141, bedair blynedd ynghynt felly: *Iohannes presbyter rex Armeniae et Indiae cum duobus regibus fratribus Persarum et Medorum pugnavit, et vicit.* Y mae'n hysbys i frwydr fawr ddigwydd ym mis Medi y flwyddyn honno yn Qatwan, ger Samarcand, rhwng Yeliu Tashi, lluniwr ymerodraeth Kara-Khitai, a'r Swltan Sanjar o Bersia.[23] Wedi lladdfa ddirfawr o'r ddeutu, enillodd Yeliu fuddugoliaeth aruthrol. Dyma'n wir un o'r trychinebau mwyaf a ddaeth i ran y Mwslimiaid yn Khorasan erioed, fel yr eddyf hyd yn oed eu haneswyr hwy eu hunain.[24] Gan hynny, nid yw'n syn fod amryw ysgolheigion yn credu mai Yeliu oedd cynsail hanesyddol y Preutur Siôn. Yn wir, y dyb 'draddodiadol' ymhlith ymchwilwyr yw fod o leiaf rywfaint o sail hanesyddol i'r holl chwedl, er bod damcaniaethau gwahanol wedi eu cynnig yn ddiweddar.[25]

Boed a fo am hynny, y mae'n gwbl sicr fod eglurhad seicolegol ar yr afael ryfedd a gafodd y chwedl unwaith yr ymffurfiodd rhywfaint o gnewyllyn.[26] Tywyll a digalon i'r eithaf, fel y crybwyllwyd yn barod, oedd sefyllfa'r Cristnogion yn y Dwyrain Canol yr adeg hon, oherwydd yr oedd y Cresent o ddydd bwygilydd yn bygwth disodli'r Groes yn y Tir Sanctaidd. Ergyd neilltuol o drom iddynt fu cwymp Edessa brin flwyddyn cyn i Otto ac esgob Gabala gyfarfod yn Viterbo. A hwythau felly mewn cymaint cyfyngder ac yn dyheu am gymorth o unrhyw gyfeiriad, wele'r newydd – mewn ffurf ddigon annelwig a chymysglyd yn ddiau – am lwyr orchfygiad y Mwslimiaid ger Samarcand yn treiddio hyd atynt. Anfynych yn sicr y digwydd fod newydd mor dderbyniol ac amserol yn gwrthdaro â'r fath awyrgylch argyfyngus a disgwylgar. Troes yn obaith ac yn ysbrydiaeth ddirfawr i'r Cristnogion,[27] ac yn

---

[23] Gw. t.lxiii.

[24] Yn ôl Ibn al-Athir, 'a greater and bloodier defeat for Islam never before happened in Khorasan', gw. Nowell, *Speculum*, 28, 442.

[25] Gw. t.xxxi–v. Cf. Beckingham, *QPJ*, 293: 'I incline to think that its [the legend's] origin should be sought not so much in a historical event as in a very understandable aspiration.'

[26] R. Hennig, *TP*², II.459, 'Der kulturgeschichtliche Reiz dieser ganz einzigartigen Vorstellung liegt aber weit mehr auf psychologischem als auf rein historischem Gebiet.'

[27] Ni all y gobaith hwn, gan mor ansicr oedd ei sail, lai na'n hatgoffa am ddyhead y Cymry hwythau yn nydd cyni a gorthrwm am waredwr nerthol i'r genedl, a'r

ateg gref i'r gred ym modolaeth y Preutur,[28] oblegid pa ddehongliad a oedd yn bosibl ond fod y brenin nerthol yn nhueddau'r Dwyrain bellach wedi anturio i'r maes a tharo'r gelyn yn ei gefn? Yr oedd yn amlwg fod i'r gorchfygwr hwn ac iddynt hwythau elyn cyffredin ac felly ymddangosai fod digon o gyfiawnhad dros ei ystyried yn Gristion.[29]

Yn y cyfwng ffafriol hwn yn natblygiad y chwedl, ymddangosodd llythyr a honnai fod yn ohebiaeth uniongyrchol oddi wrth y Preutur ei hun. Rhoes hwn ben ar bob amheuaeth ynglŷn â'r sibrydion blaenorol yn ei gylch: onid oedd yn brawf anwadadwy a therfynol o'i fodolaeth? Mor llwyr yr argyhoeddwyd dynion fel y parhaodd y Preutur am bedair canrif gyfan i gyniwair yn eu meddyliau ac i'w hudo, er gwaethaf yr holl beryglon, i chwilio'n ddyfal amdano ledled y ddaear o Lyn Baikal yng nghanolbarth Asia hyd barthau neilltuedig Ethiopia ac o Gatái hyd deyrnas Congo.

2. Llythyr y Preutur Siôn

Bernir mai tua 1165, sef ryw ugain mlynedd yn ddiweddarach na chyfeiriad Otto o Freising at y Preutur, y daeth y ddogfen hynod *Epistola Presbyteri Iohannis* i gylchrediad.[30] Yn nes ymlaen,

---

hyder a gaent oddi wrth yr addewidion penagored yn y canu brud y deuai arwr felly i'w harwain, gw. Thomas Parry, *Hanes Llenyddiaeth Gymraeg hyd 1900* (Caerdydd, 1944), 21; M. E. Griffiths, *Early Vaticination in Welsh* (Cardiff, 1937), 31–2: 'This belief is obviously a product of a period of unrest and of national emergency, when the Britons found it difficult to hold their own against the Saxons. "Compelled to yield their country the Welsh revenged themselves on the Saxons by creating in the person of Arthur, not only a phantom of glory which towered above every warrior, but a political saviour".'

[28] Yn y fath awyrgylch argyfyngus a disgwylgar, cafodd y gred hon ddyfnder daear ar unwaith ym mharthau Cristnogol y Dwyrain Canol. Tyfodd yn aruthrol gan ymledu a chyrraedd Ewrop yn y man. Cf. F. W. Hasluck, *Letters on Religion and Folklore* (London, 1926), 173: 'Edessa seems to have had a great deal of religious imagination, and you are constantly tracking things back there. Of course it was in a fine situation geographically, and the antiquity of Christianity there must have given its yarns a fine vogue. Once in Syria, any religious yarn might go all over Christendom and many did.' Gw. hefyd *Y Traethodydd* (Gorff. 1998), 163–9.

[29] Olschki, *HZ*, 144, 3.

[30] Gw. t.xxiv–vi.

daethpwyd i adnabod y cynnwys yn Gymraeg fel 'Ystorya Gwlat Ieuan Vendigeit', ond yn fwy cyffredin fel 'Llythyr y Preutur Siôn'. Gohebiaeth honedig o eiddo'r Preutur ydyw, wedi ei chyfeirio'n fwyaf arbennig at Manuel Comnenus, ymherodr Caergystennin rhwng 1143 a 1180, ond yn ôl rhai tystiolaethau at yr Ymherodr Ffredrig, y Pab Alecsander III ac arweinwyr eraill, yn uniongyrchol neu'n anuniongyrchol.[31] Er bod ei hymddangosiad cyntaf yn parhau'n ddirgelwch hyd heddiw, gafaelodd yn nychymyg Ewrop a daeth yn boblogaidd eithriadol ar unwaith. Adlewyrchir hyn gan y ffaith fod lliaws mawr o gopïau Lladin mewn llyfrgelloedd ledled Ewrop[32] a hefyd fod y cynnwys wedi ei drosi i'r ieithoedd brodorol yn gynnar.[33] Heblaw hyn oll, manteisiodd prydyddion a baledwyr lawer arno.[34] Gellir cynnig o leiaf ddau reswm am ei boblogrwydd anarferol. Yn gyntaf, dyhead mawr holl wledydd Cred ar y pryd oedd clywed am allu pwerus i gydweithredu â hwy fel gwrthbwys i Fwslimiaeth, ac fel symbol o'r gallu hwnnw y buont yn hir ddisgwyl amdano yr ystyrient hwy y Preutur Siôn – onid oedd yn tystio yn ei lythyr ei fod yn Gristion a'i fod wedi addunedu i amddiffyn bedd Crist a darostwng gelynion y Groes? Yn ail, yr oedd y llythyr yn orlawn o'r union fath o ryfeddodau yr oedd Ewropeaid yr oes honno mor awchus amdanynt.[35] Bellach, gellir awgrymu trydydd rheswm, sef bod y llythyr yn portreadu teyrnas eang y Preutur fel gwlad baradwysaidd dan lywodraeth brenin

---

[31] Gw. t.xxv, nn.47, 49, 50, hefyd tt.xxvi, lxxxviii.
[32] Gw. t.lxxxviii.
[33] Gw. t.xc.
[34] R. Hennig, *TP*², II.459; Olschki, *HZ*, 144, 6. Sylwa'r olaf fod prydyddion, e.e. Wolfram von Eschenbach, a baledwyr yn defnyddio'r llythyr, nid yn unig fel ffynhonnell gwybodaeth, ond hefyd fel dogfen y gellid apelio ati i beri i gynnwys eu cerddi ymddangos yn fwy credadwy, h.y. fel ysgrythur i brofi'r pwnc. Deuir i ddeall, meddai, fod rhyw hoffter rhyfedd o bethau diriaethol yn cyd-fynd â holl hygoeledd yr Oesoedd Canol, a dyma enghraifft dda o hynny.
[35] Cf. sylwadau'r Athro J. E. Caerwyn Williams wrth drafod yr efengylau apocryffaidd, 'Rhyddiaith Grefyddol Cymraeg Canol', *TRhOC*, 366–7: 'Anodd gwrthsefyll yr amheuaeth eu bod wedi eu cyfieithu'n bennaf oherwydd eu hapêl fel storïau ac yn arbennig fel storïau lle'r oedd y rhyfeddol a'r gwyrthiol yn cael blaenoriaeth ar y cyffredin a'r arferol ... A pho ryfeddaf y stori, gorau oll ydoedd ... Beth bynnag yw'r esboniad ar yr awydd am ryfeddod – mae rhai wedi cyfeirio at feddwl plentyn annatblygedig yr Oesau Canol, "the undeveloped child mind ... characteristic of the Middle Ages" – nid oes ddadl am ei fodolaeth, ac yr oedd yn wyllt ym myd crefydd ... Fe welir fod yr efengylau apocryffaidd fel petaent wedi eu sgrifennu'n unswydd i ddiwallu'r awydd hwn.'

delfrydol, ac felly'n profi i Ewrop fod amgylchiadau gwynfydedig o'r fath nid yn unig yn bosibl ond eisoes yn ffaith wironeddol yn ei wlad ef, a hynny mewn dyddiau pan ddirdynnid y cyfandir hwnnw gan ymrafaelion chwerw o bob natur. Yn ôl y ddamcaniaeth hon,[36] yr oedd cenadwri'r Preutur yn falm i'w ysbryd clwyfus.

A llythyr y Preutur wedi cael cymaint croeso, y mae'n syndod na phrysurasai rhywun neu'i gilydd i'w ateb ac i geisio dod i gyfathrach â'i awdur. Hyd y gwyddom, ni wnaeth na Manuel na Ffredrig ymgais o gwbl yn y cyfeiriad hwn – arwydd, yn ddiau, nad oedd i'r llythyr unrhyw werth yn eu golwg hwy a'u bod yn ddrwgdybus ohono.[37] Fodd bynnag, ar 27 Medi 1177, o'r Rialto yn Fenis, anfonodd y Pab Alecsander III lythyr sy'n cyfarch y derbynnydd â'r geiriau amwys: *karissimo in Christo filio Iohanni, illustri et magnifico Indorum regi*.[38] Ymddiriedodd y gorchwyl o ddwyn y llythyr i ben ei daith i ryw '*Philippus, medicus et familiaris noster*', ond ni wyddys beth a ddigwyddodd wedi hyn nac i'r llythyr

---

[36] Gw. tt.xxxii–iv.

[37] R. Hennig, *TP*², II.453–4. I'r meddwl modern, y mae'n anghredadwy nad oedd nemor neb, i bob golwg, yn ddigon craff i synhwyro ar unwaith mai ffug oedd y llythyr. Wrth sylwi na phrofodd holl ddarganfyddiadau daearyddol pedair canrif yn ddigon i fennu dim ar ffydd y Gorllewin ym modolaeth y Preutur ei hun, dywaid Olschki, *HZ*, 144, 5, na lwyddodd meddyliau craff a beirniadol ysgolheigion y Dadeni hwythau i ganfod twyll ei lythyr chwaith. Cymharer y bri a fu ar hanes teithiau Siôn Mawndfil, yn ôl *The Cambridge History of English Literature*, II, 78–9: 'The Travels of Sir John Mandeville had been a household word in eleven languages and for five centuries before it was ascertained that Sir John never lived, that his travels never took place . . .'

[38] Am destun beirniadol, gw. Atod.II. Dyma'r copïau y mae Zarncke yn eu trafod (*Abh*, 7, 935–40):
  A. Caergrawnt, Llsgr. Coleg y Drindod R 9.17, fol. 48a; 12–13 g.
  B. Paris, Cod. Lat. 1596, fol. 18; 13g.
    Y croniclau Seisnig:
  C. *Testun cyflawn*
    i. *The Chronicle of the Reigns of Henry II and Richard I*, Rolls Ser., No. 49, vol. I, 210–12.
    ii. *Chronica Magistri Rogeri de Houedene*, Rolls Ser., No. 51, vol. II, 168–70.
  D. *Testun anghyflawn*
    i. *The Historical Works of Master Ralph de Diceto*, Rolls Ser., No. 68, vol. I, 440.
    ii. *Matthaei Parisiensis Chronica Majora*, Rolls Ser., No. 57, vol. II, 316–17.

Y mae'n wir fod A, y llsgr. hynaf a'r orau o ddigon, a hefyd D i, yn cynnwys *presbitero* o flaen *Iohanni* yn y cyfarchiad, a bod C ii yn ychwanegu *sacerdotum sanctissimo* ar ôl *Indorum regi*. Er hynny, deil Zarncke nad oedd dim o'r geiriau hyn yn y gwreiddiol (praw o hynny, meddai, yw eu habsenoldeb yn y gweddill o'r copïau), ac mai'r copïwyr a'u hychwanegodd ar sail y dyb gyffredin mai at y Preutur yr ysgrifennai'r Pab.

nac i'r dygiedydd yntau. Er y bernir yn lled gyffredinol mai mewn atebiad i lythyr y Preutur yr ysgrifennai Alecsander (pwy bynnag oedd y person hanesyddol yr oedd y Pab yn awyddus i'w gyfarch),[39] nid oes fel mater o ffaith nemor sicrwydd fod a wnelo gohebiaeth y Pab ddim oll â'r Preutur.[40]

Hyd yn oed os yw'r cynnig i amseru llythyr y Preutur tua 1165 yn weddol gywir, nid yw hwyrfrydigrwydd y Pab i'w ateb (a chaniatáu mai dyna oedd ei fwriad) mor anesboniadwy ag yr ymddengys. Wedi blynyddoedd o anghydfod rhwng Alecsander a'r Ymherodr Barbarossa, trechwyd yr olaf o'r diwedd ym mrwydr Legnano yn 1177, ac yn nhelerau Heddwch Fenis ym mis Gorffennaf y flwyddyn honno cydnabu Alecsander yn Bab. Golygai'r fuddugoliaeth hon o eiddo'r Babaeth gadarnhad dirfawr yn ei

---

[39] cf. Letts, *N & Q*, 188, t.179. Yn wir, y mae amryw ysgolheigion yn mentro ymhellach drwy awgrymu pwy oedd y person neilltuol yr ysgrifennai'r Pab ato.

(a) Fel Reynaldus (*Annal. Eccles.*, Köln, 1694, XVIII.252), a Baronius (*Annal. Eccles.*, Lucae, 1746, XIX.450), cred Yule (*CWT*[2], III.17–18, *MP*[3], I.231, *EBr*[11], 22, 306b) mai ymherodr Ethiopia a gyferchid gan y Pab. Dyna farn Marinescu hefyd, *BAR*, 10, 79, a Beckingham, *APJ*, 12. Y mae Hennig, *Universitas*, 10, 1265, *Tl*[2], II.455–6, yn anghytuno'n bendant â hynny am ddau reswm cryf. I Ewrop yn 1177, gwlad anghofiedig oedd Ethiopia, ac nid cyn 1267 y sonnir amdani unwaith eto yn nogfennau'r Fatican (gw. ymhellach dud.lxxvi). Mwy na hynny, ni ddechreuasid cysylltu'r Preutur Siôn ag Ethiopia cyn y 14g. (y mae Yule yntau'n lled-gydnabod yr anhawster amseryddol hwn).

(b) Deil Pagius (gw. Yule, *CWT*[2], III.17–18) mai i 'Breutur Siôn' Asiaidd y bwriadai'r Pab anfon ei lythyr. Cyffelyb yw awgrym Zarncke (*Abh*, 7, 945–6), sef mai ar ryw un o olynwyr Yeliu Tashi yr ysgrifennai. Gwendid y dyb hon yw na fuasai yn Asia, ar ôl 1143, unrhyw bennaeth nerthol y gellid ei ystyried yn ymgorfforiad o nodweddion hanfodol y Preutur Siôn; gw. Hennig, *Tl*[2], II.455.

(c) Myn Bruun, *ZGE*, 11, 291, mai John Orbelian, cadfridog Georgaidd, oedd derbynnydd bwriadedig yr ohebiaeth. Un rheswm amlwg dros amau hyn yw'r ffaith nad oes air o sôn yn llythyr y Pab am ei orchestion milwrol. Heblaw hynny, rhaid ymwrthod â holl ddamcaniaeth Bruun mai Orbelian oedd cynsail y Preutur Siôn; gw. t.lxxii.

[40] Nid oes yr un cyfeiriad pendant at lythyr y Preutur Siôn yng ngohebiaeth Alecsander. Yn hytrach, trwy gyfryngau llafar (Atod.II, 6, 7) y daethai i wybod am y person y mae'n ei gyfarch, ei fod yn awyddus i gael hyfforddiant yn yr athrawiaethau Catholig ac i feddu eglwys yn Rhufain ac allor yn Jerwsalem, etc. Ar y llaw arall, dywaid y Pab (Atod.II, 13), po leiaf yr ymorchesta derbynnydd y llythyr yn ei allu a'i gyfoeth ef ei hun, mai tebycaf oll ydyw o lwyddo yn ei ddeisyfiadau. Gellir dadlau bod yma, o bosibl, gyfeiriad at lythyr y Preutur, sydd mor ymffrostgar mewn mannau nes llwyr gyfiawnhau rhybudd o'r fath.

Os yw Zarncke yn gywir pan ddywaid (gw. Hennig, *Tl*[2], II.458) mai dyma'r ddogfen swyddogol gyntaf i ddangos y Preutur yn chwarae rhan mewn diplomyddiaeth, y mae'n cyfeiliorni (fel y noda Hennig, loc. cit.) wrth honni mai dyma hefyd yr olaf i wneud hynny, oherwydd cawsai Carpini, pan oedd yn teithio ym Mongolia yn 1245, orchymyn penodol gan y Pab Innocent IV ar iddo chwilio

sefyllfa,[41] a gwelwn nad oedodd Alecsander ond ychydig wythnosau'n unig cyn anfon ei ohebiaeth o'r Rialto. Y mae hyder tawel, ac yn wir ehofndra, ambell sylw yn honno (e.e. Atod.II. 2, 9) yn hollol gyson â'r ffaith fod ei hawdur erbyn hynny wedi adennill ei awdurdod.[42] Nid ar unwaith, fodd bynnag, ar ôl blynyddoedd o ymrafael mor chwerw, y llwyddai i wneud hynny. Dywaid Florovsky (*EBr* (1969) 18, 481a) mai ansicr eto oedd sefyllfa'r Pab pan ysgrifennai'r llythyr, a bod ganddo ddiddordeb mawr yn y posibilrwydd o sicrhau cynghreiriaid ym mhellafoedd y Dwyrain.

(i) *Cynnwys llythyr y Preutur*

Ar ôl cyfarch 'llywiawdr Rhufain' mewn termau mawreddog, dywaid Ieuan Offeiriad ddarfod iddo glywed fod ei ardderchowgrwydd ef yn rhyngu bodd i Manuel, a'i fod yn awr yn anfon ei negeswas gydag anrheg i'r Ymherodr. Y mae'n dymuno gwybod a yw Manuel o'r ffydd uniongred fel ef ei hun, ac a yw'n llwyr gredu yn yr Arglwydd Iesu Grist. Tra cydnebydd deiliaid Ieuan ei feidroldeb ef, cred y Groegiaid fod Manuel yn dduw. Gŵyr Ieuan, fodd bynnag, yn amgen, ac â cyn belled ag erchi i'r Ymherodr ei hysbysu ef pe digwyddai fod mewn angen, ac fe ymetyb yntau'n unol â'i haelioni arferol. Hefyd, os yw Manuel yn dewis, deued i lys Ieuan, a chaiff fod yn brif swyddog yno, a mwynhau pob cyfoeth a chyflawnder. Oblegid gwybydded yr Ymherodr fod Ieuan Offeiriad yn arglwydd yr arglwyddi, a'i fod yn tra rhagori ar holl frenhinoedd y ddaear mewn golud a gallu. Y mae 72 brenin yn talu teyrnged iddo. Ac yntau'n Gristion cywir, y mae'n amddiffyn y tlodion ym mha le bynnag y byddont, gan eu cynnal ag elusennau. Heblaw hyn, rhoes ei fryd ar ymweld â bedd ein Harglwydd gyda llu mawr, er mwyn darostwng gelynion y Groes a dyrchafu enw Crist.

---

am y Preutur, gw. t.lxvii. Gwyddom hefyd fod ceisio dod o hyd i'r Preutur a chynghreirio ag ef os gellid yn amcan penodol gan y Tywysog Henri o Bortiwgal wrth noddi'r mordeithiau hynny a arweiniodd i ddarganfyddiadau daearyddol mawr; gw. t.lxxx.

[41] Olschki, *HZ*, 144, 14; Nowell, *Speculum*, 28, 444.
[42] Olschki, loc. cit.

O fewn ymerodraeth Ieuan y mae'r 'tair India', gan gynnwys felly yr India Eithaf, lle y gorwedd corff yr Apostol Thomas. Ymestyn ei lywodraeth hefyd yn ôl tua'r gorllewin, hyd adfeilion Babilon a Thŵr Babel. Ceir yn ei wlad bob math o greaduriaid dan haul, rhai naturiol a rhai chwedlonol yn ddiwahaniaeth. Y mae yno'n ogystal bob math o ddynion, yn gewri a choriaid, yn wylltion, yn gorniog, yn unllygeidiog. Y mae tir Ieuan yn llifeirio o laeth a mêl, ac mewn un parth ohono nid oes na gwenwyn nac anifail niweidiol.

Drwy un dalaith o'r eiddo, ymddolenna un o afonydd Paradwys, a cheir yno lawer math o feini gwerthfawr. Yno hefyd tyf llysieuyn y pair ei wraidd i ysbrydion drwg ffoi. Mewn brenhiniaeth arall, y mae pupur yn tyfu, a disgrifir yn fanwl y dull o'i gynaeafu. Yna edrydd Ieuan ragor o ryfeddodau ei deyrnas: Ffynnon Ieuenctid, meini rhinweddol sydd yn adfer golwg, yn gwneud y dygiedydd yn anweledig ac yn ymlid ymaith gasineb, y Môr Tywod anhramwyadwy a'i bysgod amheuthun, yr afon ysbeidiol o feini, yr afon danddaearol sydd â'i gro yn emau, y salamander sy'n byw yn y tân ac y gwneir o'i groen wisgoedd na ellir eu glanhau ond yn y fflamau.

Yna ceir rhai sylwadau ar foesau'r wlad. Un o brif rinweddau ei deiliaid yw lletygarwch. Nid oes na godinebwr na lleidr, na threisiwr na chybydd yn eu plith, ac ni ŵyr neb ohonynt ddim oddi wrth nac angen nac eiddigedd, gan fod pawb yno uwchben ei ddigon. Nid oes ar y ddaear neb tebyg i Ieuan o ran amlder ei gyfoeth.

Yn dilyn hyn, disgrifir dull y Preutur o ymdaith i ryfel. Yn ei ragflaenu yn lle ystondardau bydd 13 croes o aur ac arian wedi eu haddurno â gemau, ac yn dilyn pob un o'r croesau bydd 12,000 o wŷr arfog a 100,000 o wŷr traed, heb gyfrif y rhai sy'n gofalu am y pynfeirch ac am gynhaliaeth i'r holl lu. Eithr pan fo Ieuan yn ymdeithio'n heddychol, pair ddwyn o'i flaen groes bren ddiaddurn fel y cadwo ddioddefaint Crist yn wastadol mewn cof. Fe'i blaenorir hefyd gan lestr yn llawn o bridd, er rhybudd iddo ef ei hun y bydd i'w gnawd ryw ddydd ddychwelyd i'r ddaear, a chan lestr arall yn llawn o aur, fel y deallo pawb ei fod yn arglwydd yr arglwyddi.

Dychwelir yn awr at ansoddau moesol deiliaid y Preutur. Ni ddywaid neb ohonynt gelwydd, ac os digwydd i neb ddweud celwydd drwy wybod iddo, ni wneir mwy o gyfrif ohono o hynny allan na phe bai'n farw. Y maent yn dilyn y gwirionedd ac yn caru ei gilydd, ac nid ydynt dan lywodraeth pechod o unrhyw fath.

Ar ôl iddo ychwanegu ei fod yn mynd ar bererindod flynyddol at fedd Daniel Broffwyd, a'i fod yn arglwyddiaethu ar yr Amasoniaid a'r Bragmaniaid, rhydd Ieuan ddisgrifiad manwl o'i lys, sy'n hollol gyffelyb i hwnnw a adeiladodd yr Apostol Thomas i Wyndofforus, brenin yr India. Perthyn rhinweddau neilltuol i lawer o'r defnyddiau yr adeiladwyd ef ohonynt. Er enghraifft, y mae'r to o goed anllosgadwy, a phair rhywogaeth arbennig o feini gwerthfawr na eill neb yn lladradaidd ddwyn gwenwyn i mewn i'r neuadd. Goleuir honno yn y nos gan lewyrch y meini carbwncl a chan lamp falsamwm. Hoff gan y Preutur yw gwylio ornestwyr ar y lawnt o flaen y llys, ac y mae'r meini onics sydd yn y parwydydd yn help i ennyn ysbryd ymladd yn y rheini.

Y mae'r ystafell y gorffwys y Preutur ynddi, hithau wedi ei chyweirio'n odidog, ac ynddi wely o saffir. Oblegid er bod yn ei wlad ef y tecaf o wragedd, rheolir pob cyfathrach â hwy gan y parch eithaf i ddiweirdeb.

Unwaith yn y dydd y bwyteir yn y llys, ac y mae 30,000 o ddynion, ar wahân i westeion, yn derbyn eu lluniaeth yn feunyddiol oddi ar fwrdd Ieuan. Efe hefyd sy'n gyfrifol am angenrheidiau eu meirch ac am eu holl dreuliau eraill.

O flaen porth y llys y mae adeilad cywrain sy'n ymddyrchafu, ris ar ris, yn dŵr uchel. Ar ei ben, y mae disgwylfa a warchodir gan 3,000 o wŷr arfog ddydd a nos ac y gwelir ohoni yr holl deyrnasoedd sy'n ddarostyngedig i Ieuan. Ei phwrpas yw sicrhau na eill neb pwy bynnag o ddeiliaid y Preutur gynllwyn yn ei erbyn yn ddiarwybod iddo.

Yn gwasanaethu i Ieuan bob mis o'r flwyddyn y mae 7 brenin yn eu trefn, 42 o dywysogion a 356 o ieirll. Wrth y bwrdd, fe eistedd 12 archesgob ar ddeheulaw y Preutur, ac ar yr aswy iddo y mae 20 esgob yn ogystal ag urddasolion eglwysig eraill. Y mae abadau, cynifer â diwrnodau'r flwyddyn, yn gaplaniaid iddo.

Na ryfedded neb i Ieuan ddewis ei alw yn syml yn offeiriad, oherwydd o wyleidd-dra y gwnaeth hynny. Ni weddai i un yr oedd ei benswyddwr yn brimas a brenin, ei drulliad yn archesgob a brenin, ac yn y blaen, ei adnabod ei hun wrth y cyfryw enwau. Gan hynny, dewisodd enw gwahanol, sef 'offeiriad'.

Ymffrostia Ieuan unwaith eto yn ehangder ei diriogaethau. Mewn un parth, cymer bedwar mis i deithio ar eu traws, ac mewn parth arall ni ŵyr neb pa mor bell y maent yn ymestyn. Haws ydyw cyfrif sêr y nefoedd a thywod y môr na cheisio amgyffred maint ei arglwyddiaeth ef a'i allu.

Terfyna'r llythyr â disgrifiad, manwl eto, o lys arall o'r eiddo Ieuan. Adeiladwyd hwn mewn ufudd-dod i weledigaeth nefol a gawsai ei dad cyn ei eni ef. Er nad yw'n hwy na'r llys a ddisgrifiwyd eisoes, y mae'n uwch ac yn decach na hwnnw. Cynhelir yr adeilad gan 50 o golofnau, bob un ohonynt yn 60 cufydd o hyd a chyn braffed ag amgyffred deuwr law yn llaw. Ar ben pob un o'r colofnau cedyrn hyn y mae maen carbwncl enfawr, a chan fod y colofnau'n bigfain, goleuir pob congl o'r neuadd gan lewyrch y meini fel y goleuir y byd gan yr haul. Pe bai dyn ar drengi gan newyn neu glefyd, nid yw'n rhaid iddo ond sefyll ennyd yn y llys rhyfeddol hwn a bydd wedi ei lawn ddigoni a'i lwyr iacháu. Â Ieuan ei hun i mewn iddo pan fo'n dathlu ei ben-blwydd a chynifer gwaith ag y gesyd y goron ar ei ben.

(ii) *Dyddiad ei gyfansoddi*

Ni wyddys yn union ba bryd o fewn y ddeuddegfed ganrif yr ymddangosodd y llythyr gwreiddiol. Gan mai at Manuel Comnenus y cyfeiriodd y Preutur ei lythyr yn ôl y fersiynau Lladin cynharaf, ymestyn y cyfnod posibl ar ei letaf o 1143,[43] pryd y daeth Manuel yn ymherodr, hyd 1180, sef y flwyddyn y bu farw (neu hyd nes i'r newydd am ei farwolaeth gael cyfle i ddod yn hysbys yn gyffredinol). Fodd bynnag, gellir efallai ar sail rhai ystyriaethau gau rhywfaint ar y bwlch amseryddol hwn.

(a) Os bernir mai ateb llythyr y Preutur yr oedd y Pab wrth anfon ei ohebiaeth o'r Rialto yn 1177 (gw. t.xix), yna gellir ystyried y

---

[43] Golyga hyn ei bod yn bosibl yn amseryddol i'r llythyr fod wedi ymddangos ryw ddwy flynedd *cyn* i Otto glywed yr hanes am y Preutur gan Esgob Gabala yn Viterbo yn 1145. Cf. Beckingham, *APJ*, 11: 'It seems to me rash to assume even that it cannot have been written before Otto's chronicle, for that brief, and in a way cautious, allusion was probably not the origin of the story.' Ond petai'r llythyr wedi ymddangos cyn 1145, odid fawr na fyddai Otto wedi'i grybwyll yn ei gofnod. Yn wir, byddai'r llythyr wedi tanseilio gwerth yr adroddiad a gafodd yn Viterbo fel newyddion yn haeddu eu croniclo. Ar y llaw arall, ategir sylw Beckingham gan gyfeiriad y Preutur yn ei lythyr at ei fwriad (yn y dyfodol, felly, y mae'n amlwg) i amddiffyn bedd Crist â llu mawr. Yn ôl adroddiad yr Esgob, rhoed y bwriad hwnnw ar waith a phrofodd yr ymgyrch yn fethiant llwyr rywdro cyn 1145.

flwyddyn honno fel *terminus ante quem*. Y mae Zarncke, er enghraifft, yn dra pharod i'w chydnabod felly.[44]

(b) Dywaid Hennig fod cynnwys llythyr y Preutur yn hysbys yng Nghaergystennin yn 1170.[45] Ond prin y gellir derbyn y dyddiad hwn yn ddigwestiwn, oherwydd ymddengys fod barn Hilka mai'n ddiweddarach, sef tua 1190, y mae amseru'r achlysur y cyfeiria Hennig ato, yn bur agos i'w lle.[46]

(c) Mewn dwy lawysgrif o'r ddeuddegfed ganrif y mae i'r llythyr bennawd sy'n honni i Manuel yn ei dro ei anfon at yr Ymherodr Ffredrig.[47] Yn 1152 yr etholwyd ef yn ymherodr, a'i goroni ym mis Mehefin 1155,[48] felly ni all fod y llythyr ar gael lawer cyn hynny, oherwydd rhesymol yw tybio yr anfonai Manuel ef ymlaen yn lled fuan ar ôl iddo ef ei hun ei dderbyn. Eto, mewn llawysgrif arall o'r un cyfnod, ceir pennawd a ddywaid i Manuel anfon y llythyr at y Pab Alecsander (gw. t.xxvi). Yn 1159 yr etholwyd ef yn Bab. Gan hynny, os gwiw pwyso ar y penawdau hyn o gwbl,[49] gellir yn deg ystyried naill ai 1155 neu 1159 fel *terminus post quem*.

(ch) Cyfeirir at y llythyr yng nghronicl Albericus o Trium Fontium dan y flwyddyn 1165,[50] ond y mae'r geiriau *hoc tempore* yn rhy amwys a phenagored, meddir,[51] i'w deall fel cyfeiriad pendant at yr union flwyddyn honno. Er hynny, ymddengys i mi na ellir eu hanwybyddu fel tystiolaeth fod y llythyr mewn cylchrediad *erbyn* y flwyddyn honno o leiaf.

Ym marn Hennig,[52] rhwng 1165 a 1170 yw'r adeg fwyaf tebygol ei fod wedi ymddangos, ac y mae 'about 1165' yn amseriad y cytunir

---

[44] *Abh*, 7, 877–8.
[45] *TP²*, II.453.
[46] *ZFSL*, 43, 92; gw. t.xciii.
[47] Harl. 3099, 166a *Incipit epistola Iohannis regis Indiae Emanueli regi Graecorum missa et ab ipso Friderico imperatori directa*; Rhufain, Cod. Regin. Lat. 1658, 63a.
[48] *Neue deutsche Biographie* (Berlin, 1953–), I.479.
[49] Cf. Nowell, *Speculum*, 28, 435, 'a letter sent to the Byzantine emperor, Manuel Comnenus, and undeniably forwarded by that ruler to the Holy Roman Emperor, Frederick Barbarossa'. Honnir, fodd bynnag, yn un o lsgrau Breslau fod y Preutur wedi'i anfon yn uniongyrchol at Ffredrig, gw. t.lxxxviii; cf. y nod. dilynol.
[50] *MGH Script.*, XXIII.848 *Et hoc tempore presbiter Iohannes Indorum rex litteras suas multa admiratione plenas misit ad diversos reges Christianitatis, specialiter autem imperatori Manueli Constantinopolitano et Romanorum imperatori Frederico*.
[51] Cf. Zarncke, *Abh*, 7, 877; Beckingham, *APJ*, 10.
[52] *TP²*, II.452, ond ynglŷn â 1170, gw. (b) uchod. Wrth nodi cynnig Röhricht i amseru'r llythyr yn 1150, dywaid fod y dyddiad hwnnw'n 'llawer rhy gynnar, yn sicr'.

arno bron yn unfrydol gan ymchwilwyr Seisnig yn ogystal.[53] O blaid y cynigion hyn ar ddyddio testun gwreiddiol y llythyr gellir nodi eu bod yn cydweddu â'r ffaith fod dau ryngosodiad i'w canfod yn hwnnw erbyn 1196 neu o bosibl mor gynnar â 1190–2.[54] Rhoir i'r ychwanegiadau hynny gyfle rhesymol i ymddangos.

(iii) *Iaith y gwreiddiol*

Nid yw'r copi gwreiddiol o'r llythyr ar gael,[55] ac nid oes sicrwydd ym mha iaith y cyfansoddwyd ef.

Mewn llawysgrif o'r ddeuddegfed ganrif, sef Paris, Bibl. nat., *Cod. Lat.* 3858A, ymddengys y pennawd hwn uwchben y llythyr: *Epistola presbyteri Johannis ad Emmanuelem Constantinopolitanum imperatorem . . . quam idem Emmanuel translatam de arabico in latinum misit Alexandro papae.*[56] Annhebygol iawn, fel y dywaid Hennig,[57] yw fod llythyr sy'n honni dyfod o'r 'India' erioed wedi ei gyfansoddi yn Arabeg. Ym marn Langlois[58] hefyd, ffolineb fyddai tybio hynny. Meddai Helleiner yntau, 'The assertion . . . may be dismissed out of hand'.[59]

[53] Cf. Yule, *EBr*, 11th ed., 22, 304b; Ross, *TTMA*, 174; Letts, *N & Q*, 188, t.179; 189, t.26; Nowell, *Speculum*, 28, 453. Gthg., fodd bynnag, Beckingham, *APJ*, 10: 'This statement is often made more dogmatically than is justified by the very scanty evidence.'
[54] Gw. t.lxxxix.
[55] R. Hennig, *TI²*, II.449.
[56] Ibid.; Jubinal, *OCR*, II.44; *ZFSL*, 43, 89.
[57] *TI²*, II.449.
[58] *VFMA*, III.50.
[59] *Phoenix*, 13, 54. Am enghrau. eraill o honni cyfieithu o Arabeg, fodd bynnag, cf. (*c.*1400) *Haf*, 16, 8, 'Deudec kywreinrwyd yssyd ar groen neidyr . . . Minneu Jeuan ae troeis wynt o Arabic yn Lladin' (gw. *B*, 4, 33–4); (diw. 15 g.) *RWM*, II.39, 'Llythyr aristotule[s] . . . a droet o ieith arabic [diwyg.] yn lladi[n]' (amr., ibid., I.1029, 'a drosses John Spaenwr o ieith arabic'). Wele sylwadau perthnasol gan Thorndike, *HMES*, II.66–7: 'We have already seen . . . that translations from the Greek were being made all through the early middle ages and in the tenth century; and we shall see this continue in the twelfth and thirteenth centuries especially in connection with Galen, Aristotle, and Ptolemy. We have also seen reasons for suspecting that the Latin versions of certain works were older than the so-called Greek originals, that works were sometimes translated from Arabic into Greek . . . and that there probably never were any Arabic originals for some so-called translations from the Arabic which are extant only in Latin.' Ibid. 73, 'Apparently the chief and most voluminous translator of astrological works from Arabic into Latin in the twelfth century was John of Spain. Although he translated some . . . mathematical, medical, and philosophical treatises, the majority of his translations seem to have been astrological.'

Gan fod cryn debygrwydd o ran themâu a motifau rhwng y llythyr a chronicl Eldad y Daniad, a chan mai yn Hebraeg yn unig yr oedd hwnnw i'w gael, temtir Ullendorf a Beckingham i ledgrybwyll yn ochelgar iawn y posibilrwydd mai yn Hebraeg y cyfansoddwyd y llythyr gwreiddiol yntau.[60] Pwysleisiant nad ydynt hwy eu hunain yn honni dim o'r fath; yn wir, meddent, y mae peth o'r dystiolaeth *prima facie*, yn allanol ac yn fewnol, yn erbyn hynny.

A'r llythyr wedi ei gyfeirio at Manuel, ymherodr Caergystennin, mwy rhesymol, a dweud y lleiaf, yw'r hyn a honnir yn y pennawd sydd iddo mewn llawysgrif arall o'r un cyfnod ac yn yr un llyfrgell, sef *Cod. Lat.* 2342, 7: *Incipit epistola Johannis imperatoris Indie, ad Manuelem Constantinopolitanum imperatorem . . . translata primo in grecum, et in latinum.*[61] Haera Roau d'Arundel hefyd, yn epilog ei gyfieithiad mydryddol Eingl-Normaneg, mai yn yr iaith Roeg yr oedd y gwreiddiol:

> 1089 En griw esteit a primes feit;
> En latin ert de griw estrait;
> En rumanz est puis translate.[62]

Awgryma Hilka[63] mai ar sail *incipit* neu *explicit* y copi Lladin a oedd o'i flaen y mae Roau yn haeru hyn. Os felly, nid oes mwy o rym yn ei dystiolaeth ef nag sydd yn nhystiolaeth y pennawd yn *Cod. Lat.* 2342.[64] I'r dosbarth o destunau sy'n cynnwys rhyngosodiad B y perthyn y fersiwn a geir yn y llawysgrif honno, ond sylwer bod y fersiynau o'r llythyr sy'n cynnwys rhyngosodiad E[65] hwythau'n honni, nid yn unig mai Groeg oedd iaith y gwreiddiol, ond hefyd mai Christian, archesgob Mainz rhwng 1165 a 1183, a'i cyfieithodd i'r Lladin. Dichon fod yn y pwyntiau canlynol rywfaint o ateg i'r ddadl dros wreiddiol Groeg:

(a) Presenoldeb rhai ffurfiau Groeg a geiriau o darddiad Groegaidd y gellid dadlau eu bod yn dystiolaeth i wreiddiol yn yr

---

[60] *HLPJ*, 15.
[61] Gw. n.56 uchod.
[62] *ZFSL*, 43, 89; am y cyfieithiad hwn, gw. tt.xci–v.
[63] *ZFSL*, 43, 89.
[64] Langlois, *VFMA*, III.55.
[65] Am y rhyngosodiadau hyn, gw. tt.lxxxix–xc.

iaith honno,⁶⁶ yn union fel y gwelir bod y cyfieithydd o Gymro yn defnyddio ambell air Lladin, hyd yn oed yn y cyflwr traws, o'r cynsail a oedd ganddo yntau o'i flaen. Er enghraifft: Atod.I, 1 *Romeon*; 3 a 5 *apocrisiarium*; 6 *ierarcham* (drll. *ieracham*) < Gr. ἱεραξ 'hebog'; *lechito* < Gr. λήκυθος 'jar, pot'; *tigna*, gw. n.28, tt.27-8; 23 *assidios* < ? Gr. 'αψινθίος 'wermod', gw. n.79, t.34; 74 *protopapaten, archiprotopapaten*; 98 *archimandrita*.

(b) Ambell enghraifft o fynegiant trwsgl neu aneglur neu o gystrawen y gellid eu hystyried yn effaith cyfieithu.⁶⁷

(c) Hoffter y Groegiaid o hanesion yn ymwneud â rhyfeddodau gwledydd dieithr, a'r ffaith fod enghreifftiau ar gael o adrodd y rheini ar ffurf llythyr a hynny yn yr iaith Roeg.⁶⁸ Nid syn felly pe ceffid bod llythyr y Preutur yntau wedi ei gyfansoddi yn yr iaith honno'n gyntaf oll.

Ystyrier bellach ddadleuon o blaid Lladin fel iaith y cyfansoddiad gwreiddiol:⁶⁹

(a) Dyfyniad air am air o'r Fwlgat (Ecclus 7.40) yw Atod.I, 8, *Memorare novissima tua et in aeternum non peccabis*. Adleisir geiriau'r Fwlgat mewn mannau eraill yn y llythyr yn ogystal. Cymharer, er enghraifft, Atod.I, 21, *Terra nostra melle fluit lacte habundat* ag Ecs 3.8, *in terram quae fluit lacte et melle*; 64, *et sic a nobis sanctificatae, ut Bersabee* [sic] *a David, redit unaquaeque ad locum suum*, â 2 Regum 11.4-5, *Quae* [Bethsabee] *. . . statimque sanctificata est . . . Et reversa est in domum suam*.

(b) Anodd dychmygu ddarfod erioed ysgrifennu Atod.I, 4, *Cum enim hominem nos esse cognoscamus, te Graeculi tui Deum esse existimant*, nac yn yr iaith Roeg na chan unrhyw Roegwr.

(c) Ymddengys yng nghorff y testun, Atod.I, 21, gwpled o farddoniaeth Ladin yn y mesur chweban.

(ch) Yn y fersiwn o'r llythyr sy'n cynnwys rhyngosodiad C, corfforwyd rhannau o hanes chwedlonol Alecsander Fawr yn eu crynswth, er enghraifft y stori am garcharu Gog a Magog. Nid yw'r rhain yn digwydd yn y fersiwn a droswyd i'r Gymraeg. Er hynny, y

---

⁶⁶ Wrth sylwi ar dechneg rethregol y llythyr, dywaid Olschki, *HZ*, 144, 7, ei fod wedi'i addurno 'mit seltsamen griechisch anklingenden Worten'. Gwir y gellid dadlau bod rhai ohonynt wedi ennill eu plwyf yn y Lladin, Slessarev, *PJLL*, 44.

⁶⁷ Am (a) a (b), gw. Zarncke, *Abh*, 7, 876.

⁶⁸ E. Faral, *Romania*, 43, 368; gw. t.xl.

⁶⁹ Am (a), (c), a (ch), gw. Zarncke, loc. cit., ac am (b), gw. Letts, *N & Q*, 188, 266; Langlois, *VFMA*, III.50, n.3.

mae i'r benthyciadau air am air hyn arwyddocâd yn y cyswllt hwn fel prawf mai yn Lladin yr ychwanegwyd y rhyngosodiadau.

(d) Ar gyfer byd Lladinaidd y Gorllewin y bwriadwyd y disgrifiadau a geir yn y llythyr o ryfeddodau'r Dwyrain ac o gyfoeth a gallu'r pennaeth o Gristion a deyrnasai yn y parthau anhysbys hynny.[70]

(dd) Awgrymir yn gryf mai Lladin oedd iaith y llythyr o'r dechrau gan y ffaith mai copi Lladin a ddaethai iddo'n uniongyrchol o Gaergystennin a ddefnyddiai Roau d'Arundel wrth lunio ei drosiad mydryddol Eingl-Normaneg.[71]

(e) Gwanheir y ddadl o blaid gwreiddiol Groeg yn ddirfawr o'r cychwyn pan ystyrir mai drwy gyfieithu'r testun Lladin y sicrhaodd y Slafiaid deheuol a'r Rwsiaid eu fersiynau o'r llythyr, a hwythau fel y mae'n hysbys ddigon mor ddibynnol ar ddysg a llenyddiaeth Roegaidd.[72]

---

[70] Am y farn hon o'r eiddo Meyer, gw. n.103.

[71] Dyfynnir gan Hilka, *ZFSL*, 43, 89, sylw Meyer nad oes reswm yn y byd dros gredu y bu i'r llythyr wreiddiol Groeg o gwbl. Ynglŷn â chopi Roau d'Arundel gthg. Helleiner, *Phoenix*, 13, 54, n.23: 'It is not clear . . . whether this was a Greek or Latin version,' gan gyfeirio at Hennig, *TP²*, II.449. Ymddengys i mi yn hollol resymol gasglu oddi wrth epilog Roau mai copi Lladin a dderbyniasai.

Ond, a chaniatáu mai di-sail yw'r honiad, tybed na all fod yn fwriadol er hynny? Cwbl naturiol fyddai disgwyl i ohebiaeth wedi'i chyfeirio at yr Ymherodr Manuel fod yn yr iaith Roeg, a byddai honni hynny ynglŷn â'r llythyr yn ddyfais lenyddol i ddyfnhau'r argraff o'i ddilysrwydd. Hefyd byddai'n ehangu maes y dyfalu ynghylch ei awduriaeth, gan roddi i'w gyfansoddwr fwy fyth o sicrwydd na ddeuid i wybod pwy ydoedd. Byddai'n foddion i ddenu'r chwilfrydig oddi ar y trywydd cywir. Yn ôl yr awgrym hwn, gellir efallai gymharu honiad Voltaire mai cyfieithiad gan un Dr Ralph o'r Almaeneg yw *Candide*, a hynny, yn ei achos ef, er mwyn ymddieithrio oddi wrth waith a fyddai'n debygol o ennyn gelyniaeth yr Eglwys a'r Wladwriaeth oherwydd syniadau anuniongred yr awdur.

[72] Slessarev, *PJLL*, 42. Pa garn bynnag sydd gan Slessarev dros honni mai dyma sut y cafodd y cenhedloedd hyn eu fersiynau o'r llythyr, y mae'n hollol gredadwy; cyf. *EBr*, 15th ed., 16, 41b, 'Formal culture came to Rus, along with Christianity, from the multinational Byzantine synthesis, primarily through South Slavic intermediaries'; *EBr*, 15th ed., 19, 801–2:

> Old Russian literature was primarily religious and didactic in content and form. Didactic works were influenced by Byzantine literature in translations from the Greek, some coming to Russia from Bulgaria, and some organized and translated, as early as the reign of Yaroslav the Wise (1019–54), on Russian soil.

Gan na ddarganfuwyd gwreiddiol Groeg yn yr union fan y disgwylid ei gael felly, ymddengys na ellir ond derbyn honiad Slessarev.

Er hyn i gyd, 'both the direct and indirect evidence testifies that the original text was Greek', medd Vasiliev.[73] Ni allai Zarncke, fodd bynnag, benderfynu o blaid y naill iaith na'r llall, gan fod y dyfyniadau o'r Fwlgat a'r cwpled o farddoniaeth Ladin yn cyfantoli â'r olion Groegaidd.[74] Methiant fu ymchwil Meyer yntau am y gwreiddiol honedig yn yr iaith Roeg. Deil hefyd na welsai Roau erioed mohono, ac nad oes mewn gwirionedd reswm yn y byd dros gredu yn ei fodolaeth.[75]

Yn wyneb hyn oll ac yn niffyg unrhyw dystiolaeth bellach i'r gwrthwyneb hyd yn hyn, diau y cytunir na ellir yn rhesymol ond derbyn mai yn Lladin y cyfansoddwyd y llythyr gwreiddiol.

(iv) *Deongliadau o'r llythyr*

Cymaint yw'r dirgelwch ynglŷn ag ef nes bod cryn amrywiaeth, fel y disgwylid, yn y deongliadau ohono a gynigiwyd o bryd i'w gilydd.

(a) Ei dderbyn fel llythyr dilys
Y mae'n amlwg fod yr hanesydd Gibbon (1737–94) yn ei ystyried felly, gan ei ddehongli fel gohebiaeth a ysgrifennwyd gan y cenhadon Nestoraidd ar ran pennaeth y Kerait dan yr enw 'Y Preutur Siôn'.[76] Ychwanegir y sylw hwn, fodd bynnag, mewn nodyn godre: 'The Khans of the Keraites were most probably incapable of reading the pompous epistles composed in their name by the Nestorian missionaries, who endowed them with the fabulous wonders of an Indian kingdom.' Cytuna Carruthers hefyd mai propaganda o eiddo'r cenhadon Nestoraidd yw'r llythyr.[77] Yn eu hawydd am argraffu ar feddyliau dynion lwyddiant enfawr eu llafur a phwysigrwydd eu dychweledigion, ysgrifennent adroddiadau llawn gormodiaith fel y llythyr hwn, yn enw'r Khan, er mai ffrwyth eu dychymyg hwy eu hunain oedd y cyfan. Y mae Barns[78] a Stockmann[79] hwythau'n ystyried mai ffug Nestoraidd yw'r

---

[73] Dyfynnir yn Slessarev, *PJLL*, 41. Y mae traethawd yr Athro Alexander A. Vasiliev, *Prester John: Legend and History*, sy'n cynnwys 262 o dudalennau teipysgrif, yng nghadw yn Llyfrgell Ymchwil Dumbarton Oaks, Washington. Cyfeirir at yr Athro fel 'high authority'.
[74] *Abh*, 7, 876–7; gw. hefyd Slessarev, *PJLL*, 41.
[75] *ZFSL*, 43, 89.
[76] *The History of the Decline and Fall of the Roman Empire* (ed. J. B. Bury, London, 1914), VII.2–3.
[77] *Unknown Mongolia* (London, 1913), II.356.
[78] *ERE*, 10, 272b: 'the work of Nestorian imagination'.
[79] *CE* (1913), 12, 400b: 'This letter is probably a Nestorian forgery.'

llythyr, ond nid yw'r farn hon yn dderbyniol gan Hennig, er ei fod yn crybwyll fod Bruun yn arddel ei ddilysrwydd.[80]

(b) Cydnabod mai ffug ydyw
Dyma, ond odid, y farn fwyaf cyffredin, sef mai ffug llenyddol (ar wahân i bropaganda Nestoraidd) yw'r llythyr. Ni olyga hyn, o angenrheidrwydd, ymwrthod â holl chwedl y Preutur na chwaith â'r ymgais i ddarganfod cynsail hanesyddol iddo. Y mae Yule, er enghraifft, yn ei alw yn 'glaring fiction',[81] a chyffelyb yw barn Florovsky, 'an obvious literary fiction'.[82] Dywedodd Ross yntau ei fod yn 'one of the biggest literary hoaxes ever attempted'.[83] 'This famous literary fraud,' meddai'r Tad Aubrey Gwynn amdano.[84] Wrth sylwi bod y llythyr yn aml yn cael ei ddisgrifio fel 'forgery',[85] myn Ullendorf a Beckingham, fodd bynnag, fod hyn yn gamarweiniol, gan ei fod yn awgrymu twyll bwriadol.[86] Os twyllo oedd amcan yr awdur, meddent, byddai wedi ceisio cydymffurfio â'r confensiynau a berchid gan frenhinoedd a'u bath wrth ohebu â'i gilydd, ond nid oes arwydd yn y llythyr ei fod yn amcanu at hynny. Y tebyg yw na ddisgwyliai i'r darllenwyr gredu bod yr ohebiaeth wedi ei hanfon mewn gwirionedd gan y Preutur Siôn ei hun, fwy nag y tybiai Ofydd y byddai ei gyhoedd yntau'n synio bod Penelope wedi ysgrifennu at Wlysses yn Lladin a hynny yn y mesur elegeiog. Drachefn, fel y sylwyd eisoes,[87] awgryma Helleiner y gellir cymharu cynnwys y llythyr â ffuglen wyddonol ein hoes ni, yn gymaint â'i fod yn gyfrwng i fodloni dyhead cynhenid dyn am ddianc i fyd y dychymyg. 'Fiction' yn bendant felly, ac nid 'forgery' mohono.

(c) Ei ystyried fel ymarferiad llenyddol neu rethregol
Ategir y farn mai ffug cwbl ddiniwed heb unrhyw fwriad i dwyllo yw'r llythyr gan yr awgrym mai fel cyfansoddiad llenyddol[88] neu fel

---

[80] *TI²*, II.455.
[81] *MP³*, I.231.
[82] *EBr* (1969), 18, 480b.
[83] *TTMA*, 178–9.
[84] *Analecta Hibernica*, 294. 'Schwindelbrief' y gelwir y llythyr gan Hennig yntau, *TI²*, II.399.
[85] Cf. n.79 uchod; Thorndike, *HMES*, II.240; David Greene, *Celtica*, 2 (1954), 117.
[86] *HLPJ*, 4; hefyd Beckingham, *APJ*, 14.
[87] Gw. t.xiv.
[88] Beckingham, *APJ*, 14, 'the letter should be read as a work of literature and of imagination, though not necessarily of a high order'; Slessarev, *PJLL*, 38, 'The reader is confronted . . . by a literary exercise'.

ymarferiad yn un o ysgolion rhethreg yr oes honno y mae i'w ystyried. Cyffredin yn y rheini, yn ôl Faral,[89] oedd gosod cwestiwn yn gofyn am gyfansoddi llythyr dychmygol oddi wrth un person enwog at un arall tebyg. Gan fod hoffter yr Ymherodr Manuel o rwysg ac ysblander ac o'r twrnamaint yn hysbys ledled Ewrop,[90] a'r sôn am wychder a chyfoeth diarhebol y Preutur yntau eisoes yn prysur ymledu yno, nid afresymol yw cynnig dehongli'r llythyr hwn yn enw'r Preutur fel ffrwyth gweledigaeth a gawsai rhywun craffach na'i gilydd fod yma ddefnydd delfrydol at ei bwrpas a chyfle dihafal i roi ei ddychymyg a'i ddawn lenyddol ar waith. Ffaith sy'n sicr o fod yn ffafriol i'r cynnig hwn yw fod Finlay yn credu mai ar gyfoeth a rhwysgfawredd Manuel ei hun y mae disgrifiad y llythyr o deyrnas y Preutur wedi ei seilio.[91] Hefyd, ymddengys i Helleiner[92] fod ei awdur yn gyfarwydd ag arddull epistolaidd chwyddeiriog cangelloriaeth Bysantiwm. Yn wir, y mae ambell ran ohono'n darllen bron fel parodi o lythyrau a siartrau ymerodrol. Rhaid addef, er hynny, i'r awdur fod mor eofn â gwadu dwyfoldeb yr Ymherodr ac amau ei uniongrededd crefyddol ymhlith pethau eraill.

(ch) Y dehongliad alegorïaidd

Olschki piau'r ddamcaniaeth mai fel cyfansoddiad alegorïaidd y mae deall y llythyr, ac nad oedd i'w awdur honedig gynsail hanesyddol o gwbl nac i'w deyrnas hithau leoliad daearyddol.[93] Nid disgrifiad o wlad baradwysaidd yn yr ystyr gyffredin mohono, yn gymaint â phortread o gymdeithas ddelfrydol o bobl sy'n byw dan gyfundrefn boliticaidd neilltuol, sef theocratiaeth. Mewn gair, darn o lenyddiaeth iwtopaidd yw'r llythyr. Y mae'r awdurdod tymhorol ac ysbrydol yn nwylo delfryd o lywodraethwr, tra chadarn ei allu, ond gwylaidd ei ymagweddiad tuag at Dduw ac at

---

[89] *Romania*, 43, 369, 'Et, c'était un exercice ordinaire, dans les écoles de rhéteurs, de composer sur une question donnée la lettre fictive de tel personnage illustre a tel autre.' Teg yw nodi, fodd bynnag, mai am y Groegiaid y mae Faral yn sôn. Am enghrau o lythyrau dychmygol gw. t.xl.

[90] Cf. t.23, n.3, t.54, n.222.

[91] G. Finlay, *History of the Byzantine and Greek Empire* (Edinburgh, 1854), II.179. Cyfeiliornus yw'r syniad ym marn Hennig, *TP*², II.455.

[92] *Phoenix*, 13, 56. Gwelir, fodd bynnag, fod sylwadau Helleiner yma a than n.96 isod yn cydweddu â chred Finlay.

[93] Leonardo Olschki, 'Der Brief des Presbyters Johannes', *HZ*, 144, yn enwedig t.9 yml. Ailfynegodd ei ddamcaniaeth, gan ei hategu â rhagor o dystiolaeth, yn *Storia Letteraria delle Scoperte Geografiche* (Florence, 1937), 194–213.

ei ddeiliaid. Un o'i brif rinweddau yw goddefgarwch, canys dano y mae Cristnogion, Iddewon, Bragmaniaid, Amasoniaid ac eraill (eithriad amlwg yw Mwslimiaid) yn cyd-fyw'n gytûn wrth gyfundrefn ffiwdal.

Yn Ewrop, ar y llaw arall, yn y ddeuddegfed ganrif, darlun gwir apocalyptaidd o anhrefn gwleidyddol, anghydfod chwerw mewn byd ac eglwys, ac uchelgais hunanol a geid. Yn erbyn cefndir tywyll a digalon o'r fath, felly, yr ymddangosodd llythyr y Preutur, gan ddwyn llygedyn o obaith i'r sefyllfa drwy bortreadu undeb a chytgord mor wrthgyferbyniol ag y dichon fod i'r tryblith yn Ewrop. Yng ngwlad ryfeddol y Preutur, cwbl amhosibl fyddai'r cweryl ffyrnig rhwng yr Ymerodraeth a'r Babaeth, gan fod yr awdurdod seciwlar ac eglwysig yn cydgyfarfod yn yr un person; yn lle hynny, ceid heddwch parhaol a ffyniant cyffredinol di-dor. Dylid cofio nad oedd y syniad o gyfuno'r ddau fath o awdurdod mewn un person yn ddieithr o gwbl, oherwydd yr oedd arweinydd ysbrydol mwyaf y ganrif, Bernhard o Clairvaux, wedi ei bregethu a'i argymell yn daer. Drachefn, y mae gwlad y Preutur yn rhydd oddi wrth dri o ddrygau sydd, yn ôl Dante, yn llygru'r byd: balchder, cenfigen a thrachwant. Yr oedd y tri yn uchel eu pennau yn Ewrop ar y pryd. Esbonnir eu habsenoldeb hwy a'u tebyg yng ngwlad y Preutur gan y berchenogaeth gyffredin ar eiddo yno. Amcan y llythyr, yn fyr, yw dysgu amgenach pethau i Ewropeaid a gwella eu moesau. Trawodd ei gyfansoddwr ar gynllun diguro i yrru ei genadwri adref, sef traethu ei syniadau iwtopaidd ef ei hun yn enw'r Preutur. Cysylltid hwnnw â pharthau digon pellennig ac anhysbys fel y gallai'n ddiogel dadogi'r syniadau hyn arno. I gyfleu ei neges dewisodd hefyd gyfrwng llenyddol a oedd cyn sicred â'r un o ddenu darllenwyr, sef yr epistol. Rhaid addef bod y llythyr yn orlawn o ryfeddodau o bob math, ynghyd â'r ormodiaith fwyaf anhygoel. Nid yw hyn, fodd bynnag, ond rhan o grefft lenyddol yr awdur, tric bychan i ddenu sylw. Hefyd, ennill clust a chyffroi cydwybod yw diben y dôn herfeiddiol ac ymffrostgar sydd i rai rhannau o'r llythyr.

Dyna'n fras iawn swm a sylwedd dadl Olschki dros y dehongliad alegorïaidd neu iwtopaidd y mae'n ei gynnig.[94] Beirniadaeth Hennig arno yw ei fod braidd yn rhy gywrain i'n hargyhoeddi.[95] Os oedd gan awdur y llythyr amcan dyngarol mewn golwg fel y myn

---

[94] Amlinellir ei ymresymiad yn llawnach yn y traethawd gwreiddiol, tt.xxi–xxv.
[95] *TP*², II.450.

Olschki, meddai, yna y mae cynnwys yr ohebiaeth yn boenus o anghydnaws â hwnnw, gan ei fod yn rhy blentynnaidd i feddwl cymhwyso ato esboniad athronyddol o'r fath. Nid drwy ysgrifennu truth politicaidd celwyddog fel hyn y byddai'r llythyrwr debycaf o sylweddoli diben aruchel felly. Beirniadol yw Helleiner yntau ohono (neu'n fwyaf arbennig, efallai, o sylwadau Nowell, sy'n ategu dehongliad Olschki), ond am reswm gwahanol.[96] Ni all ef weld bod y llythyr yn cynnwys 'barbed remarks about the condition of Christianity in Europe' na'i fod yn awgrymu 'projects of moral and social betterment', ac os oedd awdur y llythyr yn bwriadu anelu beirniadaeth at unrhyw un o gwbl, nid at y Pab nac at yr Ymherodr Ffredrig nac at yr un o lywodraethwyr eraill Ewrop y gwnâi hynny, ond at Manuel Comnenus.

(d) Gwers mewn moesoldeb
Tebyg i'r eiddo Olschki i raddau yw'r ddamcaniaeth a gynigir gan ysgolhaig diweddar, Ulrich Knefelkamp, yn gymaint â'i fod yntau'n credu bod y llythyr yn cynnwys gwers mewn moesoldeb yn anad unpeth arall.[97] Yn ei farn ef, cyfansoddiad o natur *Fürstenspiegel* ydyw, drych neu bortread o'r llywodraethwr delfrydol a fwriadwyd i'w ddal gerbron arweinwyr tymhorol ac ysbrydol yr oes honno yn arbennig, sef yr Ymerodron Manuel Comnenus a Ffredrig Farfrudd a'r Pab Alecsander III. Os derbynnir dehongliad Knefelkamp, gellir dweud bod y llythyr yn pwysleisio sylw Awstin (*De Civitate Dei*, 24) nad dedwydd yr un pennaeth ond a lywodraetho'n deg ac uniawn.

Drachefn, ym marn Florovsky,[98] er hynoted dogfen ydyw, y mae i'r llythyr bwrpas difrif, sef dysgu gwers mewn gwyleidd-dra i lywodraethwyr y Gorllewin a'u ceryddu am eu rhwysg a'u rhodres. Cytuna Helleiner yntau.[99] Os oedd i awdur y llythyr gymhellion politicaidd o gwbl, meddai, gall mai un ohonynt oedd dymuno torri crib ymherodr Caergystennin a hynny drwy glodfori llywodraethwr Cristnogol arall a oedd yn tra rhagori mewn grym a rhinwedd. Yn ddi-ddadl, y mae portread y Preutur ohono'i hun fel patrwm o deyrn – a oedd er hynny'n fodlon ar y teitl syml 'offeiriad' – ac o'i wlad fel math o baradwys ddaearol yn

---

[96] *Phoenix*, 13, 57.
[97] *JMH*, 14, 348.
[98] *EBr* (1969), 18, 480b.
[99] *Phoenix*, 13, 56.

gondemniad llym *ipso facto* ar bob balchder ac uchelgais brenhinol ac ymerodrol.

(v) *Awduriaeth y llythyr*

(a) Awduriaeth ddwyreiniol
Sylwyd eisoes fod un ysgol yn credu mai propaganda o eiddo'r cenhadon Nestoraidd yw'r llythyr, ac y mae Oppert yntau o'r farn mai un o'r Cristnogion hynny a'i cyfansoddodd.[100] Y mae'r dyfyniadau a'r cyfeiriadau Beiblaidd, meddai, yn profi ei fod yn Gristion yn y lle cyntaf, tra ceir awgrym cryf mai Nestoriad ydoedd yn y bri a esyd ar yr offeiriadaeth ac yn y cyfeiriad at amlwreiciaeth.

Er bod Zarncke yn barnu na chafodd y llythyr fawr o groeso yn Bysantiwm,[101] ymddengys yn debygol i Letts mai yng nghyfeiriad y Dwyrain y mae olrhain ei darddiad.[102] Seilir ei dyb ar y ffaith mai yno yn rhywle y cychwynnodd stori Patriarch yr Indiaid, a dod o Fysantiwm i Rufain. Dichon hefyd fod awdur y llythyr yntau wedi cael peth ysbrydiaeth wrth gofio ddarfod argyhoeddi'r Pab Calixtus gan druth y Patriarch. Barn Meyer,[103] drachefn, yw y geill yn hawdd mai Gorllewinwr yn preswylio yn y Dwyrain oedd yr awdur, oherwydd ar gyfer Gorllewinwyr y bwriedid y cynnwys.

(b) Awduriaeth Roegaidd
Er gwaethaf tystiolaeth rhai llawysgrifau mai Groeg oedd iaith y gwreiddiol, anodd, onid amhosibl yn wir, yw credu mai Groegwr a'i cyfansoddodd gan mor drahaus a dilornus yw agwedd yr awdur at dderbynnydd ei lythyr ac at y Groegiaid. Y mae'r cyfarchiad, i gychwyn, yn sarhaus. Fe'i cyflwyna'r awdur ei hun fel *rex regum terrenorum et dominus dominantium*, ond y mae'n cyfarch Manuel yn ddiraddiol fel *Romeon gubernator* – teitl swyddogol yr Ymherodr oedd βασιλεὺς καὶ αὐτοκράτωρ Ῥωμαίων. Cyfeiria at anrhegion diplomyddol Manuel iddo ef fel *quaedam ludicra et iocunda*, a *Graeculi tui* y geilw ei ddeiliaid. Y mae'n gwadu

---
[100] *PJSG*, 57.
[101] Gw. t.xci, n.21.
[102] *N & Q*, 188, 266.
[103] Dyfynnir yn Langlois, *VFMA*, III.55, 'Cet apocryphe peut bien avoir été fabriqué en Orient par un Latin; c'est sur les Latins, sur les Occidentaux, que le faussaire voulait agir.'

dwyfoldeb yr Ymherodr, yn ei atgoffa o'i feidroldeb, ac yn amau ei uniongrededd. I goroni'r cyfan, y mae'n cynnig ei benodi'n bentrulliad neu'n brif oruchwyliwr ei lys.[104] Daw ymherodr-addoliaeth y Groegiaid hefyd dan ei lach.

(c) Awduriaeth orllewinol

Ar ddiwedd y fersiwn Lladin o'r llythyr sy'n cynnwys rhyngosodiad E, ceir coloffon: *Explicit liber sive Istoria presbiteri Iohannis, quae translata fuit de Graeco in Latinum a Christiano Maguntino archiepiscopo.*[105] Gesyd Marinescu gryn bwys ar y dystiolaeth hon, gan ei bod, meddai ef, yn gyfoes â'r archesgob ei hun.[106] Ond nid yw hynny'n gywir, oblegid bu farw yr Archesgob Christian yn 1183, eithr nid cyn ail hanner y drydedd ganrif ar ddeg yr ymddangosodd rhyngosodiad E.[107] Gan na ddarganfuwyd y

---

[104]Nid yw'r cynnig hwn yn ymddangos mor haerllug yng ngoleuni nodyn tra pherthnasol gan Helleiner (gan gyfeirio at gyfrol o waith Treitinger), *Phoenix*, 13, 48: 'In order to savour the implications of this offer it is necessary to recall that the conferring of high court titles upon foreign princes was one of the favourite methods used by the Byzantines to maintain the fiction that theirs was an oecumenical empire, and that all other States were, strictly speaking, mere provinces.'

[105]Zarncke, *Abh*, 7, 924.

[106]*BAR*, 10, 76, 'J'observerai aussi que cette lettre, fabriquée peu de temps avant 1177, a dû avoir comme auteur Christian, archevêque de Mayence (entre 1165 et 1183) ... En effet, il est désigné dans une serie de manuscrits de *son vivant même* [yr awdur biau'r italeiddio] comme étant le traducteur de la lettre du grec en latin.'

[107]Y mae Zarncke, *Abh*, 7, 897, yn amseru rhyngosodiad D tua chanol y 13 g., gan fod E yn ogystal wedi ymddangos cyn ei diwedd. Gwelir bod sylw Thorndike, *HMES*, II.240, n.3, yn hollol gywir: 'Only from the thirteenth century on, I think, is Christian ... sometimes said to have translated it from Greek into Latin.'

Credaf imi lwyddo i ddarganfod sut y bu i Marinescu gamamseru tystiolaeth y llsgrau ynglŷn â Christian fel cyfieithydd y llythyr. Y mae'n cyfeirio yn y cysylltiadau at Zarncke, *Abh*, 7, 901, lle y dywedir am ryngosodiad E y noddweddir ef gan 'ein Explicit, in welchem ... der Erzbischof Christian von Mainz (1165-83), der bekannte Diplomat Friedrich I, der Nachfolger Conrads *bereits bei dessen Lebzeiten* [myfi biau'r italeiddio] als der Uebersetzer des Briefes aus dem Griechischen in das Lateinische gennant wird'. Y mae'n amlwg ddigon fod Marinescu wedi cysylltu'r cymal a italeiddiwyd â'r hyn sy'n dilyn, yn hytrach nag â'r hyn sy'n blaenori, fel y dylasai. Yn wir, y mae'r frawddeg sy'n dilyn y dyfyniad uchod o'r *explicit* yn awgrymu'r dehongliad cywir: 'Iste Christianus superpositus fuit Chunrado archiepiscopus', gw. Zarncke, loc. cit., 924.

Ymroes yr Archesgob Conrad, ar ôl marw y Pab Victor IV, i gymell yr Ymherodr i gymodi â'r Pab Alecsander III, ond yn ofer. Penderfynodd Barbarossa ar bolisi cwbl groes i hynny, sef, nid yn unig ymrwymo drwy lw i lynu wrth y Pab Paschalis III, ond hefyd mynnu bod holl arweinwyr yr Almaen yn cymryd llw cyffelyb. O ganlyniad, ffodd Conrad o'r Almaen, ac etholwyd Christian yn olynydd iddo ym Medi 1165. Gw. *Allgemeine Deutsche Biographie* (Leipzig, 1876) 4, 168.

gwreiddiol Groeg honedig yn llenyddiaeth Bysantiwm, y mae'n rhaid, ebe Marinescu ymhellach, mai awdur ac nid cyfieithydd y llythyr oedd Christian.[108] Sail yr haeriad hwn yw fod y cyfeiriadau Beiblaidd sydd ynddo yn rhagdybio gŵr eglwysig, a bod y swyddi yn llys y Preutur yn dwyn i gof swyddi dugiol Ymerodraeth yr Almaen: Atod.I, 7 *maiorem et digniorem domus nostrae*; 98 *dapifer, pincerna, camerarius, marescalcus.* Gwrthwynebir yr ensyniad hwn o'r eiddo Marinescu yn bendant iawn gan Hennig.[109] Disynnwyr hollol, medd ef, yw ystyried y cyfansoddiad ffôl a chymysglyd hwn yn waith yr Archesgob Christian, gŵr a fu'n Ganghellor yr Almaen ac a oedd nid yn unig yn flaenllaw mewn cylchoedd eglwysig ond hefyd yn wleidydd gyda'r galluocaf ac yn rhyfelwr o fri. Nid ymdrinnir o ddifrif yn unman yn y llythyr â materion politicaidd na milwrol, eithr pe byddai wedi ei gyfansoddi gan Christian fe welid ynddo 'balf y llew' yn amlwg ddigon yn rhywle neu'i gilydd. A pha gymhelliad a fyddai'n debyg o ysgogi'r archesgob i ysgrifennu truth fel hwn, nad oes ynddo ddim ond ias a chyffro? Gwyddom, fodd bynnag, fod yr archesgob yng Nghaergystennin ar berwyl diplomataidd dros yr Ymherodr Barbarossa yn 1170,[110] ac eddyf Hennig y gallai'n hawdd fod wedi cael copi o'r llythyr pan oedd yn llys Manuel; o leiaf, yr oedd ganddo gystal siawns i'w gael ag a oedd gan fwtler William de Ver.[111] Dichon hefyd mai Christian a'i dug i sylw Barbarossa, a hynny o bosibl yn ôl dymuniad Manuel. Nid yw

Cyflwynir *haeriad* Marinescu mai Christian yw awdur y llythyr fel *ffaith* ddiymwad, ychydig flynyddoedd yn ddiweddarach, gan Charles de la Roncière, *La dècouverte de l'Afrique au moyen-âge* (Cairo, 1929), I.57 yml.

[108] Gw. n.106. Y mae ysgolheigion diweddar fel Gosman a Knefelkamp hwythau o'r farn mai clerigwr o orllewin Ewrop a chanddo gysylltiadau amlwg â'r Almaen yw'r awdur; gw. *SC*, 28 (1994), 153.

[109] *TP²*, II.452–3; *Universitas*, 10, 1263. Dyma'r portread o'r Archesgob a geir yn *NBG*, X.436–7: 'Ce Christian était un fougueux et joyeux seigneur, qui dépensait plus pour ses femmes et ses chevaux que l'empereur pour toute sa maison. Son armée se composait de prêtres et de femmes, qui montaient à l'assaut à l'envi les uns des autres; du reste, c'était un juge intègre, qui au besoin brisait lui-même la mâchoire aux gens qu'il trouvait en faute, et un valeureux chevalier, que l'on apercevait partout où il y avait du danger, couvert de son justaucorps violet et de son casque d'or, et tenant à la main sa massue de guerre, dont il assommait l'ennemi.'

[110] *MGH Script*, XVI.23, Crist[i]anus archiepiscopus, legatus imperatoris, Greciam proficiscitur, pluresque reliquias sanctorum reportavit (*Annales Sancti Petri Erphesfurdenses*, sub anno 1170).

[111] Ond gw. t.xxv.

Hennig yn amharod chwaith i ganiatáu mai'r archesgob, efallai, a gyfieithodd y llythyr i'r Lladin (a bwrw, wrth reswm, mai cyfieithiad ydyw). Geill mai rhyw ŵr distadl yw'r awdur, a hwnnw, y mae'n fwy na thebyg, yn cael hwyl a boddhad wrth greu tipyn o gyffro yn y byd.[112] Y mae'n arwyddocaol, wedi'r cyfan, fod nifer o ysgolheigion mewn amrywiol wledydd y tu allan i'r Almaen yn tueddu'n gryf i gredu, fel Marinescu, mai'r Archesgob Christian yw'r awdur. Er enghraifft, dywaid Ross, 'the Archbishop must be regarded at least as suspect',[113] a barn Cerulli yw fod y llythyr yn ymddangos yn debyg i'w waith ef.[114]

Deil Nowell mai gwaith Ewropead yw'r llythyr,[115] a chyffelyb yw barn Thorndike:

> This letter even in its earliest and briefest form seems without doubt a western forgery and bears the marks of its Latin origin, since . . . the writer indulges in a sneer at Greek adoration of the emperor and is unable to conceive of Prester John except as a feudal overlord with the usual kings, dukes and counts, archbishops, bishops and abbots under him.[116]

Yn sicr, rhaid cytuno â Thorndike, oherwydd fe geir yn y llythyr sylwadau yr ymddengys yn deg eu hystyried yn adlewyrchiad o gefndir ffiwdal yr awdur. Wrth sôn am ddynion yn casglu gro'r afon sy'n feini gwerthfawr a gemau, dyma a ddywedir (ll.144–9):

> Ac ny lyuassant wy werthu y rei hynny hyt pann y mynaccont yn gyntaf y'n arderchogrwyd ni. Ac or mynnwn ni eu hattal hwy ym plith yn heurgrawn ni, ni a'e kymerwn ac a rodwn vdunt hanner eu gwerth. Onys mynnwn ynhev, ryd yw vdunt wy y gwerthu yn y lle y mynnont.[117]

---

[112] *Universitas*, 10, 1263. Y mae Hennig yn camsynied, fodd bynnag, wrth gymhwyso ymadrodd Olschki, *HZ*, 144, 1, 'ein Schwärmer oder ein Besessener' ('ffanatig neu un a chythraul ynddo'), at awdur y llythyr; am 'Batriarch yr Indiaid' (gw. t.xiii uchod) y mae Olschki yn sôn.
[113] *TTMA*, 179.
[114] *EItal*, 28, 217b.
[115] *Speculum*, 28, 436, 'It has long been recognized as the work of a European, for the author's background peeps out in many places.'
[116] *HMES*, II.240–1.
[117] Cf. (13 g.) *LII*, 23, 'Try peth ne dele taeauc y werthu hep ganhyat y arglued: amvs a mel a moch . . . ac onys pryn e arglued, guerthet ef e ford e menho.' Gw. hefyd D. Jenkins, *Cyfraith Hywel* 18. Ynglŷn â ffiwdaliaeth, gw. *PKM*, tt.xxxi–ii.

Gan fod rhai llawysgrifau'n honni mai Manuel a drosglwyddodd y llythyr i Ffredrig,[118] awgryma Thorndike[119] y posibilrwydd fod a wnelai Anselm, esgob Havelberg rhwng 1129 a 1155, ac archesgob Ravenna o hynny hyd ei farw yn 1158, rywbeth ag ef. Gwyddys bod yr esgob yng Nghaergystennin yn 1154.[120]

Eto, tybed a fyddai'n rhy fentrus lled-awgrymu y gallai Otto o Freising fod â llaw yng nghyfansoddi'r llythyr? Ar ddechrau hwnnw ceir y sylw hwn: *Nuntiabatur apud maiestatem nostram, quod . . . mentio altitudinis nostrae erat apud te.* Os oes arwyddocâd neilltuol i'r geiriau hyn, byddai gan Otto yn anad neb le i gredu bod sôn am y Preutur wedi cael digon o gyfle i ddod i glustiau Manuel yn y cyfamser – onid oedd Otto ei hun wedi helpu i ledaenu gwybodaeth amdano er 1145, amryw flynyddoedd ynghynt? Beth am esgob Gabala wedyn? Cyfeiriwyd ato ef eisoes ar ddechrau'r bennod hon (gw. n.2). Gan iddo ddod i Viterbo i erfyn am gymorth i Gristnogion y Tir Sanctaidd yn eu sefyllfa argyfyngus, naturiol fyddai iddo geisio cryfhau ei apêl a denu gwŷr i chwyddo rhengoedd y Croesgadwyr drwy eu sicrhau bod y Preutur Siôn yntau'n bwriadu arwain llu mawr i ddarostwng gelynion y Groes.[121] Yn ôl hyn, felly, gellid ystyried bod i'r llythyr bwrpas fel propaganda o blaid y Croesgadau (cf. n.42, t.29; n.173, t.48). Os gwiw bwrw amheuaeth ar Christian, archesgob a gwleidydd praff, nid yw'n llawn mor rhyfygus drwgdybio'r esgobion, ac un ohonynt hwythau'n hanesydd cyfrifol! Fel y digwydd, buont farw ill dau, a'r Archesgob Anselm yntau, yn yr un flwyddyn, sef 1158, ac os oedd a wnelai un ohonynt hwy â'r llythyr, golyga hyn fod yn rhaid ei amseru ychydig, ond nid llawer, ynghynt na'r adeg a ystyrir yn gyffredin yn fwyaf tebygol, sef tua 1165.

Erys un pwynt arall sy'n werth ei grybwyll. Os gwaith awdur gorllewinol oedd y llythyr, odid fawr, medd Letts,[122] na fyddai'r Pab yn gwybod hynny. Felly, os maentumir mai'r Preutur oedd derbynnydd bwriadedig yr ohebiaeth a anfonodd Alecsander o'r

---

[118] Gw. t.xxv.
[119] *HMES*, II.240, n.3. Ymddengys, fodd bynnag, fod ymweliad Anselm â Chaergystennin braidd yn rhy gynnar i gyfiawnhau'r awgrym.
[120] *Neue Deutsche Biographie*, I.309.
[121] Anodd credu, fodd bynnag, y byddai'r union berson a adroddasai yn 1145 am ymdaith aflwyddiannus y Preutur tua Jerwsalem yn cyfeirio oddeutu 1165 at *fwriad* y brenin-offeiriad i amddiffyn bedd Crist.
[122] *N & Q*, 188, 266.

Rialto yn 1177,[123] ymddengys nad oedd yn drwgdybio neb yn y Gorllewin o ffugio'r llythyr. Gan nad oes sicrwydd fod a wnelo gohebiaeth y Pab ddim oll â'r Preutur, fodd bynnag, tanseilir ymresymiad Letts i raddau helaeth.

(vi) *Y ffurf a'r ffynonellau*

Mewn llawysgrifau o'r nawfed a'r ddegfed ganrif ceir gweithiau, llawer cynharach hyd yn oed na hynny, sy'n ymwneud â rhyfeddodau'r byd. Ymhlith yr enwocaf y mae eiddo Philo o Bysantiwm *De Septem Orbis Spectaculis*. Un arall mor adnabyddus ag yntau yw *De belluis et monstris* neu *Liber monstrorum*, a gyfansoddwyd tua diwedd y seithfed ganrif.[124] Pwysicach yn y cyswllt hwn, fodd bynnag, yw'r ffaith fod ar gael enghreifftiau o adrodd rhyfeddodau ar ffurf llythyr a hynny (fel gwaith Philo) yn yr iaith Roeg. Un ohonynt yw'r llythyr at yr Ymherodr Hadrian ynghylch rhyfeddodau Asia,[125] ac un arall yw llythyr Alecsander at Aristotlys ynghylch rhyfeddodau India.[126] Y mae'n hysbys ddigon mor awchus oedd y Groegiaid bob amser am y fath lenyddiaeth, sef chwedlau gwyrthiol am ryfeddodau a hynodion gwledydd dieithr, a'r rheini'n aml ar ffurf llythyrau dychmygol.[127] Hefyd, fel y sylwa Faral,[128] ystyrient er yn gynnar iawn fod yr epistol yn gyfrwng llenyddol addas i draethu ar athroniaeth, meddygaeth, gwleidyddiaeth, moes a chyffelyb bynciau. Ategir hyn gan ysgolheigion diweddar:

> The fictitious letter was a recognized literary genre, which was used for entertainment, for instruction, especially but not exclusively moral

---

[123]Gw. tt.xix–xx uchod.

[124]Langlois, *VFMA*, III.44.

[125]Gw. *Romania*, 43, 199 yml., 353 yml. Perthyn hwn i'r 8 g. neu i'r 9 g., ac yn ddiweddarach ymddengys ei gynnwys yn nhrydedd ran *Otia Imperialia* Gervase o Tilbury, ond wedi ei ddiosg o'i ffurf epistolaidd.

[126]Cyhoeddodd Pfister destun Lladin o'r 11 g., *KTA*, 21–37. Ceir testun Lladin arall o'r 12 g. yn *Three Old English Prose Texts* (ed. Rypins, EETS, No. 161), 79–100; gw. yr ymdriniaeth yno, t.xxxiii.

[127]Ceir yr adwaith anochel yn *Vera Historia* Lucian o Samosata (*c*.115–*c*.200), sy'n barodi o chwedlau anhygoel hen ysgrifenwyr, gw. Harvey, *The Oxf. Comp. to Class. Lit.* (reprint, 1951), 246b.

[128]*Romania*, 43, 368, 369.

instruction, or for propaganda ... Such letters might be used for serious purposes in negotiations, even when it was known that they were not authentic.'[129]

Ystyrir yn awr brif ffynonellau llythyr y Preutur.

(a) Chwedlau Sinbad
Yn hanes chweched mordaith Sinbad,[130] ceir llythyr oddi wrth Frenin Serendib at y Califf Haroon al Rusheed. Wele un trosiad Saesneg ohono:

> The king of the Indies, before whom march one hundred elephants, who lives in a palace that shines with one hundred thousand rubies, and who has in his treasury twenty thousand crowns enriched with diamonds, to caliph Haroon al Rusheed.
> Though the present we send you be inconsiderable, receive it however as a brother and a friend, in consideration of the hearty friendship which we bear for you, and of which we are willing to give you proof. We desire that same part in your friendship, considering that we believe it to be our merit, being of the same dignity with yourself. We conjure you this in quality of a brother. Adieu.[131]

Awgryma Oppert[132] ei bod yn bosibl mai dyma'r cnewyllyn y datblygodd llythyr y Preutur ohono. Heblaw fod y naill a'r llall yn sôn am anfon anrhegion,[133] gwelir ar unwaith fod y ddau yn yr un cywair ymffrostgar a thrahaus.

Y mae'n arwyddocaol hefyd fod tebygrwydd amlwg o ran natur y cynnwys rhwng 'Mordeithiau Sinbad' a llythyr y Preutur mewn amrywiol fannau heblaw yn yr epistol dan sylw. Heb sôn am y disgrifiadau diddiwedd o gyfoeth ac ysblander diarhebol a'r ormodiaith sydd mor nodweddiadol o'r naill a'r llall, sylwer yn arbennig ar a ganlyn:

(i) Edrydd Sinbad wrth y califf yr hanes isod am y brenin Indiaidd a anfonasai'r llythyr a'r anrhegion ato:

---

[129] Ullendorf and Beckingham, *HLPJ*, 4.
[130] Amserir Chwedlau Sinbad cyn gynhared â 950, o leiaf; gw. Oppert, *PJSG*, 54.
[131] *The Arabian Nights Entertainment* (London, 1890), I.32–3.
[132] *PJSG*, 54–7.
[133] Cf. hefyd lythyr Darius at Alecsander, *MGH Script*, VI.64, *Direxi autem tibi speram et curvam virgam cantharamque auream, ut exerceas et cogites iocandi causam*. Gw. hefyd dud. 27 isod.

On the day of his public appearance, a throne is set for him upon a huge elephant, eleven cubits high, and he sitteth upon it, having with him his chief officers and pages and guests, standing in two ranks, on his right and on his left. At his head standeth a man having in his hand a golden javelin, and behind him a man in whose hand is a great mace of gold, at the top of which is an emerald a span in length, and of the thickness of a thumb. And when he mounteth, there mount at the same time with him a thousand horsemen clad in gold and silk; and as the King proceedeth, a man before him proclaimeth, saying, This is the King of great dignity, of high authority! And he proceedeth to repeat his praises . . . at the end of his panegyric saying, This is the King the owner of the crown the like of which neither Suleyman nor the Mihraj possessed! Then he is silent; and one behind him proclaimeth, saying, He will die! Again I say, He will die! Again I say, he will die![134]

Fel y sylwa Oppert,[135] cyfetyb yr hanes hwn o ran sylwedd i'r adran honno o lythyr y Preutur sy'n sôn amdano'n ymdeithio'n heddychlon, gan beri dwyn dau lestr o'i flaen, y naill yn llawn o aur, fel y gwypo pawb ei fod yn frenin y brenhinoedd, a'r llall yn llawn o bridd, er ei atgoffa ef ei hun o'i farwoldeb. Nid anghyffredin o gwbl yn yr hen lenyddiaeth mo'r sôn am atgoffa dyn, ac yntau yn anterth ei nerth a'i rwysg, o freuder bywyd a sicrwydd marwolaeth.[136]

(ii) Yn llythyr y Preutur sonnir am eryrod yn cludo meini gwerthfawr: Atod.I, 29 *Ibi sunt lapilli . . . quos frequenter ad partes nostras deportare solent aquilae.* Ceir mwy nag un esboniad ar ddiddordeb yr adar hynny mewn amrywiol feini,[137] ond yn 'Ail Fordaith Sinbad', mewn chwedl y gellir ei holrhain i *De Gemmis*,[138] sef traethawd o waith Epiphanius a gyfansoddwyd tua 394, ceir eglurhad hollol wahanol, a hwnnw, y mae'n amlwg, sy'n gweddu

---

[134]E. W. Lane, *The Thousand and One Nights* (1859), III.68.
[135]*PJSG*, 56.
[136]Cf. R. Hole, *Remarks*, 207, 'The author might have derived a hint from which a slave in the Roman triumph usually inculcated on the Conqueror: "Respice post te; hominem te esse memento!" Or from a circumstance in Grecian History, where we find that a page belonging to Philip of Macedon addressed him every morning with these words: "Remember, Philip, thou art mortal".'
[137]Gw. tt.37–8, n.111.
[138]*Epiphanius de Gemmis*, ed. Blake, de Vis, *Studies and Documents*, II (London, 1934), 117–18; *Corp. Script. Eccles. Lat.*, XXXV (2), 753.

yng nghyd-destun y llythyr.[139] Dyma gyfieithiad Lane o'r chwedl fel yr ymddengys yn hanes Sinbad:

> I remembered a story that I had heard long before from certain of the merchants and travellers . . . that no one can gain access to the diamonds, but that the merchants who import them know a stratagem by means of which to obtain them: that they take a sheep, and slaughter it, and skin it, and cut up its flesh, which they throw down from the mountain to the bottom of the valley: so, descending fresh and moist, some of the stones stick to it. Then the merchants leave it till midday, and birds of the large kind of vulture and the aquiline vulture descend to that meat, and, taking it in their talons, fly up to the top of the mountain; whereupon the merchants come to them, and cry out at them, and they fly away from the meat. The merchants then advance to that meat, and take from it the stones sticking to it . . . And no one can procure the diamonds but by means of this stratagem.[140]

(iii) Y mae'r Preutur yn sôn (Atod.I, 38) am afon danddaearol a'i gro'n emau. Dywaid Sinbad yntau iddo gasglu cyflenwad o'r 'large pearls that were like gravel', a'u llwytho ar ei ysgraff cyn hwylio ar yr afon a darganfod yn y man ei bod yn diflannu o dan y mynydd.[141]

(b) Y 'Llythyr at Hadrian'
Ceir yn hwn gatalog anhygoel o ryfeddodau, yn amrywio o fodau dynol ac anifeiliaid chwedlonol mwy erchyll na'i gilydd hyd at eliffantod, meini gwerthfawr, y ffenics, a môr sydd mor gythryblus fel na ellir hyd yn oed edrych arno, heb sôn am ei groesi. Hefyd, cytuna llythyr y Preutur ac yntau ynglŷn â'r dull o gynaeafu pupur. Cymharer Atod.I, 25 â fersiwn A, XII, 2 gan Faral, o lawysgrif sy'n perthyn i'r nawfed neu'r ddegfed ganrif:

> Ibi nascitur multitudo piperis, quod idem serpentes custodiunt; homines vero . . . sic colligunt: cum maturum fuerit, incendunt eadem loca, et

---

[139] Cysylltir y chwedl â gwlad y Preutur yn 'Adroddiad Elyseus', a amserir cyn 1196; gw. Zarncke, *Abh*, 8, 125.
[140] Lane, *The Thousand and One Nights*, 19; gw. hefyd sylwadau'r cyfieithydd, tt.88–90.
[141] Ibid., 64–5, a gw. t.101, n.83.

serpentes sentientes ignem fugiunt et sub terra se mittunt merito propter flammam.[142]

Eto, yn fersiwn A, XXVII, 2, disgrifir yn gryno ddau lys tebyg i'w gilydd (*edes due similes*),[143] a cheir yn llythyr y Preutur ddisgrifiadau helaethach o'i ddau lys yntau (Atod.I, 56–63, 76–96).

(c) Hanes chwedlonol Alecsander
Ar wahân i'r cyfeiriadau arferol at anifeiliaid naturiol a chwedlonol, dengys y gymhariaeth a ganlyn fod graddau helaeth o debygrwydd rhwng *Llythyr Alecsander at Aristotlys* a llythyr y Preutur Siôn:

Llythyr y Preutur (Atod.I)		*Llythyr Alecsander*[144]	
25	terra... plena... serpentibus	32.18–19	loca serpentibus plena
31	diversa genera piscium ad comedendum gratissima et sapidissima	36.20–2	vermes, quos de ipso flumine traxerunt... melior erat sapor illorum de omni pisce
40	Nutriuntur... in terra illa pueri in aqua	30.35–8	feminas et masculos... in fluminibus habitantes
47	(disgrifiad o'r llu)	cf.22.26 yml., 24.35 yml.	
53	et omnes armati sunt propter tyros et alios serpentes	25.13–19	Precepi, ut omnes armati sequerentur... quia per loca deberemus abire, quae plena erant de bestiis et serpentibus
57	(disgrifiad o lys y Preutur)	cf. 22.30 yml. (disgrifiad o lys Porus)	
67–8	speculum praecelsae magnitudinis, ad quod per CXXV gradus ascenditur. Gradus vero sunt de porfiritico	41.8–9	habebat ipse mons grados duo milia quingenti ex saffiro

---

[142]*Romania*, 43, 205.
[143]Ibid. t.212; cf. Jessie Crosland, wrth sôn am 'Roman de Thèbes', *Medieval French Literature* (Oxford, 1956), 73: 'Descriptions of palaces, of temples, of the Capitol with its whispering gallery... of the tomb of Pallas – all these were fully in accord with the taste of the time.'
[144]Pfister, *KTA*, 21 yml.

Wrth fynd heibio, sylwn ar y tebygrwydd rhwng moesau deiliaid y Preutur a moesau'r Bragmaniaid, y sonnir amdanynt mewn testun arall a geir gan Pfister,[145] sef 'Llythyr Dindimus at Alecsander':

	Llythyr y Preutur (Atod.I)	*Llythyr Dindimus*	
51	Inter nos nullus mentitur, nec aliquis potest mentiri	14.19-20	per simplicitatem omnia dicimus, quae nunquam nos permittit mentiri
52	Omnes sequimur veritatem		
52	Adulter non est inter nos	12.5	adulteria nulla committimus
52	Nullum vicium apud nos regnat	11.21	nulla peccata facimus
		12.5-6	nec aliquod vitium facimus.

Cymharer hefyd:

64	Mulieres . . . non accedunt ad nos nisi causa procreandorum filiorum	(Fersiwn Saesneg)[146] Ne wit þam we comon noȝte bi-cause of luste of lecherye, bot bicause of childre getynge

Drachefn, mewn cerdd ramantus yn ymwneud ag Alecsander, cyfeirir at Ffynnon Ieuenctid, y sonnir amdani hefyd yn llythyr y Preutur (Atod.I, 27-8). Cymharer yn arbennig y llinellau a ganlyn o'r gerdd honno:

> hom qui a vi[xx] ans, de noient ne vus ment,
> se une fois bagne et en l'iave descent,
> en l'age de xxx. ans revient hastivement.[147]

---

[145] Ibid., 11-16. I fod yn deg, fodd bynnag, dylid nodi bod gwahaniaeth sylweddol weithiau rhwng y ddau lythyr, e.e.: Atod.I, 2-3 *cognovimus, quod quaedam ludicra et iocunda volebas nobis mittere . . . Etenim si homo sum, pro bono habeo* / 13.32 *Nullos iocos amamus*; Atod.I, 9 *praecello in omnibus divitiis* (gw. hefyd 46 a 50) / 11.13 *Divitias non amamus*; Atod.I, 9 *Septuaginta duo reges nobis tributarii sunt*; ibid., 41, *X tribus Iudaeorum . . . servi tamen nostri sunt*; ibid., 55, *Dominamur Amazonibus et etiam Pragmanis*; ibid., 73, *serviunt nobis reges VII* / 12.22-5, *Nullum hominem in servitio nostro habemus; non dominamur super homines, qui sunt nostri similes. Alioquin crudelitas est premere hominem ad servitium.*

[146] *The Prose Life of Alexander*, ed. J. S. Westlake (EETS, O.S., No. 143; London, 1913), 80.

[147] *Li Romans d'Alixandre par Lambert li Tors et Alexandre de Bernay*, ed. Michelant (Stuttgart, 1846), 332; gw. hefyd P. Meyer, *Alexandre le Grand* (Paris, 1886), II.183-5.

Yn olaf, ymddengys thema marwoldeb a gwaelder dyn unwaith eto yn *The Prose Life of Alexander*,[148] ond y mae'r gwrthrychau sydd i'w atgoffa o'i ddiwedd anochel yn wahanol i'r ddau lestr yn llythyr y Preutur. I'r chweched a'r seithfed o'r grisiau sy'n arwain i orsedd Alecsander y perthyn y swyddogaeth honno:

> The sexte gree was of fyne gold . . . Ye seuent was of Clay, till þat entent þat a man þat es raysed vp to þe dingnyte of a king sulde alway vmbythynk hym þat he was made of erthe, & at þe laste to þe erthe he sall agayne.

(ch) Hanes chwedlonol yr Apostol Thomas
Y mae'n amlwg fod awdur llythyr y Preutur Siôn yn gyfarwydd â'r chwedlau a dyfasai o gwmpas yr Apostol Thomas. Profir hyn gan Atod.I, 12, lle y cyfeirir at ei fedd, a 56, sy'n sôn am y palas a adeiladodd i Gundoforus, frenin yr Indiaid. Diamau y gellir hefyd gymharu Atod.I, 51 *Et si quis ibi mentiri coeperit, statim moritur i. quasi mortuus inter nos reputatur* â thynged pechadur anwireddus a geisiai gyfranogi o elfennau'r Cymun yn llaw yr Apostol, yn ôl *De Adventu*, 46, *Peccator autem ille numquam evadet, quin . . . antequam locum exeat moriatur*.[149] Eto, adleisir hanes y lamp wyrthiol yn eglwys Sant Thomas, *De Adventu*, 33–4 *aurea lampas balsamo plena . . . ubi fuerit accensa, ab anno in annum nec balsamum diminutum nec ipsa extincta reperitur*,[150] yn Atod.I, 61 *In praedicto palacio nostro non accenditur lumen in nocte nisi quod nutritur balsamo*.

(d) Gweithiau awduron clasurol Groeg a Rhufain
Yn y pen draw, i'r ffynhonnell hon ynghyd â gweithiau ysgrifenwyr megis Josephus ac Isidore o Seville yr olrheinir llawer o'r cyfeiriadau at ryfeddodau gwlad y Preutur,[151] e.e. Atod.I, 14 y coriaid, y ffenics; 25–6 cynaeafu'r pupur; 42 y salamander; 54 y pysgod sy'n rhoi'r lliw porffor; 55 yr Amasoniaid; 57 ansawdd anllosgadwy y pren eboni.

---

[148] Ed. Westlake (gw. n.146), 57–8
[149] Gw. Zarncke, *Abh*, 7, 842.
[150] Ibid., 841.
[151] Gw. Olschki, *HZ*, 144, 5.

RHAGYMADRODD   xlvii

(dd) De Septem Orbis Spectaculis
Yn y traethawd hwn y mae Philo o Bysantiwm yn cynnwys disgrifiad o deml Diana yn Effesus. Rhoddwn olygiad Omont o hwnnw:

> Septimum [miraculum] est templum Dianae. Super quatuor columnas prima fundamenta posita sunt arcuum, deinde paulatim succrescens, super quatuor arcus eminentiores lapides arcubus prioribus positi. Super quatuor octo columnae et octo arcus porrecti, inde tercio ordine equa ponderatione per quatuor partes succrescens semper eminentiores lapides positi. Super octo sexdecim fundati sunt; super sexdecim triginta duo, iste ordo quartus est. In quinto ordine sexaginta quatuor columnae et arcus succrescunt; et super sexaginta quatuor centum viginti et octo columnae finem faciunt tam mirabilis edificii.[152]

Yn ddiamau, dyma'r cynsail i 'ddisgwylfa' y Preutur. Gan na sonnir am ddrych ar ben y deml, fodd bynnag, deil Faral fod awdur y llythyr wedi cyfuno disgrifiadau Philo o'r deml hon yn Effesus ac o oleudy enwog Alecsandria.[153] Y mae'n werth cofio hefyd fod tyrau ac arnynt ddrychau gwyrthiol yn gyffredin mewn chwedlau Arabaidd ac mewn llenyddiaeth Bersaidd gynnar.[154]

(e) Gwaith Eldad y Daniad
Naratif daearyddol llawn ffansi yw gwaith yr awdur hwn o'r nawfed ganrif a chafodd ddylanwad mawr drwy gydol yr Oesoedd Canol. Cydnabyddir ei fod yn un o ffynonellau llythyr y Preutur. Dywaid Ullendorf a Beckingham fod tebygrwydd amlwg, o ran themâu a motifau, rhwng y ddwy ddogfen.[155] Yn wir, ychwanegant fod gwaith Eldad, ym marn llawer o ysgolheigion, yn hanfodol bwysig mewn perthynas â tharddiad llythyr y Preutur a hyd yn oed yr holl chwedl amdano.[156] Boed a fo am hynny, teg yw nodi bod ei 'gronicl' ef yn cynnwys, ymhlith pethau eraill, hanes yr afon o feini, ac ymddengys fod iddo'r arbenigrwydd pellach o gysylltu honno â'r afon sabothol, fel y gwneir yn llythyr y Preutur.[157]

---

[152] Dyfynnir yn Faral, *Recherches*, 81.
[153] Ibid., 166.
[154] *Phoenix*, 13, 49, n.5; *JMH*, 14, 346–7.
[155] *HLPJ*, 15, 153–9.
[156] Ibid., 17.
[157] Gw. ll.124–32.

(f) Y lapidarïau a'r bwystorïau
Fel y dangosir yn y Nodiadau, y mae'r rhinweddau a briodolir i feini gwerthfawr yn union yn nhraddodiad y lapidarïau, a oedd mor boblogaidd yn yr Oesodd Canol. Adlewyrchir hefyd yn y llythyr beth o gynnwys y casgliadau o storïau am anifeiliaid ac adar a oedd yn gyffredin yn y cyfnod.

(ff) Y Beibl
Mynegwyd y farn fod cysylltiadau beiblaidd i *Johannes* fel enw ar y Preutur.[158] Gellir olrhain y gred mai ar ôl Ioan yr Apostol yr enwyd y Preutur yn ôl i'r bedwaredd ganrif ar ddeg o leiaf, ac fe'i harddelir yn enwedig mewn perthynas i'r Apostol, gan rai ysgolheigion diweddar (gw. n.126, t.lxxxv). Os cytunir bod yn llythyr y Preutur adlais o'r disgwyliadau Meseianaidd (gw. isod), cofier bod Ioan Fedyddiwr yn rhagredegydd i'r Meseia.

Heblaw bod yn nhestun Lladin y llythyr (Atod.I, 8) ddyfyniad air am air o'r Fwlgat, y mae ynddo nifer o gyfeiriadau beiblaidd pendant: at yr afon sy'n llifo allan o Baradwys ac at yrru Adda allan oddi yno, at Ddaniel Broffwyd, Babilon ddiffaith a Thŵr Babel, hefyd at Ddafydd a Bathseba. Yn ogystal, ceir adlais o'r Ysgrythur mewn amryw fannau: y mae'r sôn am 'amylhed . . . o laeth a mel' yn dwyn i gof y disgrifiad o Ganaan (Ecs 3.8, Jer 11.5, 32.22, Esec 20.6, 15) fel 'gwlad yn llifeirio o laeth a mêl'. Wrth ddarllen am frys y casglwyr gemau rhag i'r ddaear gau arnynt (ll.137–8), ni ellir llai na meddwl am ruthr byddin yr Aifft wrth ymlid yr Israeliaid drwy'r Môr Coch a'r dyfroedd yn llifo'n ôl drostynt (Ecs 14.21–31). Y mae blas ysgrythurol hefyd ar yr ymadrodd 'syr y nef a thywot y mor' (307–8) i ddynodi lluosowg-rwydd neu helaethrwydd diderfyn, cf. Gen 22.17, Heb 11.12.

Fel y sylwir yn n.8, tt.24–5, yr oedd 'brenin y brenhinoedd ac arglwydd yr arglwyddi' yn deitl cyffredin i uwch-lywodraethwyr mewn amryw wledydd yn yr hen fyd, a daeth yn hysbys i'r cyhoedd diwylliedig yn y Gorllewin drwy Lyfr y Datguddiad. Yno, fodd bynnag, Crist a olygir, ac yn ôl Knefelkamp (*JMH*, 14, 340) y mae'r teitl yng nghyd-destun y llythyr hefyd, i broffeswyr Cristnog-aeth, yn ymgysylltu â'r Meseia ac â'r Datguddiad. Diamau y gellid ategu'r farn hon drwy awgrymu bod rhagfynegi genedigaeth mab a fyddai'n frenin y brenhinoedd ac arglwydd yr arglwyddi (315–16)

---

[158] Gw. t.lxxxv.

yn adleisio proffwydoliaeth Eseia 9.6–7: 'Bachgen a aned i ni, mab a roed i ni, a bydd yr awdurdod ar ei ysgwydd . . . Ni bydd diwedd ar gynnydd ei lywodraeth.'

Y mae Paradwys yn fotif canolog yn y llythyr. Ceir ynddo gyfeiriadau at y Baradwys ddaearol, sef Gardd Eden, a dyma a ddywedir yn 72–6: 'Drwy neb vn vrenhindref y ni y kerda auon a elwir Idon, a'r auon honno wedy del o Paradwys a gerdha yn aflev drwy y vrenhinaeth honno oll o amryfyal gerdedeu. Ac yno y keffir mein anyanawl.' Â hyn cymharer Gen 2.10–12: 'Yr oedd afon yn llifo allan o Eden . . . ac oddi yno yr oedd yn ymrannu'n bedair. Enw'r afon gyntaf yw Pison; hon sy'n amgylchu holl wlad Hafila, lle y ceir aur . . . ac yno ceir bdeliwm a'r maen onyx.' Drachefn, y mae'r disgrifiad o ail lys y Preutur yn cynnwys elfennau nefol a pharadwysaidd sy'n arwain y meddwl ar unwaith at y darlun o'r Jerwsalem Newydd yn y Datguddiad. Cymharer ll.317–24 â Dat 21.4: 'Ni bydd marwolaeth mwyach . . . na phoen'; hefyd 7.16, 'Ni newynant mwy ac ni sychedant mwy.' Eto, y mae ll.165–8, 'Dyn got ny cheffir yno . . . Lleidyr na threisswr nac aghawr ny cheffir yn yn plith ni'; hefyd 188–94, 'Ny dyweit neb gelwyd yn yn plith ni . . . Ny wledycha neb ryw bechawt yno,' yn adleisio Dat 21.27: 'Ni chaiff dim halogedig, na neb sy'n ymddwyn yn ffiaidd neu'n gelwyddog, fynd i mewn iddi hi'; 22.15: 'Oddi allan y mae'r cŵn . . . y puteinwyr . . . a phawb sy'n caru celwydd ac yn ei wneud.' Gellir nodi hefyd fod yr heddwch di-dor yng ngwlad y Preutur yn adlewyrchu'r disgrifiad o'r nefoedd newydd a'r ddaear newydd a geir yn Eseia 65.

Cyffredin yn y Beibl yw breuddwyd, gweledigaeth, a llais i gyfleu neges oddi wrth Dduw neu fel cyfryngau datguddiad dwyfol. Yn y llythyr (543–4), trwy glywed llef yn ei gwsg y dywedwyd wrth Quasi-deus am adeiladu neuadd i'w fab nas ganesid eto. Cymharer, felly, â'r hyn a ddigwyddodd i Saul adeg ei dröedigaeth, Act 9.4: 'Syrthiodd ar lawr, a chlywodd lais yn dweud wrtho, "Saul, Saul, pam yr wyt yn fy erlid i?".' Pan ddeffrodd Quasi-deus fore trannoeth yr oedd wedi brawychu (325, 552). Gwir hynny hefyd am freuddwydwyr enwog yr Hen Destament. Nodwn dair enghraifft: Gen 28.12–17, 'Breuddwydiodd [Jacob] ei fod yn gweld ysgol wedi ei gosod ar y ddaear, a'i phen yn cyrraedd i'r nefoedd . . . Pan ddeffrodd Jacob o'i gwsg . . . daeth arno ofn'; Gen 41.1–8, 'Breuddwydiodd Pharo ei fod yn sefyll ar lan Afon Neil . . . Pan ddaeth y bore, yr oedd wedi cynhyrfu'; ac yn arbennig freuddwyd

YSTORYA GWLAT IEUAN VENDIGEIT

Nebuchadnesar, Dan 4.5, 'Tra oeddwn ar fy ngwely, cefais freuddwyd a'm dychrynodd, a chynhyrfwyd fi gan fy nychmygion, a chododd fy ngweledigaethau arswyd arnaf.'

Sonnir yn y llythyr am lawer math o feini gwerthfawr. Rhestrir (75–8, 382–3) y 'mein anyanawl' sydd i'w cael mewn un frenhindref yng ngwlad Ieuan: smaragdi, saphiri, carbunculi, topazion, crisoliti, onichini, berilli, ametisti, sardine. Nodir hefyd (250–4) fod graddau'r ddisgwylfa wedi'u gwneud 'o vein porffiret . . . cristal a iaspis a sardini . . . ametist . . . a sardonic a phanthera', heb sôn am y meini gwerthfawr sy'n rhan o adeiladwaith ac o ddodrefn dau lys y Preutur, yn enwedig yr ail. Y mae hyn oll yn dwyn i gof y meini gwerthfawr ar y gwisgoedd offeiriadol, sef yr effod a'r ddwyfronneg, gweler Ecs 28.9–12, 17–21, ac yn arbennig mewn perthynas i'r ail lys, y gemau drudfawr a oedd yn addurno sylfeini mur y Jerwsalem Newydd yn ôl Dat 21.19–20. Nid anghyffredin yn yr Oesoedd Canol mo'r syniad fod meini gwerthfawr yn rhoi goleuni neu'n llewyrchu ohonynt eu hunain. Canfyddir y syniad hwn droeon yn y llythyr (213–14, 328–30, 337–9, 475–6, 553–4, 558–9; gweler hefyd dud.53, n.213), ac y mae hyn eto yn galw i gof y disgrifiad o'r ddinas sanctaidd, Jerwsalem, yn disgyn o'r nef, Dat 21.11: 'Yr oedd ei llewyrch fel llewyrch gem dra gwerthfawr, fel maen iasbis, yn disgleirio fel grisial'; gweler ymhellach n.327. Sylwir bod un gwahaniaeth, fodd bynnag, rhwng meini'r Beibl a meini'r llythyr yn gymaint ag na phriodolir i'r blaenaf unrhyw rinweddau o gwbl, tra gwneir hynny i lawer o'r lleill. Ond dylid cofio bod gan awdur cynnar yn y traddodiad Cristnogol, Isidore o Seville (*c.*560–636), bennod helaeth, *Etymologiae* 16, yn ymwneud ag arwyddocâd a rhinweddau meini gwerthfawr. Gwaith Marbode o Rennes (1035–1123), *De Lapidibus*, er hynny, oedd yr ehangaf ei gylchrediad o holl lapidarïau'r Oesoedd Canol.

Yn olaf, gellir hawlio bod dau lys y Preutur yn union yn nhraddodiad yr adeiladau gorwych a ddisgrifir yn y Beibl. Meddylir yn arbennig am y deml a adeiladodd Solomon i enw'r Arglwydd ac am y tŷ a gododd iddo ef ei hun, gweler 1 Br, penodau 6 a 7. Drachefn, ym mhennod gyntaf Llyfr Esther disgrifir y cwrt godidog yng ngardd tŷ'r Brenin Ahasferus yn Susan, yr union brifddinas lle y preswyliai'r Preutur Siôn yn ôl y llythyr (283–5).

Yn y cyswllt hwn sylwn ar drefn a moesau tŷ Solomon. Meddir yn 1 Br 10.4–5: 'A phan welodd brenhines Seba holl ddoethineb

Solomon, a'r tŷ a adeiladodd, ac arlwy ei fwrdd, eisteddiad ei swyddogion, gwasanaeth ei weision a'i drulliaid yn eu lifrai . . . diffygiodd ei hysbryd.' Nodir yn 1 Br 4.22-3 beth oedd ymborth beunyddiol Solomon, ond ysywaeth ni cheir yn y llythyr mo'r wybodaeth honno ynglŷn â llys y Preutur. Dywedir wrthym, fodd bynnag, yn adnodau 7 a 27 o'r un bennod, fod gan Solomon ddeuddeg rhaglaw a oedd yn gofalu, bob un yn ei fis, am y tŷ ac am ymborth ar gyfer y brenin a phawb a ddôi at ei fwrdd. Y mae'r rhestr o swyddogion llys y Preutur, cylchdro misol gwasanaeth yr abadau a oedd yn gaplaniaid iddo, ynghyd â'i groeso i westeion a phererinion, yn adlewyrchu hyn oll yn glir.

Traethwyd digon bellach i ddangos nad oes i ohebiaeth y Preutur unrhyw arbenigrwydd o ran ei ffurf epistolaidd,[159] a chan feithed y rhestr o ffynonellau a chyfochreddau, na all honni nemor ddim gwreiddioldeb o ran cynnwys chwaith,[160] er gwaethaf yr haeriad yn y rhagdraeth i Destun I. Yn achlysurol, rhaid addef, yng nghanol y fath gymysgfa chwedlonol ceir sylw y gellir yn rhesymol ei gydnabod yn ffaith,[161] er enghraifft, y defnyddir tân wrth gynaeafu pupur; bod y 'mor tywawt' yn ymdonni'n ddiorffwys a bod ynddo bysgod neilltuol o flasus; a bod crwyn am 'y pryfet a wna y sydan'. Cawn yma gipolwg sydyn a diddorol iawn ar yr wybodaeth ddaearyddol a gwyddonol a oedd eisoes yn cyrraedd Ewrop drwy gyfrwng teithwyr a marsiandwyr. Ar wahân i hyn, nid yw llythyr y Preutur fawr mwy na breuddwyd wrth ewyllys a chlytwaith o ddefnyddiau benthyg, gronfa enfawr ohonynt, wedi eu harlwyo mewn dull tra argyhoeddiadol: onid yw'r ffaith fod ei awdur yn Gristion a bod iddo mewn amryw fannau naws ysgrythurol, heb sôn am fanylrwydd llawer o'r disgrifiadau sydd ynddo, yn creu'r argraff fod ei gynnwys yn wir a chredadwy?

Y mae'n amlwg, felly, nad i wreiddioldeb cynnwys y mae'r llythyr yn ddyledus am ei fri a'i boblogrwydd eithriadol mewn llawer gwlad a thros gyfnod mor faith. Yn hytrach, rhaid priodoli hynny i'w werth tybiedig fel cadarnhad, megis o lygad y ffynnon, i'r syniadau rhamantus a goleddid yn gyffredin am yr 'India' yn yr

---

[159]Cf. Marinescu, *BAR*, 10, 75-6, 'Je dirai simplement qu'elle n'est qu'un des exemples de cette littérature épistolaire si répandue au moyen-âge.'
[160]Cf. Olschki, *HZ*, 144, 5.
[161]Cf. J. L. Lowes, *MPh*, 3 (1905), 45, 'a bit of unsuspected fact might now and then emerge from that very chaos of the fabulous'.

oes honno:[162] gwlad bellennig, ddiarhebol am ei chyfoeth, yn aur a pherlau, sidanau drudfawr a pherlysiau; gwlad gyfareddol, lawn o swynwyr, gwneuthurwyr gwyrthiau a theosophyddion.

3. Y Preutur Siôn yn Llenyddiaeth Cymru

A chwedl y Preutur wedi mwynhau poblogrwydd yn gyffredinol, naturiol oedd iddi adael peth broc ar ei hôl yng Nghymru,[163] fel mewn gwledydd eraill. Ceir nifer o gyfeiriadau ato yn ein llenyddiaeth,[164] amryw ohonynt yng ngherddi Beirdd yr Uchelwyr. O ran hwylustod, gellir eu bras ddosbarthu fel y canlyn:

(i) *Cyfeiriadau at y Preutur a'i wlad fel safonau cymhariaeth*

Ac yntau'n ymffrostio gymaint yn ei gyfoeth a'i allu a'i aml rinweddau, nid yw'n syn fod y beirdd yn gweld yn y Preutur ddelwedd berffaith o olud diarhebol, o awdurdod, o haelioni, ac yn wir o dra-rhagoriaeth yn gyffredinol. Yr oedd galw gwrthrych cerdd yn 'Breutur Siôn' y ganmoliaeth fwyaf posibl, gan fod yr enw ynddo'i hun yn cyfleu cynifer o rinweddau. Ebe Guto'r Glyn yn ei gywydd moliant i Wiliam Fychan o'r Penrhyn:

> Pwy'r gŵr i helpu'r goron?
> Piau'r tair sir? Preutur Siôn.[165]

Eto, i Syr Wiliam Herbart o Raglan:

---

[162]Sylwa Olschki, loc. cit., fod y cylch chwedlau Alecsandraidd eisoes, er dechrau'r 12 g., wedi lledaenu'n gyffredinol y syniad fod yn y Dwyrain deyrnasoedd chwedlonol diarhebol eu cyfoeth a'u rhyfeddodau. A bwrw mai am eu gwerth fel chwedlau y derbynnid y rheini, yr oedd llythyr y Preutur, ar y llaw arall, ac yntau'n ohebiaeth uniongyrchol, yn cryfhau'n ddirfawr yr argraff fod ei gynnwys yn hollol wir ar yr union adeg honno.

[163]Syr Ifor Williams biau'r ymadrodd, gw. *B*, 1, 117.

[164]Dymunaf gydnabod cymwynas yr Athro J. E. Caerwyn Williams yn anfon ataf restr o'r rhai sydd i'w cael yng nghasgliad slipiau'r diweddar Athro J. Lloyd-Jones, a gedwir yn llyfrgell Prifysgol Cymru, Bangor.

[165]*Gwaith Guto'r Glyn* (gol. J. Llywelyn Williams ac Ifor Williams, 1939), 54.

> Troes gŵr rhag treisio gwirion
> Tros Went fal y Pretur Siôn.[166]

Wrth foli Rosier ap Siôn ap Rhobert o Faelor, cyfeiria Lewys Glyn Cothi at

> Y tir y sydd i'r Pretr Siôn,
> A'r tyrau a'r tai hirion.[167]

Defnyddia Rhisiart Fynglwyd yntau yr un gymhariaeth wrth ganu clodydd un o noddwyr enwog y beirdd:

> pretyr ssion pablon pobl wyd ryffydd dwnn.[168]

Ac wele gwpled o'r eiddo Lewys Morgannwg yn ei awdl farwnad i Robert ap Rhys o Blas Iolyn:

> Gwae Hiraethog oer weithion
> A'r tair sir am Breter Siôn.[169]

Meddai Lewis ab Edward eto am wrthrych un o'i gerddi:

> Pwy yn ail pen a welir?
> Preutur Siôn piau y tair sir.[170]

A Siôn Brwynog yn ei foliant i Risiart ap Rhisiart Owain, Penmynydd:

---

[166] Ibid., 161.
[167] *Gwaith Lewis Glyn Cothi* (gol. Tegid a Gwallter Mechain, 1837-9), 459. Ceir yno nodyn godre sy'n cyfeirio at y Preutur mewn herodraeth: 'He is drawn . . . as a bishop sitting on a tombstone, having on his head a mitre, his dexter hand extended, a mound in his sinister, and in his mouth a sword fesswise; the point to the dexter side of the field. This is part of the arms of the episcopal see of Chichester.' Fodd bynnag, y tebyg yw mai darlun o Grist a oedd ar y sêl esgobol yn wreiddiol, gw. *N & Q*, 1st Ser., 10 (1854), 187; 3rd Ser., 5 (1864), 279. Gw. hefyd *OED* dan *Prester John*.
[168] *Llst* 40, 14.
[169] *Gweithiau Lewys Morgannwg* (Traethawd MA Prifysgol Cymru gan E. J. Saunders, 1922), 486.
[170] *Bywyd a Gwaith Lewis ab Edward* (Traethawd MA Prifysgol Lerpwl gan R. W. Macdonald, 1961), 42. Diolchaf i Mr Macdonald am y cyfeiriad.

Barwnwaed, mab ir union,
Brau wyt ar swydd, Breutur Siôn.[171]

Dyma eto ddull James Dwnn o foli Dr John Davies, Mallwyd, yn ei gerdd iddo adeg y Nadolig, 1639:

> Pwy 'Mowddwy piau meddiant?
> Predur Siôn, pur ydyw'r sant.[172]

Yn ôl y 'Mawndfil Cymraeg', fodd bynnag, cymylir holl wychder y Preutur a mawrion eraill gan ogoniant ymherodr Catái:

> nid yw y prester sion
> nar sawden o babilon
> nag ymerodr persia
> i elfyddu hwn yma.[173]

Digwydd hefyd gyfeiriadau at lys a gwlad y Preutur. Dyma englyn o awdl foliant gan Dudur Aled i'r Abad Dafydd ab Owain o Ystrad Marchell:

> Ple well arglwydd rhwydd rhoddion, – prif ansodd,
> Fenswn, adar gwylltion?
> Pwy sy gogau pysg eigion,
> Portreio saig Preutur Sion?[174]

Ac o gofio bod 30,000 o ddynion, heblaw gwesteion, yn derbyn eu lluniaeth yn feunyddiol ar fwrdd y Preutur, fe sylweddolir mor uchel yw'r deyrnged a delir gan Lewys Morgannwg i abaty Glynnedd:

> Menychlys a llys Lleision (sydd gyfuwch)
> A phreutur sy uwch na Phreter Sion.[175]

---

[171] *Cywyddau Siôn Brwynog* (Traethawd MA Prifysgol Cymru gan Rosemarie Kerr, 1960), 58.
[172] LlGC 5269, 451.
[173] *B*, 5, 312.
[174] *Gwaith Tudur Aled* (gol. T. Gwynn Jones, 1926), 16.
[175] *Gweithiau*, 126 (dyfynnir yn S. D. Rhys, *Inst* 240; *Y Beirniad*, VI (Gaeaf, 1916–17), 273).

Yn ei gywydd moliant i Frycheiniog, cyffelyba Siôn Cent y fro honno i wlad y Preutur:

> Brychan wlad Ifan dwyfawl.[176]

Gelwir hi gan Hywel Dafi hefyd yn

> ail daear gwlad Ieuan,[177]

a thebyg mai cymhariaeth gyffelyb a geir mewn cywydd arall o waith yr un bardd lle y mae'n cyfeirio at Enlli fel

> tir gwnaid i gael enaid glan
> Troea megis tir jauan.[178]

Yn y 'Cywydd i annerch gwlad Bennardd yn sir Aberteifi', ebe Huw Arwystl:

> Mawr oedd glod, o'u mawredd glân,
> Hen Droea, neu dir Ieuan,
> Deuwell oedd, diwall weddi,
> Deurwn o hon draw na hi . . .
> Ni chyff'lybir gloywdir glân
> Ond i wlad India lydan.[179]

Drachefn, ar ddechrau ei awdl i Siancyn Stradling o'r Westplas, y mae Rhisiart ap Rhys yn ei gyfarch fel

> Gŵr llon dan goron a gaid at reol
> tir Ieuan Fendigaid.[180]

---

[176] *Cywyddau Iolo Goch ac Eraill* (gol. H. Lewis, T. Roberts ac I. Williams, 1937), 268. (Am gyfeiriad at 'wlad Ifan' gan Ieuan Deulwyn, gw. n.156, t.46).
[177] *Pen* 96, 623.
[178] *LBS*, IV.436.
[179] *Noddwyr y Beirdd yn Sir Aberteifi* (Traethawd MA Prifysgol Cymru gan D. Hywel E. Roberts, 1969), 71–2.
[180] *Gwaith Rhys Brydydd a Rhisiart ap Rhys* (gol. J. M. Williams ac Eurys I. Rowlands, 1976), 39.

Cariadferch a dorasai ei llw iddo ac a oedd felly'n gelwyddog a arweiniodd Ddafydd Llwyd o Fathafarn i gyfeirio, yn wrthgyferbyniol, at wlad ddigelwydd y Preutur:

> Mawr yw gwyrthiau gwlad Ieuan,
> Mawr a theg fal môr a thân.
> Nid rhydd i gelwydd un gŵys
> O'i brodir, ail baradwys.[181]

Y mae Iolo Goch yntau, ryw ganrif o flaen Dafydd Llwyd, wrth bledio hawl merch i garu gŵr yn urddau'r Eglwys, yn mawrhau swydd offeiriad, gan grybwyll y Preutur:

> Uchel yw gradd offeiriad,
> Achos Duw, mae'n uwch ei stad.
> Am hyn yn wir, feinir fudd,
> Y gelwir yn ddigelwydd
> Ifan degan Fendigaid,
> Offeiriad ei dad a'i daid.[182]

(ii) *Rhai cyfeiriadau cyffredinol*

p.1527 *BL* Add 14967, 274, 'Gog a magoc yr hain y sydd gwedi i gosod yn i gwlad i hvn ac ni allan byth [dd]yvod allan o honi [hyd] pan rotho *y pretyr John* ganiad vddvn'; 16g. (*LlEG*) *Mos* 158, 78a, 'kyuodes serttain or bobyl ahenwid tarttaris yr hrain a oedd yn preswylio y glynnoedd hrwng y menyddoedd mawr yr hrain y sydd yn gorwedd o du y gorllewin I ymerodraeth *Prettyr Shion* dan gappitten ne dywysog yrhwn a elwid dauudd yr hrain a ennillodd ymddaith mawr o dir a daear gida dinassoedd a threui a chesdyll ovewn gogledd gorllewin gwledydd assia'; 1680, J. Thomas: *UN*, 13, 'mae nhwy yn dywedyd na lefys neb yngwlad *Prester John* bassio heibio ir Deml ar ei geffyl'; 1728, T. Baddy: *DDG*, 20, 'Abassiniaid, sef Pobl o Wlad *Prestar John*'.

---

[181] *Gwaith Dafydd Llwyd o Fathafarn* (gol. Leslie Richards, 1964), 140.
[182] *Cywyddau Iolo Goch ac Eraill* (1937), 68.

(iii) Cyfeiriadau at ddeuoliaeth swydd y Preutur

Y mae i'r cyfeiriadau hyn yng ngwaith y cywyddwyr ddiddordeb arbennig, oherwydd dangosant fod y beirdd yn gyfarwydd â thraddodiad neilltuol ynglŷn â'r Preutur nas ceir, hyd y gwelais i, yn unrhyw fersiwn o'r llythyr, sef ei fod yn offeiriad yn y bore ac yn frenin yn y prynhawn. Gellir ei olrhain, fodd bynnag, cyn belled yn ôl â 1389, pryd yr ymddengys yn *Die Reisebeschreibung des Johannes Witte de Hese*:

> Item presbiter Iohannes transit de mane ante prandium ut papa, scilicet cappa longa rubea preciosissima, et post prandium transit ut rex equitando et terram suam gubernando.[183]

Dyma, ynteu, fel y cân Tudur Aled i Robert ap Rhys, gŵr a oedd yn glerigwr ac a ymhyfrydai yr un pryd mewn hela ac ymladd:

> Torr dir cryf at ordr crefydd,
> Tynn iau'r dysg at hanner dydd;
> Prynhawn y'th gawn o'th ganon,
> Paratoi'r sias, Preutur Siôn.
> I'r tir byw yr aut â'r bêl,
> O grefydd ag o ryfel;
> Ar ddau beth yr oedd y byd
> Ar y llyfr a'r llaw hefyd.[184]

Eto, y mae Wiliam Cynwal, yn un o gywyddau'r ymryson enwog rhwng Edmwnd Prys ac yntau, yn cyfarch yr archddiagon yn ganmoliaethus fel hyn:

> Y prelad hap rhyw haelion,
> Pôr tair sir, ail Preutur Siôn.[185]

Yn ei ateb i'r cywydd hwn y mae Prys yn holi Cynwal:

---

[183] Zarncke, *Abh*, 8, 168; Oppert, *PJSG*, 188; cf. Letts, *N & Q*, 189, 6. Y mae'r traddodiad hwn yn hysbys yn Rwsia, gw. Bruun, *ZGE*, 11, 290.
[184] *Gwaith Tudur Aled* (1926), 202–3.
[185] *Edmwnd Prys: ei Fywyd a Chasgliad o'i Weithiau* (Traethawd MA Prifysgol Cymru gan John Wyn Roberts, 1938), 18.

Ba'r henydd mewn bro hinon,
Rhown ddwys iaith, yw'r henydd Siôn?
Ba wlad, ai bywiol ydyw,
Ai gŵr o ddysg, ai gradd yw?
Ba grefydd, ba gu ryfyg,
Ai prif rên, ai llên ai llyg?[186]

A dyma ateb Cynwal:

Mynnit wybod, maint Abon,
Pa ŵr traws yw'r Preutur Siôn;
Offeiriad groywfad grefydd,
Tyner dôn hyd hanner dydd.
O hynny i nos, agos yw,
Â llaw gadarn, llyg ydyw;
Y bore esgob eurwych,
Brenin brynhawn, gwirddawn gwych.[187]

Nid yw Prys, fodd bynnag, yn fodlon ar yr ateb:

Ni roud yn wir ar wawd neb,
O'r Preutur ddarpar ateb.[188]

A rhagddo ag ef i ateb y cwestiwn ei hunan:

Prestes Iohannes hynerth
Yn deg iawn o India gerth,
Bu'n ddyblyg, yn llyg, yn llên,
Y mesur y bu Moesen;
Ni newid anian awydd,
Hyn o'r dasg, hanner y dydd.
Can rhên a deugain brenin
Danaw a blyg law a glin.
Un Duw yr Ebryw a'i ras
Sy'n ei teml a Sain Thomas.
Nid ydyw'n iawn, o doedi,
Cryf ei ddull, o'm crefydd i.[189]

[186] Ibid., 23.
[187] Ibid., 27.
[188] Ibid., 62.
[189] Ibid., 31–2 (diwygiwyd mewn mannau yng ngoleuni'r llsgr., *Llst* 43, 31).

RHAGYMADRODD

Gwelwn fod Prys yn ymwrthod â'r traddodiad dan sylw, gan nodi yn hytrach mai Moses yw'r patrwm o ŵr yn meddu awdurdod seciwlar a chrefyddol ar yr un pryd – yr oedd ef yn arweinydd i'r genedl ac yn rhyfelwr yn ogystal â bod yn offeiriad,[190] ac nid drwy newid gwaith ganol dydd y llwyddai ef i gyflawni ei swydd ddeublyg.

Gan mai ymwrthod â'r traddodiad neilltuol hwn yn unig, ac nid bwrw chwedl y Preutur dros y bwrdd yn ei chrynswth, y mae Prys yma, temtir ni i ofyn tybed a oedd yn coelio honno? Dyma a ddywaid T. Gwynn Jones: 'Nid ymddengys bod Prys ei hun yn ameu'r chwedlau am y Preutur Siôn.'[191] Gwahanol, fodd bynnag, yw barn Gwenallt: 'Ymosododd [Prys] ar ofergoelion beirdd yr Oesoedd Canol fel eu cred yn hanes y Preutur Siôn a theithiau Siôn Mawndfil, eu ffydd yn y brudiau celwyddog . . .'[192]

---

[190] Gellir hefyd gymharu'r proffwyd Mwhamad, y dywaid Williams Pantycelyn amdano yn *Pantheologia*, 251, 'Fe gymerodd arno yr awdurdod wladaidd; ond gan gadw fyth ei le o fod yn archoffeiriad o'r grefydd honno . . . [Y] swydd ddyblyg hon o fod yn dywysog, ac yn offeiriad a drosglwyddodd ef i'w etifeddion, y rhai tan yr enw Caliphiaid, a deyrnasodd ar ei ôl ef.' Ac meddai Islwyn Blythin amdano yn *Cristion* (Medi/Hydref, 1989), 16–17: 'Nid oedd ei swydd fel barnwr a chadlywydd yn anghyson â'i alwedigaeth fel proffwyd.' Enghraifft o gyfuniad tebyg yn ein dyddiau ni oedd Makarios (1913–77), gwleidydd Cypraidd ac archesgob.'

[191] *Y Llenor*, 2 (1923), 250.

[192] D. Gwenallt Jones, *Y Ficer Prichard* (1946), 38.

PENNOD II

1. Pwy oedd y Preutur Siôn?

Dyma gwestiwn a fu'n aflonyddu meddwl ac yn ennyn chwilfrydedd dynion ledled Ewrop am genedlaethau yn ystod yr Oesoedd Canol. Ymroes anturiaethwyr, darganfyddwyr a brodyr crefyddol i chwilio'n ddiflino am y Preutur a'i wlad. Yn wir, ni allwn lai na rhyfeddu at eu dewrder a'u dyfalbarhad pan ystyriwn nad oedd gwrthrych eu hymchwil (fel yr ymddengys i ni heddiw) nemor gwell na drychiolaeth, ac na feddent ond syniad annelwig iawn ar y gorau ym mha gwr o'r byd i ddechrau chwilio amdano.[1]

Dywaid Marinescu nad mater syml o leoli teyrn a dirgelwch o'i gwmpas ac o esbonio ei enw hynod yw ateb y cwestiwn uchod.[2] Yn hytrach, y mae i'r broblem gysylltiad uniongyrchol â dwy bennod fawr yn hanes yr Oesoedd Canol, sef yn gyntaf y Croesgadau, a barodd gynnydd yn y gyfathrach rhwng y Dwyrain a'r Gorllewin, ac yn ail, gwawr Oes y Darganfyddiadau daearyddol mawr. Ychwanega ei bod yn hollbwysig inni geisio ail-greu golygwedd ddaearyddol y cyfnod hwnnw i fedru amgyffred yn gliriach y rheswm am y cymysgu parhaus rhwng y ddwy wlad, Ethiopia a'r India, ac yn wir, rhwng y ddau gyfandir, Affrica ac Asia. Ni thâl ystyried y broblem yng ngoleuni cywirdeb mathemategol ein mapiau modern.[3]

Yn ôl Ptolemi, yn lledred Sansibar ymestynnai Affrica tua'r dwyrain cyn belled â China, gan gynnwys Môr yr India (*Mare*

---

[1] Cf. J. L. Lowes, *MPh*, 3 (1905), 15, n.1, 'They [the realms of Prester John] move like a will-o'-the-wisp over the old maps – by the Northern Sea, off the rampart of Gog and Magog, beyond the land of Ophir, on the meridian of Babylon, in the heart of Africa.'

[2] *BAR*, 26 (1945), 204; *BAR*, 10 (1923), 109, 'Je considère l'apparition du Prêtre Jean comme un incident du grand phénomène des croisades.'

[3] *BAR*, 26 (1945), 218: cymh. rhybudd tebyg, mewn cyswllt arall, gan Lowes, loc. cit., 40, 'We must divest our minds utterly of every impression derived from modern maps. For what we have to realize is Chaucer's world – its names and places, not where the twentieth century knows they are, but where the fourteenth century imagined them to be.'

Indicum).⁴ Coleddid y syniad hwn hyd 1500 a hyd yn oed yn ddiweddarach na hynny. Eto, ar fap Idrisi (1160) a'r eiddo Marino Sanuto (1320), nid oes ond môr cul iawn rhwng arfordir dwyreiniol Affrica a China. Ar y llaw arall, ystyriai'r hen Roegiaid wlad yr Aifft yn rhan o Asia, ac i amryw o'r Tadau Eglwysig hwythau, afon Nîl oedd y ffin rhwng Affrica ac Asia.

Profir ymhellach mor ddiffygiol oedd gwybodaeth ddaearyddol yn gyffredinol yn niwedd y bymthegfed ganrif gan y ffaith fod Columbus yn credu ei fod yng nghyffiniau Cipango (Japan) pan laniodd yn 1492 ar un o ynysoedd Bahama, sef Guanahani a ailenwyd San Salvador gan y Sbaenwyr.⁵

Yn wyneb y fath sefyllfa, pa ryfedd fod anhawster i leoli gwlad y Preutur? Daw'n amlwg ar unwaith, hyd yn oed er bod nifer o'r ffynonellau sydd ar gael inni yn gosod y Preutur yn yr 'India', nad yw hynny'n fawr o help i roi cyfeiriad pendant i'r ymchwil nac i gyfyngu nemor ddim ar nifer y lleoliadau posibl. Yn wir, amwysedd y term 'India' yn y cyfnod dan sylw yw un o'r prif broblemau.

Ystyrid yn yr Oesoedd Canol fod tair India.⁶ Amrywia'r enwau arnynt: *India Minor, I. Maior, I. Tertia; I. Parva, I. Magna, I. Interior; I. Superior, I. Inferior, I. Meridiana*, etc. Heblaw hynny, nid at yr un rhanbarth y cymhwysir yr enwau bob amser. Yn fras, cynrychiola'r rhaniadau hyn, pa enwau bynnag a roddir arnynt, ogledd yr India y tu yma i afon Indus ac weithiau i afon Ganges; yna, o draeth Coromandel tua'r dwyrain hyd ryw bwynt amhenodol yng nghyfeiriad China; ac yn olaf, Ethiopia. *India Tertia* y gelwir hi fel rheol, er mai *India Media* yw enw Polo arni.

Dywaid Yule ynglŷn â hyn, 'I believe the India Minor, India Major, and India Tertia of Jordanus will be found to answer pretty

---

⁴ *BAR*, 26 (1945), 216.

⁵ *EBr* (1969), 6, 112b. Gyda golwg ar Asia ac Affrica yn enwedig, gwahanol fodd bynnag yw pwyslais Beckingham, *APJ*, 19: 'It is easy and often tempting to underestimate geographical knowledge in medieval Europe . . . Much accurate knowledge of some parts of Asia must have been available in certain parts of Europe, such as Venice and Genoa'; *QPJ*, 294–5: 'It is a common mistake to assume that no accurate knowledge of Asia or sub-Saharan Africa was available in late medieval or Renaissance Europe. In fact there was a great deal known not only about the Near East, but Central Asia, China, India, and Ethiopia, though less about Japan and South-East Asia. The difficulty which confronted scholars and statesmen who needed such information was not that there was none, but that it was so difficult to distinguish which information was trustworthy.'

⁶ Gw. Jordanus, *Mirabilia*, 11, n.g.; *BTJS*, 130; J. K. Wright, *GLTC*, 272; Fleuret, *MF*, 268, 297. Yn ôl Knefelkamp, *JMH*, 14, 341, ymestynnai teyrnas y Preutur felly o Iraq hyd Bangladesh ein dyddiau ni.

closely to the Sind, Hind, and Zinj of the Arabs, and that these names are the origin of the three Indias.'[7]

Dechreuwyd cymysgu rhwng yr India ac Ethiopia yn gynnar iawn, oherwydd ceir enghreifftiau o hynny yn llenyddiaeth yr hen fyd, yng ngweithiau Homer a Fyrsil.[8] Gyda threigl y canrifoedd aethpwyd i gysylltu'r ddwy wlad â'i gilydd i'r fath raddau fel yr honnir mewn teithlyfr o'r bedwaredd ganrif ar ddeg mai yn Abysinia y llafuriodd yr Apostol Thomas ac mai yno y claddwyd ef.[9] Parheid i lynu wrth y syniad o 'India Ethiopaidd' hyd yn oed yng nghanol yr unfed ganrif ar bymtheg.[10]

Oherwydd holl dryblith – heb sôn am amwysedd – syniadau daearyddol y Cyfnod Canol, ynteu, ac ehangder y llenyddiaeth sy'n ymdrin â'r Preutur, o'r croniclau a'r adroddiadau cyfoes hyd at astudiaethau beirniadol ysgolheigion ein dyddiau ni, nid yw'n syndod o gwbl fod y trywydd y ceisir ei olrhain yn awr yno neilltuol o gymhleth a throfaus yn aml. Y gorau y gellir amcanu ato mewn pennod fel hon yw cyfeirio at rai o brif dystiolaethau'r Oesoedd Canol ynglŷn â'r Preutur ac at un neu ddau o gynigion diweddarach i ddatrys y dirgelwch sydd o'i gwmpas.

(i) *Y Preutur yn Asia*

1. Cyfeiriwyd eisoes (t.xvi) at farn amryw ysgolheigion, yn eu plith d'Avezac a'r Almaenwyr Oppert, Zarncke, a Hennig,[11] mai Yeliu Tashi (1087–1143), lluniwr ymerodraeth Kara-Khitai, oedd cynsail y Preutur Siôn. Deil Hennig[12] mai digwyddiadau hanesyddol y flwyddyn 1141, pryd y cyflawnodd Yeliu un o'i orchestion milwrol nodedig, a roes yr hwb bennaf i darddiad yr holl chwedl amdano. I fedru mesur a phwyso'r dadleuon o blaid ac yn erbyn y farn hon, rhaid wrth fraslun o hanes Yeliu.[13]

---

[7] *CWT*², III.28.
[8] Helen Adolf, *PMLA*, 62, 306; Yule, *EBr*¹¹, 22, 304b.
[9] Hennig, *Universitas*, 10, 1265.
[10] Hennig, *TI*², IV.13.
[11] *TI*², II.457, 'Dass . . . Yeliutaschi, das Urbild des Priesters Johannes gewesen sei, ist sicher.'
[12] *HV*, 29, 235, ond gw. n.14.
[13] Seilir hwn ar Nowell, *Speculum*, 28, 440–4.

Yn gynnar yn y ddegfed ganrif, meddiannwyd rhan o ogledd China gan dylwyth y Ch'i-tan, a ddylifodd i mewn o Manchuria. Parhaodd y rhain i lywodraethu yno hyd ddechrau'r ddeuddegfed ganrif. Erbyn hynny, dirywiasai eu gallu milwrol i'r fath raddau fel y gorfu iddynt ildio, tua 1125, i fintai o ymosodwyr o gyfeiriad y gogledd. Eithr nid dyma ddiwedd hanes y Ch'i-tan. Nid oedd y rhai mwyaf anturus ohonynt yn fodlon aros dan iau eu gorchfygwyr, a phenderfynasant ymlwybro tua'r gorllewin yn finteioedd arfog. Arweinydd un o'r minteioedd hyn oedd y Tywysog Yeliu Tashi. Yr oedd ef nid yn unig yn filwr o fri ond hefyd yn ŵr o gyraeddiadau academaidd uwch na'r cyffredin. Fel yr âi rhagddo, cynyddai nifer ei ddilynwyr ac o'r diwedd gwnaeth Balasagun yn brifddinas iddo'i hun. Yn ystod yr ychydig flynyddoedd dilynol, daeth yn ben ar ymerodraeth eang Kara-Khitai, gan gymryd y teitl *Gur Khan* (sef Brenin y Byd). Y grymusaf o'i gymdogion tua'r gorllewin oedd Sanjar, llywodraethwr ymerodraeth Dyrcaidd y Seljukiaid, ac yr oedd yn amlwg y byddai gwrthdrawiad rhwng y Gur Khan ac yntau cyn bo hir. Digwyddodd hynny, fel y crybwyllwyd, ym mis Medi 1141, pryd yr ymladdwyd brwydr eithriadol o chwerw yn Qatwan, ger Samarcand. Cafodd y Gur Khan fuddugoliaeth na cheisiodd hyd yn oed ei elynion ei bychanu. Beth bynnag oedd ei uchelgais pellach, daeth pen disyfyd ar ei gynlluniau yn fuan iawn wedi hyn, oherwydd bu farw, na wyddys o ba achos, yn 1143. Parhaodd ei ymerodraeth am rai cenedlaethau wedyn, ond gan leihau mewn maint a bri nes syrthio o'r diwedd, yn 1218, yn ysglyfaeth i Genghis Khan ar ei ymdaith arswydlon.

O blaid y ddamcaniaeth mai Yeliu Tashi oedd cynsail hanesyddol y Preutur, gellir nodi'r ystyriaethau a ganlyn: (a) y mae ei fuddugoliaeth aruthrol ym mrwydr Qatwan yn cyd-fynd yn hollol â phortread Otto o'r Preutur fel *cruentissima caede victor*;[14] (b) y mae'r amseriad *ante non multos annos* a nododd Otto dan y flwyddyn 1145 wrth gyfeirio at ryw gyflafan waedlyd yn ddigon addas i'w gymhwyso at frwydr Qatwan yn 1141; (c) ac ystyried mai

---

[14] Wrth sôn am y frwydr hon, y mae Beckingham, *APJ*, 5, yn sylwi, pryd bynnag y traddodir chwedlau ynghlwm wrth ddigwyddiadau hanesyddol, mai peryglus yw barnu ei bod yn rhaid mai'r digwyddiad a roes gychwyn i'r chwedl. Meddai: 'The Qara Khitai did not penetrate anywhere near Ecbatana [prifddinas y Mediaid a'r Persiaid, gw. Atod.III isod]. Still it is commonly asserted that this disaster to a Muslim army is the nucleus from which the elaborate legend of Prester John rapidly developed.'

cymysglyd ac amhendant oedd gwybodaeth ddaearyddol eto, efallai na ddylid ymwrthod yn hollol â'r geiriau *ultra Persidem et Armeniam in extremo Oriente habitans* fel disgrifiad o'r Preutur os at y Gur Khan y cyfeirir mewn gwirionedd.[15] Y mae'n amlwg mai o rywle yng nghyfeiriad y dwyrain o afon Tigris, o leiaf, y cychwynasai'r Preutur ar ei ymdaith gan y byddai'n rhaid iddo groesi'r afon honno ar ei ffordd i Jerwsalem. Cadarnheir hyn gan wybodaeth bendant a gaed yn y llythyr yn ddiweddarach, sef mai yn Susa yr oedd ei lys a'i orseddfainc.

Er hynny, cyfyd anawsterau wrth gynnig dehongli sylwadau Otto fel disgrifiad o Yeliu Tashi: (a) Bwdistiaeth oedd crefydd llys y Ch'i-tan yn China, ac nid oes lle i gredu bod Yeliu wedi cefnu arni ar ôl ymsefydlu yn Kara-Khitai.[16] Felly ni ellir cymhwyso ato ef y geiriau *cum gente sua christianus est*. Fodd bynnag, nid bob amser y llwyddid yn yr Oesoedd Canol i wahaniaethu rhwng gwahanol grefyddau a chredoau'r Dwyrain. Y mae'r Brawd William o Rubruck, er enghraifft, yn cymysgu rhwng Shamaniaeth Mongolia, Bwdistiaeth China, Lamaaeth Tibet, Manicheaeth, a Christnogaeth Nestoraidd.[17] Rhaid cofio hefyd fod Cristnogaeth yn y wedd honno arni wedi ymledu'n ddirfawr yn Asia er y seithfed ganrif. Er enghraifft, gwyddom ar awdurdod yr hanesydd o Gristion, Bar-Hebraeus, ddarfod derbyn llwyth nerthol y Kerait yn ei grynswth i'r ffydd honno yn 1007.[18] Gan hynny, y mae'n debyg fod cynrychiolaeth sylweddol o Gristnogion Nestoraidd ym myddin Yeliu yn Qatwan, a hawdd y gallai'r ffaith honno wedyn fod wedi lliwio'r adroddiad a gafodd Otto i'r fath raddau nes peri tybio bod Yeliu ei hun yn Gristion. Dadl arall gref dros wneud Cristion o Yeliu yw hon, sef ei bod yn hollol naturiol i Gristnogion y Dwyrain Canol gymryd yn ganiataol mai Cristion oedd y gorchfygwr yn Qatwan gan fod iddo ef a hwythau, fel y credent, elyn cyffredin. (b) Problem arall yw ceisio cysylltu'r enw *Presbyter Johannes* â Yeliu Tashi. Gwyddys iddo, pan ddaeth yn ben ar ei ymerodraeth eang,

---

[15] Y mae'n amlwg nad oedd y Dwyrain Pell, yn ôl syniad Otto ei hunan, ymhell iawn y tu hwnt i Armenia, oherwydd y mae'n croniclo, ynglŷn â dirprwyaeth a anfonwyd at y Pab gan esgobion Armenia, iddynt ddod '*ab ultimo pene oriente*', gw. Beckingham, *APJ*, 16.

[16] Nowell, *Speculum*, 28, 444. Myn Hennig, *TP²*, II.446, fod y Gur Khan yn Gristion, ond nid yw ei gasgliad ef yn safadwy gan ei fod yn seiliedig ar y dyb gyfeiliornus mai'r un oedd deiliaid ymerodraeth Kara-Khitai â'r Kerait.

[17] Olschki, *HZ*, 144, 173; Marinescu, *BAR*, 26, 211.

[18] Nowell, loc. cit., 443.

fabwysiadu'r teitl *Gur Khan*. Awgrym cywrain, ond pur anargyhoeddiadol, Oppert yw y gallai'r teitl hwn fod wedi meddalu yn *Yur Khan* yn y dafodiaith Dyrcaidd orllewinol, ac yna fod y ffurf honno yn ei thro wedi ei chymysgu â'r Syrieg *Yochanan*, sef yr enw a ymddangosai yn Lladin yn *Johannes*.[19] (c) Beirniadol yw ymateb Marinescu i sylwadau dau ysgolhaig, Olschki a Hennig, sy'n cynrychioli'r farn mai canlyniad uniongyrchol i fuddugoliaeth pennaeth Asiaidd ar y Mwslimiaid yw tarddiad chwedl y Preutur.[20] Y mae'n gofyn cwestiynau na ellir mo'u hanwybyddu. Gan na pharhaodd ymerodraeth Yeliu yn anterth ei bri ond am ddwy flynedd yn unig ar addefiad Hennig ei hun, a ellir dirnad yr esgorai un orchest filwrol o'r eiddo ei lluniwr ar chwedl a oedd i fwynhau cylchrediad mor eang a hynny am ganrifoedd? Sut y gallai un frwydr, gwbl leol ei harwyddocâd, a ddigwyddodd yng nghanolbarth Asia, beri i 'gymeriad chwedlonol' (yng ngeiriau Olschki) ymddangos ar y gorwel, 'cymeriad a fu'n ysbrydoliaeth i feirdd Ffrainc a'r Eidal am dair canrif i lawr hyd ddyddiau Ariosto ei hun'? Eto, ar dir seicolegol, ai rhesymol cydnabod bod anturwyr a brodyr crefyddol wedi teithio ledled Asia a rhanbarthau o Affrica gan chwilio am y brenin chwedlonol drwy gydol y canrifoedd hyn am yr unig reswm fod pennaeth anenwog wedi gorchfygu'r Mwslimiaid ar un adeg neilltuol yn y ddeuddegfed ganrif? (ch) Yn ôl adroddiad Otto ac yn ôl y llythyr ei hun, bwriadai'r Preutur fynd rhagddo i gynorthwyo eglwys Jerwsalem, ond tybed a fyddai rhyfelwr o ganolbarth Asia yn debyg o fod â bwriad o'r fath? Yn wir, priodol yw gofyn pa gymhelliad i hynny a allai fod gan amryw o'r personau a gynigir yn gynseiliau neu'n gynrychiolwyr i'r Preutur.

2. Yn *Annales Admuntenses* (1181), *Iohannes presbyter, rex Armeniae et Indiae* y gelwir gorchfygwr Sanjar.[21] Y mae'r cofnod hwn o ddiddordeb am ei fod yn cysylltu'r Preutur â'r India.

3. Yn ei *Historia Hierosolymitana* (1220), y mae Jacobus o Vitry, esgob St Ioan yn Acre, yn sôn am ledaeniad heresi Nestorius yn nhueddau'r Dwyrain, yn enwedig ymhlith preswylwyr gwlad 'y

---

[19] *PJSG*, 9–12, a gw. Yule, *MP*³, I.231; am awgrym Hennig, gw. t.lxxxiv a n.122. Ym marn Olschki (dyf. yn Marinescu, *BAR*, 26, 206), annerbyniol yw cynigion i esbonio'r enw sy'n seiliedig ar 'homonymau annelwig a llygriadau tybiedig ar enwau'.
[20] Marinescu, *BAR* 26, 205–6, 207–8.
[21] Gw. t.xvi uchod, hefyd Marinescu, *BAR*, 10, 75.

pennaeth grymus a elwir yn gyffredin y Preutur Siôn'.[22] Fodd bynnag, gwelir nad yw syniad yr Esgob ynglŷn â chrefydd deiliaid y Preutur yn glir o gwbl, oherwydd mewn un ohebiaeth o'r eiddo y mae'n hysbysu rhai o arweinwyr y Gorllewin iddo glywed gan ryw farsiandwr eu bod wedi troi'n Jacobitiaid.[23] Mewn llythyr at y Pab Honorius III yn 1221, edrydd am un David, frenin yr Indiaid, a oedd ar y pryd yn arswyd i Asia. Credai Jacobus fod y brenin hwn, a elwid yn gyffredin 'Presbyter Johannes', yn offeryn yn llaw Duw i gystwyo'r paganiaid ac i ddiwreiddio geugred felltigedig Mohamet.[24] Prin y gwyddai nad oedd mewn gwirionedd yn neb amgen na Genghis Khan. Lledaenodd y Pab y newyddion da tybiedig a gawsai gan yr Esgob drwy wledydd y Gorllewin, ac fe'u cofnodwyd hefyd yn rhai o groniclau'r cyfnod. Deil Marinescu fod i hyn oll arwyddocâd arbennig mewn perthynas â datblygiad chwedl y Preutur, gan fod cynnwys y croniclau'n rhwym o ddylanwadu ar syniadau'r teithwyr a fyddai'n ymlwybro i Asia yn ystod y drydedd ganrif ar ddeg, ac felly o benderfynu i raddau gyfeiriad eu hymchwil am y Preutur.[25] Diau hefyd i adroddiad yr Esgob beri mwy o gyffro ar y pryd nag y mae'n hawdd i ni heddiw ei sylweddoli, oblegid yr oedd proffwydoliaeth y deuai brenin o'r enw David i anrheithio tiroedd y Saraseniaid.[26]

---

[22] Marinescu, *BAR*, 10, 80, '[Nestorius] qui perversa doctrina sua ex magna parte orientalem regionem letaliter infecit et maxime illos, qui in terra potentissimi principis, quem presbyterum Ioannem vulgus appellat, commorantur. Hi omnes Nestoriani sunt cum rege suo.'

[23] Ibid., 'Et taliter errant homines qui sunt in terra presbyteri Iohannis, sicut mihi dixit quidam mercator cum nuper inde venerat, qui omnes de novo facti sunt Iacobitae.'

[24] d'Avezac, *Recueil*, 550, 'Frater regis Damasci . . . audiens regem Indorum David terram suam invasisse, a partibus nostris cum exercitu coactus est recedere. Hic autem rex David, vir potentissimus et in armis miles strenuus, callidus ingenio, et victorissimus in praelio, quem Dominus in diebus nostris suscitavit ut esset malleus paganorum et perfidi Machometi pestiferae traditionis et execrabilis legis exterminator, est quem vulgus Presbyterum Joannem appellat.'

Sylwa Marinescu, *BAR*, 10, 81, mai dyma'r tro cyntaf y rhoddir i'r brenin dwyreiniol o Gristion enw priod pendant (h.y., ar wahân i Johannes). Noda Hennig, *Universitas*, 10, 1262, farn yr ysgolhaig Georgaidd Sanders fod yr enw i'w olrhain i David II, frenin Georgia, a gafodd fuddugoliaeth fawr ar fyddin Fwslimaidd ger Didgori yn 1121.

[25] *BAR*, 10, 82–3.

[26] *MGH Script*, XXIII.910, 'Post captionem Damiete quedam inventa est prophetia in templo Sarracenorum litteris Chaldeis scripta . . . Notabatur etiam in illa prophetia quod e parte orientali debet venire quidam rex qui vocabitur nomine David.' (Ceir y dfn. yn *Alberici Trium Fontium Chronicon*, dan y flwyddyn 1220.) Cf. hefyd Marinescu, *BAR*, 10, 81–2; *Radulphi de Coggeshall Chronicon Anglicanum*, Rolls Ser. No. 66 (ed. Stevenson, London, 1875), 190.

4. Bu John o Plano Carpini, brawd o urdd Sant Ffransis, ar daith i Mongolia rhwng 1245 a 1247 fel arweinydd dirprwyaeth swyddogol oddi wrth y Pab at drigolion y wlad honno.[27] Wrth groniclo hanes ei daith cyfeiria at y Preutur Siôn fel brenin Cristnogion yr India Fwyaf.[28] Edrydd fod Genghis Khan wedi anfon byddin Dartaraidd i ymosod ar y rhain, eithr fe lwyddodd y Preutur i'w gorchfygu drwy gynllwyn.

5. Ystyriai Vincent o Beauvais mai'r India oedd gwlad y Preutur. Yn ei *Speculum Historiale* (1253), wrth sôn am y Mongoliaid yn ymgryfhau, dywaid iddynt gynllwynio, tua 1202, 'contra regem David, dominum suum, videlicet presbyteri Iohannis, quondam dominatoris et imperatoris Indiae filium . . . eumque dolose machinando interfecerunt'.[29]

6. Rhwng 1253 a 1255, ar orchymyn y Brenin Louis IX, bu William o Rubruck, yntau fel Carpini yn frawd Ffransisaidd, ar daith i ganolbarth Asia. Y mae ei sylwadau ef ynglŷn â'r Preutur Siôn yn bwysig am eu bod yn taflu goleuni ar gam newydd yn hanes y chwedl, sef ei chysylltu â phennaeth y Kerait, llwyth pwerus ym Mongolia. Kushluk, pennaeth y Naiman, pobl fugeiliol a drigai yn ucheldiroedd Kara-Khitai, oedd y Preutur Siôn gwreiddiol yn nhyb William.[30] Tua 1212 cafodd Kushluk loches yn llys y Gur Khan a lywodraethai yn Kara-Khitai ar y pryd, a heblaw hynny enillodd ei ferch yn wraig iddo'i hun.[31] Ond yn ddiweddarach cynllwynodd yn erbyn ei gymwynaswr, gan drawsfeddiannu ei awdurdod a'i ddyrchafu ei hun yn Gur Khan. 'Y Brenin John' y gelwid ef gan y Nestoriaid.[32] Ei siomi, fodd bynnag, a gafodd y Brawd William yn ei Breutur:

the Nestorians called him King John, and they used to tell of him ten times more than the truth. For the Nestorians coming from these parts do this kind of thing – out of nothing they make a great rumour . . . So

---

[27] Amcan y ddirprwyaeth oedd protestio yn erbyn y galanas arswydus a barasai'r Mongoliaid yn nwyrain Ewrop rai blynyddoedd ynghynt; cf. Ross, *TTMA*, 180, 'It was not the Crusades, but the invasion of Europe by the Mongols in the middle of the thirteenth century that led to the dispatch of the first mission to find Prester John in Central Asia.' Yn ôl Hennig, *TP*², II.459, cawsai Carpini orchymyn penodol gan y Pab i chwilio am y Preutur.
[28] Zarncke, *Abh*, 8, 70.
[29] Ibid., 62.
[30] Yule, *EBr*¹¹, 22, 306a.
[31] Yule, *CWT*², III.21.
[32] Sylwer nad yw William yn arfer y teitl 'presbyter' ynglŷn ag ef.

in the same way the great tale of this King John went abroad. Now I passed through his pasture lands and nobody knew anything about him with the exception of a few Nestorians.[33]

Â rhagddo i ychwanegu bod i'r John hwn frawd o'r enw Unc, yntau'n bennaeth nerthol o fugail ac yn arglwydd tref fechan Karakorum, gan lywodraethu'r Crit (sef y Kerait) a'r Merkit, a oedd fel y Naiman yn Gristnogion.[34] Gan i'r Brenin John farw yn ddietifedd, fe'i holynwyd fel Khan gan ei frawd Unc.[35] Tynged Unc, fodd bynnag, fu syrthio'n ysglyfaeth i uchelgais milwrol Genghis Khan. Ar ôl gorchfygu Unc, trefnodd Genghis i roddi merch y gorchfygedig yn wraig i un o'i feibion ef ei hun,[36] ac o'r uniad hwnnw y ganed Mangu Khan.

7. Cawn fod Marco Polo (1254–1324), yr enwocaf ond odid o holl deithwyr yr Oesoedd Canol, yntau'n cyfeirio at Unc Khan:

> They [the Tartars] did, however, pay tax and tribute to a great prince who was called in their tongue UNC CAN, the same that we call Prester John, him in fact about whose great dominion all the world talks.[37]

Yr un person a olygir wrth Unc Khan gan y Brawd William â chan Polo.[38] Y gwahaniaeth yw mai cysylltiad yn unig oedd rhwng Unc a'r Brenin John (h.y. y Preutur Siôn) yn ôl William, ond i Polo, ryw chwarter canrif yn ddiweddarach, Unc *ydoedd* y Preutur. Yn y cyswllt hwn dylid cofio y geill fod Polo dan ddylanwad syniadau

---

[33] Yule, *CWT²*, III.21.

[34] Tystia Abulfaraj (Bar-Hebraeus), cyfoeswr â'r Brawd William, fod y Kerait yn Gristnogion. Yr un ydoedd Unc Khan a'r brenin John iddo yntau (*rex* yw'r teitl eto), fel y dengys y dfn. canlynol o d'Avezac, *Recueil*, 553: 'Eo tempore, Turcarum orientalium tribubus imperavit Ung chan, qui rex Johannes appellatus est e tribu quae Carrit vocatur; erant que populus qui religionem christianam profitebantur.'

[35] Ond y mae hyn yn amhosibl yn amseryddol, oherwydd bu farw Unc, pennaeth y Kerait, yn 1203 (Yule, *MP³*, I.242, n.1; *NBG*, XL, col.1018), tra bu Kushluk fyw hyd 1218 (Yule, *CWT²*, III.21). Nid oedd Unc yn frawd i'r brenin John chwaith, ac y mae'n amlwg fod William wedi cymysgu rhwng dau berson a elwid Gur Khan (Howorth yn *JRAS*, 21, 374; Yule, *CWT²*, III.25). Awgryma Marinescu, *BAR*, 10, 87, mai awydd William am ddarganfod y Preutur, a hefyd y syniadau amdano a goleddai eisoes, sy'n gyfrifol am y camsyniadau hyn o'r eiddo.

Llygriad yw Unc o'r teitl Chineaidd *Wang* 'brenin', Yule, ibid.

[36] Y mae hyn yn dwyn ar gof fuddugoliaeth Alecsander Fawr ar Darius a'i briodas â Roxane, merch ei wrthwynebwr gorchfygedig; cf. Marinescu, *BAR*, 10, 84.

[37] Yule, *MP³*, I.226.

[38] Ibid., 236.

William ynglŷn â'r Preutur.³⁹ Beth bynnag am hynny, dywaid Polo wrthym mai un George, brenin talaith a eilw ef Tenduc, a gynrychiolai'r chweched genhedlaeth o linach y Preutur yr adeg y bu ef ar ei daith, ond nad oedd ei diriogaethau agos gymaint ag eiddo'r Preutur gwreiddiol.⁴⁰

8. Tua'r flwyddyn 1289, cychwynnodd John o Monte Corvino (1247–1330) ar ei daith i'r Dwyrain, ac fe'i dyrchafwyd yn archesgob Cambelech (Peking) yn 1307. Cyfeiria yntau at yr un George ag y sonnir amdano gan Polo, eto fel disgynnydd i'r Preutur Siôn:

> A certain king of this part of the world, by name George, belonging to the sect of the Nestorian Christians, and of the illustrious lineage of that great king who was called Prester John of India, in the first year of my arrival here [c.1295–6] attached himself to me, and, after he had been converted by me to the verity of the Catholic faith, took the Lesser Orders, and when I celebrated mass used to attend me wearing his royal robes.⁴¹

Ychwanega fod ei deyrnas daith ugain niwrnod o Peking, pellter sy'n gweddu hefyd i'r dalaith a elwir Tenduc gan Polo.⁴²

9. Yr India Eithaf yw gwlad y Preutur yn ôl Ricoldo de Monte Crucis. Yn ei *Itinerarius* (tua 1291), edrydd fod un o fyddinoedd y Tartariaid wedi meddiannu Catái, 'provinciam latissimam usque ad ultimam Indiam et occiderunt ibi prester Iohannem, et occupaverunt eius imperium, et filius magni Chan accepit filiam prester Iohannis in uxorem'.⁴³

10. Y Brawd Odrig (Odoricus de Pordenone) yw'r olaf o'r teithwyr i leoli'r Preutur yn China.⁴⁴ Yn wir, o'r adeg hon ymlaen,

---

³⁹ Dywaid Zarncke, *Abh*, 8, 105, y gallai fod Polo wedi ymgydnabyddu ag adroddiad y Brawd William naill ai cyn iddo gychwyn allan yn 1271 neu'n debycach rywdro rhwng ei ddychweliad a'r adeg yr ysgrifennodd hanes ei daith.
⁴⁰ Oppert, *PJSG*, 76; Yule, *MP*³, I.284. Dangosodd ymchwil ddiweddar, fodd bynnag, nad disgynnydd o Unc Khan mo George, gan mai perthyn i'r Ongut, llwyth arall o Gristnogion, yr oedd, gw. Ross, *TTMA*, 182. Diamau mai'r hyn a glywsent eisoes yn Ewrop a baroddi Polo ac i John o Monte Corvino haeru bod y pennaeth hwn yn llinach y Preutur, gw. Marinescu, *BAR*, 10, 90–1.
⁴¹ Yule, *MP*³, I.287.
⁴² Ibid., 288.
⁴³ Zarncke, *Abh*, 8, 103.
⁴⁴ Marinescu, *BAR*, 10, 92; Ross, *TTMA*, 182.

gwanhau'n raddol a wnaeth cysylltiad y Preutur ag Asia'n gyffredinol, er i'r syniad o Breutur Siôn Asiaidd barhau yrhawg ymhlith dysgedigion gorllewin Ewrop, gan mor ddylanwadol a phoblogaidd oedd gwaith Marco Polo. Cychwynnodd Odrig ar ei daith i Asia rywbryd rhwng 1316 a 1318, ac arhosodd yno hyd 1329. Dywaid iddo weld gwlad y Preutur (*terram Pretegoani*).[45] Ar sail y chwedlau a oedd ar led yn Ewrop, coleddai ddisgwyliadau uchel ynglŷn â'r Preutur, ond ei siomi a gafodd yntau fel y Brawd William, ac y mae'n tystio nad gwir mo'r ganfed ran o'r adroddiadau amdano.[46] Y mae Odrig yn ystumio'r cysylltiad priodasol rhwng teulu'r Preutur (Unc Khan) a theulu Genghis Khan (gw. 6 uchod), gan honni mai merch y Khan Mawr a fyddai'n *wastad, drwy gytundeb*, yn wraig i'r Preutur.[47] Teg yw casglu oddi wrth hyn nad un person neilltuol a olygai'r Preutur i Odrig; yn hytrach, teitl etifeddol neu linach frenhinol ydoedd yn ei olwg ef.[48] Sylwer hefyd nad yw Odrig yn cyfeirio at y Preutur fel Cristion.[49]

11. Yn ôl d'Avezac,[50] yr oedd dwy brif farn yn gynnar iawn ynglŷn â'r Preutur. Ar y naill law, credid mai ar ymerodraeth Kara-Khitai yr oedd yn llywodraethu, ac ar y llall mai'r rhanbarth enwog fel crud Lamaaeth, sef Tibet, oedd ei diriogaeth. Diamau mai tebygrwydd arwynebol rhwng hierarchiaeth offeiriadol y wlad honno a'r eiddo Eglwys Rufain a roes fod i'r syniad mai'r Dalai Lama oedd cynsail, neu o leiaf gynrychiolydd, y Preutur Siôn. O dderbyn y syniad hwn, rhaid wedyn oedd cyfrif am yr anghysondeb rhwng gwir faint ei deyrnas a'i helaethrwydd diderfyn bron yn ôl

---

[45] Marinescu, *BAR*, 10, 92; gw. hefyd Stephen J. Williams (gol.), *Ffordd y Brawd Odrig* (1929), 54, 121.
[46] Zarncke, *Abh*, 8, 116; Yule, *EBr*[11], 22, 306a.
[47] Zarncke, *Abh*, 8, 116 '*Sed semper pro pacto accipit in uxorem filiam magni Canis.*' Dylid sylwi, fodd bynnag, fod awgrym o hyn yng ngwaith Polo, gw. Yule, *MP*[3], I.284, hefyd 288, n.2.
[48] Marinescu, *BAR*, 10, 92.
[49] Ibid. Awgrymir mai'r rheswm am hyn yw fod Odrig wedi gweld, drwy brofiad personol a phrofiadau ei ragflaenwyr, nad oedd y Chineaid na'r Mongoliaid yn Gristnogion.
[50] *Recueil*, 563.

llythyr y Preutur ei hun. Gwneid hyn drwy dybio bod y Tartariaid wedi trawsfeddiannu ei ymerodraeth agos i gyd.[51] Cyfeiria Strahlenberg yn 1730 at 'the Kingdoms of Thibet and Tanguth, where Dalai Lama, or Prester John, has his Residence'.[52] Yn Ffrainc hefyd cafodd y dyb mai'r Grand Lama oedd y Preutur Siôn ddyfnder daear, hyd yn oed mewn cylchoedd dysgedig, ond diystyr iawn yw Pauthier ohoni am y rheswm da fod enw'r Preutur yn anterth ei fri yn y Gorllewin ymhell cyn bod sôn am swydd y Dalai Lama.[53]

12. Damcaniaeth yr Athro Bruun o Odessa yw mai yn Transcaucasia y mae lleoli'r Preutur.[54] Dyma rai o'i resymau dros ymwrthod â'r farn mai at Yeliu Tashi y mae adroddiad esgob Gabala yn cyfeirio: (a) nid oes tystiolaeth sicr fod Yeliu yn Gristion; (b) yn niffyg hynny, ni ellir credu y byddai unrhyw gymhelliad iddo ymweld â Jerwsalem; (c) o ran safle daearyddol, nid yw ymerodraeth Yeliu yn Kara-Khitai yn cydweddu o gwbl â'r sylw yng nghofnod Otto fod y Preutur yn byw *ultra Persidem et Armeniam*, a'r cyfeiriad ato yn *Annales Admuntenses* fel *rex Armeniae et Indiae*. Gesyd Bruun gryn bwys ar hyn. Deil hefyd fod y geiriau *in extremo Oriente* gan Otto yn dangos mai drwy sianelau Armenaidd y cawsai esgob Gabala neu ei hysbysydd y stori a adroddodd yr esgob wrth Otto yn Viterbo, oherwydd yr hyn a olygai trigolion Armenia Leiaf wrth 'y Dwyrain' yn naturiol oedd Armenia Fwyaf, a oedd ar y pryd yn rhan o deyrnas unedig

---

[51] Am y lleihad tybiedig ym maint ymerodraeth y Preutur, cf. sylwadau Usodimare yn 1455 a ddyfynnir gan Ross, *TTMA*, 186: 'Crushed by the innumerable multitude of his adversaries, Prester John lost all the territories he possessed in Asia. He only kept the provinces of Ethiopia and Nubia, which abound in gold and silver.'
[52] *HGD*, 13.
[53] *NBG*, XL, col.1015. Amrywia'r cynigion i amseru'r Dalai Lama cyntaf. Yn ôl Pauthier am y Prif Lama, 'Le premier qui en remplit les fonctions fut nommé en 1269 par l'empereur Khoubilai-Khân: il s'appelait *Passepa*, en tibétain Pagsepa.' Cymh. *Chamber's Enc*. (1962), XIII.623a, 'Ge-dun Truppa (1391-1472) . . . was the first of the priestly line which came to be known to Mongolians and Chinese, and so to the western world, as dalai lamas'; C. G. Williams, *Crefyddau'r Dwyrain* (Caerdydd, 1968), 126, 'Y cyntaf i ddal swydd y Prif Lama oedd nai i Tsong-ka pa [(1358–1419)] . . . ac o'r swydd honno y datblygodd swydd y Dalai Lama yn yr ail ganrif ar bymtheg.'
Felly, annerbyniol bellach yw sylw Hole, *Remarks*, 108, 'the Dalai Lama, in whom the monarchial and priestly characters have been united from very early ages'.
[54] Bruun, *ZGE*, 11, 279–314; gw. Yule, *MP*[3], I.232–6.

Abhasia a Georgia. Drachefn, gyda golwg ar honiad y Preutur ei fod yn llinach y Doethion a ddaeth o'r Dwyrain i addoli'r baban Iesu ym Methlehem, un gred ynglŷn â'r rheini oedd mai Armenia oedd eu man cychwyn.

Yr ymgeisydd a argymhellir gan Bruun i wisgo mantell y Preutur yw'r penllywydd (*sbasalar*) Ivané Orbelian, 'for years the pride of Georgia and the hammer of the Turks'. Nid yw ei ddadl yn deilwng o unrhyw ystyriaeth ym marn Langlois,[55] ond dengys Yule gryn gydymdeimlad â hi, gan gydnabod bod iddi rai pwyntiau cryfion, e.e. yr *oedd* Orbelian yn Gristion, a ffurf ar Johannes *oedd* ei enw. Gwyddys hefyd am allu a gwychder – brenhinol, bron – yr Orbeliaid y pryd hyn. Drachefn, wrth leoli'r Preutur yn Georgia, haws credu y bwriadai gynorthwyo'r Croesgadwyr. Yn wir, cawn weld yn y man fod ganddynt addewid am help o'r wlad honno'n ddiweddarach.

Prif wendid damcaniaeth Bruun, fodd bynnag, yw na chyflawnasai Orbelian, cyn 1145, orchestion milwrol digon nodedig i gyfiawnhau'r dyb mai ato ef mewn gwirionedd y cyfeiriai esgob Gabala yn ei adroddiad wrth Otto yn y flwyddyn honno. Yn nes ymlaen, sef tua 1161, yn ôl Hennig,[56] y cychwynnodd Orbelian ei ymgyrch yn erbyn y Seljukiaid. Er bod Yule yn crybwyll ei lwyddiant cynnar (1123–4), pan enillodd Tiflis oddi ar y Tyrciaid, cydnebydd yntau nid yn unig fod buddugoliaethau pennaf Orbelian yn rhy ddiweddar i ategu'r ddamcaniaeth, ond hefyd na wêl ef ynddynt hyd yn oed wedyn ddigon o arbenigrwydd i gyfiawnhau ystyried Orbelian yn gynsail hanesyddol i'r Preutur. Dedfryd Yule (*MP*[3], I.235) yw fod Bruun yn 'more than fairly successful in *paving the way* for the introduction of a Caucasian Prester John; the barriers are removed, the carpets are spread, the trumpets sound royally – but the conquering hero comes not!'

Ond a chaniatáu bod ymgais Bruun i olrhain tarddiad chwedl y Preutur i Georgia yn aflwyddiannus, y mae Hennig yn pwysleisio bod a wnelai'r wlad honno'n bendant iawn â'r adnewyddiad yn y disgwyliadau ynglŷn ag ef tua'r flwyddyn 1221.[57] Brenin Georgia o 1212 hyd 1223 oedd George IV Lascha, mab i orwyres David II (1089–1125), y mwyaf arwrol o frenhinoedd Georgia ac enillydd y fuddugoliaeth gofiadwy ar y Mwslimiaid ger Didgori yn 1121.

---

[55] *VFMA*, III.49, n.4, 'Sa thèse, qui n'a eu aucun succès, n'en méritait pas.'
[56] *TP*[2], II.457.
[57] *Universitas*, 10, 1262; *TP*[2], II.457–8, III.16.

Addawodd George ei help i'r Croesgadwyr i ddarostwng Damietta,[58] ac yr oedd yr addewid honno nid yn unig yn werthfawr ynddi ei hun i'r Cristnogion ond hefyd yn dra arwyddocaol o'i hystyried mewn perthynas â'r hyn a ddigwyddai ar yr un pryd mewn man arall. Y tu draw i afon Oxus (Amu Darya heddiw) yr oedd hanes fel petai'n ei ailadrodd ei hun, gan fod digwyddiadau'r flwyddyn 1141 megis yn cael eu hailactio.[59] Yn 1221, enillodd Genghis Khan Samarcand oddi ar y Mwslimiaid, buddugoliaeth a ystyrid yn y Gorllewin fel gorchest arall o eiddo'r brenin David, sef y Preutur Siôn, yn erbyn gelynion y Groes.[60] Rhwng y newydd hwn o gyfeiriad Samarcand a'r addewid am help o Georgia, gwisgwyd chwedl y Preutur â bywyd newydd. Ni lwyddodd George i gyflawni ei addewid, fodd bynnag, oherwydd amgylchiadau argyfyngus yn ei wlad ef ei hun. Yn y man,[61] torrodd byddin y Preutur disgwyliedig i mewn i Georgia gan losgi ac anrheithio'n arswydus. Er dirfawr siom i'r Cristnogion, ac er brawf cyffredinol, gwelwyd nad oedd y 'Preutur' yn neb amgen na Genghis Khan.

Yn Ionawr 1407 ysgrifennodd Conrad o Jungingen lythyr a'i gyfeirio 'Regi Abassiae sive Presbytero Johanni'.[62] Yn ôl Bruun,[63] yn nhueddau'r Caucasus y mae chwilio am dderbynnydd y llythyr hwn, ond gan mai George, nid John, oedd enw brenin Abhasia ar y pryd, rhaid mai i Ivané (John) Orbelian y bwriedid yr ohebiaeth.

Drachefn, yn agos i'r Pyrth Heyrn ar du deheuol y Caucasus, ar fap Genoaidd a luniwyd yn 1447, ceir y geiriau: *Has turres con(struxit) presbyter Johannes rex ne inclusis . . . ad eum pateret accessus.*[64]

13. Dengys gwaith a gyfansoddwyd gan John o Hildesheim rywdro rhwng 1364 a 1375, sef *Historia Trium Regum*, mai cymysglyd oedd syniadau'r awdur am wlad y Preutur. Glŷn wrth y traddodiad Asiaidd pan yw'n sôn, er enghraifft, am y Nestoriaid yn deisyf help gan y Preutur yn erbyn y Tartariaid,[65] ond y mae'n amlwg, ar y llaw arall, fod y lleoliad newydd yn Abysinia yn hysbys

---

[58] Yule, *MP³*, I.234.
[59] Gw. t.xvi uchod.
[60] Gw. t.lxvi uchod.
[61] Yn 1221, meddai Hennig, *Universitas*, 10, 1262, ond yn ôl mwy nag un cyfeirlyfr, e.e. *EBr* dan *Georgia*, yn 1234 yr ymosododd y Mongoliaid ar y wlad honno.
[62] Howorth, *JRAS*, 21, 361–2; Hennig, *TI²*, II.456, n.5.
[63] *ZGE*, 11, 313.
[64] Ibid.; Hennig, loc. cit.
[65] *TKC*, 301.

iddo, oherwydd cyfeiria at wyliadwriaeth y Swltan rhag i frenhinoedd Cristnogol allu cyfathrachu â'r Preutur,[66] a hefyd at waith 'y Preutur Siôn ac eraill o dywysogion Nubia' yn naddu capel bychan yn y graig ar lethr bryn Calfaria.[67] 14. Yn yr India y lleolir y Preutur yn *Tractatus de Decem Nationibus et Sectis Christianorum*, a gyfansoddwyd rywbryd cyn 1453 yn ôl Zarncke.[68] Cyfieithwyd y traethawd hwn i'r Gymraeg gan Ddafydd Johns, ficer Llanfair Dyffryn Clwyd, yn 1585.[69] Cf. *FTEBA*, t.xxx.

(ii) *Y Preutur yn Affrica*

Erbyn blynyddoedd cynnar y bedwaredd ganrif ar ddeg, fel yr awgrymwyd yn barod, yr oedd cysylltiad y Preutur Siôn ag Asia yn dechrau llacio, oherwydd fe sylweddolid fwyfwy mai ofer bellach oedd chwilio am y brenin-offeiriad o Gristion yn unman ar y cyfandir hwnnw.[70] Er hynny, aethai'r Preutur yn rhan mor hanfodol o batrwm bywyd a'r gred yn ei fodolaeth mor gadarn fel mai newid cyfeiriad yr ymchwil a wnaed, yn hytrach nag amau'r holl draddodiad amdano. O hyn ymlaen, ar gyfandir Affrica, ac yn enwedig yn Ethiopia, y gobeithid dod o hyd iddo. Naturiol felly fod yr ysgolheigion, gan mwyaf, yn ystyried mai trawsblannu'r Preutur o Asia i Ethiopia a wnaed. Y mae Hennig,[71] er enghraifft, yn pwysleisio'n bendant iawn na welsai ef yr arwydd lleiaf fod y Preutur i'w gysylltu ag Ethiopia cyn y bedwaredd ganrif ar ddeg (cyn 1321, hyd y gwyddai ef).

Y mae rhai ymchwilwyr, fodd bynnag, yn barnu'n wahanol. Awgrymir hynny gan eiriau Yule:

> I have a suspicion, contrary to the view now generally taken, that the term Prester John may from the first have belonged to the Abyssinian

---

[66] Ibid., 226 '*sed Soldanus non permittit ne quis presbitero Johanni, domino Indorum, litteras de regibus Christianorum deferat, ut conspiraciones eorum vitare possit.*'

[67] Ibid., 231 '*presbiter Johannes et alij principes de Nubia ex hac rupe montis Caluarie paruam capellam exsculpere fecerunt . . . que dicitur Capella Nubianorum.*'

[68] *Abh*, 8, 179.

[69] *Pen* 159, 203–9; gw. *Rhyddiaith Gymraeg*, I (1954), 72–3.

[70] Cf. *BAR*, 26, 206–7.

[71] *Universitas*, 10, 1264.

Prince, though circumstances led to its being applied in another quarter for a time.[72]

Marinescu yw'r dadleuwr mawr dros hawl Ethiopia i'r Preutur o'r cychwyn cyntaf. Traethodd ei farn yn 1923 ac eilwaith, gyda rhagor o brofion yn 1938,[73] yn wyneb gwrthddadleuon dau ysgolhaig o Eidalwyr, Olschki a Gerola. Deil ef nad yw lleoli'r Preutur ym Mongolia ac yn China, yn ystod y drydedd ganrif ar ddeg a dechrau'r ganrif ddilynol, yn ddim ond 'gwyriad' (*une déviation*) yn y traddodiad, a bod y brenin-offeiriad yn dychwelyd i'w gynefin gwreiddiol wrth ei leoli yn Ethiopia.[74] Byddai marsiandwyr o'r Gorllewin yn mynd a dod i'r Aifft a Syria, a phererinion i Jerwsalem, gan ddwyn yn ôl hanesion a glywsent am frenin o Gristion a deyrnasai yn yr 'India', y tu hwnt i'r byd Mwslimaidd, ac a oedd yn rhyfela'n barhaus â'r Swltan. O'i gysylltu â'r 'India', priodolid iddo gyfoeth dihysbydd, ar sail adnabyddiaeth yr oes o'r wlad honno, yn enwedig drwy gyfrwng Buchedd Alecsander Fawr – yn wir, cynysgaeddwyd y Preutur â chyfoeth fel eiddo'r Brenin Porus. Hefyd, dehonglid unrhyw fuddugoliaeth filwrol ar ffiniau dwyreiniol Islam fel arwydd fod y Preutur ar ei ffordd i gynorthwyo'r Croesgadwyr i waredu Jerwsalem. O gefndir tebyg i hyn y tarddodd y camsyniad yng nghofnod Otto o Freising ac yn adroddiad Jacobus o Vitry ac eraill. Hyn hefyd oedd wrth wraidd penderfyniad y Pab a'r awdurdodau eglwysig i anfon cenhadon i wahanol rannau o Asia. A hwythau, ynghyd â theithwyr eraill, wedi eu cyflyru cyn cychwyn allan gan yr adroddiadau oedd ar led yn Ewrop, siom iddynt oedd methu darganfod y Preutur yn y parthau hynny. Eto i gyd, mynnent ei uniaethu ef neu un o'i ddisgynyddion â rhyw bennaeth neu'i gilydd mewn rhyw gwr o Asia ar wahanol adegau. Y mae eu hymdrechion i leoli'r Preutur yn amlygu'r un cywair meddwl ag a barai i deithwyr yn y Dwyrain yn yr Oesoedd Canol geisio adnabod lleoedd y sonnir amdanynt yn hanes Alecsander Fawr. Credai'r

---

[72] *MP*³, I.231. Y mae Ross, e.e., yn unfarn ag ef, gw. *TTMA*, 184–5.
[73] Am y ddwy erthygl, gw. y Llyfryddiaeth.
[74] *BAR*, 10, 112. Cf. Helen Adolf, *PMLA*, 62, 306, 'The occasional identification of Prester John with a Mongolian conqueror does not preclude an Ethiopian origin of the concept.' Hefyd Florovsky, *EBr* (1969), 18, 481, 'The legend . . . definitely locate[s] Prester John in Asia . . . Even so, some memories of a Christian king in Ethiopia might be included in the legendary image of Prester John.'

Brawd Odrig, er enghraifft, mai yn ninas Tana yr oedd trigfan Porus.

Os oedd Ethiopia, yn ôl syniad y cyfnod, yn rhan o'r India; os lleolid hi weithiau yn Affrica, weithiau yn Asia, neu hyd yn oed yn y ddau gyfandir ar yr un pryd; os gelwid ei thrigolion yn 'Indiaid' drwy gydol yr Oesoedd Canol; os ymestynnai'r India o dde'r Aifft hyd Mongolia a phellafoedd China, yna nid yw'n syndod i ymherodr Ethiopia (Negus) gael ei gamleoli dros dro yma ac acw o fewn tiriogaeth mor eang ac mewn rhannau o'r ddaear yr oedd gwybodaeth amdanynt yn y Gorllewin yn eithriadol brin a chymysglyd.

Dyna, yn ôl Marinescu, rai o'r ystyriaethau a barodd gyfeirio'r ymchwil am y Preutur tuag Asia a hynny, yn ei farn ef, gan amddifadu Ethiopia dros dro o'i hawl i wir gynsail hanesyddol chwedl y Preutur.

Er na ellir hyd yma brofi'n bendant mai o gwmpas ymherodr Ethiopia y tyfodd yr holl draddodiad, ymddengys y ddamcaniaeth yn rhesymol ddigon, a dweud y lleiaf, ar fwy nag un cyfrif. Er enghraifft, nid oes unrhyw anhawster i dderbyn yr ymherodr fel Cristion, yn ôl gofyn y chwedl, oherwydd gwyddom fod Cristnogaeth wedi cyrraedd Ethiopia tua 350,[75] ac mai hi oedd crefydd swyddogol y wlad erbyn canol y ganrif ddilynol.[76] Yn 642, fodd bynnag, gorchfygwyd yr Aifft gan yr Arabiaid, ffaith a olygai dorri pob cysylltiad swyddogol rhwng Ethiopia a'r byd oddi allan am ganrifoedd.[77] Er hynny, yn enwedig yn y bwlch amseryddol rhwng tua 350 a 642, yr oedd digon o gyfle i wybodaeth am lywodraethwr Cristnogol y wlad honno fynd ar led,[78] a chofier bod cryn gyfathrach rhwng Ewrop ac Ethiopia yn y chweched ganrif.[79] Gyda threigl y canrifoedd llithrodd y wlad i neilltuedd ac angof, a

---

[75] *ODCC*, dan *Ethiopian Church*; *GDEL*, 6, t.5834, 'l'Ethiopie, évangelisée depuis le IV s'.

[76] Hyatt, *The Church of Abyssinia* (London, 1928), 31.

[77] Cf. *PMLA*, 62 (1947), 308, 'Ever since 640 and still more so after the year 1171, when the Seljuks conquered Egypt, the Ethiopians had lived "forgetful of the world by whom they were forgotten", as Gibbon says'; Aziz S. Atiya, *A History of Eastern Christianity* (London, 1968), 148, 153.

[78] Crawford, *EI*, 3, 'Ethiopia was cut off from medieval Europe by deserts, distance and Islām. Nevertheless . . . there must have been far more contacts than those recorded.' Cyffelyb yw'r farn a fynegir yn *GDEL*, 6, t.5834, dan y pennawd *Abyssinie*: 'l'Ethiopie . . . coupée du reste de la chrétienté par l'essor de l'Islām au VIIe s., bien que cet isolement n'ait pas été aussi rigoureux qu'on a pu le croire (pèlerinages et existence d'une communauté religieuse permanente à Jerusalem).'

[79] Hennig, *TI*^{2}, II.458.

thyfodd dirgelwch a rhamant o'i chwmpas a'i gwnâi'n deyrnas bellennig ddelfrydol i leoli'r brenin-offeiriad chwedlonol ynddi, er mai teg yw cydnabod ar y llaw arall y gallasai ei neilltuedd hirfaith a'i dieithrwch cynyddol wanychu'r traddodiad drwy ddiffyg gwybodaeth newydd a chyson i'w gynnal a'i atgyfnerthu.
Wele bellach rai o'r tystiolaethau i'r Preutur Affricanaidd.
1. Giovanni da Carignano (*fl.* 1291-1329), rheithor eglwys Sant Marc, Genoa, yw'r awdur cyntaf hyd y gwyddom i leoli'r Preutur yn Affrica.[80] Yn 1306 yr oedd dirprwyaeth Ethiopaidd i Avignon a Rhufain yn aros yn Genoa am wynt ffafriol i hwylio adref. Yn y cyfamser, manteisiwyd ar y cyfle i'w holi (yn ôl pob tebyg, dyma'r adroddiad cyntaf erioed am Ethiopia a gafodd gorllewin Ewrop o enau rhai o drigolion y wlad ei hun), ac ar sail yr atebion ysgrifennodd Giovanni draethawd ar lywodraeth, arferion a defodau crefyddol Ethiopia. Aeth y traethawd hwn ar goll, fodd bynnag, ond nid cyn i Foresti o Bergamo gynnwys crynodeb ohono yn ei *Supplementum Chronicarum* a brintiwyd yn Fenis yn 1483.[81] Os awgrymir nad Carignano yn y traethawd gwreiddiol, ond Foresti yn ei grynodeb ohono'n ddiweddarach, sy'n gyfrifol am gysylltu'r Preutur ag Ethiopia, gellir yn bur hyderus anwybyddu'r posibilrwydd hwnnw (gw. 3. isod).
2. Mewn dau lythyr o'r eiddo (12 Hydref 1321, 20 Ionawr 1324), y mae'r brawd Dominicaidd Jordanus Catalani (J. de Severac) yn cyfeirio at ymherodr Ethiopia (Negus), *quem vos vocatis presbyterum Johannem.*[82] Ceir ganddo hefyd gyfeiriad cyffelyb yn ei *Mirabilia,*[83] ynghyd â sylwadau sy'n gydnaws â chynnwys llythyr y Preutur yn gymaint â'u bod yn mawrygu ei allu a'i gyfoeth:

---

[80] R. A. Skelton, 'An Ethiopian Embassy to Western Europe in 1306', yn Crawford, *EI*, Appendix III, 212-15.
[81] Dyma gyfieithiad o'r sylwadau perthnasol yn *Supplementum Chronicarum* Foresti, ibid., 214: 'Among many things written in it [sef yn nhraethawd Carignano] about the state of this nation [yr Ethiopiaid], he reports that Prester John is set over that people as patriarch, and he says that under him are 127 archbishoprics, each of which has twenty bishops.'
[82] Jordanus, *Mirabilia*, tt.v, vi; Hennig, *Universitas*, 10, 1264. Y cyfeiriad yn y cyntaf o'r ddau lythyr oedd y cynharaf y gwyddai Hennig amdano at ymherodr Ethiopia fel y Preutur Siôn. Yn ddiweddarach (cyn 1958) y tynnodd Dr Cerulli sylw at y cyfeiriad cynharach yn nhraethawd Carignano, gw. Crawford, op. cit., 214.
[83] *Mirabilia*, 42.

The lord of that land I believe to be more potent than any man in the world, and richer in gold and silver and in pretious stones. He is said to have under him fifty-two kings, rich and potent. He ruleth over all his neighbours towards the south and the west . . . The people of the country are all Christians, but heretics.[84]

3. Yn 1339, gan Angelino Dulcert, y lluniwyd y map cyntaf (hyd y gwyddys) i ddynodi Abysinia fel gwlad y Preutur Siôn.[85] Credir erbyn hyn mai'r un ydoedd Dulcert ag Angellino da Dalorto, brodor o Genoa, y mae bron yn sicr, a gŵr y ceir ei lofnod ar siart ac arni'r dyddiad 1330. Os yw hyn yn gywir, y mae'n deg casglu bod lleoliad newydd y Preutur yn hysbys yn Genoa erbyn 1339, a rhesymol yn ddiau yw tybio wedyn fod y lleoliad hwnnw i'w ganfod eisoes yn nhraethawd gwreiddiol Carignano tua 1306.[86]

Yn y cyswllt hwn sylwer hefyd y dengys map Catalanaidd 1375 fod yn Nubia Gristnogion a'r rheini'n ddeiliaid i'r Preutur Siôn.[87] Eto, ar fap enwog Fra Mauro (1457) dynodir dinas wych yn Ethiopia â'r geiriau *Qui il presto Janni fa residentia principal*.[88] Yn 1492, drachefn, gesyd Martin Behaim yntau'r Preutur yn Ethiopia,[89] ac yn 1515 cawn fod map arall eto yn ei leoli yno.[90]

---

[84] Ibid., 45–6.

[85] Crawford, *EI*, 213.

[86] Cadarnheir y dyb hon gan sylw Cerulli, yn Crawford, *EI*, 213, yr adlewyrchir cynnwys traethawd Carignano ym map Dulcert mewn mannau, ac y gellir felly ystyried y traethawd yn un o ffynonellau'r map.

[87] Cf. Hennig, *TI²*, IV.12. Y mae traddodiad mai Ethiopia oedd maes llafur St Mathew, eithr cysyllta Ludolf y traddodiad hwnnw â Nubia, yn niffyg dim byd tebyg iddo ymhlith yr Abysiniaid. Hefyd, cyfeiria Burchard, brawd Dominicaidd a flodeuai yng nghanol y 13 g., at '*Aethiopia, quae hodie Nubia dicitur*', fel y wlad y bu St Mathew yn pregethu ynddi; gw. Yule, *CWT²*, III.7, 27.

[88] Atgynhyrchir y map hwn yn Hennig, *TI²*, IV.54–5, a rhan ohono yn Crawford, *EI*, gyferbyn â thud. 107. Gellir yn rhwydd ddarllen y dfn. yn y ddau lun.

[89] Gw. Hennig, *TI²*, II.458, IV.245. Ar daflen gyferbyn â'r cyfeiriad olaf, ceir copi o'r map, a gwelir arno'r geiriau: 'In diesem Land wohnt der Grossmachtige Kaiser, genannt Meister Johan, der ein Verweser gestellt ist uber das Königreich der drei heil[igen] Konig[e], [K]aspar, Balthasar und Melchior im Mohrenland und seine Nachkommen sind gute Kristen.'

[90] Hennig, *TI²*, IV.400, 'Schöner-Globus von 1515'. Dynodir Ethiopia arno â'r geiriau '*India maior ethiopie seu imperium presbyteri Joannis*'. Cyfeirir at ragor o fapiau gan Knefelkamp, *JMH*, 14 (1988), 351.

Er gorfod cydnabod bod mapiau'r 14 a'r 15 g. yn lleoli teyrnas y Preutur yn Ethiopia, nid yw'r ysgolhaig o Eidalwr Gerola, fodd bynnag, yn argyhoeddedig y gellir ystyried bod y broblem hanesyddol a daearyddol hon wedi ei datrys ar sail eu tystiolaeth hwy; gw. Marinescu, *BAR*, 26, 205.

4. Tua 1350, ysgrifennodd brawd Ffransisaidd anadnabyddus o Sbaenwr lyfr o'r enw *Libro del Conoscimiento de todos reynos.* Cyfeirir ynddo at y Preutur:

> Preste Juan who is patriarch of Nubia and Abyssinia, and rules over very great lands and many cities of Christians. But they are negroes as to their skins and burn the sign of the cross with fire in recognition of baptism.[91]

5. Cyfeiria Giovanni dei Marignolla yn ei gronicl (*c*.1355) at Ethiopia fel gwlad y Preutur Siôn, gan ychwanegu bod Swltan yr Aifft yn talu teyrnged i'r Ethiopiaid rhag iddynt atal dyfroedd afon Nîl ac felly lwyr andwyo'r Aifft.[92] Fel y sylwa Cerulli,[93] yn gymaint ag y credid mai'r Preutur oedd â'r gallu i reoli'r afon, ystyrid ei fod hefyd yn abl i droi'r fantol yn y rhyfel rhwng Cristnogion y Gorllewin a Swltan yr Aifft.

6. Ymwelodd Simon Sigoli â Chairo yn 1384, ac yn ei *Viaggio al Monte Sinai* dywaid mai yn yr India y mae'r Preutur Siôn yn byw, ond y mae'n amlwg mai'r India sy'n cyffinio â'r Aifft (h.y. Ethiopia) a olygir, gan fod Sigoli yntau'n crybwyll y deyrnged flynyddol a dalai'r Swltan i'r Preutur – y tro hwn, fodd bynnag, rhag i'r olaf foddi Cairo.[94]

7. Rhwng 1394 a 1427 bu Johann Schiltberger, brodor o Bafaria, yn teithio yn y Dwyrain.[95] Yn Ethiopia ('in enclosed Rumany', a defnyddio'r trosiad o'i eiriau ef ei hun) y mae yntau'n lleoli'r Preutur.[96] Cyfeiria hefyd at y capel yn Jerwsalem, ar lethr bryn Calfaria, lle yr oedd offeiriaid o wlad y Preutur.[97]

[91] *Book of the Knowledge of All the Kingdoms* (tr. & ed. C. R. Markham, Hak. Soc., 1912, 2nd Ser., vol. XXIX), 35–6.
[92] Yule, *CWT*², III.222–3.
[93] *EItal*, 28, dan *Prete Gianni*.
[94] Yule, op. cit., 224.
[95] *BTJS*, 1.
[96] Ibid., 52.
[97] Ibid., 58, a gw. y nodyn arno, t.200. Dengys Yule, *EBr*¹¹, 22, 306b, fod tystiolaeth o'r fl. 1442 fod gan yr Eglwys Ethiopaidd gapel yn Jerwsalem (am gyfeiriad cynharach fyth, gw. t.lxxiv uchod). Awgryma Yule yn gryf mai gwŷr o wlad y Preutur, a welsai Philip 'in partibus illis', h.y., yn Jerwsalem, yw'r '*magnis et honorabilibus viris tui regni*' y cyfeiria'r Pab Alecsander III atynt yn ei lythyr (gw. Atod.II, 7). Yr oedd derbynnydd bwriadedig y llythyr hwnnw wedi mynegi dymuniad am gael allor yn Jerwsalem, Atod.II, 10. Dyma wedyn ddadl Yule dros gredu mai at ymherodr Ethiopia yr ysgrifennai'r Pab, gw. t.xx uchod. Gwyddys bod nifer o frodyr crefyddol o Ethiopia wedi ymweld â Jerwsalem mor gynnar â 1230, ond nid awgrymir o gwbl yr ystyrid y rheini'n frodorion o wlad y Preutur Siôn, gw. Hennig, *Tl*², II.455–6. Diddorol yn y cyswllt hwn yw'r hanes a geir yn Act 28.26–40 am Philip yr efengylydd a'r gŵr o Ethiop, 'swyddog uchel i Candace brenhines yr Ethiopiaid, ac yn ben ar ei holl drysor hi; yr hwn oedd wedi dod i Jerwsalem i addoli'.

8. Yn 1394, drachefn, ganed gŵr a ddaeth yn enwog fel arloeswr egnïol ym myd darganfyddiadau daearyddol, sef y Tywysog Henri o Bortiwgal. O 1415 ymlaen, bu'n anfon llongau'n bellach bellach gyda thraethau gorllewin Affrica.[98] Ond er mor awyddus ydoedd am ehangu gwybodaeth ddaearyddol, yr oedd hefyd gymhellion eraill yn ei ysgogi. Ei amcan pennaf, yn ddiau, oedd sicrhau i'r Portiwgeaid y rheolaeth ar fasnach helaeth gogledd Affrica mewn aur, ifori a nwyddau eraill, a thorri monopoli'r Mwslimiaid yn enwedig ar y fasnach mewn perlysiau.[99] Eithr ei gymhelliad politicaidd sydd o ddiddordeb yn y cyswllt hwn. Daeth hwnnw i'r amlwg yn enwedig rhwng 1447 a 1456, pan oedd Ewrop mewn dygn berygl oddi ar law y Tyrciaid. Gobeithiai Henri – fel y gobeithiasai dynion yn wyneb argyfyngau tebyg ymhell cyn ei eni ef – y llwyddai i ddod i gyfathrach â'r Preutur ac y câi'r Cristnogion ynddo ef gynorthwywr nerthol a allai daro'r Mwslimiaid o'r tu cefn.[100]

Pan ddarganfuwyd afonydd Senegal a Gambia credid mai canghennau gorllewinol o afon Nîl oeddynt a bod modd cyrraedd gwlad y Preutur drwy hwylio ar hyd-ddynt i mewn i'r tir. Gorchmynnwyd i Usodimare ac i Cadamosto yn 1455,[101] fel i Diego Gomes yn 1457,[102] dreiddio cyn belled ag y gallent ar hyd afon Gambia. Yn wir, aeth y ddau olaf bob un a'i gyfieithydd 'Indiaidd' (Ethiopaidd, yn sicr) gydag ef erbyn yr amser y deuid wyneb yn wyneb â'r Preutur.[103]

Bu farw y Tywysog Henri yn 1460 ond ni phallodd diddordeb ei genedl yn y gwaith yr ymroddasai ef iddo mor eofn a di-ildio. Un o dri amcan mawr Bartholomeo Diaz pan hwyliodd o Bortiwgal yn Awst 1487, oedd darganfod y Preutur Siôn.[104] Er mai ofer fu ei ymgais, y mae'n werth cofio bod yr ymchwil am y Preutur yn un o gymhellion cydnabyddedig y gŵr a ddarganfu Benrhyn Gobaith Da.

---

[98]G. R. Crone, *The Voyages of Cadamosto* (Hak. Soc., 1937), t.xvii.
[99]Ibid., xix: Hennig, *HZ*, 160, 289; Knefelkamp, *JMH*, 14 (1988), 351–2.
[100]Hennig, *Universitas*, 10, 1264.
[101]Hennig, *TI²*, IV.155 yml., 171.
[102]Ibid., 187.
[103]Ibid., hefyd *HZ*, 160, 297.
[104]*EBr* (1961), dan *Dias, Bartolomeu*.

RHAGYMADRODD lxxxi

Vasco da Gama, fodd bynnag, oedd y cyntaf i hwylio heibio i'r penrhyn hwnnw, a hynny ar 22 Tachwedd 1497. Cyrhaeddodd Mozambique ar 2 Mawrth 1498. Yr oedd yntau, fel Diaz, dan orchymyn i ddarganfod y Preutur, ac ym Mozambique clywodd fod teyrnas y brenin-offeiriad ym mherfedd y wlad, bellter oddi yno; yr oedd mor anhygyrch fel nad oedd gobaith ei chyrraedd ond drwy farchogaeth camelod. Er hynny, i'r Preutur y perthynai llawer o ddinasoedd yr arfordir.[105] O Mozambique, hwyliodd da Gama yn ei flaen nes iddo o'r diwedd lanio yn India. Gwelir, felly, fod i'r Preutur, y ddrychiolaeth ag ydoedd, ei ran yn un o brif ddarganfyddiadau daearyddol yr Oesoedd Canol, sef y gellid hwylio o Ewrop i'r India heibio i drwyn deheuol cyfandir Affrica.[106]

Yn 1487, ymddiriedodd John II, brenin Portiwgal, orchwyl dyblyg i Pedro de Covilham ac Alfonso de Paiva,[107] sef ceisio dod i gyfathrach â'r Preutur Siôn a darganfod ymhle y cynhyrchid y perlysiau gwerthfawr a ddygai gymaint o elw i fasnachwyr Fenis. Wedi i'r ddau gennad gyrraedd Aden, fe'u cawsant eu hunain mewn cyfyng-gyngor: ai'r India Asiaidd ynteu'r 'India' Affricanaidd oedd gwlad y Preutur? Yn wyneb yr ansicrwydd, nid oedd dim i'w wneud ond ymwahanu. Aeth Paiva i Ethiopia, lle y bu farw, yn ôl pob tebyg. Teithiodd Covilham cyn belled â'r India, gan ddychwelyd ymhen ysbaid i Gairo, lle y cyfarfu â dau gennad arall eto oddi wrth y Brenin John, yn adnewyddu'r gorchymyn fod yn rhaid darganfod y Preutur, costied a gostio. Yna cyfeiriodd yntau ei gamre tuag Ethiopia, gan groesi ffiniau'r wlad tua 1490. Fe lwyddodd ef i ddod o hyd i'r 'Preutur', ond ysywaeth ni chaniatawyd iddo ddychwelyd.

Yn 1522, aeth Alvarez allan i Ethiopia yn gaplan cenhadaeth a anfonwyd yno. Credai ef iddynt ddod o hyd i'r Preutur

---

[105]Ravenstein, *A Journal of the First Voyage of Vasco da Gama, 1497–1499* (Hak. Soc., 1898), 22, a gw. y n. yno; *EBr* (1961), dan *da Gama, Vasco*.

[106]Cf. Crone, *The Voyages of Cadamosto*, t.xix, 'The attempts to establish contact with him no doubt widened the goal of the explorations, and thus led to the circumnavigation of Africa and the opening up of the route to India at the close of the century.' Hefyd, cyfeiria Hennig, *TI²*, IV.12, at dystiolaeth un o'r Portwgeaid eu hunain: 'Wir Portugiesen sind auf dem Meer vorgedrungen, um den Priester Johannes zu suchen, der ein Phantom war, und sind so nach Indien gekommen.' Gw. Beckingham, *QPJ*, 300; *JMH*, 14, 337; Aziz S. Atiya, *HEC*, 149.

[107]Hennig, *TI²*, IV.423–4; *EBr*, dan *Covilhao (Covilham), Pedro de*.

yn eistedd ar lwyfan a oedd wedi ei orchuddio a charpedi ysblennydd. Ar ei ben wele goron o aur ac arian, a chroes arian yn ei law. Amdano yr oedd mantell gostus o sidanwe dros grys o sidan gyda llewys helaeth, ac wrth ei ochr was bach, yntau hefyd yn dal croes arian.[108]

Y mae'n amlwg bellach fod y Portiwgeaid, erbyn diwedd y bymthegfed ganrif a dechrau'r unfed ganrif ar bymtheg, yn ystyried mai Ethiopia oedd gwlad y Preutur (*Terra do Preste*). Yn wir, yr oedd yr ail ganrif ar bymtheg wedi cerdded ymhell cyn y ceir awgrym fod y syniad hwnnw'n dechrau colli ei afael. Yn 1681, cyhoeddodd Ludolfus ei lyfr ar hanes Ethiopia, ac y mae teitl y gwaith hwnnw'n adlewyrchu, cystal â dim, y newid a fu yn y cyfamser yn y farn am berthynas y Preutur Siôn ag Ethiopia: *Historia Aethiopica, sive brevis et succincta descriptio Regni Habessinorum, quod vulgo male Presbyteri Johannis vocatur*.[109]

9. Yn 1530, yng nghanol y rhwysg a'r rhialtwch ar achlysur coroni'r Ymherodr Siarl V gan y Pab Clement VII yn Bologna, daeth cenadwri oddi wrth y Preutur Siôn, yn cydnabod y Pab yn ben yr Eglwys Gristnogol.[110] Ni wêl Hennig yn y llythyrau hyn ddim amgen nag ailadroddiad o'r ffug gwreiddiol, ac nid oes argoel, meddai, fod na'r Ymherodr na'r Pab wedi gosod unrhyw werth arnynt.[111] Cytuna Hennig, Olschki a Letts, fodd bynnag, eu bod yn profi mor ddiollwng ydoedd yr afael a gawsai chwedl y Preutur, hyd yn oed yn wyneb pedair canrif o ddarganfyddiadau daearyddol. Y tebyg yw, wedi'r cwbl, fod y llythyrau'n dwyn neges ddilys oddi wrth Ymherodr Ethiopia.[112]

10. Rhoes Marlowe, yn *Tamburlaine the Great* (1587), sêl ei fendith ar leoliad y Preutur yn Affrica. Sylw Barns ynglŷn â hyn yw, 'The drier facts of history have to stoop at times to the romantic claim of literature'.[113] Cyfarfyddwn â'r brenin-offeriaid Affricanaidd eto yn yr ugeinfed ganrif yn nofel John Buchan.[114]

---

[108] Dyddgu Owen, *Ethiopia* (Llandybïe, 1974), 5.
[109] Hennig, *TI²*, IV.13; *CE*, XII.402a–b.
[110] Gw. Olschki, *HZ*, 144, 5; Letts, *N & Q*, 189, 7.
[111] Hennig, *TI²*, IV.459; *Universitas*, 10, 1265.
[112] Cf. *Gomara's Annals of the Emperor Charles V* (ed. Merriman, Oxford, 1912) dan y fl. 1530.
[113] *ERE*, 10, 275b.
[114] *Prester John* (London, 1910).

11. Y mae cyfeiriad Syr Thomas Browne at y Preutur Siôn yn haeddu sylw am ei fod yn cofnodi hen goel hynod ynglŷn â lliw ei groen:

> And this affection, (if the story were true) might wonderfully be confirmed, by what Maginus and others relate of the Emperour of Aethiopia, or Prester John, who derived from Solomon, is not yet descended into the hew of his Country, but remains a Mulatto, that is, of a Mongril complexion unto this day.[115]

2. Yr Enw: *Presbyter Johannes*

Nid oes i'r enw *Presbyter Johannes* sail hanesyddol o gwbl.[116] Er hynny, neu'n fwy priodol efallai, oherwydd hynny, nid oes brinder cynigion i esbonio'r naill elfen a'r llall mewn perthynas â'r brenin-offeiriad honedig. Cynnyrch ffansi afieithus yw amryw ohonynt. Enghraifft dda o hyn yw'r esboniad a geir gan Fawndfil – campwaith ei ddychymyg ffrwythlon ef ei hun ydyw, heb nemor amheuaeth.[117] Nid yw esboniadau o'r fath yn teilyngu ystyriaeth ddifrifol; yn wir, nid yw'r goreuon yn llwyddo i'n hargyhoeddi. Ystyriwn i ddechrau y dystiolaeth sydd i'r enw, ac yna rai o'r amrywiol gynigion i'w gymhwyso at y brenin-offeiriad.

Hyd y gwyddom ni heddiw, o leiaf, yng nghronicl Otto o Freising, dan 1145, yr ymddangosodd yr enw *Presbyter Johannes* mewn ysgrifen am y tro cyntaf erioed yn Ewrop.[118] Nid oes sicrwydd mai dyma'r union ffurf ar yr enw a glywsai Otto gan Esgob Gabala yn Viterbo, nac yn wir ei fod wedi hyd yn oed glywed enw o fath yn y byd ar y gorchfygwr nerthol yn union-gyrchol o enau'r esgob. Ymddengys fod peth grym yn y ddadl mai Otto ei hun a gynhwysodd yr enw *Presbyter Johannes* wrth groniclo'r stori'n ddiweddarach, oblegid y mae'n sylwi, rhwng cromfachau megis, *sic enim eum nominare solent*, yn union fel pe

---

[115] *Enquiries into Vulgar and Common Errors* (London, 1686), VI, Chapter 10, t.268; cf. Dyddgu Owen, *Ethiopia*, 3.
[116] Gw. *OED*, dan *Prester John*.
[117] *Mandeville's Travels* (ed. Letts, Hak. Soc., 1953), 209–10.
[118] Gw. t.xi.

bai'n awyddus i gyfiawnhau ychwanegiad o'r eiddo ef ei hun.[119] Os bernir mai Otto a ychwanegodd yr enw ar sail gwybodaeth a oedd ganddo eisoes, rhaid credu wedyn, fel y gwna Marinescu (gw. t.xii), fod yr enw hwn yn hysbys yn y Gorllewin cyn 1145, a hefyd fod stori'r Preutur, yn ôl pob tebyg, yn cylchredeg ar lafar ers amser cyn i Esgob Gabala sôn amdano wrth Otto.[120] Drachefn, a thybio bod yr esgob wedi crybwyll enw'r concwerwr wrth Otto, nid yw'n amhosibl fod y blaenaf, os Ffrancwr oedd,[121] wedi camddeall neu gamddehongli'r teitl Chineaidd *Wang* (*Unc*, ac ati) *Khan* 'llywodraethwr y bobl' fel *Jean Kam*, sef cyfystyr â *Prêtre Jean* yn ei iaith ef ei hun.[122] Naturiol wedyn fyddai i'r enw hwnnw ymddangos yng nghronicl Lladin Otto fel *Presbyter Johannes*.

Gyda golwg ar y teitl *Presbyter*, y mae'r Preutur ei hun yn egluro paham y dewisodd hwnnw (gw. ll.291–304). O wyleidd-dra, meddai, y gwelodd yn dda gael ei adnabod wrth y teitl syml 'offeiriad'.[123] Ni fynnai'r meistr yr un o'r teitlau mawreddog a oedd mor gyffredin ymhlith yr urddasolion a oedd yn gwasanaethu yn ei lys. Esboniad gwahanol a roir yn ei enau yn fersiwn Saesneg y llythyr:

> And euerich one of them [abbots] cometh ones in ye yere and saythe masse vpon saint Thomas auter. And I my self seye also masse in the grete festis of ye yere. and ther for I am called pope Iohn. For I [am] priste after the outshewyng of sacrificie of the auters. and kinge after outshewing of Iustice.[124]

[119]Cred Beckingham, *APJ*, 8, fod y berfau *fertur, dicatur* ac *asserunt* yng nghofnod Otto (gw. Atod.III), o'u cyferbynnu â *narrabat* a *dicebat*, yn awgrymu'r posibilrwydd nad gan yr Esgob Hugo y clywsai'r cyfan o'r hyn y mae'n ei groniclo. Fodd bynnag, gan mai adrodd y sibrydion a gylchredai yn Syria a'r rhan honno o'r byd yr oedd Hugo, llawer mwy tebygol i'm tyb i yw mai am drigolion y parthau hynny'n gyffredinol, ac nid am y Gorllewinwyr (fel yr awgryma Marinescu, gw. t.xii), y meddyliai Otto wrth arfer y berfau hynny. Mewn geiriau eraill, barnaf fod y cofnod wedi'i seilio'n gyfan gwbl yn y pen draw ar adroddiad yr esgob. Am sail y farn hon, gw. y nodyn dilynol.

[120]Ond os felly, a fyddai Otto yn debygol o ystyried adroddiad yr Esgob yn werth ei groniclo? Y mae'r cofnod yn rhoi'r argraff, yn fy marn i, fod yr hyn a glywsai yn newyddion i Otto, hyd yn oed petai ond o ran cymhwyso chwedl benagored gynharach, os mynnir, at ryw berson neilltuol, ar adeg neilltuol, ac mewn lle neilltuol, ond lled amhendant er hynny.

[121]Gw. t.xi.

[122]Fel esboniad posibl yn unig y cyflwyna Hennig, *HV*, 29, 245, yr awgrym hwn, gan nodi bod Marco Polo yn dehongli'r teitl yn gyffelyb yn ei iaith yntau (gw. t.lxviii). Yn ddiweddarach, fodd bynnag, y mae Hennig yn ymwrthod â'r awgrym.

[123]Er hynny, teimlir bod hyd yn oed wyleidd-dra'r Preutur yn sawru o ymffrost!

[124]*FTEBA*, t.xxxvi. Ynglŷn â'r Preutur fel offeiriad ac fel brenin, gw. t.lvii uchod.

Yn ei *Historia Trium Regum*, a gyfansoddwyd rywdro rhwng 1364 a 1375, dywaid John o Hildesheim fod y tri brenin yn ddietifedd a'u bod felly wedi dewis y Patriarch Thomas a'r Preutur Siôn i'w holynu fel llywodraethwyr ar eu teyrnasoedd. Galwyd yr olaf yn 'offeiriad' neu'n 'henuriad', yn hytrach nag yn frenin neu'n ymherodr, am y rheswm nad oes neb ar y ddaear sy'n uwch na theilyngach nag offeiriad.[125] Prawf o hynny yw fod pob pen, gan gynnwys pennau coronog, yn crymu, a phob glin yn plygu, pan ddyrchafo'r offeiriad ei law. Am yr enw *Johannes*, rhoddwyd hwnnw ar y Preutur ar ôl Ioan yr Efengylwr neu'r disgybl annwyl, a oedd hefyd yn henuriad,[126] ac ar ôl Ioan Fedyddiwr, y gŵr y dywedodd yr Arglwydd Iesu amdano na chododd neb mwy nag ef ymhlith plant gwragedd.[127]

Pur anargyhoeddiadol yw'r ymdrechion i gymhwyso'r enw cyfan at unrhyw berson hanesyddol yn Asia yr haerwyd o bryd i'w gilydd mai ef oedd y Preutur. Sylwyd eisoes ar ymgais Oppert[128] i olrhain yr enw Johannes yn ôl i *Gur Khan*, sef y teitl a fabwysiadodd Yeliu Tashi. Parthed y teitl *Presbyter*, amhosibl yn sicr yw i neb weld offeiriad Cristnogol, yn ôl gofyn y chwedl, ym mherson rhyfelwr nodedig, a hwnnw, yn ôl pob tebyg, yn Fwdist. Rhaid cofio, fodd bynnag, fod rhesymau da dros gamdybio ar y pryd fod Yeliu o leiaf yn Gristion.[129]

Y mae'n wir mai John ydoedd enw'r Nestoriaid ar y pennaeth y tybiodd William o Rubruck mai ef oedd y Preutur, ond *rex*, nid

---

[125] Zarncke, *Ber*, 29, 152; *TKC*, 258-9.

[126] Ffaith drawiadol yw fod Eusebius (4 g.) yn ei *Hanes Eglwysig* yn dyfynnu o waith awdur cynnar o Gristion, Papias, sy'n enwi ὁ πρεσβύτερος Ἰωάννης fel un o'i awdurdodau. *Iohannes presbyter* yw'r enw cyfatebol yng nghyfieithiad Rufinus o waith Eusebius. Efallai mai'r Apostol Ioan a olygir, ond boed a fo am hynny, yn adnod gyntaf yr ail a'r trydydd epistol a briodolir iddo'n draddodiadol y mae'r Apostol hwnnw yn ei alw ei hun ὁ πρεσβύτερος 'yr henuriad' (cf. 'yr *henydd* Siôn' am y Preutur yng nghywydd Edmwnd Prys, gw. t.lviii). Yn yr adnodau fel y dyfynnir hwy gan Jerome yn un o'i lythyrau y ceir hyn, oherwydd *senior* sydd yn y Fwlgat. Yr oedd y gweithiau y cyfeirir atynt yn dra adnabyddus yn Ewrop yn yr Oesoedd Canol, a thebyg felly nad oedd yr enw fel y cyfryw yn hollol ddieithr. Gw. Helleiner, *Phoenix*, 13, 53.

Cf. *EBr* (1969), 18, 481a, 'The name "Presbyter John" itself belongs to an ancient apocryphal tradition. He is an enigmatic person to whom the writings of St John the Apostle were often attributed. Indeed the name occurs also in the canonical epistles of St John. It seems that the name itself was the pivot of the whole legend and was not derived from any historic personality.'

[127] Gw. Math 11.11.

[128] Gw. t.lxv.

[129] Gw. t.lxiv.

presbyter, oedd y teitl a roddent iddo.[130] Pennaeth y Naiman oedd y brenin John hwn, ac yr oedd y llwyth hwnnw'n Gristnogion. Heblaw hynny, edrydd William fod bron yr holl wrywod ymhlith y Nestoriaid yn offeiriaid.[131] Eto, yn ôl Rubruck, olynwyd y brenin John gan ei frawd Unc Khan (sef ffurf ar *Wang Khan*), a chynigiwyd tarddu *Johannes* fel enw ar y Preutur o'r teitl Chineaidd *Wang*.[132] Ond ar wahân i gymhwyster neu anghymhwyster y Brenin John a Wang Khan o ran enw, crefydd a swydd offeiriadol, yr oedd yr enw *Presbyter Johannes* mewn bod cyn dydd y naill na'r llall ohonynt.[133]

Drachefn, y mae'r ymgeisydd a argymhellir gan Bruun, sef John Orbelian,[134] yn gweddu o ran enw a hefyd fel Cristion, ond nid oes cyfiawnhad o gwbl dros gysylltu'r teitl *presbyter* ag ef.

Gan nad yw'n ymddangos, felly, fod yr enw *Presbyter Johannes* yn gorwedd yn esmwyth ar unrhyw bennaeth Asiaidd, ystyriwn yn awr y cynnig i'w olrhain i Ethiopia. Y mae nifer o awduron Portiwgeaidd, megis Goes a Paez, ac yn enwedig Almeida, yn ymdrin â'r enw mewn perthynas â'r wlad honno, fel y gwna Ludolfus hefyd.[135] Ceir crynodebau da gan Ross, Marinescu ac eraill.[136]

Dywedir wrthym mai'r gair am 'frenin' neu 'fawrhydi' yn Gheez, (sef hen iaith Ethiopia) ac yn yr iaith Amhareg yw *Žān* neu *Ğān*. Defnyddid ef mewn cysylltiad ag enw brenin, e.e. *Žān* Asgad, fel y dengys y rhestrau o frenhinoedd Axum, sef hen deyrnas Ethiopia. Arferid ef yn ogystal wrth gyfarch y brenin, pan ddywedid *Žān hōi* 'Fy mrenin!' neu 'O Fawrhydi!' Ystyr *Žān* yn wreiddiol oedd 'eliffant', a naturiol oedd cymhwyso'r term at yr ymherodr fel symbol o rym.[137] Ond cyn awgrymu sut y datblygodd *Žān* yn *Johannes*, ac yn y blaen, yn Ewrop, cais Marinescu gyfiawnhau'r

[130] Gw. t.lxvii.
[131] *The Journey of William of Rubruck* . . . (tr. & ed. Rockhill, 1900), 158.
[132] Gw. n.122, hefyd Yule, *CWT*², III.26. Nodir yno'n ogystal nifer o darddiadau eraill mwy ffansïol na'i gilydd. Crynhoir amrywiol gynigion i esbonio'r enw yn *ZUL* (1741), 29, 442.
[133] Gw. t.xii.
[134] Gw. t.lxxii.
[135] *History of Ethiopia* (2nd ed., London, 1684), 151 yml., 236.
[136] Gw. Ross, *TTMA*, 187 yml.; Marinescu, *BAR*, 10, 101 yml.; Beckingham and Huntingford, *Some Records of Ethiopia, 1593-1646* (Hak. Soc., 1954), 3 yml.
[137] Cf. y defnydd o 'llew', 'tarw', 'ych bôn', ac yn y blaen, am wrthrychau'r moliant yng ngherddi Beirdd yr Uchelwyr. Ond gthg. Ross, *TTMA*, 192, 'The Amharic word *žan* . . . is probably derived from the Ethiopian *dayyānī* = "a judge", and not from *jan* "an elephant".' Fodd bynnag, yn ôl Florovsky, *EBr* (1969), 18, 481, 'This contention cannot be upheld. The title *Zan* was probably not in use before the 16th century.'

teitl *presbyter* mewn perthynas ag ymherodr Ethiopia. Diamau, meddai, fod brenhinoedd Ethiopia ar un cyfnod yn cyflawni dyletswyddau eglwysig yn ogystal â gwleidyddol. Awgryma mai oherwydd ei bod yn amhosibl i batriarch Alecsandria anfon esgobion i Ethiopia wedi i'r Arabiaid orchfygu'r Aifft y syrthiodd y dyletswyddau eglwysig hyn ar ysgwyddau'r brenin;[138] hyd nes yr adferid y cysylltiad ag Alecsandria unwaith eto, ni ellid ordeinio offeiriaid yn Ethiopia. Cyfeiria Marinescu hefyd at dystiolaeth bendant o'r eiddo Abu Salih, awdur Arabaidd o Gristion a flodeuai yn y drydedd ganrif ar ddeg, i'r perwyl fod brenhinoedd Ethiopia bob un yn offeiriad.[139] Yna, yn ôl Marinescu, daeth si am hyn oll i glustiau'r Eidalwyr wrth gyfathrachu ag Ethiopiaid yn yr Aifft a mannau eraill, a'r canlyniad fu iddynt hwy alw ymherodr Ethiopia yn eu hiaith eu hunain *Prete Gian*, sy'n gyfystyr â'r Lladin *Presbyter Johannes*.[140]

Gyda golwg ar ffurfiau Cymraeg yr enw, sylwyd eisoes mai *Ieuan Fendigaid* ac *Ieuan Offeiriad* yw'r trosiadau ohono gan gyfieithwyr y llythyr. Yn ddiweddarach, fel y dengys nifer o enghreifftiau a ddyfynnwyd yn barod, digwydd y ffurfiau *Preter Siôn, Pre(u)tur Siôn, Prester Siôn* ac yn y blaen. Benthyciadau o'r Saesneg yw'r rhain.[141]

---

[138] *BAR*, 10, 104, a gw. t.lxxvi uchod.
[139] Dyfynnir gan Langlois, *VFMA*, III.48, '*Aethiopiae reges omnes sunt sacerdotes, liturgiam celebrantes super altaria.*'
Ond cf. Jones a Monroe, *A History of Ethiopia* (1955), 61, 'We know from Abu Salih that the Copts at the beginning of the thirteenth century believed – quite erroneously – that the king of Abyssinia was a priest, and this belief may account for this otherwise inexplicable element in the legend of Prester John.'
[140] Gw. *BAR*, 26, 220.
[141] Gw. *EEW*, 92. Digwydd o bosibl fel epithet, *B*, 38 (1991), 132, 'Ior' ap Ieuan Preuttor [*sic*]'. Diddorol hefyd yw sylwi bod 'Prettejohn' yn digwydd yn gyfenw mewn rhifyn diweddar o un o gyfeirlyfrau ffôn British Telecom.

PENNOD III

1. Y Testunau Lladin

Noda Zarncke agos i gant o lawysgrifau sy'n cynnwys y testun Lladin *Epistola Presbyteri Johannis* mewn rhyw ffurf neu'i gilydd.[1] Cesglir ar unwaith oddi wrth ei restr ef mor boblogaidd oedd y llythyr ac mor eang ei gylchrediad, oherwydd ceir copïau ohono mewn llyfrgelloedd ledled Ewrop, e.e. ym Mharis, Berlin, Leipzig, Dresden, Munich, Prag, Fienna, Fflorens, Rhufain, yn ogystal ag yn Llundain, Rhydychen a Chaergrawnt. Hefyd, gwyddys bellach am ragor o lawysgrifau y gellir eu hychwanegu at restr Zarncke: (a) llawysgrifau yn Llyfrgell Bodley, Rhydychen. Y mae'r copi a geir yn Digby 158, 2r–5v, er enghraifft, yn perthyn i'r ddeuddegfed ganrif; (b) Paris, Arsenal 379A, fol. 34 (12 g.); (c) llawysgrifau ym Madrid ac yn Wolfenbüttel.[2] (ch) llawysgrifau yn Breslau. Nodir pedair ohonynt gan Hilka.[3] Nid yw'r un yn gynharach na'r bedwaredd ganrif ar ddeg, a cheir yn un ohonynt gopi sy'n honni i'r Preutur anfon y llythyr yn uniongyrchol at yr Ymherodr Ffredrig;[4] (d) llawysgrif 448 yng Ngholeg y Drindod, Dulyn. Ceir ynddi destun yr 'original Latin letter' yn ôl David Greene;[5] (dd) llawysgrif Peniarth 382 yn Llyfrgell Genedlaethol Cymru. Awgryma Mr Daniel Huws fod hon i'w dyddio tua 1200. Cynnwys y testun ryngosodiadau AB (felly, dyma brawf pellach fod y rhain wedi ymddangos erbyn yr adeg honno; gw. isod), a pherthyn iddo holl nodweddion gwahaniaethol y dosbarth neilltuol hwnnw o destunau. Er gwaethaf amryw fân wahaniaethau yma a thraw y mae, yn gyffredinol, gyfatebiaeth glòs rhyngddo a thestun

---

[1] *Abh*, 7, 878 yml.
[2] Am (*a*), (*b*), (*c*), gw. Thorndike, *HMES*, II.240, n.2.
[3] *ZFSL*, 43, 93–4.
[4] Gw. t.xxv.
[5] *Celtica*, 2 (1954), 120. Testun sylfaenol, h.y., heb ryngosodiadau, a olygir yn ddiamau. Ni welais i mo'r llsgr., a mwy na thebyg mai dyna'r math o destun ydyw. Er hynny, y mae sylw Greene (gw. t.cvii) mai 'a translation of the uninterpolated Latin text' yw'r fersiwn Gymraeg yn peri amau a yw'n adnabod y testun sylfaenol i sicrwydd.

beirniadol Zarncke. Y mae'r canlynol, fodd bynnag, yn eisiau yn Peniarth 382 (ym mhob achos, ar wahân i'r cyntaf, oherwydd bod llygad y copïydd wedi achub y blaen arno): Atod.I, 9 *Si vero*... *universae terrae;* 38 *quia*... *preciosae*; 40 *ita ut*... *tantum*; 73 *exceptis*... *in curia nostra*; 100 *Si potes*... *potestatem nostram.* Ar y llaw arall, ceir yno ychwanegiad ar ddiwedd y llythyr: *Habes g^r domine emanuel. Quanta sit dignitas et gratia et potentia nostra. Que regna sunt subiecta nobis. qui seruiunt nobis. que*... *cum ceterorum regum Diuiciis compara. Vale.*

O'r pymtheg llawysgrif sy'n cynnwys y testun sylfaenol, y ddwy orau yn ôl Zarncke yw Llundain, Harl. 3099 a Rhufain, Cod. Regin. Lat. 1658, y naill a'r llall yn perthyn i'r ddeuddegfed ganrif ac yn honni mai Manuel yn ei dro a anfonodd y llythyr ymlaen at Ffredrig.[6]

Ar wahân i ryw ddau ar bymtheg o destunau na ellir eu dosbarthu,[7] rhennir y gweddill gan Zarncke yn bum dosbarth yn ôl y rhyngosodiadau ABCDE a ymddengys ynddynt.[8] Y mae'r testun sy'n cynnwys rhyngosodiadau AB yn dra phoblogaidd,[9] a dangosir yn y man mai i'r dosbarth hwn y perthyn y fersiwn a droswyd i'r Gymraeg.[10] Ychwanegasid A a B at y testun sylfaenol cyn 1196. Mewn llawysgrif o'r drydedd ganrif ar ddeg yn Heiligenkreuz, ger Fienna, ceir disgrifiad rhamantus o'r India o waith un Elyseus.[11] Dengys y cynnwys fod yr awdur yn gyfarwydd â fersiwn o lythyr y Preutur a gynhwysai ryngosodiad B. Gan mai i ddifyrru'r brodyr crefyddol yn Freisach yr adroddodd Elyseus yr hanes, rhaid ei fod wedi gwneud hynny cyn 1196 yn y fan bellaf, oblegid gwyddys i fynaich Admont gyfnewid Freisach am feddiannau eraill yn y flwyddyn honno.[12] Efallai fod lle i gredu i A a B ymddangos erbyn tua 1190.[13] Ni pherthyn i'r drafodaeth hon ymhelaethu ynglŷn â

---

[6] Gw. t.xxv.
[7] Gw. Zarncke, *Abh*, 7, 903–6.
[8] Ibid., 881–901 Beirniedir dosbarthiad Zarncke, fodd bynnag, gan Thorndike, HMES, II.240: 'Some of the passages which Zarncke regards as interpolations are, however, already found in 12th century MSS. On the other hand, his text does not include all the interpolations and variations to be found even in the MSS which he describes.' Ond y mae'n wir fod rhyngosodiadau AB *wedi* ymddangos erbyn neu yn ystod degawd olaf y 12 g.
[9] Rhestrir 26 o gopïau gan Zarncke, *Abh*, 7, 884.
[10] Gw. tt.civ–vi.
[11] Am y testun, gw. Zarncke, *Abh*, 8, 120–7.
[12] Ibid., 120.
[13] Gw. t.xciv.

gweddill y rhyngosodiadau ragor na bod C (dechrau'r 13 g.) wedi dwyn i mewn i'r llythyr rannau o hanes chwedlonol Alecsander yn eu crynswth,[14] a bod i'r fersiwn sy'n cynnwys E, a ymddangosodd yn ddiweddarach yn y ganrif honno, *explicit* i'r perwyl mai Christian, archesgob Mainz, a drosodd y llythyr o Roeg i Ladin.[15] Heblaw dosbarthu'r amrywiol fersiynau, lluniodd Zarncke destun beirniadol o'r *Epistola*, a chan nad yw hwn o fewn cyrraedd yn gyffredin, cynhwysir yn y gyfrol hon (Atodiad I) y rhannau ohono sy'n berthnasol i astudiaeth o'r testunau Cymraeg.[16] Cyhoeddodd Jubinal destun Lladin a geir yn Paris, Bibl. Nat. 2342 (12 g., yn cynnwys rhyngosodiadau AB).[17] Argraffwyd testunau Lladin hefyd gan Oppert,[18] Rhŷs a Morris-Jones,[19] ac yn *MGH Script.*, XVIII, 579–81.[20] Am ragor o gyfeiriadau, gw. Zarncke, *Abh*, 7, 872.

2. Cyfieithiadau o'r *Epistola* i'r Ieithoedd Brodorol

Fel y disgwylid, ac yntau'n gyfansoddiad mor boblogaidd, ymddangosodd cyfieithiadau ohono mewn nifer o ieithoedd brodorol rhwng diwedd y ddeuddegfed ganrif a'r unfed ganrif ar bymtheg. Y syndod mwyaf yw ei fod wedi ei drosi i'r Hebraeg, gan fod iddo ogwydd Cristnogol mor bendant, ond diau mai'r cymhelliad i hynny oedd y cyfeiriad sydd ynddo at y Deg Llwyth

[14] Gw. tt.xxviii–ix.
[15] Gw. t.xxxvi; cf. *Drych yr Oesoedd Canol*, goln, Nesta Lloyd a Morfydd E. Owen (Caerdydd, 1986), 33: 'Ar ddechrau'r llyfr [Ystorya Dared] ceir llythyr at Sallustius Crispus dan enw Cornelius Nepos yn honni iddo drosi'r gwaith i'r Lladin o destun Groeg a gawsai yn llaw yr awdur ei hun . . . Eithr ymddengys nad oes sail i'r honiadau hyn.'
[16] Am gopi ffacsimili o'r testun cyflawn, gw. bellach Ullendorf a Beckingham, *HLPJ*, 184–99.
[17] *OCR*, II.444–54. Daw'n amlwg ar unwaith fod hwn, fel Peniarth 382, 43ᵛ–45ᵛ, yn cynrychioli'n hollol deg y math neilltuol o destun Lladin sy'n gynsail i destun Cymraeg AB. Ar y cyfan, y mae cyfatebiaeth agos iawn rhwng y ddau destun Lladin hyn o ran cynnwys, a chytunant yn berffaith o ran eu drefn.
[18] *PJSG*, 167–79.
[19] *LIA*, 238–42. Dywedir yno, t.xxvii, ddarfod ei lunio o 'the earliest edition in the Bodleian . . . with readings from later editions when such agreed better with the Welsh text'. Ymddengys ei fod yn cytuno i raddau helaeth â thestun Oppert.
[20] Testun Harl. 3678 (yn cynnwys rhyngosodiad C; amserir 1295).

Iddewig.[21] Fe'i cyfieithwyd i Ffrangeg (gan gynnwys Eingl-Normaneg a Phrofenseg), Almaeneg, Eidaleg, Saesneg, Cymraeg a Gwyddeleg,[22] heb sôn am ieithoedd y Slafiaid a'r Rwsiaid.[23] Cyfieithiadau mydryddol, fel y digwydd, yw'r ddau sy'n ymgiprys am yr arbenigrwydd o fod y trosiad cynharaf oll i iaith frodorol. Perthyn y naill i ogledd yr Almaen ac fe'i ceir yn Berlin, MS Germ. oct. 56. Er nad yw Zarncke yn rhy hyderus wrth ei ddyddio o fewn y drydedd ganrif ar ddeg,[24] dangosodd Schröder fod yr arddull a'r dechneg fydryddol yn ei gysylltu â chyfnod a ddaethai i derfyn tua 1190, felly y mae'n annhebygol iawn ddarfod ei lunio'n ddiweddarach na chwarter cyntaf y drydedd ganrif ar ddeg.[25] Yn wir, y mae'r ffaith mai ar destun sylfaenol yr *Epistola* y seiliwyd y cyfieithiad hwn yn ddadl gref o blaid ei gynharwch. Trosiad i Eingl-Normaneg yw'r llall ac y mae iddo ddigon o ddiddordeb ac arwyddocâd o safbwynt yr astudiaeth bresennol i haeddu sylw manylach.

Tua 1890 gwnaeth Meyer un o'i gyfraniadau disgleiriaf i hanes llenyddiaeth yr Oesoedd Canol drwy ddarganfod hwn mewn llawysgrif (rhif 4156; ail hanner y 13 g.) yn llyfrgell Syr Thomas

---

[21] Gw. n.152, t.45. Trafodir y testunau Hebraeg yn y traethawd gwreiddiol, t.xcvi. Yn argraffiad Lladin 1550 o *Cosmographia* Sebastian Munster, t.1161 (ac ym mhob arg. wedi hynny), cynhwysir fersiwn Hebraeg o'r llythyr a dynnwyd, yn ôl Munster, o lyfr a argraffwyd yng Nghaergystennin. (I Dr Gruffydd Aled Williams yr wyf yn ddyledus am yr wybodaeth hon.) Yn *JQR*, I (1889), 194, dywedir bod fersiwn Hebraeg o'r llythyr a gyfeiriwyd at y Pab wedi ei argraffu yng Nghaergystennin yn 1716, a'i fod cyn brinned â llawysgrif.

Er hyn i gyd, ymddengys ar y cyfan na chafodd chwedl y Preutur fawr o ddyfnder daear yno oherwydd diffyg y duedd meddwl a ymhoffai mewn pethau o'r fath; gw. Zarncke, *Abh*, 7, 877.

[22] Ymdrinnir â'r testunau Ffrangeg, Eidaleg, Almaeneg, Saesneg a Gwyddeleg yn y traethawd gwreiddiol, tt.lxxxvii–xcvii. Cyhoeddodd David Greene ddau destun Gwyddeleg, sef BL Egerton 1781, 151rb–152rb, a Llyfrgell Genedlaethol yr Alban, llsgr. XLI, 4 ff., yn *Celtica*, 2 (1954), 121–6, 130–9.

[23] Gw. t.xxix.
[24] *Abh*, 7, 947.
[25] E. Schröder, 'Das älteste deutsche Gedicht vom Priester Johannes', *Zeitschrift für das deutsche Altertum*, Bd. 70 (Berlin, 1933), 129–35; cf. J. E. Caerwyn Williams, 'Rhyddiaith Grefyddol Cymraeg Canol', *TRhOC*, 352: 'Sylwyd eisoes [t.328] fod y rhan fwyaf o gyfieithiadau i'r Saesneg, y Ffrangeg a'r Almaeneg, yn y cyfnod hwn yn gyfieithiadau mydryddol a bod y cyfieithiadau i'r Gymraeg a'r Wyddeleg gan mwyaf i ryddiaith, a chyplyswyd hyn â'r ffaith mai mydryddiaeth oedd priod gyfrwng cyfarwyddyd yn y dosbarth cyntaf o ieithoedd ac mai rhyddiaith oedd priod gyfrwng cyfarwyddyd yn ieithoedd yr ail ddosbarth oddieithr mewn mannau mwy dramatig na'i gilydd neu fannau lle'r oedd angen mynegi teimladau dwys.' Gw. t.xcv isod, hefyd *B*, 5 (1931), 294.

Phillipps yn Cheltenham.[26] Cynnwys y gerdd 1,202 o linellau wyth sillaf yn gypledau odledig. Cyhoeddodd Meyer rannau ohoni,[27] a Hilka y testun cyflawn.[28] Y mae cyfatebiaeth fanwl o ran trefn y cynnwys rhwng y gerdd a'r fersiwn Lladin sy'n cynnwys rhyngosodiadau AB. Prolog confensiynol sydd iddi, ond epilog gwreiddiol, sy'n honni rhoi manylion ynglŷn â'i llunio, ffaith a fydd yn haeddu ystyriaeth wrth geisio penderfynu'r adeg a'r lle y troswyd yr *Epistola* i'r Gymraeg.

Dywedir wrthym fod un Gilbert y Bwtler (*Guillebers li Butelier*), aelod o osgordd William de Ver, ar ei ffordd adref i Loegr o'r Wlad Fendigaid gyda'i feistr. Yn ystod ysbaid o aros yng Nghaergystennin llwyddodd Gilbert i fod ymhlith y rhai cyntaf i sicrhau copi Lladin o'r *Epistola*. Trefnodd wedyn, 'ar gais ac â mawr bleser o fewn llys ei arglwydd', i gael cyfieithiad ohono i'w iaith ef ei hun, a hynny drwy lafur Roau d'Arundel:

> 1179 Danz Guillebers fist translater
> Icest rumanz et tut rimer,
> Par requeste et par grant amur
> Enz en l'ostel de sun seignur.
> Quil translata, Roau out nun,
> Ki d'Arundel aveit surnun.

Ni wyddys dim am y cyfieithydd ond awgryma ei enw mai yn ne Lloegr yr oedd ei gartref. I Hilka[29] golyga'r dystiolaeth uchod fod

---

[26] Gw. *Romania*, 25, 558; Langlois, *VFMA*, III.52–6 yn enwedig.

[27] *Notices et Extraits des Manuscrits* . . ., Tome XXXIV (Paris, 1891), 1re partie, 228.

[28] *ZFSL*, 43, 100–11. Bellach, am ail lsgr., gw. y Tad Aubrey Gwynn, SJ, 'Some Unpublished Texts from the Black Book of Christ Church, Dublin', *Analecta Hibernica* (Dublin Stationery Office, 1946), 283–337. Rhwng 1279 a 1294 yr ysgrifennwyd hi ac yn ôl Dominica Legge, *Anglo-Norman Literature*, 203, y mae'n debyg fod llsgr. Cheltenham yn gynharach na hi o fewn ail hanner y 13 g. Y mae epilog testun Dulyn yn wahanol: 'He who translated it had the name John, who is known as of Arundel, at Waltham at Holy Cross, where he translated it with great pleasure . . .' Dyma, felly, gadarnhau barn Langlois mai yn Lloegr y cyfansoddwyd y gerdd.

Gellir dychmygu y byddai'r gerdd, os digwyddodd iddi ddod i sylw'r Brenin Rhisiart, yn debygol iawn o apelio ato, oherwydd yn ôl *EBr* (1961) 19, 286a, 'Richard was in his lifetime and long afterwards a favourite hero with troubadours and romancers. This was natural, as he belonged to their brotherhood and himself wrote lyrics of no mean quality.'

[29] *ZFSL*, 43, 91.

y cyfieithiad mydryddol wedi ei lunio cyn gadael Caergystennin. Gwêl Langlois,[30] ar y llaw arall, yn y cwpled canlynol awgrym cryf na fu Roau ei hun erioed yn y Dwyrain ac felly mai yn Lloegr y cyfansoddwyd y gerdd:

> Cil ki uncore vendent de la,
> Assez vus cuntent de deca.

Gyda golwg ar ei dyddio, cred Hennig[21] mai yn 1170 y cafodd Gilbert ei gopi Lladin, ond prin iawn y gall hyn fod yn gywir, gan fod cynsail y gerdd yn cynnwys rhyngosodiadau AB, ac y mae'n dra amheus a gynhwysid y rheini yng nghopi Gilbert os cafodd ef mor gynnar â 1170. Cyfeirir yn y gerdd (ll.1163–6) at y croeso tywysogaidd a dderbyniodd William de Ver ar ei ddychweliad i Loegr gan ei feistr, sef y brenin. Ymddengys fod Hilka yn bur agos i'w le wrth synio mai Rhisiart I a olygir, a chysylltu'r achlysur â'r Drydedd Groesgad.[32] Cychwynnodd Rhisiart adref o'i ymgyrch ym Mhalesteina ar 9 Hydref 1192, gan gyrraedd Fienna ym mis Rhagfyr. Oherwydd ei garcharu gan ei elynion, fodd bynnag, ni chyrhaeddodd Loegr hyd fis Mawrth 1194. Ailgoronwyd ef ar 17 Ebrill y flwyddyn honno, ond o fewn mis ar ôl hynny croesodd i Ffrainc ac ni ddychwelodd i'r wlad hon byth wedyn. Bu farw yn 1199. Gan hynny, os golygir yn y gerdd fod Rhisiart yn bersonol wedi croesawu William adref o'r Wlad Fendigaid, rhaid mai rhwng Mawrth a chanol Mai 1194 y gwnaeth hynny, a bod testun Lladin o lythyr y Preutur wedi cyrraedd Prydain am y tro cyntaf erioed yr adeg honno, a'r gerdd Eingl-Normaneg hithau naill ai'n orffenedig neu ar y gweill neu o leiaf yn yr arfaeth. Ond tybed a ellir amseru hyn oll yn gynharach fyth? Dywedir yn y gerdd fod i de Ver barch eithriadol yn y cylchoedd uchaf mewn byd ac eglwys ym Mhalesteina ac y cymhellid ef yn daer i aros yno weddill ei ddyddiau. Trech na phob cymhelliad, fodd bynnag, fu ei hiraeth am ei gartref a'i geraint yn Lloegr, hiraeth tebyg i eiddo'r eos yng nghaethiwed ei chawell am ddianc i ryddid y llwyni gwyrddion. Y mae'n amlwg oddi wrth hyn ei fod wedi treulio cryn amser ym Mhalesteina, ac felly nid ymddengys yn amhosibl ei fod wedi penderfynu dychwelyd adref *cyn* i Risiart I gychwyn ar ei daith i'r

[30] *VFMA*, III.45.
[31] *TP²*, II.453.
[32] *ZFSL*, 43, 92

Drydedd Groesgad. Golygai hyn mai yn yr ysbaid fer rhwng ei esgyniad i'r orsedd yn 1189 a'i ymadawiad am y Dwyrain ym mis Gorffennaf 1190 y croesawodd y Brenin de Ver a'i osgordd yn ôl i Loegr. Daeth y copi cyntaf o'r *Epistola* i'r wlad hon, ynteu, efallai yn 1189-90, ond yn sicr yn 1194.

Ac yntau mor uchel ei barch ym Mhalesteina ac ym Mhrydain ac mewn cymaint ffafr yn y llys brenhinol, y syndod yw na wyddys dim o hanes y William de Ver hwn, ond diau ei fod yn hanfod o linach bendefigaidd y teulu enwog hwnnw o Normaniaid a fu'n fawr eu bri a'u dylanwad yn Lloegr am ragor na phum canrif a hanner.[33] Bu o leiaf dri gŵr o'r enw hwn, ond ni all ef fod yn un o'r rheini. Nid oes air o sôn amdano yng nghofnodion y Croesgadau,[34] ac nid yw'r ymresymiad cywrain a ganlyn o'r eiddo Miss Dominica Legge[35] yn argyhoeddiadol chwaith.

Cyfeiria hi at gwpled yn y gerdd (ll.1167-8) sy'n cynnwys sylw anodd ei ddehongli:[36]

> Haut hom(e) est il, mes neporquant
> Empereür pot estre (uncore) avant.

(Y mae'n ŵr o uchel radd, ond er hynny gall eto fod yn ymherodr yn y dyfodol.)

Awgryma Miss Legge, oni fodlonir ar ystyried y geiriau yn ormodiaith noeth, y gall fod bwlch yn y testun ac nad at William de Ver y cyfeirir ond efallai at Risiart o Gernyw, a fu ym Mhalesteina ar berwyl cymodol yn 1240-2 ac a etholwyd yn 1257 yn frenin y Rhufeiniaid. Eddyf nad yw'n ymddangos fod yr un William de Ver yn aelod o'i osgordd yntau chwaith. Byddai'r dyddiad 1257, meddai ymhellach, yn cyfamseru'r gerdd â'r fersiynau Ffrangeg eraill, ond yn tanseilio haeriad Gilbert ei fod ef gyda'r cyntaf i sicrhau copi Lladin o'r llythyr.

Ar wahân i fethu ag olrhain William de Ver unwaith eto, gwendid yr ymresymiad hwn yw'r ffaith nad oes alw o gwbl, yn fy

---

[33] Gw. *DNB*, XX.219.
[34] *ZFSL*, 43, 90-1.
[35] *Anglo-Norman Literature and its Background* (Oxford, 1963), 202-3.
[36] Fel y dywaid Miss Legge, nid yw Langlois yn cyfieithu'r cwpled na hyd yn oed yn sôn amdano. Sylwer, fodd bynnag, fod Hilka, *ZFSL*, 43, 91, yn ei ddyfynnu, ond heb wneud unrhyw sylwadau arno. Y mae'n amlwg na wêl ef yn y geiriau ddim amgen na gormodiaith.

marn i, am geisio cyfamseru'r gerdd â'r cyfieithiadau i ryddiaith Ffrangeg a ddechreuodd ymddangos yn gynnar yn ail hanner y drydedd ganrif ar ddeg. Yn wir, y mae dadleuon cryfion yn erbyn hynny: (a) Wrth gynnig amseru'r gerdd tua 1257, disgwylid i'w chynnwys adlewyrchu presenoldeb rhagor o ryngosodiadau, diweddarach nag AB, yn y cynsail Lladin. (b) Fel y crybwyllwyd eisoes, perthyn y cynharaf o'r cyfieithiadau mydryddol Almaeneg i chwarter cyntaf y drydedd ganrif ar ddeg yn y fan bellaf; yn wir, y mae'n ddigon posibl y byddai'n deg ei amseru yn negawd olaf y ddeuddegfed ganrif. Felly nid yw'n anghredadwy o gwbl fod y trosiad Eingl-Normaneg yntau'n dyddio o ddiwedd y ganrif honno. Ategir hyn gan yr Athro Morgan Watkin wrth sôn am arfer llenyddol Ffrainc yn yr Oesoedd Canol, *Ystorya Bown de Hamtwn* (1958), t.lxi: 'Ar gân yr adroddid gwrolgampau arwyr chwedlau'r byd Ffrengig ac ar gân hefyd *hyd ddechrau'r 13 g.* y traethid gorchestion a ffeithiau hanes.' (Myfi biau'r italeiddio.) Gweler hefyd nod. 25 uchod. (c) Yr oedd y Preutur Siôn ei hun yn ddigon adnabyddus ym Mhrydain cyn 1190 i'r gŵr trahaus hwnnw William de Longchamp, esgob Ely, gyfeirio ato byth a hefyd fel cyfuniad o'r awdurdod uchaf mewn byd ac eglwys, gan ei osod yn batrwm i'w uchelgais diderfyn ef ei hun.[37]

3. Y Cyfieithiadau Cymraeg a'u Cydberthynas

Troswyd llythyr y Preutur Siôn i'r Gymraeg dan y teitl 'Ystorya Gwlat Ieuan Vendigeit' a cheir y testun mewn amrywiol ffurfiau yn y llawysgrifau a ganlyn (cyfeirir atynt o hyn ymlaen â'r llythrennau sydd wrthynt yn y rhestr hon):

---

[37] *Giraldi Cambrensis Opera* (ed. J. S. Brewer, Rolls Ser., No. 21), IV.425: *Solebat etenim a privatis suis multoties inquirere, utrum unquam audissent de aliquo, qui simul rex fuerit et sacerdos; et tunc exemplum eis de presbytero Johanne, qui Orientalium rex erat atque sacerdos, proponere consueverat, arroganter in hunc modum innuens idem de se fore futurum.*
    Daw'r dyfyniad o *De Vita Galfridi Archiepiscopi Eboracensis*. Fe'i ceir hefyd yn H. Wharton, *Anglia Sacra* (Londini, 1691), II.407. Am William, esgob Ely, gw. *CE* (1967), 14.927a. Yr oedd ei draha a'i falchder yn anhygoel, fel y tystia Roger o Hoveden, *Chronica* (Rolls Ser., No. 51), III.72, *Socium aut parem sibi neminem putabat in regno, nec etiam Johannem fratrem regis.*

DOSBARTH I

A. Coleg Iesu 119, fol. 137v–143v. Disgrifir y llawysgrif yn *RWM*, II.30, a chyhoeddwyd ei chynnwys gan Rhŷs a Morris-Jones.[38] Ei dyddiad yw 1346, ond y mae'r cynnwys yn hŷn.[39] Y mae'r testun a geir yma'n anghyflawn, gan fod y diwedd yn eisiau (oherwydd colli dalennau).[40] Egyr gyda'r geiriau *Llyma dechreu ystorya gwlat Ieuan vendigeit.* *Llyma lyuyr a anuones brenhin yr yndia y amherawdyr constantinobyl*, ac y mae'n terfynu, *a phedriarch or lle y mae bed thomas ebostol ar gwr ysyd yn lle pab.*

B. Peniarth 15, tt.115–23. 15 g., gw. *RWM*, I.334. Dywedir yno: 'Pages 1–123 . . . of this MS. appear to be a transcript with some additional matter of Jesus College MS. 119 . . . and contain the end of *Gwlat Ieuan vendigeit*, which is missing in the Jesus College MS.' Wele, felly, destun cyflawn: *Llyma lyuyr a anvones brenhin yr yndia . . . Ac ar hynny y tervyna y llyvyr hwnnw.*

C. LlGC 5267 ('Y Casgliad Brith', gynt Dingestow Court MS 7), tt.35–41.[41] 15 g. Testun cyflawn: *Incipiunt mirabilia de terra quae vocatur India. Llymma lythyr a anuones brenhin yr india y amheradyr constantinobyl . . . ac ar hynny y teruyna y llythyr hwn ar anryuedodeu o dir yr india.*

D. Peniarth 120, tt.234–42. Yn ôl *RWM*, I.730, y mae'r llawysgrif yn cynnwys 'transcripts . . . from Jesus College MSS. 3 (XX), 2 (CXIX) . . . in many hands; close of the XVIIIth [*sic*] century'. Yn llaw Edward Lhuyd y mae'r testun, a diwedda'n anghyflawn yn yr un man ag A.

---

[38] *The Elucidarium and other Tracts in Welsh from 'Llyvyr Agkyr Llandewivrevi'* (Oxford, 1894).

[39] Gw. t.cx.

[40] Y mae tt.137v–142r yn cynnwys 25 llinell yr un, a 142v, 143r, 143v 24 llinell yr un. A barnu wrth hyn a hyd gweddill y testun cyflawn B, collwyd tri thudalen (ac efallai ychydig linellau'n rhagor na hynny) o A. Y mae'n amlwg hefyd i hynny ddigwydd rywdro cyn i Edward Lhuyd, a fu farw yn 1707, wneud y copi o destun A, sef D.

[41] Gw. *Handlist of Manuscripts in the National Library of Wales*, II.81 (drwy amryfusedd, fe'i hamserir yno 'XVII cent.'). Y mae Mr B. G. Owens o'r farn mai'n ddiweddarach yn y 15 g. na Pheniarth 15 y copïwyd hi.

E. Peniarth 319, tt.237–48. 'A transcript of Jesus College MS. 2 (CXIX) . . . beautifully written in a modern hand' yw'r sylw ar y llawysgrif yn *RWM*, I.1123. Testun anghyflawn, fel A.

F. Cwrtmawr 1155, tt.33–9. Mawrth, 1869; yn llaw y Parchedig Robert Williams. Anghyflawn, fel A.

G. Cwrtmawr 1155, tt.37–43. ? *c*.1869; yn yr un llaw â'r testun blaenorol. Anghyflawn eto, fel A.

DOSBARTH II

H. Peniarth 47, ii, tt.17–24. Yn *RWM*, I.380, dywedir bod y rhan hon o'r llawysgrif yn cynnwys '28 pages, all gall stained and difficult to read. ? XVth century.' Y mae'r testun yn dechrau: [D]*eudec brenin a thrugein yssyt dan Jeuan effeirat*, ac yn terfynu: *A hynny a dyuawt jeuan wrth emanuel amerawdyr corstinobyl ac velly y teruyna.*

J. Peniarth 267, 251–65. 'Written by John Jones of Gelli Lyvdy while detained in the Fleet prison in 1635–41', gw. *RWM*, I, 1077. Egyr y testun gyda'r pennawd: *Rhyfeddodau brenhiniaeu* [*sic*] *yr Effeiriad Jeuan*, gan derfynu: *A hynny a ddyfawt Jeuan wrth Emanuel amerawdyr Konstantinobyl: Ag fel*[*l*]*y terfyna.* Cyhoeddwyd copi diplomatig ohono gan Dr Telfryn Pritchard yn *Studia Celtica*, 28 (1994), 162–5.

Cymharwn i ddechrau rai o ddarlleniadau'r ddau destun hynaf yn nosbarth I, sef A a B:

(A) Llyma dechreu ystorya gwlat Ieuan vendigeit/(B) ———; (AB) Llyma lyuyr a anuones; (AB) o gynedic rybucheidrwyd; (A) Coffa hagen[42] y petheu newydhaf/(B) Coffa y pethev newydhaf; (AB) vy mot i yn ieuan offeirat . . . yn raculaennv

---

[42] Digwydd *hagen* bum gwaith yn A, a phedair gwaith yn ychwanegol yn C yn y rhan sy'n ddiffygiol yn A, ond nis ceir gymaint ag unwaith yn B.

... ory yssyd y dan y nef; (A) ac y gantunt y dygant odyno/(B) Ac y dygant gantvnt odyno; (A) hyt pann y mynaccont yn gyntaf yn arderchogrwyd ni. ac or mynnwn ni eu hwy/(B) hyt pann ymkynoccont. yn gynntaf. Ac os myn yn arderchogrwyd ni hwynt; (A) Os mynnwn ynhev/(B) on es mynwn ynhew; (A) ny cheffir yn yn plith ni /(B) ny cheffir yn[43] plith ni; (AB) llawer o leoed ysyd y ni kenedyloeth dewrhaf; (A) y byrdeu/(B) y bordev; (A) hyt pann kychwynno hynny yn ymladwyr/(B) hyt pann kychwynno ynni yn ymladwyr; (AB) yd am ardymherer; (A) gwedy kysmyccu/(B) gwedy kymesku.

Gwelir bod perthynas agos iawn rhwng A a B gan fod eu darlleniadau, ar y cyfan, yn cytuno'n glòs. Er hynny, yn wyneb y gwahaniaeth rhyngddynt mewn ambell fan, diogelach efallai yw awgrymu bod A a B yn deillio o'r un cynsail, yn hytrach na bod B yn gopi uniongyrchol o A.

Yn nesaf, cymharwn ddetholiad o ddarlleniadau B ac C, sef yr unig ddau destun cyflawn sydd gennym:[44]

(B) Llyma lyuyr/(C) Llymma lythyr; llawer o amryuaelon bethev odidawc/ llawer o betheu amrauael a phetheu odidawc; o gynedic rvbvcheidrwyd/ o geneuodic rybuchedigrwyd; oth anregyon tithev/ . . . dlysseu di; Devdec brenhin a thrvgeint yssyd yn traethawl yn ni/ Dec brenhin a trugeint ynt drethawl y ni; gorchgnerth yn rybvcheidrwyd ni yw y hamdiffynn ae kynnal on cardodev ni/ gan nerth yn rybuchedigrwyd ni ae hamdiffyn ac on alwissenneu y kynhalwn; darestwg ac vfydhaw/ vuydhau a darestwng;[45] Yn y teir yndia/ yn y tir a elwir India; arnvnt/ arnadunt; or parth draw/ or tu draw; na welas dyn eiroet eu kystal/ na weles neb ac na bu eu kystal; or idewon. kyt tebyccont/ o dynyon tec a debygant; yn gyfvadas

---

[43] Y mae'r enghrau o'r amr. hwn yn B yn bur niferus.
[44] Y mae hon mewn gwirionedd yn gymhariaeth driphlyg, gan fod y drll. hyn o B yn llwyr gytuno (ar wahân i fanion orgraff) ag A hyd y mae hwnnw'n cyrraedd.
[45] Math o amr. sy'n gyffredin iawn yn C: (B) yn arwydon it ar hynny/(C) ar hynny yt; allan or dyd hwnnw/ or dyd hwnnw allan; ny diffycka llev[ver] vyth idaw/ ny diffygya vyth lleuer ydaw; a thrwy yn tir ni y ret/ ac y ret trwy yn tir ni; ni ae kymerwn ac a rodwn . . ./ ni a rodwn . . . ac ae kymerwn; a doant yn capel ni dracheven/ yn cappel ni a doant dracheuyn; a eglwyssawl teilygdawt/ a thelyngdawt eglwyssawl.

yrygtvnt/ yn kyuartalu y rynghunt; y tervyna y llyvyr hwnnw/ y teruyna y llythyr hwn ar anryuedodeu o dir yr india.

Dengys y gymhariaeth uchod fod cryn dipyn mwy o wahaniaeth geiriol rhwng A ac C nag sydd rhwng A a B. Eto i gyd, fe gytunir mai'r un cyfieithiad Cymraeg yn y pen draw a gynrychiolir gan A a B ar y naill law a chan C ar y llaw arall. Amhosibl yw fod C yn gopi uniongyrchol nac o A nac o B. Yn wir, y mae'n gwahaniaethu gormod oddi wrthynt inni hyd yn oed dybio bod un cynsail cyffredin i A, B ac C. Yr awgrym tecaf, yn sicr, yw fod cynsail A a B a chynsail C yntau yn hanfod o'r un cyfieithiad gwreiddiol.

Testunau mwy neu lai diweddar yw'r gweddill yn Nosbarth I, ac y maent oll yn diweddu'n anghyflawn yn yr un man ag A. Wele rai darlleniadau o D ochr yn ochr â rhai A:

(A) y dayrawl vrenhined/(D) y ddayrawl vrenhines; (A) a uont vch/(D) a vont uwch; (AD) arderchogrwyd ni ar amled; (A) vrenhined/(D) vrenhinoedd; (AD) yn holre oludoed ory ysyd; (A) y enw benndigeit ef/(D) y enw bendigedig ef; (A) helygos/(D) helygog; (A) avon arall ysyd voe no hi/(D) avon arall moe no hi; (A) ysgwthyr/(D) ysgrythyr; (AD) hyt pann kychwynno hynny yn ymladdwyr; (AD) curyfedd; (A) amhinogeu/(D) Amhmogeu; (AD) kysmycu.

Ceir awgrym weithiau fod y copïwr yn cadw llygad ar gywirdeb y testun yn ogystal; o leiaf, y mae rhai amrywiadau'n dangos nad copïo'n beiriannol yr oedd:

(A) ef a ffy yr ysprydoed drwc/(D) Ef a ffy yr yspryd drwg; (A) yn emyl y mynyned/(D) yn emyl y mynyddoedd; (A) Os mynnwn ynheu/(D) os ny mynnwn ynheu; (A) kyffelyb a ni o oludoed/(D) kyffelyb y ni o oludoedd.

Diwedda D yn anghyflawn yn yr un man ag A, a dengys y gymhariaeth uchod y gellir yn deg gredu mai copi uniongyrchol o A ydyw, er bod rhywfaint o ôl diweddaru ar yr orgraff ac yn y blaen. Gwelir hynny'n bennaf yn y defnydd o *-dd* lle bo *-d* yn y cynsail, ac o'r terfyniad lluosog *-oedd* am *-ed* (*-edd*), e.e. vrenhined/vrenhinoedd; mynyned [*sic*]/mynyddoedd, ond erys *tired* heb ei newid.

Yn nesaf cymharwn E ac A, gan sylwi ar y detholiad a ganlyn o ddarlleniadau:

(A) y mynnut ti auon [sic] yn ni/(E) y mynnit ovyn y ni; (A) Osit arnnat/ (E) o bit arnat; (A) ory yssyd y dan y nef. Deudec brenhin a thrugeint ysyd yn trethawl yn ni/(E) ory yssyd yn trethavl y ni; (A) llyffan/(E) llyffant; (A) y briwyd hynny/(E) y bryvyd hvnnv; (A) gwedy as collont/(E) gvedy os kollant; (A) ac gwedy el yr auon yn y mor/(E) ac gvedy el yr avon yr mor; (A) onyt damwein/(E) namyn damvein; (A) ae hadeiledigaetheu/(E) ae hadeiledigaeth; (A) yn bort ni/(E) yn bore ni; (A) pumb grad ar hugeint a chant ar gradeu hynny/(E) pump grad ar hugeint ar gradeu hynny; (A) o ieirll vn ar bymthec a deugeint a thrychant/(E) o ieirll un ar bymthec a thrichant.

Y beiau cyffredin ar ran copïwyr, sef camddarllen y cynsail a cholli geiriau drwy achub y blaen, sy'n cyfrif am nifer o'r amrywiadau uchod, ac nid yw'r gwahaniaethau'n gyfryw fel na ellir ystyried E yn gopi uniongyrchol o A. Ambell dro, y mae copïydd E yn diweddaru'r orgraff, e.e. yn gallv/ein gallu; hyt na allo/hyd na allo; dec llwyth/deg llvyth; arglwydesseu/Arglvydesęu [sic]: deu aual/dau aual; colofneu/colofnau.

Copïau o D, yn hytrach nag yn uniongyrchol o A, yw F a G, sef y testunau sydd yn llaw'r Parchedig Robert Williams. Profir hyn gan y ffaith yr atgynhyrchir ynddynt wallau a chyfnewidiadau D. Ceir bod F ac G yn berffaith gytûn â D yn y darlleniadau hyn, er enghraifft: Brenhin y ddayrawl vrenhines; ef a ffy yr yspryd drwg; a dyrchafel y enw bendigedig ef. Ag y kerdda; helygog; ag odyno nyt pellach; yd atnywockaant hwy; ar pryvet hynny a allant vot; heb ysgrythyr; o weith curyfedd; yr onestwyr. Sylwer, fodd bynnag, ar rai mân wahaniaethau:

(D) yr Arglwyddocka yn gallu ni/(FG) yr arwyddocka yn gallu ni; (D) ory y ssydd y dan y nef/(FG) vry yssydd y dan y nef; (D) a gaffo y gogofeu/(FG) a gaffa y gogofeu; (D) na threisswr/(FG) na threisswyr; (D) kyssmycu/(FG) kyffmycu.

Weithiau bydd D a F yn cytuno, ond G yn amrywio rhywfaint:

(DF) a phob ohonunt un/(G) a phob un ohonunt un; (DF) ar

yr enynnant/(G) ac yr enynnant; (DF) ag or mynnwn ni eu hwy/(G) ag or mynnwn ninneu hwy; (DF) ar hyt y bydd marw. Sef yw hynny ny ddodir messur arnaw moe noc ar ddun marw. ag ny delhir adlo ymdanaw/(G) ar hyt y byd marw. ag ny delhir adlo ymdanaw; (DF) ysmaradus/(G) ysmaragdus; (DF) Amtist/(G) ametist; (DF) hyt pann ddeher ar un/(G) hyt pann ddelher ar un; (DF) y rei enym ni na weher/(G) y rei einym ni na welher; (DF) na pheth a wnelhont/(G) na pheth a welhont.

Y mae'n amlwg mai G yw cynsail y testun a argraffwyd, dan olygiaeth Robert Williams, yn *Selections from the Hengwrt Manuscripts*, II, 327–35, gan fod hwnnw'n cytuno'n fanwl â G ym mhob un o'r darlleniadau uchod. Prin iawn yw'r amrywiadau rhwng G a'r testun printiedig; yn wir; nid ydynt yn ddim amgen na chywiriadau golygyddol:

(G) yn amravaelon wassanaethu/(HMSS) yn amravaelon wassanaetheu;(G) ugein escyb/(HMSS) ugein escob.

Bellach, H a J yn unig a erys i'w trafod. Ysywaeth, y mae rhannau helaeth o H yn eithriadol o anodd eu darllen; yn wir, y mae tudalennau cyfain yn gwbl annarllenadwy hyd yn oed gyda chymorth lamp uwch-fioled, gan dued y staen sydd ar y memrwn. Fodd bynnag, yn 1640, yn ystod un o'i dymhorau yng ngharchar y Fflud, llwyddodd John Jones, Gellilyfdy, i ddehongli llawer mwy o'r testun nag sy'n bosibl heddiw.[46] Eto i gyd, y mae'r bylchau yn ei gopi ef, sef J, ac amryw ddarlleniadau sy'n dangos mai ymbalfalu yr oedd y copïydd, yn dystiolaeth led sicr fod cyflwr H yn peri trafferth hyd yn oed y pryd hynny. Ymddengys yn debyg fod John Jones wedi defnyddio rhyw gyffur i geisio gwneud ei gynsail yn eglurach a bod staen hwnnw hefyd erbyn heddiw yn ychwanegu at y düwch.

Gwelir ar unwaith fod cryn wahaniaeth rhwng testun HJ a'r testunau a drafodwyd eisoes, a bod rhaid ei osod mewn dosbarth ar

---

[46] Ymhen rhai blynyddoedd ar ôl cyflwyno'r traethawd gwreiddiol y darganfûm y copi hwn a wnaethai John Jones. Dyma enghraifft dda o'i gymwynasau gwerthfawr.

wahân.[47] Y gwahaniaeth sylfaenol yw'r ffaith nad ar ffurf llythyr y mae hwn. Yn hytrach, adroddiad gwrthrychol o gynnwys yr *Epistola* sydd yma a chyfeirir at Ieuan yn y trydydd person. Er bod Zarncke yn trafod saith o gyfansoddiadau y corfforir ynddynt fwy neu lai o gynnwys llythyr y Preutur gan gyfeirio ato yn y modd hwnnw,[48] ofer hyd y gwelaf yw chwilio ymhlith y rheini am gynsail posibl i destun HJ. O ran hynny, nid oes raid tybio o gwbl fod gan y Cymro a luniodd y testun hwn gynsail Lladin o natur adroddiadol o'i flaen, oherwydd y mae'n hollol bosibl mai ef ei hun, wrth gyfieithu'r *Epistola*, a'i trosai hefyd o ffurf llythyr i ffurf adroddiad. Felly, os cyflwyno hanes y Preutur a'i wlad oedd ei amcan, naturiol wedyn oedd iddo anwybyddu'r cyfarchion ffurfiol a phopeth a weddai i epistol, oblegid ffeithiau'n unig a oedd yn cyfrif i'w bwrpas ef. Y mae'n arwyddocaol efallai fod testun HJ yn dechrau gydag un o'r datganiadau ffeithiol cyntaf a wna'r Preutur yn ei lythyr, yn wrthgyferbyniol i'r truth herfeiddiol o ymffrostgar a thrahaus sydd yn yr agoriad. Ar yr olwg gyntaf, gellid yn hawdd dybio bod testun HJ yn anghyflawn, gan nad oes ar ei ddechrau ddim sy'n cyfateb i gynnwys y ddau dudalen cyntaf o destun AB, ond os yw'r ddamcaniaeth uchod yn gywir, y mae'r diffyg hwnnw'n fwriadol ac nid oes dim ar goll. Ar wahân i hyn, y mae cyfatebiaeth glòs rhyngddo a thestun AB drwodd a thro o ran mater ac yn gyffredinol o ran trefn y cynnwys hefyd, er bod yn ambell fan beth amrywiaeth yn lleoliad y sylwadau. Y mae'r eiriadaeth, fodd bynnag, yn gwahaniaethu'n sylweddol, er enghraifft:

AB (Testun I)

HJ (Testun II)

60 mwyeilch gwynnyon, keilogev redyn mudyon
61 boues agrestes
97 y gwnant gruceu vchel ohonunt
100 dyn gwlat arall

372 meurule gwynyon a cicades
373 ychen gwyllt
396 y gwneir deisiau onadunt
398 estrawn genedyl

---

[47] Cynnwys rhan gyntaf llsgr. Peniarth 47 ddarn o *Dares Phrygius*, ac y mae'n ffaith drawiadol fod hwnnw yr un mor unigryw ag ydyw testun y llythyr yntau. Dyma a ddywedir amdano yn *RWM*, I.380, 'a fragment of Dares Phrygius in Welsh ... Possibly this is the earliest version in Welsh, and its text does not agree verbally with any other known MS.'
[48] *Abh*, 8, 120–79. Hefyd, ceir enghraifft o gynnwys y llythyr wedi ymddïosg o'i ffurf epistolaidd yn Gervase o Tilbury, *Otia Imperialia*.

RHAGYMADRODD

AB (Testun I)	HJ (Testun II)
103 symut y vlas a wna	402 adnewyda chweith arnei
107 ar y gythlwng	404 kynn bwyt
114 ny diffyccya lleufer vyth idaw	409 ny chyll vyth lleuer y lygeit
122 pyscawt kyfelysset a chystal ac na welas dyn eiroet eu kystal	417 y pysgod goreu yn y byt
137 ar ffrwst y mae reit idaw kerdet rac attoeth cayv y daear arnnaw	426 reit idaw vynet yn ehegyr rac kaeu y daear yn eu kylch
165 Pawb o dynyon gwlat arall, nyt amgen, gwesteion a phererinyon, a eruyll yn ynawster ni	445 Pererinyon ac estronyon a geif ossymdeith yno
178 Pann gerdom nynheu hagen ar yn heddwch	452 A phan el y uarchogaeth o'r llys bwygilid idaw
182 hyt pann adnapom ni mynet yn knawt ni yn y briawt voned, sef yw hynny, yn brid	455 y dyuot cof idaw y hanuot o'r daear ac yd a idi
222 Rac bronn yn llys ni y mae heol	482 Yn emyl y llys honno y mae plas
237 o achos etiueddu	494 y geissiaw plant
325 yn ergrynedig o'r weledigaeth a welsei	552 Ac aruthyr vu ganthaw y vreudwyt

Gellir nodi ymhellach yr adrannau canlynol fel enghreifftiau nodweddiadol o'r math o gyfatebiaeth sydd rhwng y ddau destun: 57–67/369–77; 72–8/379–83; 86–109/388–405; 140–70/424–42; 172–91/448–62; 195–203/463–9; 310–25/541–52; 348–53/559–68. Gweler hefyd *SC*, 28 (1994), 157–62.

Y mae'n amlwg fod Testun II yn cynrychioli cyfieithiad annibynnol o'r *Epistola* ac nad detholiad, aralleiriad, na chrynodeb o Destun I mohono. Yn wir, gellir dweud yma ymlaen llaw fod ystyriaethau eraill sy'n ategu hyn, sef y ffaith fod Testun II yn ffyddlon i'r gwreiddiol Lladin mewn amryw fannau lle nad yw hynny'n wir am Destun I, yn ogystal â'r posibilrwydd ei fod yn drosiad rhywfaint cynharach na Thestun I (cf. awgrym J. Gwenogvryn Evans ynglŷn â thestun *Dares Phrygius*, n.47 uchod).

4. Perthynas y Cyfieithiadau Cymraeg a'r Testunau Lladin

Fel y crybwyllwyd eisoes, rhannodd Zarncke y testunau Lladin yn bum dosbarth (ar wahân i'r testun sylfaenol), yn ôl y rhyngosodiadau ABCDE a ymddengys ynddynt. Dangosir yn awr mai testun Lladin yn cynnwys rhyngosodiadau AB yn unig yw cynsail y ddau gyfieithiad Cymraeg.

Y mae i'r fersiwn Lladin neilltuol hwn o'r *Epistola* dair nodwedd wahaniaethol:

(a) Y disgrifiad manwl a geir ynddo o'r dull y cynaeefir pupur. Digwydd cyfeiriad byr at hyn yn y testun sylfaenol Lladin. Felly, a bod yn fanwl, ymhelaethiad yn hytrach na gwir ryngosodiad yw A.

LLADIN	CYMRAEG
Atod.I, 25, *Sed cum piper maturescit,*	Testun I, 88–101

Testun sylfaenol
(gw. Zarncke, *Abh*, 7, 912)

accenduntur nemora et serpentes fugientes intrant cavernas suas, et tunc excutitur piper de arbusculis et desiccatum coquitur, sed qualiter coquatur, nullus extraneus scire permittitur.

Testun yn cynnwys rhyngosodiad A

veniunt universi populi de proximis regionibus, secum ferentes paleas, stipulas et ligna aridissima, quibus cingunt totum nemus undique, et cum ventus flaverit vehementer, ponunt ignem infra nemus et extra, ne aliquis serpens extra nemus possit exire, et sic omnes serpentes in igne fortiter accenso moriuntur praeter illos, qui suas intrant cavernas. 26. Ecce consumpto igne viri et mulieres, parvi et magni, portantes furcas in manibus, intrant nemus et omnes serpentes assos furcis extra nemus proiciunt et ex eis densissimos acervos componunt . . . Sic siccatur piper et de arbusculis combustis colligitur et coquitur, sed qualiter coquatur, nullus extraneus scire permittitur.

A phann vo aeduet y pybyr y doant y pobloed oll o'r brenhinaethev nessaf ac y dygant gantunt vs a mynws a gwrysc sych, ac yr enynnant y coet gylch ogylch. A phann vo diruawr wynt yn chwythu y dodant tan o vywn ac o vaes y'r coet hyt na allo vn o'r seirff vynet y maes. Ac velle y mywn y tan wedyr ennynner yn gadarnn y byd marw y seirff oll onyt y rei a gaffo y gogofeu. A gwedy y darffo y tan oll, y deuant pawb, a gwr a gwreic, a bychan a mawr, a phyrch yn y dwylaw, ac y doant y'r coet, ac y byrryant y seirff oll y maes o'r coet, ac y gwnant gruceu vchel ohonunt hyt yr awyr. A gwedy darffo vdunt ysgytwaw y mynws hwnnw y sychir y grawn a gynnuller o blith y briwyd hynny ac y berwir y pybyr. Ba ffuryf hagen y berwir, ny edir y dyn gwlat arall y wybot.

(b) Y disgrifiad o ail lys y Preutur, a hwnnw'n ymddangos ar ddiwedd y llythyr. Gan hynny, nid gwir ryngosodiad mo B chwaith ar y dechrau, nes ei symud yn ddiweddarach i wahanol safleoedd yng nghorff y llythyr, fel yr amlhâi'r ychwanegiadau i ddiwallu'r galw am fwy a mwy o hanesion rhyfeddol. Yn nhestun beirniadol Zarncke, ymestyn rhyngosodiad B o §76 hyd §96, er nad yw pob adran o fewn y rheini yn perthyn iddo. Eglura Zarncke, fodd bynnag, mai ar ôl §100 y mae'n digwydd yn y testunau hynny na chynhwysant ond rhyngosodiadau AB yn unig, ac yn y drefn honno yr argreffir ef yn y gyfrol hon (Atod. I).

O gymharu'r rhannau perthnasol, gwelir bod testunau Cymraeg I a II yn berffaith gytûn â'r Lladin o ran lleoli'r disgrifiad o ail lys y Preutur ar ddiwedd y llythyr:

Atodiad I (trefn rhyngosodiad B)	Testun I, 287-352 (cf. Testun II, 526-66)
75 Abbates . . . ad idem officium capellae revertuntur.	Abbadev . . . y'r vn ryw wassannaeth a doant y'n capel ni dracheven.
97-100 Quare sublimitas nostra digniori quam presbiteratus nomine nuncupari se non permittat, non debet prudentia tua admirari . . . dinumera et dominium nostrum et potestatem nostram.	Ny dyly dy brvdder di hagen anryfedv pa achos na adawyd y'n goruchelder ni yn galw o enw a vei vch a theilyngach noc offeiradaeth . . . ti a elly ryfvaw yn arglwydiaeth nynhew a'n gallv.
76-96 Habemus aliud palatium . . . et inde eximus saturi, ac si omni genere ciborum essemus repleti.	Y mae y ni nevad arall . . . yd awn yn gyn lawnet a chy darffei yn yssu digawn o bob ryw vwyt o'r yssyd yn y byt.
(diwedd)	(diwedd)

(c) Ychwanegiadau neilltuol ym mrawddeg agoriadol y llythyr. Dengys y gymhariaeth ar y tudalen nesaf fod Testun I yn cyfateb yn hollol i'r Lladin yma eto (ni ellir cymharu Testun II gan nad yw'n cynnwys dechrau'r llythyr):

LLADIN

Testun sylfaenol[1]

Iohannes presbiter, potentia et virtute Dei et domini nostri Iesu Christi dominus dominantium.

---

[1] Zarncke, *Abh* 7, 909, n.g. Yn ei ffurf sylfaenol yr argraffodd Zarncke y frawddeg yn ei destun beirniadol, ond wrth atgynhyrchu hwnnw isod (Atodiad I), fe'i hargreffir yn y ffurf sy'n cyd-fynd â rhyngosodiadau A a B fel y dangosir yn y drydedd golofn yma

Testun yn cynnwys rhyngosodiad A

Iohannes presbiter, potentia et virtute Dei et domini nostri Iesu Christi rex regum[2] et dominus dominantium.

---

[2] Zarncke, ibid., hefyd 881.

Testun yn cynnwys rhyngosodiadau A a B

Iohannes presbiter, potentia et virtute Dei et domini nostri Iesu Christi rex regum terrenorum[3] et dominus dominantium.

---

[3] Zarncke, ibid., hefyd 884. Sylwa Zarncke ddarfod colli *terrenorum*, fodd bynnag, mewn rhai llawysgrifau, ac fel mater o ffaith nis cynrychiolir yn nhestun Cymraeg C, er ei fod yn cynnwys rhyngosodiadau A a B.

CYMRAEG

Testun I, 7–9

Ieuan offeirat o gyuoeth a nerth Duw, yn Arglwyd ni Iessu Grist, *brenhin y dayrawl vrenhined* ac arglwyd yr arglwydi.

Profwyd yn ddiamheuol bellach mai fersiwn Lladin yn cynnwys rhyngosodiadau AB yw cynsail y naill a'r llall o ddau gyfieithiad Cymraeg yr *Epistola*. Gan hynny, ni ellir derbyn yr hyn a ddywaid David Greene: 'The Welsh version is found in two MSS., the earlier dated 1346, and is of considerable interest in that it differs from most of the recorded vernacular versions in being a translation of the uninterpolated Latin text.'[49] Dichon mai absenoldeb yr ail ryngosodiad yn nhestun A oherwydd colli dalennau sy'n cyfrif am y camosodiad hwn o'r eiddo. Ond wedyn, sut na chanfuasai ryngosodiad A yn hwnnw?

Cytunir yn rhwydd ag ef, fodd bynnag, pan ddywaid, 'the Welsh is a full and fairly accurate translation',[50] oherwydd ceir bod cyfatebiaeth bur ffyddlon ar y cyfan rhwng testun AB a thestun beirniadol Zarncke. Gellir cyfeirio at hanes cynaeafu'r pupur, a ddyfynnwyd eisoes, fel enghraifft dda o'r cytundeb clòs sydd rhyngddynt. Canfyddir yr un ffyddlondeb i'r gwreiddiol wrth gymharu'r adrannau canlynol, a nodi dim ond ychydig: Atodiad I, 11/testun AB, ll.45–8; 22/72–8; 38/133–40; 65/240–6; 78/317–24; 90/332–9. Dengys y rhain a llawer o'u tebyg ddawn y cyfieithydd hwn ar ei gorau. Nid yw ond naturiol fod mân wahaniaethau yma ac acw. Diau fod rhai ohonynt i'w priodoli i amrywiadau yng nghopi Lladin y cyfieithydd, oherwydd gan amlaf mewn achosion o'r fath gellir yn weddol rwydd ddyfalu beth oedd y darlleniadau amrywiol yn hwnnw yn debygol o fod. Ambell waith nid yw'r cyfieithydd yn llwyddo i gyfleu union ystyr y gwreiddiol, e.e. *Cum enim hominem nos esse cognoscamus!* Pann adnappo y rei einym ni yn bot ni yn dynyon; *tigna quoque nostrum respice et considera!* Ac yn arwydon it ar hynny, medylya di ac edrych; *maiorem et digniorem domus nostrae te constituemus!* ni a'th ossodwn ar y petheu mwyhaf yn yn llys ni; *circa ipsum eiusdem quantitatis quatuor sunt corneolae!* Ygkylch hwnnw y gwneir gweith pedryfual kymeint ac e hunan. Dro arall, ni ellir llai nag edmygu'r modd y mae'n trafod problemau cyfieithu, e.e. *Gradus . . . de porfiritico, partim de serpentino et alabastro!* gradeu . . . o vein porffiret gwedy kymyscu o waet seirff ac ireit alabawstrum – 'a wonderful paraphrase', yn ôl John Morris-Jones. Gwir ei fod wedi gadael allan gymal neu frawddeg yn achlysurol iawn, e.e. Atod.I, 2 *et*

---

[49] *Celtica*, 2 (1954), 117–18.
[50] Ibid., 118.

mentio altitudinis nostrae erat apud te; ibid. 30 *et si est imminutum, restituitur et cum plus inspicitur, magis lumen acuitur.* Legitimo *carmine consecratus*; ibid. 31 *et quamvis omnino careat aqua.* Hefyd, er bod cyfatebiaeth glòs drwodd a thro rhwng y cyfieithiad a'r gwreiddiol o ran trefn y cynnwys, digwydd weithiau fod dilyniant rhai brawddegau'n amrywio:

Atod.I, 33 Tribus diebus in septimana fluit et labuntur parvi et magni lapides et trahunt secum ligna usque ad mare harenosum, et postquam mare intraverit fluvius, lapides et ligna evanescunt nec ultra apparent.

126–30 Ac gwedy el yr auon yn y mor y difulanna y mein hyt na welher vyth o hynny allan. Tri diwarnnawt yn yr wythnos y kerdant ac y llithrant y mein, rei mawr a rei bychein, ac y dygant gantunt rei wyd hyt y mor tywawt.

Atod.I, 45–6 Omnes extraneos hospites et peregrinos recipit mansuetudo nostra. Nullus pauper est inter nos. Fur nec praedo invenitur apud nos, nec adulator habet ibi locum neque avaricia.

164–8 Ny byd ychennawc neb yn yn plith ni. Dyn got ny cheffir yno. Pawb o dynyon gwlat arall, nyt amgen, gwesteion a phererinyon, a eruyll yn ynawster ni. Lleidyr na threisswr nac aghawr ny cheffir yn yn plith ni.

Weithiau bydd y cyfieithydd yn ychwanegu esboniad o'r eiddo'i hun: 33 'y petheu newydhaf, sef yw y rei hynny, dy diwed'; 255 'ar hwnnw y byd bas, sef yw hynny, ryw weith maen a elwir velle. Ac ar y bas hwnnw dwy colofyn, sef yw y rei hynny, breicheu'; 313 'Quasideus, sef yw pwyll hynny, megys dvw.'

Gyda golwg ar HJ, er ei fod ar y naill law yn ddiffygiol yma ac acw mewn cymal neu frawddeg a gynrychiolir yn AB, y mae ar y llaw arall nifer sylweddol o enghreifftiau ohono'n cytuno â'r gwreiddiol Lladin pan nad yw AB yn gwneud hynny:

Atodiad I		AB (Testun I)		HJ (Testun II)	
21	scorpio nullus ibi			378	na scorpion
26	omnes serpentes assos	96	y seirff oll	396	y sarffot poethyon
30	et si est imminutum, restituitur et cum plus inspicitur, magis lumen acuitur			410	a phei bae dall ef a gaffei y leuer, a phei mwyaf ydd edrychei ynddunt, mwyaf vyddei y olwg
31	neque navigio neque alio modo	120	ar veis nac o vn wed arall	416	ar long nag ar ystym arall
31	iuxta ripam			418	yng kylch y lanneu ef

RHAGYMADRODD cix

32	sine aqua	126	megys dwfyr	419	heb un dafyn dwfyr
42	iuxta torridam zonam	155	gyr llaw y lle y byd yr ynys	436	yn emyl y wlat a elwir Torrida Zona
44	camelis et canibus	163	a chameleit	444	a chamelieit a chwn
48	vas unum aureum, plenum terra	182	llestyr yn llawn o brid	455	llestyr eur yn llawn o brid
49	aliut vas argenteum, plenum auro	184	llester arall yn llawn o eur	456	llestri aryant yn llawn o eur
75	Singulis kalendis			528	pob kalan mis
93	Nulla fenestra nec aliquod foramen est ibi	344	Nyt oes vn fenester arnei	563	Nyt oes na fenestyr na thwll arnei

Y mae'r cytundeb yn y manylion hyn rhwng HJ a'r Lladin, cytundeb na cheir mohono yn AB, ynghyd â'r gwahaniaeth geiriol rhyngddo ac AB y sylwyd arno uchod yn braw pendant fod HJ yn cynrychioli cyfieithiad cwbl annibynnol.

TABL YN DANGOS CYDBERTHYNAS Y TESTUNAU CYMRAEG A'U CYSYLLTIAD Â'R TESTUNAU LLADIN

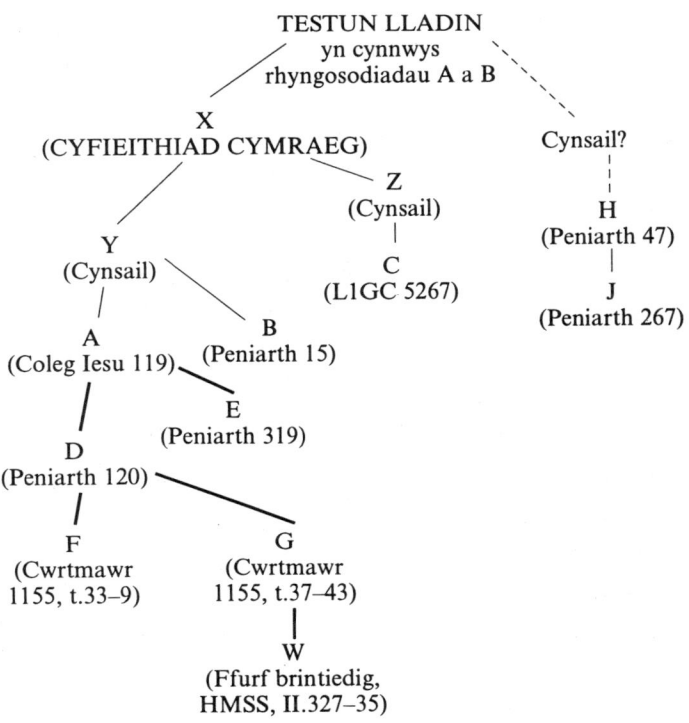

(Dynoda llinell ddwbl gopi sydd agos â bod yn llythrennol.)

5. Dyddiad a Tharddle'r Cyfieithiadau Cymraeg

Gwelwyd eisoes mai yn llawysgrif Coleg Iesu 119, sef *Llyvyr Agkyr Llandewivrevi*, y cadwyd y testun cynharaf (ond anghyflawn bellach) o brif gyfieithiad Cymraeg *Epistola Presbyteri Johannis* sydd ar gael heddiw. Mewn nodyn o eiddo'r copïydd sy'n dilyn y rhagdraeth i'r testun cyntaf yn y llawsgrif, sef *Hystoria Lucidar*, hysbysir mai ar gais Gruffudd ap Llywelyn ap Phylip ap Trahaearn o'r Cantref Mawr yr ysgrifennwyd hi, ac ychwanegwyd y dyddiad 1346. Anodd penderfynu beth yw union arwyddocâd y dyddiad hwn – ai at *Hystoria Lucidar* yn unig y mae i'w gymhwyso, ai ynteu dyma'r pryd y gorffennwyd ysgrifennu'r llawysgrif gyfan. Sut bynnag, copïau o destunau hŷn yw'r cynnwys i gyd,[51] a'r rheini'n draethodau crefyddol oll ond un, sef *Ystorya Gwlat Ieuan Vendigeit*. Beth bynnag oedd y cymhelliad i gynnwys hwn mewn casgliad o'r fath,[52] i'r uchelwr llengar ac i'r ancr dienw y mae'r diolch am ei ddiogelu.[53]

I geisio bwrw amcan pa bryd y troswyd yr *Epistola* i'r Gymraeg, sylwir i ddechrau ar orgraff y tri chopi cynharaf o'r prif gyfieithiad, sef A, B, C, a hefyd ar destun H (anwybyddir J i'r pwrpas hwn gan fod orgraff hwnnw wedi ei diweddaru), gan chwilio'n neilltuol am unrhyw arwyddion o hynafiaeth. Lle canfydder y rheini, gellir yn hwylus gymharu â'r darnau o Peniarth 6 (*c*.1225) a gyhoeddwyd yn *PKM*, 305-8, ac â *Llyfr Du Caerfyrddin* (*c*.1250).

---

[51] Gw. J. E. Caerwyn Williams yn *B*, 11 (1944), 156; *Buched Dewi*, gol. D. Simon Evans (Caerdydd, 1959), xxxv. Trafodir nodweddion y copïwr yn *LlA*, xviii, a cheir yno hefyd sylwadau ar yr orgraff sy'n rhagdybio mai copïo o gynsail cryn dipyn yn hŷn a wnâi.

[52] Cf. J. E. Caerwyn Williams, 'Rhyddiaith Grefyddol Cymraeg Canol', *TRhOC*, 325-6: 'Yr oedd crefydd yn cofleidio mwy o agweddau ar fywyd yr adeg honno [yr Oesau Canol] nag a wna heddiw ... Nid yw bob amser yn hawdd penderfynu beth a ystyrid yn waith crefyddol a beth a ystyrid yn waith seciwlar. E.e. mae'n debygol fod *Llyfr Ancr Llanddewifrefi* wedi ei ddwyn at ei gilydd i wneud cyfrol grefyddol ... neu'n llyfrgell o weithiau crefyddol, ond beth bynnag am hynny, anodd ydyw i ni heddiw ddeall pam y cynhwyswyd *Ystorya Gwlat Ieuan Vendigeit* ... y mae ei stori wedi ei weu o ffaith a ffansi'r Oesau Canol ... Mae'n amlwg na phoenid y copïwr gan y gwahaniaeth rhwng yr *Ystorya* hon a'r *Ystorya* o Fuchedd Dewi neu o Fuchedd Beuno.'

[53] Gw. Stephen J. Williams, 'Rhai Cyfieithiadau', *TRhOC*, 306; J. E. Caerwyn Williams, 'Rhyddiaith Grefyddol Cymraeg Canol', ibid., 336-8; cf. hefyd *TLlM*, 147, 149.

RHAGYMADRODD

Orgraff

I ysgol -*t* am -*d* (e.e. gwla*t*, eryro*t*, pryfe*t*) a *d* am *dd* (e.e. arwy*d*on, dy *d*iwe*d*, gwrthla*d*, y *d*aear, arglwy*d*i) y perthyn y pedwar testun, ond ceir ychydig enghreifftiau o orgraff hŷn: -*d* am -*d* yn H, ll.460 dywedu*d* (cf. *PKM* 305 dyfo*d*, 306 y wla*d*, blaw*d*, kerde*d*; *LlDC* 7.6 Gueithre*d*, 39.12 trindau*d*, 42.16 dirnei*d*, 45.12 gleindi*d*); -*t* am -*dd* yn B, ll.284 gwastadrwy*t*, 329 ar vo*t*, yn C amle*t*, a chyfelybrwy*t*, neua*t*, yn H, ll.366, 427, 473 ys(s)y*t*, 369 ryue*t*, 439 wrage*t*, 458 arglwy*t* (cf. *PKM* 305 gorwe*t*, 306 anryde*t*, 307 yssy*t*, gorsse*t*, 308 y lefery*t*; *LlDC* 29.8 gogle*t*, 33.1 trugare*t*, 34.3 guir*t*, 88.5 lleueni*t*); -*th* am -*dd* yn A, ll.201 kenedyloe*th* , ac felly B (cf. *PKM* 307 na hae*th*ei; *LlDC* 22.13 oe*th*, 34.10 for*th*, 77.10–11 Hoe*th*il 'hoeddl'). Sylwer, fodd bynnag, fod yn A bum enghraifft ddiamheuol o -*dd*- yn dynodi'r sain honno: vr*dd*assawd, etiue*dd*u, ker*dd*ir, gra*dd*eu, vr*dd*ev, yn ogystal â thair enghraifft ansicr: ker*d/d*a, ny*d/d*u, he*d/d*wch (er bod B yn cadarnhau'r ddiwethaf). Cyfyd yr ansicrwydd oherwydd bod A weithiau'n ailadrodd llythyren wrth rannu gair ar ddiwedd llinell, e.e. gwy/yllt, vyny/ych. Ceir yn H hefyd un, efallai ddwy enghraifft, ll.369 o*dd*unet (ansicr oherwydd rhannu), 370 lluy*dd*.

Ceir -*c* am -*g* yn gyson: anre*c*, gwrys*c*, aruaw*c*, gwennwyni*c* (cf. *PKM* 306 arfaw*c*, 307 caw*c*; *LlDC* 7.9 guane*c*, 26.7 guledi*c*, 42.13 gurei*c*); -*p* am -*b* ddwywaith yn AB, ll.115 baw*p*, 315 va*p* (cf. *PKM* 305 he*p*, ate*p*, 306 bo*p*; *LlDC* 8.1 ne*p*, 18.8 pau*p*, 24.6 vine*p*, 37.10, 11 he*p*, 55.2 po*p*); *e* am *y* ddwywaith yn C, k*e*felyb, *e*nys (yn bur gyson yn Peniarth 6, cf. *PKM* 305 *e*ma, *e*nys, *e*r (y fannod), 306 *e*nteu, drw*e*; *LlDC* 20.3 k*e*dimteith, 72.2 *e*n 'yn', 79.16 k*e*uerchyt); *f* am *ff*: un enghraifft yn A, ll.137 gei*f*, tair yn B, ll.327 *f*vrvedigaeth, 336 amgy*f*ret, 345 *f*enestr, tua 16 enghraifft yn C, e.e. *f*yrch, *f*ord, *f*rwst, di*f*ygya, ky*f*elyb, or*f*ywys, naw enghraifft yn H, ll.378 lly*f*ain, 379 sar*f*, 430 ka*f*o, 446 gei*f*, 464 Bro*f*wyt, 465 seir*f*, 474 *f*ord, 479 *f*enestri, 563 *f*enestyr (cf. *PKM* 307 *f*ynnawn; *LlDC* 12.6 *f*raeth, 18.11 *f*aud, 33.12 *f*ort, 35.5–6 *f*inhaun, 39.10 pir*f*eith). *ff* am *f*: pre*ff*et yn B, di*ff*lanna yn C (cf. *LlDC* 21.13 a*ff*v 'a fu', 22.4 v*ff*ill, 42.14 v*ff*yldaud, 50.9, 15 ati*ff* 'a dyf', 53.5 bari*ff*vin 'barfwyn'); *u* neu *v* am *f*-, -*f*-: dyrchau*e*l, diru*a*wr, *u*eirch, he*u*yt, ystav*e*ll, sev*y*ll ac yn y blaen, ond mwy arwyddocaol yw'r ffaith y ceir ychydig enghreifftiau o *w* am *f*-, -*f*-: *w*yd 'fydd', *w*aen 'faen' yn B, kyngha*w*al yn H (mae hyn yn gyffredin iawn yn *LlDC*, e.e. 6.7 a*w*on, 14.8 grety*w* 'greddf', 42.12 ta*w*aud, 44.4 *w*innvis 'fynnwys',

49.1, 8 a*w*allen, 89.13 sei*w*, 93.11 diha*w*arch). Tra arwyddocaol hefyd at bwrpas dyddio yw'r defnydd o *u* neu *v* i ddynodi'r sain *w*; dyna'r arfer cyn y cyfnod Normanaidd ac ymlaen hyd ganol y drydedd ganrif ar ddeg.[54] Ceir (*y*) *v*rth deirgwaith yn A, ke*u*ri, ffr*u*t, *v*raged, *v*lat ac o bosibl dy*u*awt yn H (cf. *PKM* 307 gyrch*u*s, g*u*elei, lla*u*r, g*u*eith, ca*u*c, ochr yn ochr â g*w*eith, ca*wc*; *LlDC* 2.7 ma*u*r, 4.7 g*u*aedlan, 35.3 egl*u*is, 45.8 y *v*rth, 63.2 gla*v*, 90.12 heti*v*).

Yn ABC ac yn H dynodir *i* gan *i* fel rheol, e.e. gen*i*r, sych*i*r, golch*i*, m*i*l, ac *i* gytsain gan *y*, e.e. *y*awn, an*y*anawl, diffycc*y*a, pererin*y*on. Yn H, fodd bynnag, digwydd nifer o enghreifftiau o *i*: aniueil*i*eit, meib*i*on, effeir*i*at, anreg*i*on ac yn y blaen.

Yn y pedwar testun dynodir y sain *ll* gan *ll* yn gyson, ac eithrio'r enghreifftiau o *l* yn C, sefy*l*, ystaue*l* (ddwywaith). Ceir hefyd enghraifft o *l* ddwbl, de*ll*ir 'delir', unwaith yn AB, ddwywaith yn C, ac efallai unwaith yn H, ystauell ue*ll*y (gw. n.554).

Er nad yw iaith, ffurfiant a chystrawen yn fawr o help i gynnig amseru'r trosiad gwreiddiol yn fanwl, gan eu bod yn nodweddiadol o Gymraeg Canol yn gyffredinol, y mae'n werth nodi'r pwyntiau a ganlyn:

(a) *Iaith*. Digwydd rhai geiriau mewn ystyr gynnar, *symud* 'newid', *etiuedu* 'cael plant, beichiogi', *urddas*(*su*) 'trefn(u)', *vfydhau* fel berf anghyflawn, *trethwyr* 'talwyr trethi', *eisoes* 'er hynny', *erlyn* 'dilyn', *medylyaw* fel berf anghyflawn. Hefyd ceir enghrau o *llys* a *gwirioned* yn enwau benywaidd, a *nef* yn enw gwrywaidd.

(b) *Ffurfiant*. Sylwer ar y ffurfiau lluosog *brenhined*, *tired*, *mynyded*, *syr*, a *keith* yn lluosog 'caeth'. Y mae arddodiaid cyfansawdd yn dra chyffredin, *y dan*, *y gan*, *y rwg*, *y vrth*, ac *attam*, *ohonam*, *ohonunt/onadunt*, *amdanadunt* yw ffurfiau 1 a 3 ll. yr arddodiaid rhedadwy *at*, *o*, *am*. O blith y ffurfiau berfol, noder: 2 un. pres. myn. yn -*y* yn gyson, *credy*, *keffy*, *pechy*, *mynny*; 3 un. *bwytta* (nid *bwytty*): 3 ll. *doant*; 2 un. amhff. -*ut*, *carut*, *mynnut*; 3 un. grff. -*awd*, *vrddassawd*, *dyhvnawd*; -*s*, *anuones*, *welas*, *roes*; *goruc*, ?*dywawt*; amhrs. *clywyspwyt*, *dywespwyt*; 1 ll. grff. -*am*, *adnabuam*, *adwaenam*, *etholassam*, *dywedassam*.

Gellir rhestru ymhellach nifer o ffurfiau sy'n gyffredin mewn Cymraeg Canol, e.e. *deugeint*, *aryant*, *an* 'ein', *as*, *kyt*, *cyny*, *moe*, *no*(*c*), *oc*, *osit*, *ry*, *vch*, *y* (cyw. o *y* + *ei*, *eu*), *yd/yr*, *wy/hwy*.

Cymharer 242-3 *oc yn* (nid *o'n*) llys ni, 270-1 *ac eu* (nid *a'u*)

---

[54] E. D. Jones yn *Llyfr Du Caerfyrddin*, gol. A. O. H. Jarman (Caerdydd, 1982), t.xxi.

hadnabot â *CA* 14, neb *y eu* tymhyr nyt atcorsan, a *PKM* 306, Sef a wnaeth rei *o eu* kwn kerded *o eu* blaen; gwrthgyferbynner, fodd bynnag, 44–5 isod: y hamdiffyn *a'e* kynnal *o'n* cardodeu ni. Digwydd un enghraifft o *oe* 'i'w': 528 ydd ant *o'e* mynachlogoedd. Er mai *dyfod ar* sydd fwyaf cyffredin, â 29 dyvot *at* cymharer *PKM* 305, llema genadeu . . . en dyfod *attaw* ef, a gwrthgyferbynner ibid. *ar* uallolwch y doethant. Sylwer ar gystrawen *pwy* mewn brawddeg enwol bur: 81–2 a *phwy* y enw. Hefyd ar yr unig enghraifft o osod y rhagenw ategol ar ôl y dibeniad: 15 val yd wyf dyn *i*.

Weithiau bydd ansoddair lluosog yn dilyn enw lluosog: lleot *gwynnyon*, arglwydi *dayarolyon*, sarffot *poethyon*; ond ochr yn ochr â'r rhain digwydd ychen *gwyllt*, lleoed *kadarn*.

Ceir nifer o enghreifftiau o'r ferf yn cytuno â'i goddrych pan fo hwnnw'n enw: 88 y *doant* y pobloed oll, 129 y *kerdant* ac y *llithrant* y mein. Hefyd o'r ferf yn cytuno â rhagflaenydd y rhagenw perthynol: 11 ar betheu a *uont* vch; 208 pyst y neuad a'e hystyffyleu . . . a *hennynt*; 242 a'r rei hynny oll a *gymerant* eu cost. Ond y mae cryn anwadalu yn hyn o beth: cf. 53 deudec brenhindref a thrugeint o *wassanaetha* yn gaeth y ni; 217 petheu ereill . . . a *henyw* o . . . hebenus; 221 yr ystyphyleu a *gynneil* y byrdeu.

Y mae'r ymdriniaeth uchod, yn enwedig yr olion hynafiaeth a ganfyddir yn yr orgraff, yn ategu'n bendant y farn mai i'r drydedd ganrif ar ddeg y perthyn cynsail ein testunau o'r *Ystorya* – i drydydd chwarter y ganrif honno'n sicr,[55] ac yr wyf am fentro awgrymu'n lled hyderus, i'w hail chwarter, ar sail yr ystyriaethau canlynol:

(a) Y ffaith fod copi Lladin (fel y bernir) wedi cyrraedd Prydain tua 1190 a bod y Preutur yn ddigon adnabyddus yn y wlad hon yr adeg honno i'w ystyried yn ddelwedd o gyfoeth a gallu diarhebol ac yn enghraifft o gyfuno awdurdod tymhorol ac ysbrydol yn yr un person. Prin yr oedid yn hir heb sicrhau trosiad Cymraeg, yn enwedig o gyfansoddiad mor hynod o boblogaidd â'r *Epistola*.

(b) Gan mai dau ryngosodiad yn unig sydd yn y fersiynau Cymraeg, teg yw ystyried hyn yn arwydd o gynharwch. Y tebyg yw y dewisid cyfieithu'r fersiynau Lladin diweddaraf ar y pryd.

---

[55] Cf. Stephen J. Williams, 'Rhai Cyfieithiadau', *TRhOC*, 305: 'Gwyddom . . . fod cryn fri ar gyfieithu o'r Lladin yn ail ran y drydedd ganrif ar ddeg, ac er mai wrth fersiynau diweddarach, gan mwyaf, y gallwn farnu, nid yw'r testunau'n awgrymu mai arbrofi â gweithgarwch newydd yr oedd y cyfieithwyr.'

Gyda golwg ar darddle'r prif gyfieithiad o leiaf, naturiol yw cyfeirio'r meddwl tua'r De ac awgrymu mai ym Morgannwg y lluniwyd ef. Sylwa Zimmer ar y gweithgarwch llenyddol a ddaeth i fod yn y De yn ystod hanner cyntaf y ddeuddegfed ganrif dan ddylanwad y Normaniaid. Dengys Llyfr Coch Hergest a Llyfr yr Ancr, meddai, ym mha fath o destunau crefyddol a seciwlar yr ymddiddorent yn yr oes honno ac fel y daeth y Cymry hwythau i wybod amdanynt drwyddynt hwy. Fe gadarnheir diddordeb y Normaniaid yn y testun presennol yn anad yr un gan y ffaith mai un ohonynt hwy a ymboenodd i sicrhau copi yng Nghaergystennin a'i ddwyn adref gydag ef i'r wlad hon. Nid amherthnasol chwaith yw tynnu sylw at *Llyfr Du Caerfyrddin* (gol. A. O. H. Jarman, Caerdydd, 1982), li–lii: 'O 1246 ymlaen, ebe Cowley, gellir dangos yn sicr fod y priordy [yng Nghaerfyrddin] yn Anglo-Normanaidd ei osgo, ac yn ystod y drydedd ganrif ar ddeg cyfansoddwyd cerdd grefyddol mewn Ffrangeg Anglo-Normanaidd gan un o'r canoniaid a'i galwai ei hun "Simun de Kermerthin".'

Cofier hefyd am a ddywaid yr Athro G. J. Williams yn *TLlM*, 146: 'Y mae'n weddol eglur fod amryw o destunau rhyddiaith yr Oesoedd Canol wedi eu hysgrifennu yno [ym Morgannwg]. O'r hyn lleiaf, awgrymir hynny'n bendant gan yr iaith.' Nac anghofier chwaith mai gŵr o Forgannwg, Syr Dafydd Fychan, a drosodd *Ffordd y Brawd Odrig* i'r Gymraeg yn y bymthegfed ganrif. Meddir ymhellach yn *TLlM*, 149: 'Credaf y gellir maentumio bod ym Morgannwg ac yng Ngŵyr yn y bedwaredd ganrif ar ddeg a'r bymthegfed uchelwyr a anogai wŷr eglwysig a ddeallai Ffrangeg a Lladin i droi testunau poblogaidd y dydd i'r Gymraeg, ac mai dyna un o nodweddion pwysicaf traddodiad llenyddol y dalaith.'

Er mai annoeth, yn niffyg gwybodaeth fanylach am hanes cynnar y tafodieithoedd, yw bod yn rhy bendant, digwydd yn yr *Ystorya* rai ffurfiau sydd, heddiw o leiaf, ar lafar yn y De: *llyssewyn, llysseu, eisseu, llyffan, parth, y maes* (ddwywaith), *o vaes,* ochr yn ochr â phedair enghraifft o *allan*. Byddai Deheuwr, gellir tybio, yn debycach o arfer *allan* nag y byddai Gogleddwr o arfer *y maes*. Digwydd *mwnws* hefyd yn yr ystyr sydd iddo mewn rhannau helaeth o'r De. Eto, dichon fod rhywfaint o arwyddocâd rhanbarthol i ffurfiau fel *ymhoelut, ymhwel*, ac yn enwedig i absenoldeb *i* gytsain mewn geiriau fel *offeirat, anifeileit, weitheu, heibaw, meibon, geissaw,* er bod *Pagannyeit, pererinyon* ac yn y blaen, yn digwydd.[56] Fel mewn lliaws o destunau Cymraeg Canol, ceir yn y testun enghreifftiau o *o* offerynnol, ond y mae'n awgrymog yn y cyswllt hwn ei bod yn aros o hyd yn nhafodiaith Morgannwg a Gwent. Diddorol hefyd yw *rei wyd*, os yw'n ddilys (gw. n.130, tt.43-4).

Am y cyfieithiad annibynnol, sef Testun II, prin y gellir dweud dim i sicrwydd ynglŷn â'i darddiad. Y mae'r gwahaniaeth sylfaenol rhyngddo a Thestun I o ran ffurf, a'r amrywiaeth sylweddol o ran geiriad, ynddynt eu hunain yn peri tybio bod iddo, o bosibl, ryw darddle amgen nag sydd i hwnnw. Fe'm temtir gan yr argraff gyffredinol a gaf i led-awgrymu'n ochelgar y gall mai i'r Gogledd y mae hwn yn perthyn. Pwyntiau bychain, rhaid addef, ond rhai arwyddocaol er hynny, sy'n helpu i greu'r argraff hon: (a) Absenoldeb ffurfiau ac ymadroddion nodweddiadol o dafodiaith y De, e.e. *eisseu, ymhwel, llysseu, llyssewyn*, sy'n digwydd yn Nhestun I. Hefyd, sylwer mai 'o ddiethyr y coet' y bwrir y seirff llosgedig yn ôl HJ ac nid 'y maes o'r coet' fel yn AB. Gwir fod *o'e* = 'i'w' yn digwydd yn y ddau destun, ond y mae'n werth nodi bod y ffurf honno wedi goroesi ar lafar yn Sir Gaernarfon hyd yr unfed ganrif ar bymtheg yn ôl Gruffydd Robert, gw. *WG*, 277. (b) Mwy arwyddocaol yw'r ffaith mai *bwrd* (H) a *byrddeu* (J) a geir yn Nhestun II lle sonnir am *bort* yn Nhestun I. (c) Gan amlaf o ddigon, cedwir *i* gytsain yn H mewn geiriau fel *aniueilieit, elefannyeit, meibion, breninyaeth, Effeiriat, mawrweirthiawc* (deirgwaith), [c]*amelieit, arwydyon* (gthg. AB *cameleit, arwydon*), *kapplanieit*. Yn wir, rhyw ddwywaith yn unig y collir hi: *Effeirat, aniueileit*. Cedwir hi'n hollol gyson yn J.

Yr Argraffiad hwn

Cyflwynir isod destun beirniadol a luniwyd drwy gymharu holl destunau Dosbarth I, a chyda help y Lladin lle'r oedd angen. Seiliwyd ef ar y testun cynharaf, sef A, hyd y mae hwnnw'n cyrraedd (ll.282), ac oddi yno i'r diwedd ar destun B, yn rhannol am y bernir mai ef yw'r hynaf o'r ddau destun cyflawn, ond yn

---

[56] Gw. *GCC*, 4; *L & P*, 16.

bennaf oherwydd mai efe, yn hytrach nag C, sy'n cytuno orau ag A ar hyd y ffordd. Golygwyd yn y dull sy'n arferol bellach.

Yn dilyn y testun beirniadol, y mae testun Dosbarth II, sy'n drosiad annibynnol a hwnnw ar ffurf adroddiad. Diffygiol iawn yw hwn yn y traethawd gwreiddiol, oherwydd cyflwr hollol annarllenadwy rhannau helaeth ohono yn llawysgrif Peniarth 47. Bellach, fodd bynnag, wedi darganfod copi John Jones, Gellilyfdy, y mae'n llawer mwy cyflawn, er yn fylchog ac mewn ambell fan yn llwgr o hyd. Defnyddiais ei gopi ef i gadarnhau darlleniadau petrus yn Peniarth 47, a phle bynnag y dibynnir arno i gyflenwi'r testun, fe'i hargreffir mewn llythrennau italig. Rhoddir darlleniadau a fenthycir o destun AB a diwygiadau, ac ati, golygyddol mewn bachau petryal ac mewn teip rhufeinig. Â bachau petryal hefyd y dynodir bylchau yn y testun, ond ni fwriedir iddynt ddangos maint y bylchau hynny.

Yn unol â chyngor Mr Daniel Huws, cedwais yn gaeth at orgraff neilltuol pob un o'r llawysgrifau, hynny yw, ni cheisiais gysoni orgraff B ag A yn Nhestun I nac orgraff J ag H yn Nhestun II.

LLYFRYDDIAETH A BYRFODDAU

I LLAWYSGRIFAU

Coleg Iesu 119 ('Llyvyr Agkyr Llandewivrevi')
Cwrtmawr 1155
LlGC 5267 ('Y Casgliad Brith')
Peniarth 15
Peniarth 47
Peniarth 120
Peniarth 267
Peniarth 319
Peniarth 382 (testun Lladin)

II LLYFRAU PRINTIEDIG A CHYLCHGRONAU

Prif ffynonellau

Abh	gw. ZARNCKE.
ADOLF, Helen: *PMLA*	'New Light on Oriental Sources for Wolfram's Parzival and other Grail Romances', *Publications of the Modern Language Association of America*, 62 (1947), 306 yml.
ATIYA, Aziz S.: *HEC*	*A History of Eastern Christianity* (London, 1968)
BAR	gw. MARINESCU.
BARING-GOULD, S.	*Curious Myths of the Middle Ages* (London, 1888), tt.32–54.
BECKINGHAM, C. F.: *APJ*	*The Achievements of Prester John*; an inaugural lecture delivered on 17 May 1966 (London: University of London, School of Oriental and African Studies).
BECKINGHAM, C. F.: *QPJ*	'The Quest for Prester John' (Boyle

	Memorial Lecture), *Bulletin of the John Rylands University Library of Manchester*, 62, no. 2, Spring, 1980. Gw. hefyd ULLENDORF.
Ber	gw. ZARNCKE.
BROWNE, Thomas	*Enquiries into Vulgar and Common Errors* (London, 1686), pen. VI, 10 (t. 268).
BRUNET, G.	*La légende du Prêtre Jean* (Bordeaux, 1877).
BRUUN, P.: *ZGE*	'Die Verwandlungen des Presbiters Johannes', *Zeitschrift der Gesellschaft für Erdkunde zu Berlin*, 11 (1876), 279–314.
BTJS	*The Bondage and Travels of Johann Schiltberger*, tr. & ed. J. Telfer, with notes by Prof. P. Bruun (Hakluyt Society, 1879, No. 58).
BUCHAN, John	*Prester John* (London, 1910).
CE	*The Catholic Encyclopaedia* (New York, 1913; 1967).
CRAWFORD, O. G. S.: *EI*	*Ethiopian Itineraries, ca. 1400–1524* (Hakluyt Society, 1958, 2nd Series, vol. 109); yn Atodiad III ceir 'An Ethiopian Embassy to Western Europe in 1306' (R. A. Skelton).
CRONE, G. R.	*The Voyages of Cadamosto* (Hakluyt Society, 1937).
DANIEL-ROPS, Henri	*Cathedral and Crusade* (London, 1957)
d'AVEZAC: *Recueil*	*Recueil des voyages et des mémoires publié par la Société de Géographie* (Paris, 1839), Tome IV, 547–64.
DAVIES, W. Beynon	'Y Mawndfil Cymraeg', *Bwletin y Bwrdd Gwybodau Celtaidd*, 5 (1931), 287–327.
de RACHEWILTZ, Igor	*Prester John and Europe's Discovery of East Asia*, The thirty-second George Ernest Morrison lecture in ethnology, 1971 (Canberra, 1972).
Der grosse Brockhaus	16th ed. (Wiesbaden, 1952–), Bd 6, 75–6. Ceir yma hefyd gyfeiriadau llyfryddol.

EBr	*The Encyclopaedia Britannica.*
EDEN, R.: *FTEBA*	'An Abridgement of the Medieval Legend of Prester John', yn *The First Three English Books on America*, ed. Arber (Birmingham, 1885), tt.xxxii–vi.
EETS	Early English Text Society.
EItal	*Enciclopedia Italiana di Scienze, Lettere ed Arti* (Roma, 1929–61), 28, tt.216–18 dan *Prete Gianni* (erthygl gan Enrico Cerulli).
ERE	*The Encyclopaedia of Religion and Ethics* (Edinburgh, 1908–26), 10, tt.272–5 (erthygl gan Thomas Barns).
FARAL, E.: *Recherches*	*Recherches sur les sources latines des contes et romans courtois du moyen âge* (Paris, 1913); gw. yn arbennig 'Le roman d'Eneas et la lettre du Prêtre Jean', tt.161–7.
FLEURET, F.: *MF*	'La lettre de Prêtre-Jean pseudo-roi d'Abyssinie', *Mercure de France*, 268 (1936), 294–318.
FOSTER, Idris	*The Book of the Anchorite*, Sir John Rhŷs Memorial Lecture, Proceedings of the British Academy, 1949.
GDEL	*Grand Dictionnaire Encyclopédique Larousse* (Librairie Larousse, Paris, 1982–5), 10 vols.
GHINZONI, Pietro	*Un' ambasciata del prete Gianni a Roma nel 1481* (Milano, 1889).
GIBBON, E.	*The History of the Decline and Fall of the Roman Empire*, ed. J. B. Bury (London, 1900–4), V, 148–50; VII, 1–2.
GREENE, David	'The Irish Versions of the Letter of Prester John', yn *Celtica*, 2 (1954), 117–45.
GWYNN, Aubrey	'Some Unpublished Texts from the Black Book of Christ Church, Dublin', *Analecta Hibernica* (Dublin, 1946), 283–337.
HELLEINER, Karl F.	'Prester John's Letter: A Mediaeval

HENNIG, Richard: *HV*	Utopia', *The Phoenix*, 13 (1959), 47–57. 'Das Christentum im mittelalterlichen Asien und sein Einfluss auf die Sage vom "Priester Johannes"', *Historische Vierteljahrschrift*, 29 (1935), 234–52.
HENNIG, Richard: *HZ*	'Politische Ziele im Lebenswerk Prinz Heinrichs des Seefahrers', *Historische Zeitschrift*, Bd 160, tt.286–307.
HENNIG, Richard: *TI²*	*Terrae Incognitae*, 4 vols, 2nd ed. (Leiden, 1944–56); gw. yn arbennig Bd II, 396–9, 'Ein indischer Patriarch in Rom beim Papst Calixtus II'; 438–60, 'Papst Alexanders III Gesandtschaft an den "Priester Johannes"'; Bd III, 11–23, 'Das Neuaufleben der Priester Johannes-Erwartung im 1. Teil des 13. Jahrhunderts'.
HENNIG, Richard: *Universitas*	'Neue Forschungen zur Sage des Priester-konigs', *Universitas, Zeitschrift für Wissenschaft, Kunst und Literatur*, Heft 10 (Tübingen, 1949), tt.1261–5.
HILKA, Alfons: *ZFSL*	'Die anglo-normannische Versversion des Briefes des Presbyter Johannes', *Zeitschrift für französische Sprache und Litteratur*, 43 (1915), 82–112.
HMSS	*Selections from the Hengwrt Manuscripts*, ed. R. Williams and G. Hartwell Jones, 2 vols; gw. cyf. II (London, 1892), 327–35.
HOWORTH, H. H.: *JRAS*	'The Northern Frontagers of China. Part VIII, The Kirais and Prester John', *Journal of the Royal Asiatic Society*, New Series, vol. 21 (London, 1889).
HZ	gw. HENNIG ac OLSCHKI.
JMH	gw. KNEFELKAMP.
JONES, Thomas	'The Book of the Anchorite of

	Llanddewi Brefi (Llyvyr Agkyr Llandewivrevi)', *Trans. Cardiganshire Antiquarian Society*, 12 (1937), 63–82.
JORDANUS: *Mirabilia*	*Mirabilia Descripta. The Wonders of the East, by Friar Jordanus*, tr. & ed. H. Yule (Hakluyt Society, 1863, No. 30).
JQR	*The Jewish Quarterly Review*, 1 (London, 1889), 16 (1904), 17 (1905), 18 (1906).
JRAS	gw. HOWORTH.
JUBINAL, Achille: *OCR*	*Oeuvres complètes de Rutebeuf*, 2 vols (Paris, 1839); gw. I, 252, n.l; II, 443 yml.
KAMPERS, F.	*Vom Werdegang der abendländischen Kaisermystik* (Leipzig, 1924).
KNEFELKAMP, Ulrich:	*Die Suche nach dem Reich des Priesterkönigs Johannes* (Gelsenkirchen, 1986).
KNEFELKAMP, Ulrich: *JMH*	'Der Priesterkönig Johannes und sein Reich – Legende oder Realität?', *Journal of Medieval History*, 14 (1988), 337–55. Am lyfryddiaeth gw. tt.354–5.
KOEHLER, Reinholt	'La nouvelle italienne du Prêtre Jean et de l'empereur Frédéric et un récit islandais', *Romania*, 5 (1896), 76–81.
LANGLOIS, Ch. V.: *VFMA*	*La Vie en France au moyen âge*, 3 vols; gw. 'Les merveilles du Prêtre Jean', vol. III (Paris, 1927), 44–70.
LEGGE, M. Dominica	*Anglo-Norman Literature and its Background* (Oxford, 1963).
LETTS, Malcolm	'Prester John. Sources and Illustrations', *Notes & Queries*, 188 (Jan.–June, 1945), 178 yml.; 189 (July–Dec., 1945), 4–7.
MARCUCCI, A.	*La leggenda del prete Gianni* (Rieti, 1895).
MARINESCU, C.: *BAR*	'Le prêtre Jean. Son pays. Explication de son nom', *Bulletin de la Section historique de l'Académie roumaine*,

	10 (Bucarest, 1923), 73–112 (hefyd wedi eu rhifo 1–40).
	'Encore une fois le Problème du Prêtre Jean', *Bulletin de la Section historique de l'Académie roumaine*, 26 (1945), 203–22.
MARKHAM, C. R.	'The Portuguese Expeditions to Abyssinia in the Fifteenth, Sixteenth, and Seventeenth Centuries', *Journal of the Royal Geographical Society*, 38 (London, 1868), 1–12.
MARKHAM, C. R., tr. & ed.	*Book of the Knowledge of All the Kingdoms* (Hakluyt Society, 1912), 2nd Series, vol. 29.
MARLOWE, Christopher	*Tamburlaine the Great* (c.1587).
MF	gw. FLEURET.
MGH Script	*Monumenta Germaniae Historica, Scriptores*.
MORRIS-JONES, J. a RHŶS, J., goln.: *LlA*	*The Elucidarium and other tracts in Welsh from Llyvyr Agkyr Llandewivrevi* (Oxford, 1894).
MPh	'The Dry Sea and the Carrenare' (J. L. Lowes), *Modern Philology*, 3 (Chicago, 1905), 1–46; gw. yn arbennig 1–19.
NBG	*Nouvelle Biographie Générale* (Paris, 1852–66), cyf. 10 a 40.
NOWELL, C. E.	'The Historical Prester John', *Speculum*, A Journal of Mediaeval Studies, 28 (1953), 435–45.
N & Q	*Notes and Queries*: 1st Ser., vii, 502; x, 186. 2nd Ser., ii, 48; iv, 171, 259, 376. 3rd Ser., v, 279; viii, 256; xi, 151. 4th Ser., xii, 228, 294, 457. 5th Ser., i, 15, 177, 217, 359, 450; ii, 32. 6th Ser., x, 14, 58, 175. Gw. hefyd LETTS.
OCR	gw. JUBINAL.
ODCC	*The Oxford Dictionary of the*

OED	*Christian Church* (Oxford, 1958), dan *Prester John*.
	The Oxford English Dictionary (Oxford, 1933), dan *Prester John*.
OLSCHKI, Leonardo: *HZ*	'Der Brief des Presbyters Johannes', *Historische Zeitschrift*, Bd 144 (1931), 1–14.
	Storia letteraria delle scoperte geografiche, Studi e ricerche (Florence, 1937).
OPPERT, Gustav: *PJSG*	*Der Presbyter Johannes in Sage und Geschichte* (Berlin, 1864).
PFISTER, F.: *KTA*	*Kleine Texte zum Alexanderroman* (Sammlung vulgarlateinischen Texte, No. 4; Heidelberg, 1910).
Phoenix	gw. HELLEINER.
PMLA	gw. ADOLF.
PRITCHARD, Telfryn	'Sylwadau ar Fersiwn Llsgr. Peniarth 267 o Lythyr Ieuan Offeiriad', *Studia Celtica*, 28 (1994), 153–65.
RAVENSTEIN, E. G.	*A Journal of the first voyage of Vasco da Gama, 1497–1499* (Hakluyt Society, 1898).
RENAULT, Gilbert	*The Caravels of Christ*, tr. Richmond Hill (London, 1959); gw. yn arbennig bennod 7.
ROCKHILL, W. W., tr. & ed.	*The Journey of William of Rubruck to the Eastern Parts of the World, 1253–55* (Hakluyt Society, 1900, 2nd Series, No. IV).
Romania	*Recueil Trimestriel consacré a l'Étude des Langues et des Littératures Romanes* (Paris, 1872–), cyf. 5 (1876), 25 (1896), 43 (1914).
ROSS, E. Denison: *TTMA*	'Prester John and the Empire of Ethiopia' yn *Travel and Travellers of the Middle Ages*, ed. A. P. Newton (London, 1926), pen. IX.
SANCEAU, Elaine	*Portugal in Quest of Prester John* (London, 1943).
SC	gw. PRITCHARD.
SCHRÖDER, E.	'Das alteste deutsche Gedicht vom

SILVERBERG, Robert

SLESSAREV, V.: *PJLL*

Speculum
STRAHLENBERG, Ph. J.
von: *HGD*

SUCHIER, Hermann

THORNDIKE, Lynn: *HMES*

TKC

TTMA
ULLENDORF, E. and
BECKINGHAM, C. F.: *HLPJ*

Universitas
WRIGHT, J. K.: *GLTC*

YULE, H.

YULE, H.: *CWT*²

YULE, H.: *MP*³

Priester Johannes', *Zeitschrift für das deutsche Alterthum*, Bd 70 (Berlin, 1933), 129–35.
The Realm of Prester John (New York, 1972).
Prester John: the Letter and the Legend (Minneapolis, 1959).
gw. NOWELL.

An *historico-Geographical Description of the North and Eastern Parts of Europe and Asia* (London, 1738; cyhoeddwyd y gwreiddiol yn Stockholm, 1730).
'Brief des Priesters Johannes an Kaiser Friedrich', *Denkmäler provenzalischen Literatur und Sprache* (Halle, 1883), 341–86
The History of Magic and Experimental Science during the first Thirteen Centuries of our Era, 6 vols; gw. cyf. II (Macmillan, 1923), pen. XLVII, 'Prester John and the Marvels of India'.
The Three Kings of Cologne, ed. Horstmann (EETS, O.S., 85).
gw. ROSS

The Hebrew Letters of Prester John (Oxford, 1982).
gw. HENNIG
Geographical Lore of the Time of the Crusades, American Geographical Society Research Series, No. 15 (New York, 1925).
The Encyclopaedia Britannica, 11th ed., vol. 22, tt.304–7 (dan *Prester John*).
Cathay and the Way Thither, ed. Henri Cordier, 2nd ed., 4 vols (Hakluyt Society, 1913–16), vol. III, 15 yml., 222 yml.
The Book of Ser Marco Polo the

LLYFRYDDIAETH A BYRFODDAU cxxv

	Venetian concerning the Kingdoms and Marvels of the East, tr. & ed. H. Yule; 3rd edition, ed. H. Cordier, 2 vols (London, 1921); gw. yn arbennig gyf. I, 231 yml.
ZARNCKE, F.: *Abh*	'Der Priester Johannes', *Abhandlungen der königlich-sächsische Gesellschaft der Wissenschaften, phil.-hist. Klasse*, vol. 7 (Leipzig, 1879), tt.827–1030; vol. 8 (1883–6).
ZARNCKE, F.: *Ber*	'Über eine neue, bisher nicht bekannt gewesene lateinische Redaction des Briefes des Priester Johannes', *Berichte über die Verhandlungen der kgl. sächs. Gesellschaft der Wissenschaften*, vol. 29 (Leipzig, 1877), tt.111–56. 'Über zwei neue lateinische Redactionen des Presbyterbriefes', *Berichte über die Verhandlungen der kgl. sächs. Gesellschaft der Wissenschaften*, vol. 30 (Leipzig, 1878), tt.41–6. 'Zur Sage vom Priester Johannes', *Neues Archiv der Gesellschaft für altere deutsche Geschichtskunde*, Bd II (Hannover, 1877), tt.611–15.
ZSFL	gw. HILKA.
ZGE	gw. BRUUN.
ZUL	*Zedlers Universal-Lexikon* (Leipzig-Halle, 1741), Bd 29, 442.

Gweithiau eraill

BCN	*Y Beibl Cymraeg Newydd* (1988).
BR	*Breudwyt Ronabwy*, gol. Melville Richards (Caerdydd, 1948).
CLlLl	*Cyfranc Lludd a Llevelys*, gol. Ifor Williams (Bangor, 1910).
COMPARETTI, D.: *VMA*	*Vergil in the Middle Ages*, tr. E. F. M. Benecke (2nd ed., London, 1908).

CROSLAND, Jessie	*Medieval French Literature* (Oxford, 1956).
Elf Lad	Henry Lewis, *Yr Elfen Ladin yn yr Iaith Gymraeg* (Caerdydd, 1943).
EVANS, Joan: *MJ*	*Magical Jewels of the Middle Ages and the Renaissance, particularly in England* (Oxford, 1922).
EVANS and SERJEANTSON: *EML*	*English Medieval Lapidaries* (EETS, No. 190).
Geir B	*Geiriadur Beiblaidd* (Wrecsam, 1926).
GPC	*Geiriadur Prifysgol Cymru* (Caerdydd, 1950–).
HASLUCK, F. W.	*Letters on Religion and Folklore* (London, 1926).
HOLE, Richard: *Remarks*	*Remarks on the Arabian nights' entertainments: in which the origin of Sindbad's voyages and other oriental fictions is particularly considered* (London, 1797).
JAMES, M. R.	*The Apocryphal New Testament* (Oxford, 1953).
L & P	Henry Lewis a Holger Pederson, *A Concise Comparative Celtic Grammar* (Göttingen, 1937).
LlDC	*The Black Book of Carmarthen*, ed. J. Gwenogvryn Evans (Pwllheli, 1907).
THOMSON, W. M.	*The Land and the Book* (London, 1885).
TRhOC	*Y Traddodiad Rhyddiaith yn yr Oesau Canol*, gol. Geraint Bowen (Llandysul, 1974).

Byrfoddau Eraill

Defnyddir yr un byrfoddau termau a geiriau, ac am deitlau llyfrau'r Beibl, ag a wneir yn *Geiriadur Prifysgol Cymru.* Hefyd, gw. y Llyfryddiaeth yno (Rhan XXXVI, tt.xiii–xxxi, neu Ran L, tt.xiii–xxxvi) am y byrfoddau canlynol:

A
AL
B
Baddy, T.: *DDG*
BD
BSS
BT
BY
C
CA
Card
CD
CerRc
ChO
CLlH
CM
CRC
CT
Cy
Cylchg LlGC
Cymru

D
Davies, R.: *PY*
DB
DE
DGG
DN
DPh
Edwards, C.: *FfDd*
EEW
Evans, T.: *DPO*

FfBO

G
GCC
GDD
GDG
GGl
GO

Haf
HGCref
HGK
HMSS
Hughes, J.: *AP*

ID
IGE²
Ioan Wallter: *DB*
Iolo MSS

Jones, T.: *TOS*

KAA

LBS
Lewis, E.: *Drex*
Lewys, H.: *PA*
LGC
LlA
LlB
LlDC
LlDW
LlGC
LlGG
Lll
LlR
Llr
Llst

Midleton, W.: *B*
Mos

P
Pen
PKM
R
RB
RC
Richards, T.: *CER*
Robert, G.: *GC*
RWM

SDR
Smyth, R.: *GB*

T
TA
Thomas, J.: *HB*
TLlM
TN
TR
Treigladau
TW (Pen 228)

W
WG
Williams, I.: *ELl*
Williams, M.: *BM*
WLB
WM
WML
WS
WVBD
Wynne, E.: *BC*

YBH
YCM

ZCP

TESTUN I

[LLSGRAU: A – Coleg Iesu 119; B – Peniarth 15]

[137v] Llyma dechreu Ystorya Gwlat Ieuan Vendigeit.[1]

Llyma lyuyr[2] a anuones brenhin yr Yndia y amherawdyr[3] Constantinobyl, yn yr hwnn y dyellir[4] llawer o amryuaelon[5] betheu odidawc, ac yndaw y mae[6] petheu newyd a phetheu ny chlywyspwyt yn llyureu ereill eiroet ac ny cheffir. A llyma 5 grym y llyuyr hwnnw.[7]

Ieuan Offeirat[8] o gyuoeth a nerth Duw, yn Arglwyd ni Iessu Grist, brenhin y dayrawl vrenhined[9] ac arglwyd yr arglwydi, y'r gwr yssyd yn lle Duw, nyt amgen, y lywawdyr Rufein,[10] ysyd yn anuon annerch a llywenyd[11] o rat prydest,[12] a thrwy 10 hynny gann[13] ysgynnv ar betheu a uont vch.[14] Ef a venegit vrth yn mawrwrdaeth ni y carut ti yn arderchogrwyd[15] ni ac[16] amled yn goruchelder ni,[17] a ni a adnabuam drwy yn negeswas ni y mynnut ti anuon[18] ynni petheu brywys a[19] rei digryf. Ac val[20] yd wyf dyn i,[21] da yw gennyf hynny, ac o'r petheu einym 15 nynhev[22] gann yn negeswas ni nynheu[23] a anuonwn[24] petheu ereill y titheu.[25] Ac ni a uynnwn[26] ac a damunwn wybot a oes gennyt ti ffyd yawn y gyt a ni,[27] ac a gredy[28] yn hollawl y'n Harglwyd ni Iessu Grist. Pann adnappo y rei einym ni[29] yn bot ni[30] yn dynyon y tebic dy Roegwyr ditheu dy uot ti yn 20 duw; eissoes kann adwaenam [138r] ni dy vot ti yn varwawl a

[1]Llyma . . . Vendigeit] – B, Incipiunt [diwyg.] mirabilia de terra quae vocatur India C. [2]lythyr C. [3]amheradyr C. [4]Ac yn hwnn y deellir C. [5]amravaelonn DFG, o betheu amrauael a phetheu odidawc C. [6]dodir C. [7]ny clywysbwyt gynt ac ny cheffit yn llythyreu ereill. Llymma grym y llythyr – C. [8]effeiryat C. [9]brenhin y brenhined C, Brenhin y ddayrawl vrenhines DFG, brenhin y dayaravl vrenhined E. [10]yn lle duw yn llywyadyr ruuein C. [11]llawenhau (?neu llawenhad) C. [12]pryddest DFG. [13]gann] – C. [14] a uo ywch C, a vont uwch DFG. [15] ardderchowgrwydd DFG. [16]ar ADEFG, ac BC. [17]ni] – C. [18]auon A, anvon BCDFG, y mynnit ovyn E. [19]ar C. [20]mal C. [21]i] – C. yd wyf ddyn i DFG. [22]nynyhev B. [23]nyheu AD, nynhev BFG. [24]anfonwn B (ond y mae ôl rhwbio lle mae'r f, a dengys yr inc mai'n ddiweddarach y dodwyd hi i mewn), gan y negeswas a anuonwn C, nynheu anvonvyn E. [25]ti C. [26]anvonwn DFG. [27]mi E. [28]fyd iawn . . . (y llsgr. yn annarllenadwy) hollawl a gredy di C. [29]y mae ni yn eisiau yn B (efallai oherwydd trwsio'r ddalen). [30]ni] – C.

darestwng ohonat ti y dynawl¹ lygredigaeth, osit² arnnat ti eisseu dim o betheu a berthynont ar lywenyd,³ hysbyssa di drwy dy negeswas ti⁴ ac o gyne[uo]dic⁵ rybucheidrwyd⁶ yn haelder ni ti a'e keffy. Kymer di⁷ yr anrec⁸ honn y'm henw i ac aruera di ohonei, a nynhev⁹ yn¹⁰ llawen a aruerwn o'th anregyon titheu,¹¹ hyt pann vo velle¹² yd ymgadarnnhaom¹³ yn nerthoed ni wers dragwers. Ac yn arwydon it ar hynny,¹⁴ medylya di ac edrych or mynny dyvot at y genedyl yd henym ni ohonei,¹⁵ ni a'th ossodwn¹⁶ ar y petheu mwyhaf yn yn llys ni,¹⁷ ac velle di a elly aruerv¹⁸ o'n amled ni, ac o'r petheu amhyl ysyd¹⁹ yn yn plith ni, ac²⁰ o mynny ymhoelut dracheuen,²¹ ti a ymhoely yn gyfuoethawc.²² Coffa hagen²³ y petheu newydhaf,²⁴ sef yw y rei hynny,²⁵ dy diwed, ac ny phechy yn tragywyd.

Or²⁶ mynny hagen²⁷ adnabot yn mawrwrdayaeth²⁸ ni ac arderchogrwyd²⁹ yn goruchelder ni, ac ym pa dired yr arglwydocka³⁰ yn gallv ni,³¹ dyall ti a heb pedruster cret ti vy mot i, Ieuan Offeirat,³² arglwyd yr arglwydi, yn raculaennv holl vrenhined³³ y dayar o nerth a gallu yn hol[l]re³⁴ oludoed o'r³⁵ yssyd y dan y nef. Deudec brenhin a thrugeint ysyd³⁶ yn trethawl ynni.³⁷ Minheu a [138v] rodeis ouunet³⁸ vy mot yn Gristawn, a phy le bynnac y bont ychenogyonn³⁹ Crist,⁴⁰ gorchygnerth⁴¹ yn rybucheidrwyd⁴² ni yw y hamdiffynn a'e

---

¹dynyavl E. ²o bit E, Osyt arnat eissieu C *(ond aneglur yw'r gair diwethaf)*. ³a berthynant ar lewenyd C, (-ydd) DFG. ⁴ti] – C, di E. ⁵gynedic (-g) ABDEFGW, geneuodic C, gyuedic LlA. ⁶rybuchedigrwyd C, rybychedrvyd E. ⁷di] – C. ⁸annerch C. ⁹mynhev LlA. ¹⁰yw *yn wr. yn* B. ¹¹aruera ohonei ac yn llawen minheu . . . (*y llsgr. yn annarllenadwy*) dlysseu di C. ¹²hyt ban vo y velly C. ¹³ymgadarhom C, ymgadarnnhaom F *(ond* -on, *fel* A, *yn wr.)* GW. ¹⁴ar hynny yt C, yt tra hynny E. ¹⁵or mynny di dyuot at yn kenedyl y hanym ni o honei C. ¹⁶+di C. ¹⁷mwyaf yn llys ni C. ¹⁸aaruerv AD, Ac velle ti a elly aarverw B, ac y velly ti a elly arueru C, ac velle ti a elly aruerv E, ag velle di a elly arveru FG. ¹⁹sydd DFG. ²⁰gw. y nodiadau. ²¹drachkeuyn C. ²²gyfuaethavc E. ²³hagen] – B. ²⁴*Collwyd* d *yn* A *a'i hychwanegu'n llythyren fechan uwchben* y. ²⁵sef yw hynny C. ²⁶o DFG. ²⁷hagen] – B. ²⁸mawrwrdaeth BC, mawrwrddyaeth DFG, mavrvrdayeth E. ²⁹ardderchowgrwydd DFG. ³⁰A chymeint y arglwydioka C, ac ym pa diredd yr arwyddocka FG. ³¹ni] – C, ein gallu ni E. ³²vy mot i yn ieuan offeirat ABDEFG, Deall di heb petruster a chret vy mot i Ieuan offeiryat C. ³³vrenhinoedd DFG. ³⁴holl C, holre DF. ³⁵ory yssyd ABDE, or yssyd C, vry yssydd FG. ³⁶y dan y nef . . . ysyd] – E. ³⁷ymi DFG, Dec brenhin a trugeint ynt drethawl y mi C. ³⁸eidunet C. ³⁹anghenogyon C. ⁴⁰a phy le bynnac . . . Crist] – GW. ⁴¹gorchgnerth B *(ond efallai fod ôl ymgais i wthio* y *rhwng yr* ch *a'r* g), gan nerth C. ⁴²rybuchedigrwyd C, rybucheiddrwydd DFG.

TESTUN I

kynnal o'n cardodeu ni.[1] Godunet heuyt yw[2] gennym ni gofwy bed yn Harglwyd ni y gyt a llu mawr,[3] megys y gwedha y ogonnyant yn mawrwrdayaeth[4] ni darestwg ac vfydhav[5] gelynnyon croc Crist[6] a dyrchauel[7] y enw benndigeit[8] ef. Yn y teir Yndia yr arglwydocaa yn mawrwrdaaeth ni[9] ac y kerdda[10] yn tir ni o'r Yndia Eithaf yn yr honn y mae corff Thomas Ebostol[11] yn gorffwys,[12] a thrwy y diffeith yd ymystynn hyt ygorllewin[13] yr heul, ac yr ymhwel[14] ar wyr y Vabilon diffeith gyr llaw Twr Babilon. Deudec[15] brenhindref a thrugeint a wassanaetha yn gaeth y ni ac odit o'r[16] rei hynny ysyd yn Gristonogyon.[17] A phob vn ohonunt[18] ysyd a'e brenhin[19] trwydi e hunan, a'r[20] rei hynny oll yssyd trethwyr[21] y ni.

Yn yn tir ni y genir anifeileit a elwir[22] eliffeint,[23] a dromedarii,[24] a chameleit, ac ypotamy,[25] a chocodrilli,[26] a metagalinarij,[27] cametenirij,[28] twnsirete,[29] panthere, onagri, llewot gwynnyon a chochyon, eirth gwynnyon a mwyeilch gwynnyon,[30] keilogev redyn mudyon,[31] griffones, tygres, lamie,[32] jene,[33] boues agrestes,[34] sagittarij,[35] dynyon gwyllt,[36] dynyon a chyrrnn arnunt,[37] chorniti,[38] correit,[39] [139r] satiri, a gwraged o'r vn ryw genedyl a honno,[40] Pigmei, cenofali, kewri a deugein kufyt yn y huchet,[41] dynyon vnllygeidawc, a ciclopes, a'r ederyn[42] a elwir ffenix, a hayach hollre[43] genedyl anifeileit o'r ysyd y dan y nef.

Amylhed ysyd yn yn tir ni[44] o laeth a mel. Yghyfeir arall yn[45] yn tir ni,[46] nyt argyweda neb ryw wenwyn, ny chrogleissa

---

[1]ni ae hamdiffyn ac on alwissenneu y kynhalwn C. [2]Gouunet yw C. [3]yn arglwyd ni iessu grist gyda llu mawr C. [4]mawr wrdaeth C, mawrwrddyaeth DFG. [5]vuydhau a darestwng C. [6]croc grist B. [7]drychauael C. [8]bendigedig DFG. [9]Yn y teir Yndia . . . ni] – DFGW, Yn y tir a elwir India yd arglwydioka yn mawrwrdaet[h] ni C. [10]kerd/da A. [11]apostol C. [12]gorffywys C. [13]yd ymystyn y gorllewin DFG, trwy y diffeith Ac yd ymystyn hyt yn gorllewin C. [14]ac ymchwel C, ag yr ymhoel DFG. [15]Dec C. [16]o DFG. [17]or rei yssyd cristynogyon C. [18]a phob ohonunt vn A (*gydag arwyddion trawsosod*), *hefyd* BDEF (*ond heb y cyfryw arwyddion*), A phob vn ohonunt C, a phob un o honunt un GW. [19]ysyd a'e brenhin] – C. [20]a ADEFG, ar BC. [21]trechwyr DF (*hefyd* E *yn wr.*). [22]a elwir] – CFG. [23]eliffeit ABDEFG, eliffeint C. [24]dromedarii A, dramedarii B, dromedarij C, dromedraru DEF, dromedharu GW. [25]Ipotanij C. [26]chrocodrilli E. [27]metagalmary E. [28]? cante . . . B. [29]A thonsirete C, ownsirete DFG. [30]a chochyon . . . mwyeilch gwynnyon] – C. [31]mudyon] – C. [32]lanne E. [33]hyene C. [34]ychen gwylltyon C. [35]sagttarij A (*ond* sagitarij LlA), sagittarij CDFG, sasttary E. [36]gwy/yllt A, gwylltyon C, gvyllton E. [37]arnadunt C. [38]chorniti A (*ond* choriuti LlA) BDFG, ?cornici C, chorutti E. [39]corryeit C, correre DFG (*a llinell doredig dano yn* DF), corueit E. [40]genedyl honno C. [41]a deugeint cufyt yn eu hyt C. [42]ac edereryn C. [43]ollryw C. [44]yssyd yn tir ni C. [45]y dan y nef . . . Yghyfeir arall yn] – G. [46]arall yn tir ni C.

llyffan,¹ ny chwibana seirff y mywn llysseu.² Ny allant³ anyueileit gwennwynic presswylaw yno na⁴ gwneuthur argywed y neb.

Ymplith y ryw genedyl a elwir y Pagannyeit drwy neb vn vrenhindref⁵ y ni y kerda auon a elwir Idon, a'r auon honno wedy del⁶ o Paradwys a gerdha yn aflev drwy y vrenhinaeth⁷ honno oll o amryfyal gerdedeu.⁸ Ac yno y keffir mein anyanawl,⁹ a llyma eu henweu hwy: smaragdi, saphiri,¹⁰ carbunculi,¹¹ topazion,¹² crisoliti,¹³ onichini,¹⁴ berilli,¹⁵ ametisti,¹⁶ sardine, a llawer o vein gwerthuawr¹⁷ ereill. Yno y genir y llyssewyn a elwir affidos.¹⁸ Pwy bynnac a arwedho gwreid y llyssewyn hwnnw gantaw, ef a ffy yr yspry[t]¹⁹ drwc y vrthaw,²⁰ ac a gymell arnaw dywedut pwy vo²¹ a phwy y enw.²² Ac vrth hynny ny leueis²³ yr ysprydoed drwc yn y lle hwnnw llygru neb.

Ym brenhinyaeth arall y ni y tyf yr hol[l]re pybyr,²⁴ ac y kynullir, ac y kyfnewidir wynt²⁵ yr gwenith a [139v] chrwynn a brethyn²⁶ ac²⁷ ymborth²⁸ dynyon. A'r tired hynny, tired coedawc ynt megys helygos²⁹ dew ac yn llawn³⁰ oll o seirff. A phan vo³¹ aeduet y pybyr y doant³² y pobloed oll o'r brenhinaethev nessaf ac y dygant gantunt³³ vs a mynws a gwrysc sych, ac³⁴ yr enynnant y coet gylch ogylch.³⁵ A phann vo diruawr wynt³⁶ yn chwythu³⁷ y dodant³⁸ tan o vywn ac o vaes y'r coet hyt na allo vn³⁹ o'r seirff vynet y maes. Ac velle y mywn⁴⁰ y tan wedyr⁴¹ ennynner yn gadarnn y byd marw⁴² y seirff oll onyt y rei a gaffo y⁴³ gogofeu. A gwedy y darffo⁴⁴ y tan oll y deuant pawb,⁴⁵ a gwr a gwreic, a bychan a mawr, a

---

¹llyffant CE. ²lleisseu C. ³ny aallant ADEFG, ny allant BC. ⁴yn a na E. ⁵ymplith ryw genedyl a elwir pagannyeit drwy vn vrenhindref C. ⁶wedy y del DFG. ⁷vreinhinaeth B, vrenhinyaeth DEFG. ⁸o amrauael gerdeu C, o amravael gerddedeu DFG. ⁹ac y keffir yno mein amrauael C. ¹⁰saphir ABDEFG, saphiri C. ¹¹carbuncli C. ¹²Topazij C. ¹³crisolti E. ¹⁴onichim DW (?FG), onichun E. ¹⁵ferilli C. ¹⁶ameṣtisti A (hefyd E ond heb ei gywiro), ametisti BCDFGW, hefyd LlA. ¹⁷gwyrthuawr C. ¹⁸Assidos yn wr. yn F. ¹⁹ysprydoed ABCE, yspryd DFG. ²⁰drwc racdaw C. ²¹pan vn vo C. ²²a phwy enw B. ²³lleueis B, leuys C. ²⁴yr holl ryw bybyr C, yr holre pybyr DF, yr hollre pybyr GW. ²⁵wynt] - C. ²⁶yr gwenith a chrwynna a brethyn ac] - B. ²⁷a ADEFG, ac C. ²⁸+ y C. ²⁹helygoes C, helygog DFG. ³⁰a llawn C. ³¹vo BC, - ADEFG. ³²deuant C. ³³a y dygant gantunt C, ag a ddygant gantunt DFG, ac y dugant gandynt E. ³⁴ac A (ond ar yn wr.) CGW, ar BDEF, hefyd LlA. ³⁵yd enynnant gylch ogylch C. ³⁶o went B. ³⁷yn chwythu] - C. ³⁸+ y C. ³⁹neb C. ⁴⁰Ac velle mywn B, Ac y velly y mywn C. ⁴¹gwedy C, vedy yr E. ⁴²meirw C. ⁴³eu C, gaffa y FG. ⁴⁴Ac gwedy treulo C. ⁴⁵y doant bawb C.

phyrch yn y[1] dwylaw, ac y doant y'r coet,[2] ac y byrryant y seirff oll y maes o'r coet, ac y gwnant gruceu vchel ohonunt[3] hyt yr awyr. A gwedy[4] darffo vdunt[5] ysgytwaw y mynws hwnnw y sychir y grawn a gynnuller o blith y briwyd hynny[6] ac y berwir y pybyr. Ba[7] ffuryf hagen[8] y berwir, ny edir y dyn gwlat arall y wybot. A'r coet hwnnw ysyd[9] ossodedic y dan[10] vynyd Olimpy. Ac odyno y mae ffynnyawn[11] arde[r]chawc[12] yn dyuot. A phob ryw vlas ysyd ar y dwfyr hwnnw, a[13] symut y vlas a wna ym pob awr[14] o'r dyd a'r nos. Ac odyno y kerda[15] nyt pellach noc ymdeith tridieu[16] y vrth Paradwys yr[17] honn y gyrrwyt Adaf [140r] ohonei allann. Pwy bynnac a yfo o dwfyr y ffynnawn honno[18] teir gweith[19] ar y gythlwng, ny daw kleuyt idaw allann o'r dyd hwnnw,[20] ac yn dragywyd y byd yn oedran[21] degmlwyd ar hugeint.

Yno heuyt y mae mein[22] a elwir midiosi,[23] a'r[24] rei hynny yn vynych[25] a dwc eryrot parth ac attam ni. A thrwy y rei hynny yd atuywockaant[26] hwy ac y caffant y lleufer gwedy as collont.[27] Pwy bynnac a arwedho[28] y maen hwnnw ar y law, ny diffyccya lleufer vyth idaw,[29] ac or mynn ymgelu, ef a wna nas gwelho neb. Ffo cas a wna y vrth bawp, ac annoc kyfundeb a gwrthlad kyghoruynt.[30]

Llyna heuyt beth ryued[31] ysyd y'n gwlat ni y gyt a phetheu ereill.[32] Mor tywawt ysyd yno a'r gro yn kerdet heb dwfyr, ac ef a leinw[33] yn tonnev megys mor arall, ac ny orffwys vyth. Ny ellir vynet[34] arnnaw ar veis[35] nac o[36] vn wed arall, na phy[37] ryw tir ysyd o'r parth[38] draw idaw ny ellir o vn fford y wybot. Ef a geffir hagen[39] y parth[40] attam ni amryuael genydyl o byscawt kyfelysset[41] a chystal ac na welas dyn eiroet eu kystal.[42]

100

105

110

115

120

---

[1]eu C. [2]yd ant y mywn y koet C. [3]o hwnnw C. [4]+ y DFG. [5]vdunt] – C. [6]y briwydd hynny DFG, y bryvyd hvnnv E. [7]Par C, pa DFG. [8]hagen] – B. [9]y koet hwnnw yssyd C, ar coet hwnnw sydd DFG. [10]ossodedic tan E. [11]fynyon C, ffynnavn (-awn) EGW. [12]ardechawc A. [13]a] – C. [14]a wna pob awr C. [15]y kerda] – DFG. [16]no ymdeith dridieu C. [17]or GW. [18]a yfo o honno C. [19]teir gweith] – DFG. [20]or dyd hwnnw allan C. [21]yn dragywyd yn oedran C, y bydd vn oedran BDFG (*ond yn yn wr. yn* D), y byd oedran E. [22]yno heuyt y maen E, Yno hevyt a mae mein W. [23]medosi C. [24]a rei ABDEFG (? *a'i ailadrodd yn* B), ar rei C. [25]vyny/ych A, – DFG. [26]y dwywockaan C, yd atnywockaant DFG. [27]eu lleuuer wedy yscollont C, gvedy os kollant E. [28]ar arwedo C. [29]vyth lleuuer ydaw C. [30]ffo cas a wna ac annoc kytunteb A gwrtlad kynhoruynt C. [31]llymma beth anryued arall C. [32]y gyt a phetheu ereill] – C. [33]Mor tywawt yssyd yn kerdet heb dyuwr. ac y lleinw C. [34]ac ny orfywys vyth ac ny ellir mynet C. [35]ar veis C. [36]nac yn C, noc o E. [37]A pha C. [38]tu C. [39]hagen] – B. [40]+ arall GW. [41]kyn uelysset C. [42]ac na weles neb ac na bu eu kystal C.

Y mae heuyt ar ymdeith tri diwarnnawt[1] o'r mor hwnnw
125 ryw vynyded y daw auon ohonunt o vein a hynny[2] yn redec
megys dwfyr, a thrwy yn tir ni y ret[3] hyt y mor tywawt. Ac
gwedy[4] el yr auon yn y mor[5] y difulanna[6] [140v] y mein hyt na
welher vyth[7] o hynny allann. Tri diwarnnawt yn yr wythnos y
kerdant[8] ac y llithrant y mein, rei mawr[9] a rei bychein, ac y
130 dygant[10] gantunt rei wyd[11] hyt y mor tywawt. A thra uo[12] yn
kerdet ny eill neb vynet drosti. Y pedwar[13] diwarnnawt ereill y
keffir fford.[14]
 Llyma ryuedawt arall ysyd yno. Gyr[15] llaw y diffeith yn
emyl y mynyded[16] ny presswyla neb yno[17] y mae auon y dan y
135 dayar, ac ny cheiff neb fford idi onyt damwein.[18] Ef a egyr y
dayar weitheu, a phwy bynnac yna[19] a uo yn kerdet heibaw,[20]
ef a geif fford[21] y'r[22] auon. Ac ar ffrwst y mae reit idaw kerdet
rac attoeth cayv[23] y daear arnnaw. A pha beth bynnac[24] o'r
tywawt a dycco gantaw, mein[25] gwerthuawr vydant a
140 gemmev. A'r[26] auon honno a gerdha[27] hyt y mywn auon arall
ysyd voe[28] no hi, ac yn honno nyt oes dim o'r gro na'r[29]
tywawt namyn mein gwerthuawr. A'r auon honno yd a
dynyon y wlat honno idi ac y tynnant ac y gantunt y dygant
odyno[30] amyled o vein gwerthuawr[31] a gemmev. Ac ny
145 lyuassant wy werthu y rei hynny hyt[32] pann y mynaccont[33] yn
gyntaf y'n arderchogrwyd ni.[34] Ac or mynnwn ni eu hattal
hwy[35] ym plith ni heurgrawn ni,[36] ni a'e kymerwn ac a rodwn
vdunt hanner eu gwerth.[37] Onys[38] mynnwn [n]ynhev, ryd yw
vdunt wy[39] y gwerthu yn y lle[40] y mynnont. Ef a vegir meibon

[1]tri dieu C. [2]avon a honno o vein a rei hynny C. [3]ac y ret trwy yn tir ni C. [4]Ag wedy DFG. [5]yr auon honno yn y mor C, yr auon yr mor E. [6]difflanna C. [7]welir byth C, velher – E. [8]+ y mein C. [9]marw B. [10]dugant E. [11]pob ryw wyd C. [12]+ yr auon C. [13]„petwar C. [14]ffor B, ford drosti C. [15]geir C. [16]mynyned A, y myned B, y mynyd C, y mynyddoedd DF, y mynyded E, y mynyddedd GW. [17]yno] – C. [18]onyt o damwein C, namyn damvein E. [19]yna] – D. [20]heibyaw CFG. [21]idi onyt damwein . . . ef a geif fford] – B. [22]ir DFG. [23]reit yw ydaw kerdet attweith rac kau C. [24]A pheth bynnac C. [25]meini E. [26]yr C. [27]a gredha B. [28]vwy C, avon arall moe DFG. [29]ar E. [30]ac y dygant gantvnt odyno B, ac y dygant odyno C. [31]gwyrthuawr C. [32]hyt] – DFG. [33]werthv rei hynny hyt pann ymkynoccont . . . B, Ac ny lauassant hwy gwerthu y rei hynny hyt pan y manackaont C. [34]y'n arderchogrwyd ni] – B. [35]eu hwy AE (*hefyd* DF, *ond bod* eu *uwchben y llinell yn y naill ac mewn cromfachau yn y llall*), Ac os myn yn arderchogrwyd ni hwynt B, neu or mynnwn ni eu hattal – C, Ag or mynnwn ninneu hwy GW. [36]yn eurgrawn yn ni C. [37]ni a rodwn udunt hanner eu gwerth ac ae kymerwn C. [38]Os AE, on es B, Onys C, Os ny DFG. [39]wy] – C. [40]yn lle B.

[141r] yn y wlat honno vrth geissaw y mein megys y gallon[1] vot yn vyw dan y dwfyr[2] tri mis[3] neu pedwar. Y parth draw y'r auon veinawc honno y mae dec llwyth o'r Idewon. Kyt tebyccont wy eu bot yn vrenhined, eissoes keith[4] y ni ynt wy, a threthwyr y'n arderchogrwyd ni. Y mywn brenhinaeth arall y ni, gyr llaw[5] y lle y byd yr ynys,[6] y mae pryfet a elwir yn yn ieith ni[7] salamandre. A'r pryfet[8] hynny ny allan[9] vot yn vyw namyn y mywn[10] tan. A chrwyn a uyd yn ev kylch megys crwyn y pryfet[11] a wna y sydan. A nyddu[12] y rei hynny yw[13] gweith arglwydesseu[14] yn llys ni,[15] ac o hwnnw y gwneir pob ryw aruer y'n arderchogrwyd[16] ni. A'r dillat hynny ny ellir eu golchi namyn[17] y mywn tan mawr kadarnn.[18]

Yn eur ac[19] aryant a mein gwerthuawr a dromedaryeit[20] a chameleit y mae amylder y'n eglurder ni.[21] Ny byd ychennawc neb yn yn plith ni.[22] Dyn got ny cheffir yno.[23] Pawb o dynyon gwlat arall, nyt amgen,[24] gwesteion a phererinyon, a eruyll yn ynawster ni.[25] Lleidyr na threisswr[26] nac aghawr ny cheffir yn yn plith ni.[27] Nyt oes neb ryw gynghoruynt yn yn plith ni.[28] Amylhed o pob ryw oludoed ysyd y'n dynyon ni.[29] Nyt amyl meirch y'n plith ni, a meirch dielw vydant. Ny thebygwn ni[30] neb ar y dayar[31] kyffelyb a ni o oludoed.[32]

Ban[33] elom ni ar[34] ryfel yn llu[141v]yd yn erbyn yn gelynnyon,[35] teir croc ar dec mawr arderchawc gwedy[36] gwnneuthur o eur ac aryant a mein gwerthuawr yndunt, vn ym pob kerbyt yn lle arwydon,[37] rac yn bronn ni a barwn eu

---

[1]gallont CFG. [2]y dan y dyuwr C, tan dvfyr E. [3]*Yn* A *y mae ôl s rhwng* tri *a* mis. [4]yr auon vein y mae decllwyth o dynyon tec a debygant hwy eu bot yn vrenhined. Eissoes gweisson keith C. [5]arall geir llaw C. [6]enys C. [7]preffet a ewir yⁿ ieith ni B, pryuet a elẁir y ieith ni C. [8]preffet B. [9]ny *ar ymyl y ddalen yn* A, ny alla . . . B (*diwedd y gair yn eisiau oherwydd trwsio'r ddalen*), ny allant C, a allant DFG. [10]namyn myvn E. [11]preffet B. [12]nyd/du A, A nydev B. [13]wy B. [14]Arglvydesau (*ac* e *uwchben* a) E. [15]yr ei llys ni B. [16]yn yn arderchrogrwyd ni A, yn arderchogrwyd ni BC, yn yn ardderchogrwydd ni DFG, yn yn arderchovgrvyd ni E. [17]onyt C. [18]kad/darn C. [19]+ yn E. [20]mein gwyrtuawr a dromedarij C. [21]amled yn en glewder ni C. [22]neb yn plith ni BC, ychennavc yn yn plith ni E. [23]ny cheif lle yno C. [24]nyt amgen] – C. [25]a auollir yn hynawster ni C. [26]threisswyr FG. [27]ny cheffir yn plith ni B. [28]gynghorvynt yn plith ni B, gynghoruynt yn plith – C. [29]ni] – C. [30]Ny thybygwn neb C. [31]dadayar B. [32]kyfelyb a ni ar oludoed C, kyffelyb y ni o oludoedd DFG, kyffelyb am o oludoed E, *hefyd* LlA. [33]Pan B. [34]a ABDEFG, ar C. [35]yn llwyr yn herbyn yn gelynyon C, yn lly yd erbyn yn gelynyon DFG, yn lluyd yn erbyn gelynnyon E. [36]+ eu CDFG. [37]a mein gwyrthuawr un ym hob kerbyt yn arwydyon C, a mein gverthvavr yndunt ympob keruyt yn lle arvydon E.

harwein,¹ ac yn ol pob vn ohonunt deudec mil o wyr aruawc a chann mil o bedyt o wyr ymlad,² heb a uo vrth y pynnvil³ ac ygkylch dwyn bwyt a diawt. Pann gerdom nynheu⁴ hagen⁵ ar yn heddwch,⁶ rac bronn yn mawrwrda[ae]th ni⁷ y raculaenha
180 croc brenn heb ysgwthyr⁸ yn y byt arnei nac⁹ o eur nac o aryant, hyt pann del cof¹⁰ y ni yn preswyl diodeifeint yn Arglwyd ni¹¹ Iessu Grist, a llestyr yn llawn o brid, hyt pann adnapom ni mynet yn¹² knawt ni yn y briawt voned, sef yw hynny, yn brid.¹³ A llester arall yn llawn¹⁴ o eur a dygir rac yn
185 bronn, hyt pann dyallo pawb yn bot ni yn arglwyd yr arglwydi. O¹⁵ bop ryw oludoed o'r ysyd yn y byt yd amylha ac y raculaenna yn mawrwrda[ae]th¹⁶ ni.

Ny dyweit¹⁷ neb gelwyd yn yn plith ni¹⁸ ac ny eill neb y dywedut, a phwy bynnac a dywetto kelwyd dan y wybot idaw,
190 ar hy[n]t¹⁹ y byd marw,²⁰ sef yw hynny, ny dodir messur arnaw moe²¹ noc ar dyn marw²² ac ny delhir adlo²³ ymdanaw. Pawb ohonam ni²⁴ a erlynn y wironed,²⁵ a charu a wna pawb ohonam ni²⁶ y gilyd wers tragywers.²⁷ Ny wledycha neb ryw bechawt [142r] yno.²⁸

195 Pob blwydynn yd awn ni y pererindawt y'r lle²⁹ y mae corff Daniel Prophwyt³⁰ a lluoed mawr y gyt a ni y Babilon diffeith, a hynny yn aruawc³¹ o achaws aniueileit³² a elwir³³ tygrydot a ryw³⁴ seirff ereill a elwir deuites.³⁵

Yn yn gwlat ni³⁶ y dellir ryw byscawt ac³⁷ o waet y rei hynny
200 y lliwir³⁸ y porffor gwerthussaf.³⁹

Llawer o leoed kadarn ysyd y ni, kenedyloeth dewrhaf⁴⁰ yn y byt a hagyr.⁴¹ Ni a arglwydoccawn y kenedloed a elwir Amazoneit a Bragmanyeit.

¹y parwn y harwein C. ²amlad C. ³wrth pynwyl C. ⁴nyheu A, vyhev B, nineu C, nynheu DFG, pann gerdonn nyheu E. ⁵hagen] – B. ⁶hed/dwch A. ⁷y mawrdaeth ni C. ⁸croc o bren heb ysguthyr C, crog brenn heb ysgrythyr DFG, croc brenn heb ysgythyr E. ⁹noc . . . noc DFG. ¹⁰hyt pann cof del ADEFG (*gydag arwyddion trawsosod yn* A, *yn ôl* L1A), del cof BC. ¹¹diodeiueint ni C, dioddefaint yn Harglwydd ni DFG. ¹²on DFG. ¹³mynet yn knawt priawt yn brid C. ¹⁴A llestyr yn llawn C. ¹⁵Or GW. ¹⁶mawrwrdaeth BC, mawrdaeath DFG. ¹⁷dywedit B. ¹⁸gelwyd yn plith ni BC. ¹⁹ar hyt ABDEFGW. ²⁰Ac ny eill neb dywedut kelwyd a phwy bynnac dan y wybot a dywetto kelwyd yn lle marw vyd C. ²¹mwy C. ²²ar ddun marw DF, sef yw hynny . . . ar dyn marw] – GW. ²³ny dellir adlo amdanaw C, adlo D, adloq E. ²⁴o hanam ni C. ²⁵wirioned C. ²⁶o hanam ni C. ²⁷wers dragwres C, wers tra gwers FG. ²⁸yno] – C. ²⁹yʳlle A yd awn y bererindawt y ouwy y lle C. ³⁰broffwyt C. ³¹ac yn aruawc oll C. ³²aniueileit BC. ³³elwit C. ³⁴rei C. ³⁵devrtes B, deintes C, deviles W. ³⁶Yn gwlat ni BC. ³⁷a C. ³⁸llivir DE. ³⁹gwedussaf C. ⁴⁰ddewraf D, kenedylaeth ddewraf FG, Lleoed kadarn llawer yssyd ni kenedloed dewrhaf C. ⁴¹yn y byt a hagyr] – C.

TESTUN I

Y[1] llys y presswyla yn arderchogrwyd[2] ni yndi a wnaethpwyt ar ansawd a chyffelybrwyd y llys a vrddassawd   205
Thomas Ebostol[3] y Wyndofforus[4] brenhin[5] yr[6] Yndia, a'e[7] yspoydeu[8] a'e hadeiledigaetheu ereill[9] yn hollawl kyffelyb yw idi.[10] Pyst y neuad a'e hystyffyleu a'e pheithyneu[11] a hennynt o ryw brenn a elwir cethim.[12] Toat[13] y neuad a henyw o ryw lysseu a elwir hebenus,[14] sef achaws yw hynny, hyt na aller o   210
neb mod yn y byt[15] y llosci. Ar y kyrreu[16] eithaf ar penn[17] y neuad honno y mae deu aual o eur, ac ym pob vn ohonunt y mae maen gwerthuawr a elwir carbunck,[18] hyt bann[19] oleuhao yr eur y dyd a'r mein y nos. Y rannev mwyhaf o'r neuad[20] a henynt o'r mein a elwir sardonici[21] yn gymysgedic a cerastes,   215
sef achos yw y hynny,[22] hyt na allo neb yn lledrat[23] dyvot a gwenwyn gantaw y mywn. Petheu ereill o'r neuad a he[142v]nyw o'r llysseu[24] a elwir hebenus.[25] Y ffenestri a oedynt o vein cristal.[26] Y byrdeu y uuytta arnunt yn yn llys ni[27] rei ohonunt eur ynt ac ereill o vein gwerthuawr amestic.[28]   220
Yr ystyphyleu a gynneil y byrdeu[29] o ascwrnn[30] moruil ynt.[31] Rac bronn yn llys ni y mae heol yn yr honn y gnottaa yn gwironed[32] ni edrych[33] ar ymladwyr yn ornest.[34] Penn y neuad[35] a'e pharwydyd a henyw[36] o onichino,[37] sef achos yw hynny, hyt pann kychwynno ynni yn ymladdwyr[38] o nerth y   225

---

[1]Yn B. [2]ardechogrwd A, arderchogrwwyd B, ard(d)erchogrwyd(d) CDEFG. [3]a wrddawd thomas ebostol B, y lys a vrdasswys Thomas abostol C. [4]Wyndafforus E. [5]breinhin B. [6]yn *yn wr. yn* A, *yna dilewyd stroc gyntaf yr* n *ac ychw. braich at yr ail* (*cf.* 248, ornestwyr). [7]yn C. [8]ysspoyteu C, yspoydeu DF, yspoedeu E. [9]ae hadeiledigaeth E, ac yn adeiledigatheu ereill C. [10]yndi C. [11]phethyneu ADEFG (*fe'i tanlinellwyd â llinell doredig yn* DF), . . . thyneu B (*llythrennau'n eisiau oherwydd trwsio'r ddalen*), pheithyneu C. [12]cecim C. [13]coet B. [14]hebenus DF. [15]yn y byt] – C. [16]ar kyrreu LlA 169. [17]benn BC. [18]carabunckyl E, ac ym hob vn o honunt maen gwyrthuawr a elwir carbunculus C. [19]pan CE. [20]nefad B. [21]gardonia E. [22]sef achaws yw hynny C. [23]llydrat B. [24]or lyssev B, or llyssewyn C, o lysseu E. [25]hebennis C. [26]y fenestr o vein cristal C. [27]yn y llys ni E, y bordev y vutta arnvnt yn llys ni B, y bordeu y vwyta yn llys ni arnunt C. [28]amestir B, a amestic E, rei yssyd eur ac ereill o uein gwerthuawr – C. [29]*y mae'r ail lythyren a'r drydedd yn aneglur yn y copi ffotostat o* A, *ond cf.* byrdeu LlA, byrddeu DFG, burdeu E, a genneil y bordev B, Ar ystyffyleu a gynheil y bordeu C. [30]aschwrnn B, asgwrn C, ascrwnn D. [31]ynt] – C. [32]gwyr ouer C, gvirioned E. [33]y edrych DFG. [34]ymladdwyr n ornest DF. [35]nvad B. [36]ar parwydyd a henynt C. [37]o ochino B. [38]hyt pann kychwynno hynny yn ymlad/dwyr A, hyt pann kychwynno ynni yn ymladwyr B, hyt pann kychvynno hynny ymladvyr E, sef achaws yw hynny. Pan gychwynno yn ymladwyr ni C.

mein. Yn yn¹ neuad honno² nyt³ ennynnyr goleuat y nos namyn a vacco yr ireit gwerthuawr⁴ a elwir balsamwm.⁵ Yr ystauell y gorffwys yn goruchelder ni yndi⁶ a gyweirwyt o weith enryfed⁷ a hynny o eur a phob ryw⁸ vein gwerthuawr⁹
230 o'r byt, ytinus,¹⁰ achos¹¹ ragor maen onichinus¹² yn lle goleuat. Ygkylch hwnnw y gwneir¹³ gweith pedryfual¹⁴ kymeint ac e hunan,¹⁵ hyt pann vo o nerth y rei hynny yd ardymherer¹⁶ enwired y maen onix. Ireit gwerthuawr¹⁷ a lysc yn wastat yn yr ystauell honno. Yn gwely ni a henyw o saffyr
235 o achaws nerth diweirdeb.¹⁸

Gwraged teckaf yn y byt ysyd y ni, ac ny doant attam namyn pedeir gweith¹⁹ yn y vlwydynn o achos etiueddu, ac²⁰ gwedy hynny yd ymhoel²¹ pob vn yn y lle yn gynn [143r] yachet²² a Bersabe y vrth Dauid.²³
240 Vn weith yn y dyd y bwytteir yn yn llys ni,²⁴ ac²⁵ ef a vwytta beunyd ar yn bort ni dec mil ar hugeint o dynyon heb a el ac a del o westeion. A'r²⁶ rei hynny oll a gymerant²⁷ y cost²⁸ oc yn llys ni ac ar ueirch ac ar petheu ereill. Y vort honn²⁹ a henyw o'r gwerthuawr vaen a elwir ysmaracdus,³⁰ a honno y
245 mae deu ystyphwl³¹ yn y chynnal o ametist. Nerth y maen hwnnw yw, ny at neb³² y vedwi³³ tra³⁴ uo yn eisted arnnaw.

Rac bronn amhinogeu³⁵ yn neuad ni gyr llaw y lle y byd yr ornestwyr³⁶ yn ornest,³⁷ y mae discwylua diruawr y huchet³⁸ ac³⁹ y dringir idi drwy pumb grad ar hugein a chant.⁴⁰ A'r

---

¹y CDFG. ²hynny C. ³ni DFG. ⁴a uacco ireit gwyrthuawr C. ⁵basmaxom B. ⁶yno E, Yr ystauel y gorffywys yn y egleurder ni yndi C. ⁷B, curyfed(d) ADEFG (*a sic dano yn* F). ⁸rew B,–C. ⁹gwyrthuawr C. ¹⁰ytmus DFG (*a sic dano yn* F); *nis ceir yn* C. ¹¹Ac o achaws C. ¹²onichimus G. ¹³gweneir B, ynghyllch y gwneir C. ¹⁴pedryawl C. ¹⁵ac ef e hunan C, ag e hunant FG. ¹⁶yd am ardymherer AB (*ond dilewyd am yn* A). ¹⁷gwyrthuawr C. ¹⁸diwerdeb B, o achaws diweirdeb C. ¹⁹ac y doant attam pedeirgweith C. ²⁰a CDFG. ²¹ymchwel C. ²²yn gynny iachet B. ²³Ddavydd DF, Dafydd GW. ²⁴y bwytteir yn llys ni B, y bwyta yn llys ni C. ²⁵ac] – C. ²⁶a rei ABDEFW, ar rei CG. ²⁷gymrant B. ²⁸eu kost beunyd C. ²⁹honno BCDFW; a gymerant . . . Y vort honn] – G. ³⁰ysmaradus ADEF, ysmaracdus B, ysmaragdus G, *hefyd* W (*ond bod nam ar y print yno*), or gwyrthuawr uaen a elwir smaragdus C. ³¹ystyphywl ABD, ystyphvyl E, ystyphwl FG, y dan honno y mae deu ystyffwl C. ³²heb W. ³³vedwl LlA. ³⁴tro C. ³⁵amhmogeu DFG (*ond heb ei danlinellu yn yr olaf*). ³⁶onnestwyr A (*a'r* n *flaenaf wedi ei chywiro'n* r, *ond heb ddileu'r stroc gyntaf, gw.* LlA 170, ll.30; *hefyd cf.* yr, 206 *uchod*), yr ornestwyr BE, y lle y mae yr onestwyr DFG, y neuad ni geir llaw lle byd yr ornestwyr C. ³⁷C *yn unig*. ³⁸buchet E. ³⁹ac] – B. ⁴⁰drwy bumrad arugeint a chant C, drwy pumb gradd ar hugeint a chant DFG, drvy pump grad ar hugeint –E.

gradeu¹ hynny rei ohonunt a henyw² o vein porffiret³ gwedy 250
kymyscu⁴ o waet seirff ac ireit⁵ alabawstrum.⁶ Y trayan issaf
y['r] rei hynny⁷ a henyw⁸ o vein⁹ cristal a iaspis a sardini,¹⁰ a'r
rann arall¹¹ vchaf a henyw o ametist¹² ac anbra¹³ a iaspis a
sardonic a phanthera.¹⁴ Y discwylua honn¹⁵ a gynnhelir o vn
post, ac ar hwnnw y byd bas, sef yw hynny,¹⁶ ryw weith maen 255
a elwir velle.¹⁷ Ac ar y bas hwnnw¹⁸ dwy colofyn,¹⁹ sef yw y rei
hynny,²⁰ breicheu; ac ar y rei hynny bas, ac ar honno²¹ pedeir
colofyn;²² ac elchwyl bas,²³ ac ar honno vn vreich ar
bymthec.²⁴ Ac velle y kerddir ar y gweith²⁵ yny delher²⁶ y
riuedi pedeir colofyn²⁷ a thrugeint, ac²⁸ odyna²⁹ y lleiheir rif y 260
basseu [143v] a'r colofneu³⁰ hyt pann delher ar un,³¹ a hynny
gan ysgynnv y vynyd megys yd³² amlhawyt³³ gynt yn ysgynnv
hyt ar y pedeir ar trugein.³⁴ Y colofneu hagen³⁵ a'r basseu o vn
ryw genedyl vein gwerthuawr³⁶ ynt a'r graddeu yr ysgynnir
drwydunt.³⁷ 265

Yn³⁸ goruchelder y golofyn³⁹ uchaf y mae discwylua yn
ossodedic⁴⁰ o ryw geluydyt radlawn hyt na eill neb yn yr hollre
tir⁴¹ ysyd darystyngedic ynni⁴² gwneuthur dim yn hollawl, na
thwyll na brat na chyfarwydon yn yn erbyn ni⁴³ neu y rei
einym ni,⁴⁴ na welher o'r disgwylua honno yn amlwc, ac eu 270
hadnabot pwy vont na pheth a wnelhont.⁴⁵ Ef a vyd yn wastat
yn cadw y discwylua honno teir mil o wyr aruawc dyd a nos
rac o damwein gallu y thorri nev y bwrw y'r llawr.

---

¹gradeyu C. ²rei a henyw C. ³porffiri C, porfforet E, porffiret F (a sic dano).
⁴kysmycu A, kymeskv B, kymysgu C, kyssmycu D, kysmyccu E, kyffmycu FG (a sic
dano yn F). ⁵irei B. ⁶alabastrum C, alavbastrum E. ⁷y trayan issaf y rei hynny
ABDEFG, Y trugein issaf or rei hynny C. ⁸o honyv E. ⁹vaen DFG. ¹⁰sardin C,
sardun DFG. ¹¹a rann arall ADEFG, Ar ran arall C; a rann arall . . . a sardonic] –
B. ¹²Amtist DF. ¹³ambra DEFG. ¹⁴a phanthrea C, a phantera E. ¹⁵honn] – C.
¹⁶hynnw C. ¹⁷velly C. ¹⁸hwnnw] – C. ¹⁹colofon DFG. ²⁰sef y daw or rei hynny C.
²¹breicheu . . . ac ar honno] – C. ²²colofon DFG. ²³ac ar honno . . . ac elchwyl bas]
– B. ²⁴vn breich ar bynthec C. ²⁵kyrddir B, Ac y velly y kerdir ar gweith C.
²⁶ddelhir G. ²⁷colofon DFG. ²⁸ac] – C. ²⁹O dyno C. ³⁰colofon B. ³¹y vn C. ³²ad B.
³³ymlaawyd A, amlhawyt (-d) CW, amhla(a)wyd DFG, ymlävyd E. ³⁴bedeir a
thrugeint C, pedeir a thrugein DFG. ³⁵hagen] – B. ³⁶vaen DFG, o vn ryw vein
gwyrthuawr C. ³⁷yn ysgynnu drwydu C, yd ysgynnir drwyddynt DFG. ³⁸+ y E.
³⁹colofyn B, kolofneu C, golofon DFG. ⁴⁰yma disgwylua ossodedic C. ⁴¹yn holl ryw
dir ni C. ⁴²darestyngedic y ni C. ⁴³na chafarwydon yn erbyn ni B, ny chyuarwydant
yn herbyn ni C. ⁴⁴einym – C, enym ni DF. ⁴⁵welhont GW, pwy . . . wnelhont] – C.

Pob mis yn y vlwydyn ef a uyd seith brenhin yn
275 gwassanaethu y ni,[1] pob vn ohonunt yn y vrdas,[2] ac o
tywyssogyon, deu a deugeint;[3] o ieirll, vn ar bymthec a
deugeint[4] a thrychant. Y ryfedi hwnnw a uyd yn wastat ar yn
bort ni[5] heb y rei a uo gossodedic ynn ymrauaelon
wassannaetheu yn yn llys ni.[6] Ar yn[7] bort ni y bwyttaant[8]
280 beunyd[9] ar yn[10] deheu deudec archescyb,[11] ac ar y[12] llaw asseu
vgein escyb,[13] a phedriarch[14] o'r lle y mae bed Thomas
Ebostol,[15] a'r gwr ysyd yn lle pab[16] [Peniarth 15, td. 121]
Sar[ma]gantivs,[17] a'r pab pennaf o Susa[18] yn lle y mae
pennadvryaeth a gwastadrwyt[19] yn gogonyant ni yn eisted[20]
285 yn nevad an[21] amherodraeth ni. A chyniverwch[22] a hynny a
daw pob mis yn y lle wy,[23] ac ny diffyckya vyth y ryf hwnnw y
wrth yn llys ni. Abbadev hagen kyfvr[i]fuedi a diwarnodev[24] y
vlwydyn yssyd gaplanyeit[25] y ni. A phob mis yd ant[26] y rei
hynny adref a'r gymeint arall y'r vn ryw wassannaeth a doant
290 y'n capel ni dracheven.[27]

Ny dyly dy brvdder di hagen anryfedv[28] pa achos na
adawyd y'n goruchelder ni[29] yn galw o enw a vei vch[30] a
theilyngach noc offeiradaeth,[31] kannys llyma yr achos. Llawer
a wassannaethwyr yssyd y'n llys ni a perthyn[32] herwyd
295 gwassannaeth dwywawl a[c][33] eglwyssawl teilygdawt[34] bot yn
vch[35] ev henwev noc offeiradaeth,[36] sef yw hynny:[37] yn
pennswydwr[38] ni, primas yw a brenhin; yn trvllyat, archescob

---

[1]seith breinhin in gwassanathv yni B, yn gwassanaethu ym DFG, yn
gvassaneuthu ym E. [2]yn eu hurdas C. [3]deu a deu ugeint C. [4]a deugeint] – E. [5]rac
yn bron ni C. [6]wassannaethu A, ym ymravaelon wassannaethv yn llys ni B, yn
amrauaelon wassanaetheu yn llys ni C, yn amravaelon wassanaethv (-eu W) yn yn
llys ni DFGW, ynn amryuaelyon vassanaetheu yn yn llys ni E. [7]y DFG. [8]bwyttant
B, bwyttaont GW. [9]veunyd B. [10]y DFG. [11]archescob DFG, *hefyd yn wr. yn* A, arch
escyb B, archesgob C, archesgyb E. [12]yn C. [13]esgob C, escob W. [14]phedriach B,
phadriarch C, Phedreirch E. [15]apostol C. [16]*y mae testunau* ADEFG, *yn diweddu'n
anghyflawn yma*. [17]sarvvgantivs B, Sarcingancius C. [18]*gw*. 283n.; ar pab pennaf
yssyd yn y lle C. [19]a wastadrwyt B, a gwastadrwyd C. [20]+ ac C. [21]yn C. [22]A
chyfniuerwch C. [23]wy] – C. [24]Abbadev kyfvrfuedi a diwarnodev B, Abadeu hagen
yn gyfredin diwarnodeu C. [25]capplaneit C. [26]y doant B, yd ant C. [27]o vn ryw
wassanayth yn cappel ni a doant dracheuyn C. [28]dy brvder di anryfedv B, dy
brudder di hagen enryuedu C. [29]na dewis yn goruchelder ni C. [30]ywch C. [31]no
effeiradaeth C. [32]a verthyn B, a perthyn C. [33]a B. [34]a thelyngdawt eglwyssawl C.
[35]ywch C. [36]effeiradaeth C. [37]Sef yw hynny B, sef yw hynny C. [38]pennswydwyr B,
pen swydwr C.

yw[1] a brenhin; yn gwas[2] ystavell, escob yw[3] a brenhin; yn marscal, brenhin yw[4] ac archimandrita;[5] yn pen coc, brenhin yw[6] ac abat. Ac wrth hynny ny diodefawd yn goruchelder ni[7] yn galw ni o ryw enwev hynny nev o ryw vrddev, kannys[8] kyfvlawn yw yn llys ni o ryw enwev hynny. Wrth hynny[9] o achaws[10] vfvylldawt yr[11] etholassam ni yn galw o enw a vei amgen no[12] hynny, sef yw hwnnw offeirat.
  Ef a ymystyn yn tir ni yn vn parth o ymdeith pedwar mis ar llet.[13] Y parth arall hagen[14] ny dichawn[15] neb [122] wybot ba hyt yd ymystyn yn arglwydiaeth ni, namyn or gelly rifaw syr y nef a thywot y mor, ti a elly ryfvaw[16] yn arglwydiaeth nynhew a'n gallv.[17]
  Y mae y ni nevad arall nyt hwy no'r honn a dywedassam,[18] ni vry; moe hagen[19] yw y hvchet a'e thecket. A honno a wnaethpwyt kynn yn geni ni o venegi y'n tat trwy y hvn (yr hwnn o achos y leindit a'e wironed a elwit Quasi-deus, sef yw pwyll hynny, megys dvw). Ef a dywespwyt wrthaw trwy y hvn, 'Gwna nevad y'th vap yr hwnn a enir yt. Ef a vyd brenhin y brenhined ac [arglwyd yr][20] arglwydi dayarolyon.[21] Ef a wyd kymeint rat y honno[22] y gan Dvw ac na byd newyn byth [ar][23] dyn yndi, ac na byd claf, ac na[24] byd marw dyn vyth y dyd yd el y mywn[25] idi. Ac or byd ar dyn y newyn mwyhaf a vv, nev or[26] bei gyn wannet o glefvyt a'e vot[27] yn mynet y aghev, a sevyll ohonaw enkyt bychan y mywn[28] y nevad ef aei yn gyn lawnet[29] allan a chyt bwyttaei o gan anrec[30] ac aei yn[31] gynn yachet a chyny bei arnaw[32] awr glevyt yr ban anet eiroet.'[33]
  A thrannoeth y dyhvnawd yn tat yn ergrynedic[34] o'r weledigaeth a welsei. Edrych ar yr awyr a oruc. Ef a welei[35]

[1]yw] – C. [2]gwas *ar ymyl uchaf y ddalen* C. [3,4]yw] – C. [5]arthimandria B, archimandrita C. [6]yw] – C. [7]yn goruchel ni B, Ac wrth ny dewisswys yn gorucheler ni C. [8]hynny weitheu canys C. [9]Wrth hynny] – C. [10]C, – B, *gan fod y ddalen wedi treulio; a barnu wrth y gofod, fodd bynnag, tebycach mai o yn syml oedd y drll.*). [11]yd C. [12]drll. ansicr oherwydd traul B (*o ran gofod, dichon y gellid* no rei), a vei is sef C. [13]ar y llet B, ar llet C. [14]C, – B. [15]digawn C. [16]ansicr yn C. [17]yn arglwydiaeth ac yn gallu C. [18]*yn* B *y mae rhai geiriau yn y paragraff hwn wedi eu hamharu oherwydd trwsio bôn y ddalen;* nor vn a dywedassam ywch llaw C. [19]C, – B. [20]C, – B. [21]daearawl C. [22]y neuad honno C. [23]C. [24]Ny C. [25]vyth ydydel y mywn B, vyth y + del y + / (*yna dyd ar ymyl y ddalen*) y mywn C. [26]or] – C. [27]a'e vot] – C. [28]y mywyn B. [29]ef a ae yn kyn lawenet C. [30]tamet C. [31]ac yn C. [32]achyn ybei – B, a chy na bei arnaw C. [33]eiroet] – C. [34]ergryndic B, Tranhoeth dyhunaw om tat yn ergrynedic C. [35]Edrych ... Ef a welei] – C.

14 YSTORYA GWLAT IEUAN VENDIGEIT

fvrvedigaeth y nevad honno o'r gloywhaf saffir a'r eglvraf topazion[1] wers tra gywers gwedy gossot[2] hyt ban[3] vei y saffir ar gyffelybrwyd y gwir[4] nef eglvraf a'r topazion[5] ar vot y syr
330 yn golevhav[6] y nevad. Llawr y nevad a henyw o blanckev mawr o gristal.[7] Nyt oes neb gwahan yn y byt[8] rwg y nevad a'r ystavell. Dec post a devgeint ar lvn[9] nodwyd ysyd y mywn y nevad gyr[10] llaw y parwydyd wedy yr ossot[11] vn ym pob cogyl a rei ereill yn gyfvadas y rygtvnt[12] wedy rylehau. Trugeint
335 kvfvd yssyd[13] yn hyt pob colofyn; kyfvref pob vn ac amgyfret[14] devwr law yn llaw; ac ym penn pob post[15] y mae maen[16] carbvnkvlvs kymein[17] a grenn vawr. Ac o'r rei hynny[18] y golevheir y nevad megys y golevheir y byt y gann yr hevl. Pa achos y mae bl[a]enllym[19] y pyst[20] megys nodwyd? Llyma yr
340 achos. Bei kynn vrasset y penn vchaf y'r pyst a'r penn issaf, ny olevhaei eglvrder y mein llawr y nevad yn gystal a'r ty o vchel. Kymeint yw yno y golevat a'r eglvrder ac nat oes dim yr y vychanet a'e ardistrvhet a alleher[21] y vedylyaw [bei yt uei][22] ar llawr[23] y nevad ny allei pob dyn y welet. Nyt oes vn fenester
345 arnei.[24] Pa achos yw hynny? Rac gallv o neb mod o eglvrder y golevhaf nef nev yr hevl tywyllv golevrwyd[25] y mein gwerthvawr.[26]

Yg kyfenw y dyd y'n ganet ni a'r gyfnifver[27] gweith y dottem yn coron am yn pen [yd awn y mywn y neuad honno][28]
350 ac y bydwn[29] yno yn gyhyt ac y gallem ni[30] yssu digawn o vwyd. A phan elhom odyno yd awn yn gyn lawnet[31] a chy darffei[32] yn yssu digawn o pob ryw vwyt o'r yssyd yn y byt.
[123] Ac ar hynny y tervyna y llyvyr hwnnw.[33]

---

[1]topaz C. [2]gwedy gossot] – C. [3]hy pan C. [4]gwyr C. [5]topaz C. [6]a oleuhaei C. [7]o blankeu kristal mawr C. [8]hyt C. [9]Deubost a deugeint yssyd a llun C. [10]geir C. [11]gwedy ry ossot C. [12]a rei eireill yn kyuartalu y rynghunt C. [13]yssyd] – C. [14]ymgyffret C. [15]pob vn or pyst C. [16]+ gwyrthuawr C. [17]kymeint C. [18]Ac orei hynny B, or rei hynny C. [19]blenllym B, blaynllym C. [20]pest B, post C. [21]ac nat oes dyn kyuychanet ac ardustruet aaller C. [22]C, *aneglur yn* B (? bet tefei). [23]ar lawr C. [24]yno C. [25]goleuder C. [26]gwyrthuawr C. [27]gniuer C. [28]C, – B. [29]bydawn B, bydwn C. [30]ni] – C. [31]yn kyn lawenet C. [32]*felly* C, *aneglur yn* B. [33]y llythyr hwn ar anryuedodeu o dir yr india C.

TESTUN II

[LLSGRAU: H – Peniarth 47, ii. 17–24; J – Peniarth 267, 251–65]

Yma y treut[h]*ir am ryfeddodau brenhinia*[eth]*eu yr Effeiriad Jeuan.*[1] 355
Deudec brenin a thrug*ain ys*syt dan Jeuan Effeirat y dalu tretheu bob bl*wyddyn iddaw, ag o'e Gristnogaeth* y darystyngant kyny bw*ynt Gris*tyanogyon[2] holl. Y oddunet[3] a roes Jeuan myn*et y v*ed yr Arglwyd Grist a lluyd mawr ganthaw yn erbyn gely*nyon* Crist, kanys gweda ydaw vuydhau 360 y oruchel*der*[4] *y'r* Arglwyd Grist.[5]
Tair India[6] ysyd yn y gyuoeth *ef. Yr In*dia diwaetha *onaddunt a ger*da[7] o'r lle y mae bed Thomas drwy y wlat a elwir [   ] y lle y kyuyt yr havl, *ag odd yna ydd a* hyt ymherued [   ]. Deudec a thrugeint[8] o *wledydd* 365 yssyt yn gwassynaethu y Jeuan a brenin ar bob vn *onaddunt*. [Odit ysyd Gristno]*gyon*[9] *onaddunt. Pawb hagen a dalant tretheu y Jeuan Effeiryad.*
Ygwlat Jeuan y genir llawer o aniueilieit ryuet ac ual hyn y gelwir wynt: elefannyeit, dromedari, a'r ka[m]yll,[10] optami, 370 cocodrilli, machagalinarii,[11] *kametrini*, pantere, onagri, a lleot gwynnyon ac eirth gwynyon a meurule gwynyon a cicades,[12] tigres, gr*if*fones,[13] ac ychen gwyllt, a *dyn*yon gwyllt yn saethu, a chorryet, a satiri, a gwraged vn ryw genedyl[14] a'r rei hynny, a Pigmein,[15] cinopali, keuri heuyt a[16] deugein kuuyd yn eu 375 hyt, a ciclopes,[17] ac ederyn a elwir *ffenix*, a phob kenedyl aniueyl y dan y nef hayach ac amdler o uel a llaeth.
Yng gwlat arall y Jeuan nyt a'r gywenwyn[18] na llyfain[19] *nag skorpion* na sarf a allo dim drwc a'y wenwyn. Y rwng y wlad

---

[1]*Nid oes pennawd yn* H. [2]cristynogyon J. [3]yaod/duunet H, y yd ofunet J. [4]druchelder J. [5]*Amharwyd ar destun* H *gan ôl trwsio rhwyg drwy ganol y ddalen a bu* RWM, I. 380 *hefyd yn help i'w adfer hyd yma.* [6]Indea J. [7]gyr/da H (*a gyr wedi ei olrhain ag inc*). [8]ar hugeint J. [9]*cf.* AB 54. [10]kawyll HJ. [11]Mekagalmari J. [12]*Mae bwlch yn dilyn yn* H; Sikades, a n . . . Tigrides J. [13]g^rfones H. [14]yn genedyl J. [15]Pigmeni J. [16]o deugein [*sic*] J. [17]Siclopes J. [18]*gw.* n.378. [19]llyffant J.

380 a elwir Paganos a gwlat arall y Jeuan y kerda auon a daw o
Baradwys, a elwir Ydon*eus*, ac yn honno y keffir main a elwir
smaracdi,[1] saphyri, carbunkuli, topazij,[2] crisoliti, onix,[3]
be[ri]*lius*[4] [*me*]sardi[ne] *a llawer o fein gwerthfawr.
[ ] yn honno y keffir* [ ]ssken ar [ ]
385 *o honaw ganthaw, drygysbryd a ffy rhagddaw. Ny bydd
drygyspryt yn y wlat honno byth, ag ni lefeis bod ynddi byth.*
 Y[ng ng]*wlad arall y Jeuan y ke*[ff]*ir*[5] *krwyn gwerthfawr a*
[ ] *gwlan y ddayar a gwlad* [ ]*echot*[6] *yw honno. Ag un
ffunud a helig yw y koed hwnnw a llawn yw y koet hwnnw o*
390 *sarffod a phryfed. A phann vo en* [aeddfed y pybyr][7] *y deuant
pobyloed lawer o vrenhiniaetheu* [ ] *sych ganthun y gylch y
koet, a phann ddel gwynt yd e*[n]*ynnant*[8] *y gwydd, ag yna ny eill
sarff na phryf yn y byt fynet o'r koed, ag yna y llysg y sarffod
a'r pryfet eithyr y rei a el yn y gogofeu. Ag yna y daw dynyon*
395 *o'r* [brenhin]*yaetheu nessaf* [a phyrch][9] *ganthunt ag y* [b]*yryant
[y s]arffot*[10] *poethyon o ddiethyr y koet ag y gwneir deisiau
onadunt, ac uelly y keffir y pypyr, ac uelly y daw yma*[11] *ag* [y
ber]*wir. A phan verwer ny edir y estrawn genedyl edrych ar y
verwi. A'r koet hwnnw y sydd ar y penn nessaf y fynydd Oliver.*
400 Odd yna y mae ffynnon o gyfoeth Jeuan *a holl velyster y
dayar arnei, a dwyweith yn y dyd a dwyweith yn y nos yd
adnewyda*[12] *chweith arnei, ag nyd oes o Baradwys yno namyn
ymdaith dridieu o'r lle y gyrwyd Addaf ohonaw. Y neb a yfo
d*[d]*wfyr honno teirgweith kynn bwyt ni bydd haint byth arnaw,*
405 *ag o'r dydd hwnnw allan y bydd yn oed deg mlwydd ar ugeint.*
  Yno y may main mawrweirthiawg a voriant [eryrod][13] *yn y
wlat y mae llys Jeuan ynddi, ag fal hynn y gelwir y main:
midio*[si],[14] *ag o rinweddeu y mein y bydd byw yr eryrod yn hir
ag y kaffant eu lleuer. A'r neb a gaffo maen o'r rhei hynny, ny*
410 *chyll vyth lleuer y lygeit, a phei bae dall ef a gaffei y leuer, a
phei mwyaf ydd edrychei ynddunt, mwyaf vyddei y olwg. A
chyssegredig vyddant ag ny bydd namyn karyat y lle bwynt, ag
ny bydd kynghorfynt yn y lle y bo y maen hwnnw.*

[1]Symaragdi J. [2]Topasiei J. [3]onusius J. [4]benlius J (*drwy gamddarllen* ri *fel* n), *yna bwlch; y mae lle i ragor o lythrennau na* me *o flaen* sardi *ar ddechrau'r llinell yn* H, ?ametisti. [5]kessir J. [6]?ddibechot. [7]*cf.* AB 88; vo en . . . y pryfed J. [8]gwynt y de ynn/ant J. [9]*cf.* AB 95. [10]dyryant . . . arffod J. [11,12]*Olrheiniwyd y geiriau hyn ag inc gan law ddiweddar yn* H. [13]*bwlch yn* J. [14]midioll J.

Yng gwlat arall y Jeuan y mae mor r[yf]*et heb un dafyn dwfyr ynddaw, ag ny eill neb fynet drwyddaw onyt damwein nag ar long nag ar ystym arall, ag wrth hynny ny wys pa wlat y sydd o'r parth draw iddaw ef. Ag ef a geffir y pysgod goreu yn y byt yng kylch y lanneu ef.* [ ] *mor hwnnw y mae mynydd, ag o'r mynydd hwnnw* [y daw]¹ *yr afon fawr heb un dafyn dwfyr ynddi, ag y'r mor hwnnw* [ ]. [Tri diwarnnawt]² *yn yr wythnos y bydd llif ynddi ag y mae* [ ] *a hi hyt y mor tyfot, a phedwar dieu ereill y mae dynyon* [yn] *mynet trwyddi, ag a el yn y mor ny cheffir* [golwg ar]*naw byth.*³
    Yn emyl y mynydd [ ] *vechan, ag ny all neb fynet trwyddi* [ ] *kanys* [ ]⁴
Y neb a el drwydi a vyd reit idaw vynet yn ehegyr rac kaeu y daear yn eu ky[l]ch,⁵ a'r neb a gaffo graean ysyt ygwaelot yr auon, gemeu a mein gwerthuawr ynt. Y ffrut honno a a y mewn auon arall vawr ac yno y keffir y mein gwerthuawr, a'r neb a'y kafo ny leueys eu gwerthu heb ganyat Jeuan. Ac os pryn ef, hanner eu gwerth a dyry. Onys pryn ef, gwerthet y ereill. Ac yno y megir meibion y dan y daear, ae tri mis *ai pedwar.* Y parth draw y'r auon y mae teir breninyaeth ar dec o dynyon ac y Jeuan Effeiriat y darystyngant.
    Y mewn gwlat arall y Jeuan y mae pryf a elwir salamandra. Yn emyl y wlat a elwir Torrida⁶ Zona y mae hwnnw, ac yn y tan y byd by[w]⁷ yn wastat ac ny vyt byw o thynnir o'r tan. O grwyn y pryuet hynny y g[w]neir y pan mawrweirthiawc y wraget arglwydi ac y gyuoethogyon, ac o'r blew y gwneir y gwisgoed mawrweirthioc y vraged arglwydi, a gwraged y llys a'e gwna. A['r] rei hynny a vyd am wyr y llys ac ni ellyr eu golchi namyn y mewn tan.
    Digon y syd yno⁸ o eur ac aryant a mein mawrweirthiawc ac aniueileit,⁹ nyt amgen, elifannyeit a dromedarij a chamelieit a chwn. Nyt¹⁰ oes achanoc yn y vlat ef. Pererinyon ac estronyon a geif ossymdeith yno.
    Nyt oes neb kynghawa*l* [ ] *o* luyd yn y kenedloed ydaw ef. Pan el Jeuan amerawdyr y luyd yn erbyn y elynyon, teir croc ar dec *a gerdda* ganthaw a hynny o eur a mein

---

¹*cf.* AB 125. ²cf. AB 128. ³*cf.* AB 127. ⁴*llinell gyfan yn wag yn* J. ⁵kych HJ. ⁶Toruda J. ⁷byd H (?*ditograffi; fe'i hanwybyddir yn* J, *ond gallai fod yn fai am* byw, *cf.* AB 157. ⁸y/yno H. ⁹anifeili/leit J. ¹⁰Nys J.

450 gwerthuawr yndunt, ac yn lle arwydyon ac ystondardeu y
bydant, a chyt *a phob* un onadunt deg mil o varchogyon¹ a
chan mil o bedyt a hynny heb kapplanieit.² A phan el y
uarchogaeth o'r llys bwygilid idaw, croc brenn a vyd yn y
vlaen heb *aur*³ heb arian arnei, a hynny y dyuot cof idaw
455 diodeiueint Crist, a llestyr eur yn llawn o brid y dyuot cof
ydaw y hanuot o'r daear ac yd a idi, a llestri aryant yn llawn
o eur *a vydd rhag y* vron y adnabot o bawb y uot ef yn
gyuoethoccaf yn y byt hwnn o dyn ac yn arglwyt ar y daear.
Nyt oes y dan y nef da ny bo eidaw ac ygyt a hynny ny
460 dywedir geu yno. Ar y gwyper arnaw y dywedud, marw vyd
ac ny chredir eilweith byth idaw. Megis marw vyd dyn ny
chreder idaw.

Vnweith yn y *vlwy*dyn⁴ yd a Jeuan y'r lle y mae bed Daniel
Brofwyt y[m]⁵ Mabilon. Diffeith vyd y ford a llaw*er o wyr*
465 *arfawg* a gerda ganthaw rac seirf gwenwynic *a phryfet eraill.*

Yno y mae pryuet ac o waet y rei hynny y gwnair y porffor
coch. A llawer ysyt o genedloed yn y gyuoeth ef a *dybryt yw
kerdd rhei ohonun.* Yn y gyuoeth y *mae y kenedloedd hynn,
Amazones a Bwrganis.*

470 Llyma val y *kyrchir l*[l]*ys Jeuan.* Kynhebic yw llys Jeuan y'r
llys *a oruc* Thomas Ebostol y'r brenin a elwir Gwyndafred.⁶
Defnyd braswyd y neuad⁷ yssyd o'r prenn a elwir cetim.⁸ Y
penn ysyt o bren a elwir [hebenus],⁹ a hwnnw ny ellir y losci o
neb ryw ford yn y byt. Ym pob tal y'r llys y mae deu aual *aur*
475 *a maen gwerth*uawr ym pob vn onadunt, a hwnn*w a
danllewycha* dyd a nos¹⁰ *fal* y bo kyn oleuet a'r dyd. Ny welir
namyn *yn eur.*¹¹ Y porth mawr y'r llys yssyd o vaen *sardini*, a
chwys a daw y hwnnw pan del gwenwyn yn y emyl. Y pyrth
ereill ysyd o [hebenus].¹² Y fenestri ysyd o gristial. Y byrdeu *y*
480 *bwyteir* [arnunt], *rei* ysyd o eur, ereill o [ametisto].¹³ *Y
kolofneu a genneil y byrddeu* o esgyrn moruil [ynt].¹⁴

Yn emyl y llys *honno y mae plas ag yn hwnnw y bydd*
[ornest],¹⁵ *a hwnnw y sydd wneuthuredic o fein gwerthfawr a
elwir onusius, a hynny fal y bo kadarn ac ydd ymladdo yr*

---

¹varchyogyon H. ²*gw.* n.452. ³*Collwyd* aur *yn* H. ⁴wlodyn H. ⁵y HJ.
⁶Gwyndafford J. ⁷neuad/ad H. ⁸Setim J. ⁹*bwlch yn* HJ; *cf.* AB 210. ¹⁰a
danllewycha y nos J. ¹¹*Y testun yn llwgr.* ¹²hepyris J; *cf.* AB 218. ¹³y byrddeu y
sydd y bwyteir rhei o eur ereill o matisgo J; *am yr holl frawddeg, cf.* AB 219 *ac
Atod.*I, 66. ¹⁴*cf.* AB 221. ¹⁵or nef J; *cf.* AB 223.

ymladdwyr o nert[h] *eu meyrch. Ny losgir goleuat yn y llys* 485
namyn ireit gwerthfawr.

  Yr ystafell y kysgo yr amerawdyr ynddi y sydd o fein gwerthfawr ag aur, ag yn yr ystafell y ma[e][1] *pedwar mein, ag ny eill neb wneuthur na brat na thwyll o nerth y mein, a balsamws a losgir ynddi yn wastad. Gwely yr amerawdyr y sydd* 490 *o fein saffir a hynny fal y gallo gospi y gorff rhag godineb, kanys anyan y mein* [yw] *na bydd godinebus a gysgo arnunt.*

  Gwragedd teg y sydd yno a[2] *phedeirgweith yn y flwyddyn y myn gwraig y gwr y geissiaw plant. Kynn ddiweiriet ynt wrthaw ag y bu Bersabe wrth Ddafydd.* 495

  Dwyweith yn y dydd y bwyteir yn y lys ef, a hynn o nifer: deng mil ar ugeint heb y wassanaethwyr, ag ar dreul Jeuan oll. Bwrdd y sydd damasoed maen [ ] *a dwy golofn a gynneil y bwrdd* [o ametist. Nerth][3] *y maen yw, yr a yfer o lynn ar* [y] *bwrdd, na bydd meddw dyn byth. Ohonunt wynteu y mae* 500 *dyrchafael y'r ystafell vry. Y mae ugein o raddeu, y rann gentaf o serpenn*[tino[4]] *maen gwerthfawr, ag o alabastir vydd yr eil, a grissial mastr* [ ] *a sardoni*[co].[5] *Y rhann uchaf ynddo* [a henyw][6] *o amatisto ag amrafael fein jaspide a phanthe*[r]*e.*[7] *Gweith yr ystafell y sydd ryfedd. Un golofyn y* 505 *sydd gyntaf yn y chynnal uwch benn dwfyr, ag yna y mae llawr, ag ar warthaf hwnnw y mae pedeir kolofyn, ag yna y mae llawr, ag ar wart*[h]*af hwnnw y mae wyth golofyn, ag yna llawr, ag ar hwnnw y mae deuddeg kolofyn ar ugein, ag yna y mae llawr, ag ar wart*[h]*af hwnnw y mae wyth a deugein, ag yna y mae llawr,* 510 *ag ar hwnnw y mae deukant kolofyn. Ag fegis y maent fwyfwy yn mynet y fyny, felly y maent leilei yn mynet y waeret. Y kolofyneu a ddywetpwyt uchot nyt un rhyw ynt a'r graddeu y kerddir uddunt*[8] *y fyny. Yn y penn uchaf y fynu y mae ystafell gyssegredig o fain gwerthfawr, ag o honno y gwelir y gyfoeth ag* 515 *a wnel brad a thwyll neu a geissiaw y wneuthur. A their mil yn wastad a'y gwercheidw a dydd a nos fal na allo na thwyll na threis ddyfod iddi.*

  Llyma y rhyw wyr a wasanaetha yn llys Jeuan: seith o vrenined a thrugein o dywyssogyon a phump a thrugein a 520 *thrychant o varwnyeit. Ar* [v]*wyt, beunoeth y bwytu ugein y*

---

[1]yma J. [2]ag a J. [3]*cf.* AB 245. [4]*Felly* Atod.I, 68. [5]sardonise J. [6]*cf.* AB 253. [7]phathese J. [8]drwyddunt AB 265.

*rhwng esgyb ag archesgyb a breninedd, heb pedriarch Sein
Tomas a heb archbab o'r wlat a elwir Sarganavicum. Uwch yw
h*[w]*nnw no'r pab, fal y mae yn uwch archesgob nog esgob. Gwr*
525 *mawr o'r wlat y sydd y gyd ag ef yn wastad fegis distein iddaw,
ag ny at hwnnw byth y wrthaw. Yn y gappel y gwyssanaetha
abbadeu rif niferwch dyddyeu y vlwyddyn, ag ym penn pob mis
ydd ant o'e mynachlogoedd ag y daw ereill yno, a hynny pob
kalan mis yn y vlwyddyn.*

530   Ag yna y dyfod Jeuan wrth amerawdyr Rufein, 'Na vit
rhyfedd gennyt ti,' heb ef, 'fy ngalw i Jeuan Effeiryat, a meint
yw fyng nghyfoeth a'm gallu ag y sydd y danaf o wyr mowryon.
Llyma yr achaws y hynn fydawd na ddyly [   ] gwyr kymint
a'r rhei hynn yn gwassaneuthu arnaf a minne [   ] lle¹ urddeu
535 nog offeiriadaeth. Llyma y rhyw wyr [   ] Jeuan arnaw ef:
brenin [a] primas² a wassanaetha [   ] y wallofyat,
brenin ag esgob ynt; y [was ystafell],³ brenin ag esgob; y
farsgal, brenin ag archesgob; y [ben cog, brenhin]⁴ ag abbad.

  [H]yn⁵ yw meint y gyfoeth: ymdeith bedwar [mis ar]⁶ let. Y
540 hyt ynteu [   ] nyt oes a'y gwypo.

  [Y mae nevad arall]⁷ y Jeuan, nyt hwy no'r llall, llet hagen
yw. [Honno]⁸ hagen a wnaethbwyd kynn y eni⁹ ef. [   ]
uo noethweith yn kysgu y gwelei vreudwyd, a gwr mawr oed y
dat oherwyd dwyfawl¹⁰ oed. Sef a¹¹ dywed[e]i lef idaw: 'Gwna
545 neuad a llys,' heb ef, 'y'r mab a enir yt, a'r mab hwnnw,' heb
ef, 'a vyd arglwyd yr arglwydi a brenin y brenined yn yr holl
vyt, a'r mab hwnnw byeuuyd y llys. Ac ef a geif vot ar y llys
yn deuawt na byd newyn na sychet ar dyn tra uo yndi, ac na
byd marw dyn y dyd [y del] idi.¹² A phan del dyn y'r llys yn
550 varw o newyn, kyn llawnet vyd a chyn caffei gant o'r anregion
goreu, a pha haint bynnac a vo ar dyn pan del y'r llys, gwaret
a geif.' Ac aruthyr vu ganthaw y breudwyt.¹³

  Pen y neuad oed vein saphir a thopazi a rei ysyd vegis ser yn
oleu. Y llawr ysyd o vein saphir a'r ystauell uelly. Dec colouyn
555 a deugein ysyd yn y neuad ac vegis nodwydeu blaenllym, a
thrugein cuuyd ysyd yn hyt pob vn onadunt. Kyn vrasset yn[t]
a chyfre[t]¹⁴ deuwr amdanadunt ac ym penn pob vn onadunt

---

¹lle͜ [sic] J;? nog *yn awgrymu* llei. ²Oprimas J (*dichon fod ymgais i ddileu* O). ³*cf.*
AB 298. ⁴*cf.* AB 299. ⁵yn J. ⁶*cf.* AB 305. ⁷*cf.* AB 310. ⁸*cf.* AB 311. ⁹enwi J. ¹⁰dwy
sant J. ¹¹y J. ¹²y dyd(d) id(d)i HJ; *cf.* AB 319. ¹³y breuddwyt J. ¹⁴yn a chyfreu HJ.

y mae maen gwerthuawr *a dam*lywycha y llys a'r neuad ual y
byd kyn oleuet y nos a'r dyd perueduis o'r haf. Paham y mae
blaenllym y colofneu? Llyma yr achaws, ual y bo goleuach y 560
neuad o nerth y mein. Kymeint yw goleuat y neuad ac na eill
[vot][1] dim yr y vychanet nas gweler y nos mal y dyd gan
oleuder[2] y mein. Nyt oes na fenestyr na thwll arnei ac ny daw
ha[u]l[3] idi. Ny daw Jeuan y'r llys namyn kyfnot y'r dyd y
ganet neu ynteu pan wisco goron y vreninyaeth, a phann del 565
y'r llys honno nyt rait idaw na bwyt na diawt. A hynny a
dyuawt[4] Jeuan wrth Emanuel, amerawdyr Corstinobyl,[5] ac
velly y teruyna.

[1]*cf.* AB 343. [2]oleuat J. [3]hawl H. [4]ddyfawt J. [5]Konstantinobyl J.

NODIADAU

1–6. Gwir mai yn Lladin y mae'r pennawd byr sydd i destun C, ond gan na cheir, hyd y sylwais, gynsail Lladin o gwbl i'r rhagdraeth neu'r 'broliant' hwn, priodolais ef yn y traethawd gwreiddiol i'r cyfieithydd o Gymro. Bellach, fodd bynnag, barnaf y gall fod y defnydd o *dyellir* lle'r ymddengys mai 'cynhwysir' a ddisgwylid (cf. *yndaw y mae*, sy'n gyfystyr) yn awgrymu mai cyfieithiad ydyw wedi'r cyfan. Os felly, hawdd cyfrif am *dyellir* drwy dybio i'r troswr gamgyfieithu rhyw ffurf ar y f. Ladin *comprehendere* 'cynnwys; deall' (cf. ystyron *amgyffred*).
1. **Ystorya**: ail fenthyciad yn y Gymraeg o'r Llad. *historia* (y cynharaf oedd *ystyr*). Yma y mae'n golygu 'testun ysgrifenedig, traethawd', gw. *B*, 26 (1974), 16; ' "treatise", not a "history" ', fel y sylwa J. Morris-Jones, *LlA*, 243. Gw. hefyd *HGK*, 35.
2, 5, 6. **llyuyr**: weithiau, fel yma, bron nad yw'n gyfystyr ag *ystorya*. Cymharer *BD*, 181, 'Ac ny dyweit y *llyuyr* pvy a'e lladavd'; 185, 'ny dyweit y *llyuyr* amdanav a uo diheuach . . . no hynny', ag *YCM*, 68, 'onyt kelwyd a dyweit yr *ystoria*'. Gw. *B*, 26 (1974), 16; hefyd cf. Zarncke, *Abh*, 7, 924, *Explicit liber sive Istoria presbiteri Iohannis*.
3. **Constantinobyl**: cf. 567 Corstinobyl. Am enghrau o'r amrywiol ffurfiau ar yr enw, gw. *G*, d.g. *Costinob(y)l*. Manuel I Comnenus, a fu'n llywodraethu yng Nghaergystennin o 1143 hyd ei farw yn 1180, yw'r ymherodr y cyfeirir ato. Dyma un disgrifiad ohono: 'Manuel . . . courageous to the point of rashness, a subtle theologian, a lover of feasting and display, and a man of letters' (Diehl, *Byzantium, Greatness and Decline*, tr. Walford, 1957, t.16). Tystir hefyd yn *ERE*, 10.272b, ei fod yn ymhoffi mewn gwyliau ysblennydd ac yn y twrnamaint: 'The brilliant fetes and tournaments of Manuel I were renowned throughout Europe as the most magnificent spectacles of the kind ever seen' (gw. ymhellach n.222 isod). Nid anfuddiol chwaith, yn enwedig yn wyneb awgrym Finlay ynglŷn â chynnwys llythyr y Preutur (gw. Rhag., t.xxxii), yw dyfynnu Diehl unwaith eto, op. cit., 57–8:

> Byzantium pursued a policy of pomp and prestige in its dealings with foreigners, designed to display the material resources and intellectual superiority of the realm. When ambassadors from abroad arrived in Constantinople, all its

splendours were exhibited to impress and dazzle them. In the gilded apartments of the palace they beheld a pageantry of rich uniforms, priceless jewellery, and splendid tapestries – everything that could bear witness to wealth and power . . .; all . . . returned from their visits to Constantinople dazzled and enchanted, convinced of the might of the Empire and the superhuman nature of its head.

4. **odidawc**: a. o *odid*, gan olygu'n wreiddiol 'prin, eithriadol', yna 'gwych, rhagorol', cf. yr ystyron cyffelyb sydd i'r S. *rare*. Gw. *GPC*, d.g. *godidog*, sef y ff. gysefin bellach. Am fagu *g-*, cf. *gallt, garddwrn, gonest, gordd*, ac am wahanol esboniadau ar hyn, gw. *B*, 18 (1959), 270–3, *CLlLl*, 29–30, *Treigladau*, 458–60, *WG*, 188.

petheu newyd . . . ny chlywyspwyt . . . eiroet: ynglŷn â gwreiddioldeb cynnwys y llythyr, gw. Rhag., t.li. Am absenoldeb y rh. mewnol '*s* gyda'r negydd, gw. *GCC*, 142.

5. **yn llyureu ereill**: cyffredin mewn Cym. C. yw defnyddio *yn* (ac nid *mewn*, fel heddiw) gydag e. amhendant, cf. 84, 414, a gw. *GCC*, 139.

eiroet: gw. *GCC*, 142.

6. **grym**: 'gist, substance, pith'; cf. yr ystyr 'greater part, bulk' sydd i'r gair ar lafar yng Nghered. a sir Gaerf., gw. *GPC*.

7. **o gyuoeth**: 'gallu, awdurdod', gw. *GPC*, d.g. *cyfoeth*, (*b*).

yn Arglwyd ni: o ran synnwyr disgwylid *a'n*, nid *yn*, cf. Atod.I, l *et domini nostri*. Ond gthg. drll. Paris, Bibl. Nat. 2342 (12 g.) yn Jubinal, *OCR*, II.444, *et clementia nostri* [sic] *Jhesu Christi*. A bwrw bod *et clementia* 'a thrugaredd/gras' wedi colli yn nhestun Lladin y cyfieithydd o Gymro, yna gellid cyfrif am *yn* 'ein'. Am absenoldeb *h-* pan ddilynir *yn*, '*n* (= 'ein') gan air sy'n dechrau â llafariad, cf. 12, 31, 164, 182, 269, ond gthg. 19 a 46, yn *H*arglwyd ni; 147, yn *h*eurgrawn ni. Gw. *WG*, 279.

8. **brenhin y dayrawl vrenhined**: am arwyddocâd testunol y geiriau hyn, gw. Rhag., t.cvi.

Yn yr hen fyd, fel y noda Knefelkamp, *JMH*, 14, 339, 'brenin y brenhinoedd' oedd teitl uchel-frenin ym Mesopotamia, Persia a'r Aifft. Hefyd, digwydd enghraifft ohono (*negusa nagast*) yn deitl un o frenhinoedd Axum *c*. oc 425, a pharhaodd i fod yn deitl swyddog- ol ymherodr Ethiopia hyd yr ugeinfed ganrif. Diau fod pob llywodraethwr a fabwysiadai'r teitl hwn am ei ystyried yn sail i'w oruwchawdurdod ar frenhinoedd eraill ac yn wir i'w hawl i ben- arglwyddiaeth gyffredinol. Sylwa Knefelkamp ymhellach fod yr ideoleg hon yn amlwg yng ngwaith awduron y traddodiad beiblaidd yn ogystal: Deut 10.17, 'Canys yr Arglwydd eich Duw chwi yw Duw y duwiau, ac Arglwydd yr arglwyddi.' Yn wir, dyna hanfod undduw- iaeth Iddewig, a Christnogol yn ddiweddarach. Yn yr un modd, ac

yntau wedi dod i sefydlu Teyrnas Dduw ar y ddaear, rhaid i Grist, y Meseia, fod yn Frenin y brenhinoedd ac Arglwydd yr arglwyddi. Am y termau, gw. 1 Tim 6.15, Dat 17.14 a 19.16.
Cf. hefyd *MGH Script.*, VI.64, *Rex regum terrenorum* . . . *famulo meo dirigo gaudium* [llythyr Darius at Alecsander]; *The Prose Life of Alexander* (EETS, O.S., 143), 62, 'Kyng of kynges and lorde of lordes, Alexander . . . vnto Porus'.

dayrawl: gw. *GPC*, d.g. *daearol*.
vrenhined: am y trf. ll. *-ed*, cf. 37, 86, *tired*, a gw. Rhag., t.cxii.
9. **y'r gwr yssyd yn lle Duw**: h.y. yn gynrychiolydd Duw, cf. Diehl, op. cit., 29: 'The Emperor was the Chosen of God, the Anointed of the Lord, the Vicar of God on earth.' Yn 21 isod, fodd bynnag, barnaf mai cydnaws ag agwedd ddiystyrllyd awdur y llythyr tuag at yr Ymherodr yw deall *duw* (gyda *d* fach) yn gyfeiriad at Manuel fel bod meidrol a ymddyrchafodd drwy ei gyfoeth a'i wychder nes mynd yn dduw yng ngolwg ei ddeiliaid, rywbeth yn debyg i Gesar yn ôl barn Cassius amdano, Shakespeare, *Julius Caesar*, Act I, Sc. ii, 'And this man/ Is now become a god'.
10. **o rat prydest**: Atod.I, 1 *gratia ditandi*. Trosiad llythr. *o gratia* 'er mwyn' yw 'o rat', cf. Llst 27, 141b, y damchweinawd *o rat* kyffes (*confessionis gratia*) dyuot . . . owein varchawc att yr esgob . . . y gyffessu.

prydest: sef bôn y f. *prydaf*: *prydu* + *-est* fel yn *bloddest, gloddest*, gw. *Cy*, 28 (1918), 108–9. Ffrwyth camddehongli org. Cym. C. yw'r ff. *pryddest*, er ei bod yn digwydd yn *D*, *pryddest*, poesis, poema, encomium. Prin, fodd bynnag, y mae'r gair yn gwneud synnwyr yn y testun. Y tebyg yw, naill ai mai *dictandi* (o *dictare* 'cyfansoddi (cerdd), ysgrifennu') a oedd yn y copi o flaen y cyfieithydd, neu ei fod ef wedi camddarllen neu wedi camddeall *ditandi* (o *ditare* 'cyfoethogi'). Nid yw *ditandi* yntau'n ddarlleniad cwbl sicr chwaith. Awgryma Zarncke, *Abh*, 7, 924, tybed ai *gratia Dei tandem ad ulteriora transire* oedd y gwreiddiol. Dywaid y gellid gynt ddeall *ulteriora* fel cyfeiriad at ran o'r India. Os felly, gwahoddiad i Manuel ymweld â'r Preutur sydd yma, cf. 29–30, hefyd y frawddeg a geir ar ddiwedd rhai testunau Lladin (rhyngosodiad C), *Valete omnes et causa salutis et ditandi ad me venite*. Efallai, wedi'r cyfan, mai rhywbeth i'r perwyl hwn y dymunir ei gyfleu: 'ac er adeiladaeth (yn llythr., er mwyn cyfoethogi, h.y. yn feddyliol), symud ymlaen at faterion pellach', neu os bernir mai *altiora* a gynrychiolir gan 'vch', 'at bethau mwy dyrchafol'.
11. **vch**: am *uch>uwch*, cf. *buch>buwch*, a gw. *GCC*, 2.
14. **brywys**: gw. *GPC*, d.g. *browys*.
15. **val yd wyf dyn i**: engh. o'r gystrawen lle daw'r dibeniad neu'r

traethiad rhwng y cyplad a'r rh. ôl ategol, cf. *RB*, ii. 331, 'kyt bei urenhin ef'; *DPh*, 3, 'pryt na beynt barawt hwy'; gw. *GCC*, 37, *B*, 21 (1965), 141 ac ymlaen. Fe'i ceir hefyd yn H. Wydd., cf. Strachan-Bergin, *Old-Irish Paradigms*, 103, *is airi am cimbid-se*, yn llythr. 'ys oherwydd hyn yr wyf garcharor i'. Nid hawdd penderfynu pa sain sydd i *d* yn *dyn*, ai *d* ai *dd*; gw. *Treigladau*, 292–4.

18. **gredy**: am drf. 2 un. pres. myn. y f. mewn Cym. C., sef *-yd* (= *-ydd* > *-y* > *-i*), gw. *L & P*, 279, *GCC*, 77.

19. **Pann adnappo . . . yn dynyon**: 'tra cydnabyddwn ni mai dyn ydym'. Troswyd *nos* fel petai'n *nostrates*, a diau mai'r drll. *homines* yng nghopi Lladin y cyfieithydd (cf. *LlA*, 238) sy'n cyfrif am 'dynyon'. Y lluosog brenhinol yw'r tramgwydd.

20. **dy Roegwyr ditheu**: am yr awgrym sydd yma, gw. Rhag., t.xxviii.

21. **eissoes**: 'yet, nevertheless', nid 'already' fel heddiw. Yn y Lladin (Atod.I, 4), cysylltir y cymal a gynrychiolir yma gan *eissoes . . . y dynawl lygredigaeth* â'r hyn sy'n rhagflaenu. Pe gwneid hynny yn y trosiad Cymraeg, byddai'n gymal isradd heb brif frawddeg i ddibynnu arni. Ymddengys felly nad oes ddewis ond ei gydio wrth yr hyn sy'n dilyn, ac er bod hynny'n ystumio ychydig ar y Lladin, y mae'n gwneud synnwyr boddhaol: ar bwys ei gydnabyddiaeth mai dyn meidrol wedi'r cyfan yw Manuel y mae'r Preutur yn mentro cynnig cyflenwi unrhyw bethau y bo arno eu heisiau er llawenydd.

22. **osit**: = 'os oes', gw. *GCC*, 153, *L & P*, 321, *WG*, 444, *Treigladau*, 269.

23. **dim o**: cf.141, a gw. *GCC*, 72, *WG*, 314.

a berthynont ar lywenyd: am *perthynu ar*, gw. *B*, 15 (1952), 10. Weithiau dilynir y f. gan yr ardd. *wrth*, gw. *Celtica*, 3 (1956), 138, hefyd (*tuag*) *at*, e.e. *BSS*, 'yn perthyn *tuag at* ymgeledd'; W. Midleton: *B*, 1, 'Pedwar peth a berthyn *at* gerdd dafawd'. Y mae *perthyn i* yn gyffredin, cf. *YCM*, 17, 'tir ny pherthynei *ytt*'.

24. **rybucheidrwyd**: 'rhybucheidrwydd' (nid 'rhybucheiddrwydd' fel DFG) yw'r ff. Yn ôl Bodvan, golyga 'abundance, bounty, generosity, liberality'; cf. *D*, *rhybuched*, 'donatio quae ex voluntate dantis pendet'. Felly 'ewyllys da, ffafr': *WML*, 62, 'ny cheiff y phlant ran o tir . . . onyt o *rybuchet*'; *RB*, ii. 129, 'gwybot o wrtheyrn ry gael eu karyat ac eu *rybuchet* wy'.

25. **yr anrec honn**: nodir yr anrheg yn y Lladin, Atod.I, 6 *ierarcham* (drll. *ieracham*), sef 'hebog'.

y'm henw i: am *y* 'i' (+ rh. mewnol) yn golygu 'yn', gw. *GPC*, d.g. *i³*.

26. **aruera di ohonei**: dilynir *aruer* yn aml mewn Cym.C. gan yr ardd. *o*.

o'th anregyon titheu: y mae'r Lladin, Atod.I, 6 *lechito tuo*, yn fanylach yma eto, *Lechitus, pro Lecythus* ... *vas olei ad luminanda* (Du Cange), 'a flask, cruise' (Lewis a Short), 'jar of unguents' (Slessarev, *PJLL*, 44). Dyma'r gair yn y Fwlgat am 'stên' y weddw o Sareffta, 1 Br 17.12.
Am frenhinoedd a mawrion eraill yn anfon anrhegion at ei gilydd, cf. Lane, *The Thousand and One Nights* (1859), III.67-8: 'Peace be on thee, from the King of India ... we have sent to thee a trifling present ... And the present was a cup of ruby, a span high ... and a bed covered with the skin of the serpent'; *PKM*, 8, 'dechreu cadarnhau kedymdeithas y ryngthunt, ac anuon o pop un y gilid meirch a milgwn a hebogeu a fob gyfryw dlws, o'r a debygei bob un digrifhau medwl y gilid o honaw'; *HMSS*, II.75, 'Anuon i Siarlymaen ... gweilch ... ac ehebogeu ... Or rodyon hynny y gwdam ni llonydu a digrifhau y syberwyt ef'; 1 Br 10.10-13, 'Yna rhoddodd hi i'r brenin chwe ugain talent o aur a llawer o beraroglau a gemau ... Rhoddodd y Brenin Solomon i frenhines Seba bopeth a chwenychodd, yn ychwaneg at yr hyn a roddodd iddi o'i haelioni brenhinol.'
Anodd cysoni'r cyfeiriad at yr anrheg a anfonasai Manuel at y Preutur â'r holl ddirgelwch sydd ynglŷn ag ymddangosiad y llythyr. Y mae'n amlwg mai dilyn confensiwn yn ddifeddwl a wnaeth awdur y llythyr yma, cf. 60, lle y mae'n llithro wrth restru eirth gwynion ymhlith rhyfeddodau'r 'India'.

28. wers dragwers: gw. *GPC*, d.g. *gwers*, *CLlH*, 202, *LlB*, 234.

Ac yn arwydon ... edrych: cynrychiola'r geiriau hyn frawddeg gyflawn yn y Lladin, Atod.I, 6 *Tigna quoque nostrum respice et considera*, ac y mae'n amlwg iddi beri trafferth i'r cyfieithydd. Er tegwch â'i gynnig dylid nodi, ynglŷn â'r drll. *tigna*, fod yr amrywiadau'n niferus; nid yw *signa* ymhlith y rhai a nodir, ond ymddengys yn debygol iawn mai felly y dehonglai'r cyfieithydd ei gopi Lladin o leiaf. Cyfeiria Zarncke, *Abh*, 7, 925 at farn ysgolhaig arall, ar sail llsgr. (12-13g.) dra dibynadwy ym Munich, mai *pegma* yw'r drll. cywir; y mae hwnnw, meddir, yn golygu 'post neu bawl y groes' ym mhais arfau'r Preutur. Ond os felly, nid oes nemor wahaniaeth ystyr rhwng y cynnig hwn a *tigna* (un. *tignum* 'darn o bren, trawst'), a diamau y cytunir bod sylwadaeth graff Dr Panofsky (gw. *Phoenix*, 13, 55-6) yn arwain at ystyr sy'n gweddu'n llawer gwell i'r cyd-destun. Gan mai am rywbeth i 'edrych' arno ac nid i 'aruer ohono' neu ei ddefnyddio y sonnir yma, yr hyn sy'n llechu y tu ôl i *tigna* yn ei dyb ef yw'r Gr. τὴν ἐικόνα, sef cyflwr gwrthrychol εἰκών, a ymddangosai efallai mewn ffurf fel τ̄ ἰκόνα yn y copi gwreiddiol. Felly, delw neu ddarlun ohono'i hun a anfonasai'r Preutur at Manuel, a gellid cyfieithu'n debyg i hyn: 'Edrych ar ein delw ni a chraffa arni'n ystyriol.' Ceid wedyn (fel y dylid) ddechrau brawddeg newydd gydag 'Or mynny . . .', sy'n gwneud synnwyr hollol foddhaol.

Yng ngoleuni'r ymresymiad hwn credaf bellach fod yr amr. *Tcona* a nodir yn Zarncke, *Abh*, 7, 925, wedi magu arwyddocâd newydd a'i fod yn ateg gref i eglurhad Dr Panofsky. Gellir yn deg ei ystyried yn ffrwyth camddarllen *I* yn *T* ar ran copïydd. Rhaid addef, fodd bynnag, fod un anhawster yn aros, sef mai *Tigna nostram*, nid *nostrum*, a ddisgwylid yn y testun Lladin.

29. **y genedyl yd henym ni ohonei**: Atod.I, 7 *ad dominationem nostram*. Dichon mai *nationem* oedd yng nghopi'r cyfieithydd.

30. **ni a'th ossodwn ar y petheu mwyhaf**: Atod.I, 7 *maiorem et digniorem domus nostrae te constituemus*. Ymwrthyd Zarncke, *Abh*, 7, 925, â'r demtasiwn i anwybyddu *et digniorem* er mwyn gweld yma gyfeiriad digamsyniol at y swyddog llys a elwid *maior domus*. Eithr y mae Koehler, *Romania*, 5 (1876) 80, yn credu'n bendant mai *maiorem domus* a ddylid ei ddarllen, a chyfeiria at y cyf. Ffrangeg (13 g.) a gyhoeddwyd gan Jubinal, *OCR*, II.455, *et nos vous ferons senescal de nostre court*. Gw. ymhellach y Rhag., t.xxxvii.

32. **ac o mynny**: felly ym mhob un o'r llsgrau, ond anwybydder *ac* a cheir cyfatebiaeth berffaith â'r Lladin, Atod.I, 7. Am *cyfoethog o*, cf. *KAA*, 7, 'ath vrodyr maeth a wnav yn *gyvoethogyon o* dir a daear'.

33. **Coffa hagen . . . yn tragywyd**: dyfyniad gair am air o'r Fwlgat, Ecclus 7.40, sydd yn y Lladin, Atod.I, 8.

hagen: trawiadol yw ei absenoldeb llwyr o destun B.

newydhaf: trosiad llythr. o *novissima*, ond ychwanegodd y cyfieithydd yr ystyr benodol yn y cyd-destun, sef 'y pethau diwethaf, diwedd'.

40. **hol[l]re**: 'holl; ? pob math o', *GPC*. Prin yw'r enghrau hysbys; yn wir, gydag un eithriad, yn y testun hwn y digwyddant i gyd. Gw. *WG*, 308, *GCC*, 66, a cf. Llyd. *C. an hol re* 'all', *L & P*, 235.

41. **o'r yssyd**: gw. *GPC*, d.g. *ar*^{3}, *a'r*, *GCC*, 46.

Deudec brenhin a thrugeint: cf. *JRAS*, 21 (1889), 362: 'John de Hese of Utrecht . . . speaks of Prester John . . . as suzerain of 72 kings, by which the kings of the traditional 72 tribes of the Caucasus are probably meant.' Wrth nodi rhagor o enghrau o ddefnyddio'r rhif hwn yn llenyddiaeth yr Oesoedd Canol, sylwa Faral, *Recherches*, 162, mai dyna oedd nifer henuriaid Israel (h.y., ac ychwanegu Moses ac Aaron at y 70 y cyfeirir atynt yn Ecs 24). Eto, yn *BTJS*, 185-6, sylwa Bruun:

That the number seventy-two was employed by Asiatics to designate a large number, is demonstrated by numerous examples . . . Seventy-two was the number of tribes in Syria; of the Mahomedan sects; of the disciples of our Saviour . . . The seventy-two languages . . . were the seventy-two nations confined by Alexander beyond the Caspian Gates.

Wrth grybwyll hoffter yr Oesoedd Canol o rifedi symbolaidd, cyfeiria Knefelkamp yntau, *JMH*, 14, 340, at genhadaeth y deuddeg a thrugain, gw. Luc 10.1. Ynglŷn â'r rhif yn y testun, fodd bynnag, gw. n.173.

42. Minheu a rodeis ouunet: engh. o'r Preutur yn llefaru yn y prs. 1 un. Am *gouunet*, gw. n.358. Y mae'r sôn am amddiffyn bedd Crist yn gosod y llythyr yn bendant iawn yng nghyfnod y Croesgadau; cf. n.173.

43. ychenogyonn: digwydd y ff. *achenog, echenog, ychenog* 'anghenog'; amr. ar y ff. gyntaf yw 445, *achanoc*, cf. *B*, 9 (1939), 338, 'rodi vym peis . . . y *achanavc* noeth'.

44. gorchygnerth: 'seems to be used as a translation of *clementiae*', *LlA*, 165. Tebycach, fodd bynnag, mai cynrychioli *imperium* a wna, er mai llac yw'r gyfatebiaeth rhwng y frawddeg hon a'r Lladin. Hon yw'r unig engh. o'r gair yng nghasgliad slipiau *GPC*. Dyry Bodvan '*gorchyngnerth*, strength, height, greatness'. Awgrymais yn y traethawd gwreiddiol (gw. *GPC* bellach) mai *gorchyg-* (<*gorchfyg-*, *gorchyfyg-*, sef bôn y f. *gorchfygaf*: *gorchfygu*) + *nerth* 'gallu goruwchlywodraethol, nerth gorchfygol' sydd yma. Dichon mai ymgais i 'ddiwygio' gair anghyfarwydd yw *gan nerth* yn C. O ran ffurf a dieithrwch, cf. *gorchygarch, gorchygarchaf: gorchygarchu*; gw. *GPC*.

45. o'n cardodeu: cyffredin mewn Cym. C. yw *o* yn dynodi dull, cyfrwng, neu offerynoliaeth, cf. 254 'a gynnhelir *o* vn post'. Gw. *GPC*, d.g. o^1, 11. (*a*), (*b*), *HGK*, 52.

47. vfydhav: ba. yma, 'to humble, humiliate, subdue', cf. (*SG*) *HMSS*, I.93, 'ef a *uvydhaawd* lawnslot' ('he humbled L.'); *ChO*, 2, 'yd *vuydheir* wynteu o gwbyl'; H. Lewys: *PA*, 22. Cf. n.360.

49. y teir Yndia . . . o'r Yndia Eithaf: gw. Rhag., t.lxi.

50. kerdda: gw. n.118.

51. Thomas Ebostol: gw. n.205.

52. hyt ygorllewin yr heul: Atod.I, 12 *ad solis ortum*; cf. 364, 'y lle y kyuyt yr havl'. Am engh. o ddryswch cyffelyb ynglŷn â chyfeiriad, cf. *FfBO*, 54, 'parth ar dwrein' (*versus Occidentem*).

ar wyr: Atod.I, 12 *per declivum*. Cytuna Beckingham, *APJ*, 16, ag awgrym Letts mai *per declivum* [*solis*] a olygir, yn wrthgyferbyniol i *ad solis ortum* (cyferbyniad cyffredin, cf. *BCN*, Salm 50.1, Eseia 45.6, 'o godiad haul hyd ei fachlud'). Os felly, yr ystyr yw, nid 'ar i waered' yn ddaearyddol, ond 'tua machlud haul, i'r gorllewin'. Y mae'n amlwg, fodd bynnag, nad Letts oedd y cyntaf i awgrymu'r dehongliad hwn, oherwydd dywaid Olschki, *HZ*, 144, 7, fod teyrnas y Preutur yn ymestyn 'östlich zum Sonnenaufgang, westlich bis zum Turm von Babel'.

y Vabilon diffeith: un o ddinasoedd mwyaf, pwysicaf a gwychaf yr hen fyd. Rhestrid ei gerddi crog, e.e., ymhlith y saith ryfeddod. Cyfeirir at ei gwychder wrth ragfynegi ei dinistr yn Eseia 13.19–22, cf. hefyd Jer 51.37–45, a gw. *Geir B* (1926).

53. Twr Babilon: sef Tŵr Babel, y ceir yr hanes cyfarwydd am ei adeiladu yn Gen 11.1–9.

Deudec brenhindref a thrugeint: gw. n.41.

54. odit o'r rei hynny: gw. *GCC*, 69.

56. trwydi e hunan: 'It should have been *idi*', *LlA*, 289.

trethwyr: Atod.I, 13 *tributarii*. Yma ac yn 154 y digwydd yr unig enghrau hysbys o *trethwyr* yn golygu 'talwyr treth neu deyrnged'. Am yr ystyr arferol, sef 'rhai sy'n gosod treth neu'n hawlio teyrnged', cf. Eseia 60.17, 'gwnaf dy . . . *arethwyr* (*BCN*, feistradoedd) yn gyfiawn'.

57. eliffeint: llsgr. *eliffeit*, bai yn ddiamau am *eliffeint* neu *eliffeīt*, gw. *EEW*, 61. Ynglŷn â'r ff. ag *el-* ac am y ff. lluosog, gw. *GPC*; cf. hefyd 370, 444.

58. ypotamy: bai'r copïydd, o bosibl, am *ypopotamy* (cf. *LlA*, 289), er y gellid priodoli'r ff. i haploleg.

a chocodrilli: o'r Llad. C. *cocodrillus* (llgr. o *crocodilus*) y daeth H. Ffr. *cocodrille*, S. C. *cocodrille, cokadrill*, ac yn y blaen. Adferwyd ff. wr. y gair yn y mwyafrif o'r ieithoedd modern yn y cyfnod 16–17 g., gw. *OED*.

metagalinarij, cametenirij, twnsirete: anifeiliaid anhysbys ond er hynny y mae eu henwau mawreddog ynddynt eu hunain yn ychwanegiadau effeithiol at ryfeddodau'r wlad. Y mae'n bosibl, fodd bynnag, fel yr awgryma Slessarev, *PJLL*, 42, mai ff. llwgr yw'r rhain ar enwau mwy hysbys, e.e. *cametheternis* (sef amr. ar *cametenirij*) = ? *chimera triformis*.

onagri: math o asynnod gwylltion, gw. Jordanus, *Mirabilia*, 9n.; *Romania*, 43, 358.

60. eirth gwynnyon: a oedd cyfansoddwr y llythyr yn sylweddoli ei fod yn lleoli mewn hinsawdd 'Indiaidd' greaduriaid sy'n byw yn oerni'r pegynau? Gw. Hennig, *TI²*, II.450–1.

61. griffones: gw. *DB*, 120.

lamie: 'Lamiae', sef math o ysbrydion yn rhith gwragedd a wibiai o fan i fan liw nos, gan wneud pob math o branciau, megis goleuo lampau, cipio babanod o'r crud, poenydio personau yn eu cwsg, ac yn y blaen. Dyry *TW* (*Pen* 228) yr wyll, gwyllot d.g. *lamia, lamiae*. Yn Eseia 34.14, cynrychiolir *lamia* y Fwlgat gan 'yr wyll', a *lamiae* gan 'y dreigiau' yn Galarn 4.3.

jene: 'hyenae' wedi ymddieithrio cryn dipyn. Noda Plinius, *Nat. Hist.*, VIII.44, goelion poblogaidd ynglŷn ag ef, e.e. ei fod yn newid ei ryw yn flynyddol, bod ei wddf yn anhyblyg, bod tri edrychiad o'r eiddo'n peri i bob anifail arall lynu wrth y ddaear. Cf. *CRC*, 116, 'Wylofain krokodeilys/ dichell *Hien* dwyllodrvs'. Ynglŷn â'i 'ddichell', cf. Beibl Saes. 1583, Ecclus 13.19, 'hyena [:– Which is a wild beast that counterfeiteth the voyce of men, and so entiseth them out of their houses and deuoureth them]'.

62. sagittarij: ymhelaethir arnynt yn rhai fersiynau o'r llythyr, e.e. yn y fersiwn Ffrangeg a gyhoeddwyd gan Fleuret, *MF*, 268, 302, a chyfetyb y Saesneg yn *FTEBA*, t.xxxiii, bron air am air: 'Also in our lande been ye Sagittary. the whyche ben fro the myddel vpward lyke men/ and fro ye myddell donwarde ben they lyke the halfe neder parte of an horse. and they bere bowes and arowes. And they shute stronger than any other nacyon of people.'

dynyon a chyrrnn arnunt, chornuti: ailadrodd amryfus ar ran y cyfieithydd. Yn Atod.I, 14, *fauni* sy'n dilyn *cornuti*. Bodau chwedlonol ac iddynt gyrn a thraed fel rhai gafr oedd y *fauni*, fel y *satyri* hwythau.

64. Pigmei: cf. *FfBO*, 49, 'Hyt y pigmei oed teir rychwant ymi'. Yn *DB*, 29, cyfeirir at y rhyfel rhyngddynt a'r adar. Y mae hyn yn hen syniad, oherwydd fe'i ceir yn chwedloniaeth Groeg, cf. Homer, *Iliad*, 3, 6; gw. *Oxf. Class. Dict.*, d.g. *Pygmei*. Cynhwysir y stori yn rhai fersiynau o lythyr y Preutur, gw. *MF*, 268, 301, hefyd *FTEBA*, t.xxxiii:

> and this people of this forsayde lande be not great . . . and they haue no warre ayenste noman/ But they haue warre ayenste the fowles euery yere/ whan they shall haue in their frute and corne. And than the kynge putteth on his harneyse. and than they fyght ayenste the byrdes. And than there be slayn on bothe partyes many on . . . and whan the fylde is don than the byrdes flee a waye fro them.

cenofali: gan mai'r ff. hon neu ei thebyg (ac nid *cenocephali* fel yn Atod.I, 14) a geir ym mhob un o'r testunau Cym., ni theimlwyd cymhelliad i'w 'diwygio'. Heblaw hynny, *cenofali*, *cenophali*, yw'r drll. mewn tair o'r llsgrau Llad. hynaf, gw. Zarncke, *Abh*, 7, 925; ond ceir y ff. *cenocephali* hithau yn Harl. 3099 (12 g.) a Rhufain, Cod. Reg. Lat. 657 (12–13 g.). Nodir y ddwy ff. gan Du Cange, ond nid yr un ystyr sydd iddynt: *cenocephali*, 'genus monstri, quod canina capita habeant'; *cenophali*, 'simiarum species'.

kufyt: = 'cufyd', yn ôl org. y testun; gthg. 335 *kvfvd*; 375 *kuuyd*, 556 (-*d* = -*dd* yn y tair engh.). Am yr amrywiol ff., gw. *GPC*, d.g. *cufydd*, hefyd *DB*, 120.

yn y huchet: cyffredin mewn Cym. C. yw'r defnydd o'r ffurfiau cyfartal i ddynodi mesur arbennig o'r ansawdd a ddynodir gan yr ansoddair, cf. 248 'diruawr y *huchet*'; 311 'y *hvchet* a'e *thecket*'; *DB*, 33, '*Tewet* y mur oed dec kufut a deugeint, a deucant kyfut yn y *huchet*'; gw. *WG*, 243–4, *GCC*, 26, *BY*, 70, 78. Cf. ymhellach 343 isod, 'yr y *vychanet* a'e *ardistrvhet*', lle mae'r ardd. *yr* 'er' yn rhoi i'r ymad. rym cymal addefiad, 'in spite of its (extreme) minuteness and insignificance', 'be it ever so small and minute'.

65. **dynyon vnllygeidawc, a ciclopes**: engh. o ailadrodd ymddangosiadol, cf. n.62. Yma, fodd bynnag, dilynir y Lladin yn fanwl, Atod.I, 14 *monoculi, et cyclopes*.

66. **ffenix**: aderyn enwog mewn chwedloniaeth, gw. *EBr* dan *phoenix*. Yn *Chambers Encyclopaedia* croniclir y ffaith ddiddorol fod cymrawd o un o golegau Rhydychen, mor ddiweddar â 1840, wedi dadlau o blaid bodolaeth y ffenics. Ymhelaethir ar yr aderyn yn rhai fersiynau o'r llythyr, gw. *MF*, 268, 302, hefyd *FTEBA*, t.xxxiv:

> In oure lande is also a byrde ye whyche is called Phenix and is ye fayrest byrde of all ye world and there is nomore than one in all ye cours of nature, and he lyueth C. [100] yere. and thenne flyeth he so hyghe that the sonne sett the fyre in his wynges/ and thenne cometh he don ayen to his nest and there he burneth to p[o]udre and of the asshes comyth a worme/ and within. C [100] dayes after growyth there out another byrde as fayre as euer that other was.

Ystyrid y ffenics yn symbol o'r Atgyfodiad ac o anfarwoldeb gan ysgrifenwyr Cristnogol cynnar o St Clement o Rufain (*Ep. ad Cor.*, xxv) a Tertullian (*De Res. Carn.*, xiii) ymlaen, gw. *ODCC*.

68. **neb ryw**: cf. 168, 193, a gw. *WG*, 303, *GCC*, 60–1.

ny chrogleissa llyffan: Atod.I, 21 *nec garrula rana coaxat*. Yn ôl *GPC*, '*crog* (? amr. ar *cryg*)' yw'r elfen gyntaf yn *crogleisio*. Cf. *crygleisiaf, cregleisiaf: crygleisio, cregleisio*. Sylwer, fodd bynnag, fod yr engh. hon o *crogleisio* ddwy ganrif yn hŷn na'r gynharaf a nodir yn *GPC* dan y ffurfiau hynny. Tybed a welir yma ddylanwad S. C. *kroken* 'to croak'?

llyffan: gw. Rhag., t.cxiv. Fe'i hystyrir yn greadur ffiaidd a dirmygus, e.e. *C*, 32. 2–3, 'Meithrin corph. y lyffeint a nadret'; E. Wynne: *BC*, 59, 'seirph, nadroedd, llau, llyffaint, llyngyr, locustiaid'; T. Jones: *TOS*, 57, 'yn atgasach na sarph neu lyffant'. Yr oedd llyffaint yn un o'r plâu a ddaeth ar yr Aifft (Ecs 8.2–14), ac yn Dat 16.13 sonnir am 'dri ysbryd aflan tebyg i lyffaint'. Synhwyrir y tynerwch nodweddiadol o Fyrsil yn ei gyfeiriad ef atynt, *Geor*. I.378, *et veterem in limo ranae cecinere querellam*. Cwyn Horas yn eu herbyn yw eu bod yn ei gadw ar ddi-hun yn y nos, *Sat*. I.5, 14, *ranaeque palustres/ avertunt*

somnos. I Cicero, darogan glaw y maent, *Att*. 15.16, *pluvias metuo* . . . *ranae enim ῥητορεύουσιν*. Daeth llinell o waith Petronius, *Qui fuit rana, nunc est rex*, yn ddihareb.
69. **chwibana**: Atod.I, 21 *serpit* 'ymlusga'.
y mywn llysseu: gall *y mywn* (ardd.) olygu (i) 'mewn' gydag e. amhendant yn dilyn fel yma, cf. 155, 157, 161 *y mywn* tan (gthg. 92); (ii) 'yn' gydag e. pendant, cf. 92 *y mywn* y tan; 321 a 332, *y mywn* y nevad; (iii) 'i mewn i', yn dynodi symudiad, cf. 349, yd awn *y mywn* y neuad honno; 428–9, Y ffrut honno a a *y mewn* auon arall vawr. Gw. *GCC*, 131, *Treigladau*, 394–400.
Cynrychioli dwy linell fydryddol yn y mesur chweban, Atod.I, 21, y mae 'nyt argyweda . . . y mywn llysseu'. Â'r rheini, cymhara Zarncke gwpled o 'Carmen de Philomela' (*Anthologia Latina*, ed. Reise, 1870, No. 762, v. 63):

> Ecce venenosus serpendo sibilat anguis
> Garrula limosis rana coaxat aquis.

Cf. hefyd Fyrsil, *Ecl.* 4.24–5 *Occidet et serpens, et fallax herba veneni/ Occidet*.
70. **anyueileit gwennwynic**: cf. y traddodiad am Sant Padrig yn eu halltudio o Iwerddon, *IGE*[2], 86: 'Celfydd y gwnaeth – bu coelfain –/ I'r pryfed, myned i'r main./ Llyffaint mewn naint, maeddu wnâi,/ A neidr yn fyw ni adai,/ Na bronwen bach, bry enwir,/ Na charlwng teilwng i'r tir.' Hefyd (1740) T. Evans: *DPO*, 26, lle y dywedir am Iwerddon na all 'un Creadur gwenwynig . . . na llyffant na Sarph na gwiber' fyw yno.
72. **y ryw genedyl**: am y fannod + *ryw* 'y cyfryw, y fath' + enw, gw. *GCC*, 61.
y Pagannyeit: sylwa Olschki, *HZ*, 144, 3, mor gyffredin yn yr Oesoedd Canol y rhennid y ddynoliaeth yn Gristnogion a Phaganiaid, heb ymboeni rhyw lawer i wahaniaethu rhwng credoau y tu allan i wledydd Cred. Cf. 'yr Iddewon' a'r 'Cenhedloedd' yn yr Eglwys Fore.
neb vn: am *neb un* yn ansoddeiriol, gw. *GCC*, 71–2.
73. **kerda**: gw. n.118.
Idon: Atod.I, 22 *Ydonus*, cf. isod 392 Ydoneus, a gthg. *MF*, 268, 301, Cyson, *FTEBA*, t.xxxiv, Sydon. Un o afonydd Paradwys a olygir. Yn ôl Gen 2.10–14, 'Yr oedd afon yn llifo allan o Eden . . . ac oddi yno yr oedd yn ymrannu'n bedair. Enw'r afon gyntaf yw Pison . . . Enw'r ail yw Gihon; hon sy'n amgylchu holl wlad Ethiopia. Ac enw'r drydedd yw Hidecel . . . A'r bedwaredd afon yw Ewffrates.' Cf. *Pen* 14, 68; *DB*, 27, 'Vn onadunt yw Ffyson, a honno heuyt a elwir Ganges . . . Eil auon yw Gyon, ac a elwir Nil . . . Tigris ac Euffrates, y dwy

auon ereill, a gerdant o'r ffynnawn y tu ac Armenia.' Anodd bod yn
sicr pa un ohonynt a olygir wrth *Idon*, ond cf. Wright, *GLTC,* 273:
'The "Ydonus" doubtless means the Pison, or Ganges.' Ym marn
Langlois, *VFMA*, III.60, fodd bynnag, at afon Indus y cyfeirir; felly
hefyd Knefelkamp, *JMH*, 14, 343.

74. **a gerdha yn aflev . . . o amryfyal gerdedeu**: Atod.I, 22 *expandit
sinus suos . . . diversis meatibus.* Am *a gerdha*, gw. n.118, ac am *gafl*,
gw. *GPC*. Digwydd y ff. ddeuol *Yr Eifl* ('y ddwy fforch') yn enw
mynydd rhwng Arfon a Llŷn ac iddo dri chopa, gw. *LlA*, 289.

Awgryma Wright, *GLTC*, 273, mai cyfeiriad sydd yma naill ai at y
llu o isafonydd sydd i afon Ganges neu ynteu at ei delta amlsianelog.

75. **mein anyanawl**: gw. Rhag., t.l.

79. **affidos**: Atod.I, 23 *assidios*, ond digwydd *affidios* mewn llsgr. o'r
12 g., sef Paris, Bibl. Nat. 2342, gw. Jubinal, *OCR*, II.446. Hawdd
fyddai cymysgu rhwng *s* hir ac *f* yn y llsgrau. Hon yw'r unig engh. a
nodir gan Du Cange d.g. *assidios* 'herba fugans daemones'. Tybed,
meddai Slessarev, *PJLL*, 46, ai'r Gr. ἀψινθίος [*sic*] sy'n llechu y tu ôl i
assidios? Ychwanega, 'The magic power of wormwood to exorcise the
devil is very well known also in German folklore.' Am engh. arall o
briodoli'r gallu hwnnw i lysieuyn, cf. 'gyr y gwr drwg: *vervain*, *Verbena
officinalis* (lit. a driving away of the evil one)', *GPC*, d.g. *gyr*.

80. **ef a ffy yr yspry[t] drwc**: rhagenw yn cyfeirio'n ôl at 'gwreid' (h.y.,
nid geiryn rhagferfol) yw *ef* yma, gw. yr Eirfa am ragor o enghrau. Bf.
anghyflawn yw *ffy* yma, fel yn 115, gw. *GPC*, d.g. *ffoaf: ffoi, ffo*, (*b*).

81. **a phwy y enw**: cf. *T*, 20.23–4, dayar *pwy* y llet neu *pwy* y thewhet;
35.7, *pwy* enw yr teir kaer. Gw. *GCC*, 48–9.

Am holi enw ysbryd drwg, cf. Marc 5.9, 'Ac efe a ofynnodd iddo,
Beth yw dy enw?'

84. **Ym brenhinyaeth arall**: gw. n.5.

yr hol[l]re pybyr: am *hollre*, gw. n.40.

Daw *pybyr* o'r Llad. *piper*; cf. *T*, 32.15, a*phybyr* aphyc; *Haf*, 16, 11,
Pybyr gwressawc ynt. (Bnth. S. yw *pupur, pupr, EEW*, 92; cf. *GGl*, 200,
226; *DE*, 47; *LGC*, 13; *TA*, 254, 453, *WLB*, 9, [*p*]*upur* krynion; ibid. 50,
pupur gwnnion.) Naturiol oedd ei ystyried yn e. lluosog, gan mai'n
ronynnau cyfain (ac nid yn bowdwr, fel yn gyffredin heddiw) y
meddylid amdano. Fel pob math o berlysiau, yr oedd yn nwydd a
chwenychid yn fawr, a chan hynny'n uchel ei bris, yng ngwledydd y
Gorllewin yn yr Oesoedd Canol (cf. yr ymad. 'yn ddrud fel pupur'). Yn
wir, gwelais gyfeiriad ato'n ddiweddar fel 'the world's most popular
spice' o hyd. Ebe Hermann, *The World Unveiled* (tr. Pomerans,
London, 1958), 57: 'It was worth its weight in silver. Customs duties,
rents and taxes, even court fines, were paid in pepper. It bought

ground and land . . . burghership and coats of arms. The most beautiful women, the noblest horses, the most brilliant jewels, precious carpets, rare furs, all of these could be had for pepper.' Ymhlith y lleoedd enwocaf am bupur y mae Malabar a Travancore ac am genedlaethau lawer dyma'r prif nwydd a ddeuai i Ewrop o'r India, ac yr oedd y bri mawr arno fel ar bob math o berlysiau, ynghyd â'r nod o dorri monopoli'r Arabiaid ar y fasnach, ymhlith y cymhellion cryfaf a arweiniodd y Portwgeaid i ddarganfod y ffordd yno. Am yr arfer o nodi swm bychan o bupur yn rhent, gw. *EBr* ac *OED*, d.g. *pepper-corn*, hefyd J. Thomas, *HB*, 106, 'nid oedd ond puburen o rent bob blwyddyn'; Morris, *Hanes Methodistiaeth yn Sir Gaerfyrddin* (1911), 155; *Y Cymro*, 3 Tachwedd 1960, t.5.

Ynglŷn â chynaeafu pupur, gellir olrhain cyfeiriadau at y dull a ddisgrifir yn y testun yn ôl i flynyddoedd cynnar y 7 g. o leiaf, cf. Isidore, *Etym*. XVII.viii.8, hefyd y 'Llythyr at Hadrian', gw. Rhag., t.xliii. Diben y tân, fel yr eglurir, oedd llosgi neu ymlid ymaith seirff a nadroedd gwenwynig, er diogelwch i'r cynaeafwyr. Gwasanaetha hefyd fel esboniad hwylus ar bupur du; felly yn Isidore, loc.cit., cf. *DB*, 29, 'Ymplith y rei hynny y tyf y pybyr yn wynn; a phann loscer y mynyded y ffo y seirff, y dua y grawn hynny ac y crycha gan y llosc.' Ymwrthodir â dull y tân, fodd bynnag, e.e. gan Jordanus (*c*.1330), *Mirabilia*, t.27, n.; gan John o Marignolla (1338), gw. *CWT*^{2}, III.217; a chan Schiltberger (14–15 g.), gw. *BTJS*, 61–2. Ychwanega'r olaf mai golchi eu dwylo â sudd ffrwyth neilltuol, sef *liuon* (? lemon) a wnâi'r cynaeafwyr i'w diogelu eu hunain rhag brathiadau. Glŷn y Brawd Odrig (14 g.), fodd bynnag, wrth ddull y tân, gw. y testun Lladin yn *Hakluyt's Voyages* (Glasgow, 1904), IV.383.

Yn y traethawd gwreiddiol dywedais fod y sôn am ddefnyddio tân wrth gynaeafu pupur 'yn hollol gyfeiliornus', gan ystyried y byddai perygl i hynny ddifetha'r cnwd ei hun. Ond bellach ymddengys i mi y gall yn hawdd fod yr adroddiad yn gywir wedi'r cwbl, oherwydd yn y cyfamser gwelais ar y teledu un o raglenni'r Brifysgol Agored a oedd yn ymdrin â thyfu siwgr yn Kenya. Cyn dechrau cynaeafu'r cnwd, rhoddir y tandwf yn y planhigfeydd ar dân, a hynny am ddau reswm, sef i atal y peiriannau rhag tagu, ac i ymlid ymaith nadroedd gwenwynig.

85. y kyfnewidir wynt yr gwenith . . .: cipolwg ar economi'r wlad.

87. helygos: Atod.I, 24 *salicti*, sef celli o goed helyg. Ar fynydd y Baram, ger Pontardawe, y mae fferm o'r enw *Lycos* (ar lafar), ffurf sy'n tarddu, yn unol â nodweddion y dafodiaith, o *Helygos* (gwybodaeth gan y diweddar Athro Thomas Jones). Am enghrau eraill o'r trf. *-os* gyda grym cyffelyb, gw. *GPC*, d.g. *bedwos, brwynos, grugos*, a cf. *HGK*, 24, *rhedynosydd.* Hefyd digwydd Y *Wernos* Deg, Gwastad *Onnos,* gw. Ifor Williams, *ELl* (1945), 51–2. Gw. ymhellach *B,* 26 (1974), 8–9.

yn llawn oll o seirff: cf. 182, llestyr yn llawn o brid; 184, yn llawn o eur. Am gystrawen *llawn,* gw. *Treigladau* 71–2.

89. **mynws**: Atod.I, 25 *stipulas* 'callod, gwrysg, gwlydd'; gw. *GPC,* d.g. *mwnws,* (*b*).
90. **enynnant**: Atod.I, 25 *cingunt* 'amgylchynant', cf. 391.
92. **y mywn y tan**: gw. n.69.
94. **a gaffo**: 'a gyrhaeddo', cf. 394, 'a el yn y gogofeu'; *HGK,* 6, 'a *chaffael* porth Abermenei'; *LlA,* 122, 'ahi yn *caffel* drws yr eglwys ygordiwes aoruc ynteu'.

gogofeu: am *gogof* > *ogof,* gw. *Treigladau,* 458.
98. **ysgytwaw**: gw. *WG,* 390.
99. **briwyd**: gw. *GPC,* d.g. *briwydd*[1].
100. **y berwir**: 'y cresir', cf. *LlA,* 23, 'megys y *berwir* y bara o nerth y tan'. Gw. *GPC,* d.g. *berwaf: berwi,* (*c*).

Ba ffuryf: ystyr *pa* yma yw 'in what', nid 'what', gw. *PKM* 173–4. Cf. *pa achos,* n.291 isod.

ny edir: ceir yn y testun enghrau o'r ddwy gystrawen sy'n bosibl gyda *gadu, gad(a)el, gado* 'to permit, let, allow'. Yma dilynir y f. gan yr ardd. *i* + e. + be., ond yn 246 gan wrthrych uniongyrchol + *i* + be.
101. **y wybot**: 'ei wybod'.

A'r coet hwnnw: am *coed* 'grove, forest', cf. *B,* 5 (1929), 24, '*Coet* . . . ac auon yn redec drwydaw'.
102. **ffynnyawn**: amr., gw. *GPC,* d.g. *ffynnon.*
103. **symut y vlas**: Atod.I, 27 *Variatur* . . . *sapor.* Am *symud(o)* 'newid', gw. *PKM,* 254, *BY,* 83. Nid yr un gair yn wr. yw *symud* 'newid, cyfnewid' â *symud* 'cymryd peth o'i le'. Daw'r blaenaf o'r Llad. *summūto* 'I change, interchange, substitute' (cedwir yr ystyr o hyd yn *symudliw*), a'r ail o'r Llad. *summōtus* (< *summovere* 'to send or drive away; to remove'). Gw. hefyd *ZCP,* 16 (1927), 466.

Am hynodrwydd gwahanol cf. *DB,* 97, 'y mae ffynnawn kyn oeret y dyd ac na eill neb y hyuet, a chyn vryttyet y nos ac na eill neb mynet yn y chyvyl'; *Cer RC,* 189, 'Ac yn agos i'r wlad honno,/ Y mae ffynnon Iago,/ Yr hon o naturiaeth/ A newid i lliw bedeirgwaith,/ Fel y gwelo pob dyn/ Pedwar amser yn y flwyddyn.'

107. **y ffynnawn honno**: sef Ffynnon Ieuenctid, gw. Rhag., t.xlv. Arni., gw. *Brewer's Dict. of Phrase and Fable* dan *Fountain of Youth.* Tybid ar un adeg ei bod i'w chael yn y Bahamas, ac wrth chwilio amdani yn y cyffiniau hynny y trawodd y Sbaenwr Ponce de León yn 1513 ar y tir y rhoes iddo'r enw Florida, am mai ar Sul y Blodau y darganfu ef.

NODIADAU 37

109. degmlwyd ar hugeint: Atod.I, 28, *in aetate XXX duorum annorum*. Yn yr Oesoedd Canol ystyrid deng mlwydd ar hugain fel 'yr oetran deduawl', cf. *LlA*, 18, hefyd Thomas Browne, *Religio Medici* (Everyman's Library, No. 92), 44: 'Some Divines count Adam thirty years old at his Creation, because they suppose him created in the perfect age and stature of man.' Cf. ymhellach *C*, 41. 16–42. 2, 'Erbin oed y dit. y del paup oe Bet iny devret in devraw. Mal y bv ban fv oreuhaw'; a'r nodyn yn *HG Cref*, 143: 'Credid y codai pawb o'i fedd ddydd y farn yn unoed â Christ pan groeshoeliwyd ef'; cf. *IGE*^{2} 274, 'Pawb yn ddengmlwydd, arwydd Iôr,/ Ar hugain heb ddim rhagor'; ibid. 281, 'Yn oedran Crist ddidristyd,/ Dyn a'i gorff, y dôn' i gyd' (Siôn Cent); *LlA*, 60, 'Y sawl agymerth yspryt buchedawl a gyfuodant . . . yn oet degmlwyd arhugeint na chynt no hynny na gwedy y buant veirw'; ibid. 65, 'Ym pa oet . . . ybydant wy [y saint]. Ef adywedir. ymae ynyr oet ar amser ykyuodes crist oveirw' (ond ceid amrywiaeth mwy diddorol, ebe'r awdur, pe gwelid hwy 'yny hoedran ac yny messur ehun'!).
110. midiosi: Atod.I, 29 *midriosi*. Cf. ll.408 uchod. Nid oes sicrwydd pa feini gwerthfawr a olygir, ond efallai y gellir cyfeirio at Joan Evans, *MJ*, 209, 'De *medo* . . . albugines oculorum curat. et omnium oculorum dolorem si etiam desperatus fueret [*sic*] ne ulterius videat. et persanat. Hic lapis inventus est a medicis apud medorum regionem unde et vocabulum sumpsit. Nascitur vero in locis ubi est fluvius qui dicitur phasin.' Perthyn y dfn. i ddechrau'r 12 g. Awgryma Slessarev, *PJLL*, 42, fodd bynnag, y geill mai am *nidiosi* y saif (am y cysylltiad posibl â nyth, gw. y nodyn dilynol).
Y mae'r rhinweddau a briodolir i'r *midiosi* yn y testun yn gyffredin hefyd ynglŷn â meini eraill, cf. Joan Evans, op. cit., 213, 'Saphirus . . . *Resistit* autem vehementer *omni invidie*'; 232, 'Ostolanus . . . *gestantem reddit invisibilem*'; 233, 'Smaragdus . . . *Visum refocillat*'. Cf. ymhellach Koehler, *Romania*, 5 (1896), 77, 79.
111. a dwc eryrot: gw. Rhag., t.xlii. Heblaw'r esboniad a gynigir yno, yr oedd gynt amryw goelion poblogaidd ynglŷn â diddordeb yr eryr mewn meini, fel yr awgrymir yn *DGG*, 45:

> Yr eryr, hardd arwyrain,
> A gâr mawl, ac aur a main.

Yn ôl un gred, cludai'r eryr i'w nyth fath neilltuol o garreg, cf. *TW* (*Pen* 228), 'maen gwerthuawr a gephir yn nyth yr Eryr, yr hwn pan ei hyscytwer, ef a debycir vot vn arall ynddi', d.g. *gagites*. Pwrpas y garreg, medd Johnson yn ei eiriadur, oedd gwarchod y nyth rhag taranau, ond ceir hefyd eglurhad gwahanol, cf. R. Smyth: *GB*, 29:

Yr eryrod gan wybod i bod yn dydwy i wyiau drwy fawr boen, a gaisiant garreg a elwir aetites rhai ai geilw aquilin ne garreg yr eryr, gan ddwyn hon iw nythod er mwyn bod yn hawsach iddynt ddydwy, yr hon garreg y dydd heddiw sydd arferedig y mysc merched yr Idal, i ysmwythau arnynt . . . ar anedigaeth etifedd.

Gw. ymhellach *OED*, d.g. *aetites, eagle-stone*; Thomas Browne, *Vulgar Errors*, ii.5. Cyrchu'r garreg pan fyddai henaint wedi ei oddiweddyd, ei olwg yn pallu a'i big wedi camu a phylu, dyna a wnâi'r eryr, er mwyn estyn ei oes ac adnewyddu ei ieuenctid, yn ôl y cyfeiriadau yng ngwaith rhai o feirdd y cywydd, e.e. Gruffudd Llwyd, *IGE*[2], 138:

> Yr eryr, edn arwraidd
> Dan nef pob rhyw dref a draidd;
> Pan wybyddo efô fod
> Derfyn ei hoedl yn darfod,
> Yna y ciried ehedeg,
> Edn dewr, berchen adain deg,
> O gongl eang o gyngor
> I gael main o gil y môr.

Gw. ymhellach *Cylchg LlGC*, 7 (1951–2), 65–6. Drachefn, mewn cywydd a anfonodd at Domas Prys, Plas Iolyn, wrth yrru ei latai, sef yr eryr, yn ôl ato, meddai Huw Lewys, *Perl mewn Adfyd*, t.lii (golygais y testun):

> O daw henaint dihunawg,
> Dall yw'r hynt, i'th dwyllo rhawg,
> O cama'r big mal cigwain,
> Heb awch draw, megis bach drain,
> Ei churo a wnai yn ochr y nant
> Acw ennyd mewn ceunant,
> A'i bwrw ymaith, wiwdaith deg,
> Och oer gur, wrth ochr y garreg.
> Yno y cai, mal enwog hydd,
> Anniwael oes o newydd.

Dichon yr adlewyrchir syniad tebyg am frenin yr adar yn *BCN*, Salm 103.5, 'i adnewyddu fy ieuenctid fel eryr'.

Yr oedd cred debyg ynglŷn â'r wenoliaid, sef eu bod yn cludo carreg o fin y môr i roddi golwg i'w rhai bach, gw. *OED*, d.g. *swallow*, sb[1], *swallow-stone*, a cf. *GO*, 103, 'Mae main ar bob adain bol/ Mân gwynion val main gwennol' [i ofyn bwcled]; gw. hefyd n.438 yno.

112. gwedy as collont: am *a* fel geiryn i gynnal rh. mewnol o flaen bf., gw. *WG*, 429, *Treigladau*, 151–2, *CT*, 60, 89.

114. ef a wna nas gwelho neb: y mae motif anweledigrwydd yn gyffredin i lên gwerin llawer gwlad, gw. *Funk and Wagnall's Dictionary of Folklore, Mythology and Legend*, d.g. *invisibility*. Gan amlaf, y gwrthrych hud a bair anweledigrwydd pan fynner yw cap (cf. *Tarnkappe* yn chwedloniaeth yr Almaen), llen neu fantell, modrwy, maen ac yn y blaen. Cf. *WM*, 58.17–20, 'Caswallawn a daroed idaw wiscaw llen hut amdanaw, ac ny welei neb ef yn llad y gwyr namyn y cledyf.' Ibid., 157.3–5, 'yna y difflannwys y vorwyn ymdeith gwedy rodi y maen yn llaw Peredur'. Yn *DGG*², 74, 'Ar Ddyfed yr addefynt/ Y bu len gêl o'r blaen gynt', golygir y gawod o niwl a ddaeth dros y wlad honno drwy hud a lledrith 'hyt na chanhoed yr un ohonunt wy y gilid' ac na 'welynt neb ryw dim, na thy nac aniueil, na mwc, na than, na dyn, na chyuanhed', gw. *WM*, 64.25–33.

115. Ffo cas: ff. hŷn ar y be. *ffoi* yw *ffo*, *WG*, 385. Yma, fel yn 80 uchod, ba. ydyw.

118. Mor tywawt . . . heb dwfyr: cf. y cyfeiriad at anialwch Persia yn *FfBO*, 33, 'y Mor Tywawt . . . yssyd enryued a pheriglus'. Dileoliad, fodd bynnag, yw anialwch y testun, 'half way between fable and fact', yng ngeiriau J. L. Lowes, *MPh*, 3 (1905), 19. Er hynny, y mae Langlois, *VFMA*, III.62, n.3, yn barnu'n sicr mai anialwch Gobi neu Lop (Shamo y traddodiad Chineaidd) a olygir. Llythyr y Preutur, meddai, a boblogeiddiodd hwnnw yn y Gorllewin.

Deil Fleuret, *MF*, 268, 316, mai'r Môr Coch a olygir yma wrth y Môr Tywod. Er tegwch â'i farn ef dylid egluro mai o'r Môr Tywod yn ôl ei destun Ffrangeg ef (nid o afonydd (tanddaearol) fel yn ll.134–44 uchod) y cipir y tywod neu'r graean sydd yn emau. Cytuna'r Saesneg, *FTEBA*, tt.xxxiv–v: 'And by this forsayde ryuer is a zee ther noman may passe/ but whan the wynde blowythe fro benethe strongely than parted she here/ and thanne the[y] passe with great hast. and than they take with hym all maner of precious stones.' Gan fod sôn am ran y gwynt mewn darparu ffordd drwy'r môr ac am y brys sy'n angenrheidiol wrth ei groesi, naturiol yw ystyried hyn yn adlais o'r hanes yn Ecs 14.21–31 am yr Israeliaid yn tramwyo drwy ganol y Môr Coch ar dir sych a'r dyfroedd yn dychwelyd i'w lle gan foddi holl luoedd yr Eifftiaid.

Dyma sylwadau J. K. Wright, *GLTC*, 229, ynglŷn â'r Môr Tywod a'r afon o feini (130–2 isod) a red iddo:

> If we remove the halo of fable surrounding all this, we discern here an account of a desert of dunes, with dry watercourses entering it, a feature common enough in southwestern Asia and northern Africa. On the whole, however, little was known of deserts in Western Europe in the Middle Ages, and, though the waste places of

Asia and India are constantly mentioned in the Romance of Alexander, the descriptions of them are wholly fanciful.

 Am y 'Drye See' yng ngwaith Chaucer, gw. J. L. Lowes, loc. cit.
 a'r gro yn kerdet: am *gro*, gw. *GPC*. Gan effaith y gwynt gall twyni neu fryniau tywod (barchanau) yn anialwch Namibia symud 30 metr (100 troedfedd) mewn blwyddyn (*Great Illustrated Dictionary*, Reader's Digest Association, 1989, t.520). Defnyddir *kerdet* yn y testun hwn mewn amrywiol ystyron: 'ymestyn', am dir (50); 'llifo', am afon (73, 74, 131, 140); 'treiglo', am feini (129); 'mynd, teithio ar draed' (136, 137); 'ymdeithio', am fyddin (178); 'mynd ymlaen â (gwaith)' (259).

 ef a leinw yn tonnev: cf. Jordanus, *Mirabilia*, 10–11, n.g. Profir priodoldeb y sylw hwn gan ddarluniau o anialwch tywodlyd, e.e. yn *EBr* (1967), 4, gyferbyn â thud. 633.

 119. **ny ellir vynet**: prin iawn mewn Cym. C. yw enghrau o dreiglo ar ôl ffurfiau amhers. y ferf, gw. *L & P*, 139, lle rhoddir dwy allan o lsgr. Hendregadredd: t.36, pan dreithir *d*raethawd (gw. hefyd *HG Cref*, 68 a'r nodyn arno); t.177, ual yd las *u*reichuras y urawd. Yn *Treigladau*, 230–1, awgrymir y dylid eu 'hesbonio i ffwrdd'. Ateg gryfach fyth i'r ymresymiad yno yw'r ffaith y cedwir y gysefin yn y gyntaf yn *R* 1179.28, pandreithir traethawt.

 'Ceir rhai testunau CDC a rydd dr. yn bur gyson,' meddai Dr T. J. Morgan, 'ond rhyw chwilen ym mhennau'r awduron sy'n cyfrif am hyn.' I'r 17 g. y perthyn pob un o'r enghrau sicr a ddyry ef. Y mae'n debyg, fodd bynnag, yr arferid weithiau dreiglo yn y safle hwn lawer iawn cyn hynny. O leiaf, trewais ar engh. yn *LlDW*, 88.17, 'adan triheynt edeleyr *u*od amteythy marc[h]'. Wele ragor o enghrau: (1567) *TN*, 242b, nefawl ddoethinep . . . yr hyn ni ellir *b*eri ei gredu drwy synnwyr bydawl; (diw. 16 g.) *WLB*, 19, ef a dyleir *o*llwng gwaed; (1677) C. Edwards: *FfDd*, 373, o mynnir *f*yned i deyrnas Dduw; (1728) T. Baddy: *DDG*, 55, ni's gallir *l*efaru eithaf ei halltrwydd ef.

 vynet . . . ar veis: sef ei groesi ar draed, cerdded drwyddo neu ei rydio; gw. *B*, 4 (1929), 342–4, *PKM*, 192, *GPC*, d.g. *bais*, *bas*[1], a cf. Zarncke, *Abh*, 8, 145, *Nullo tamen humano ingenio valet hoc mare transvadari vel navigari*. Yn hanes teithiau Mawndfil y digwydd y dyfyniad hwn (corfforir yn hwnnw lawer o gynnwys llythyr y Preutur), ond hyd y sylwais ni chynrychiolir yr ymad. *ar veis* yn yr un o destunau Lladin y llythyr fel y cyfryw, cf. *LlA*, 239, *Hoc mare nullo modo transiri potest*; Atod.I, 31, *Hoc mare neque navigio neque alio modo transiri potest* (cyfetyb Testun II yn berffaith: 416 'nag ar long nag ar ystym arall'). Tebyg yw'r testun Saesneg yntau, *FTEBA*, t.xxxiv, 'and there can we haue noo passage with noo maner of shyppyng'.

nac o vn wed arall: yn ôl y testun Ffrangeg yn *MF*, 268, 303, fodd bynnag, adar y grifft yw'r moddion i oresgyn yr anhawster. Cytuna'r Saesneg, *FTEBA*, t.xxxiv, 'than do we vs cary there ouer with our gryffons'. Hefyd yn llsgr. Caergrawnt (gw. Zarncke, *Ber*, 29 (1877), 143-4) dywedir: *et nos habemus alia passagia, per quae possumus visitare terras nostras.*

122. amryuael genydyl o byscawt: er tebyced y Môr Tywod i fôr cyffredin o ran ei 'donnau' diorffwys, ar yr olwg gyntaf ymddengys y sôn fod pysgod ynddo yn anhygoel. Eto i gyd, hawdd yw methu â chanfod cnewyllyn o wirionedd lle bo ffaith a ffansi wedi cydymblethu (gw. Rhag., t.li). Y mae'n eithaf posibl mai llysywod y tywod, pysgod o'r rhywogaeth *Ammodytes* ac iddynt gyrff estynedig fel yr eiddo llysywod, a olygir. Nid amherthnasol chwaith fyddai cyfeirio yma at ryw fath o bysgod cyntefig tebyg i'r ysgyfeinbysg ('lungfish'). Pan fo'r haul tanbaid wedi troi'r corsydd a'r pyllau yng ngorlifdir afonydd Affrica a mannau eraill yn grastir, llwydda hwn i gadw'n fyw am fisoedd a hyd yn oed flynyddoedd drwy dyllu i'r llaid tra bo hwnnw'n feddal. Yna cynhyrcha fath o gocŵn amdano'i hun a thrwy agoriadau bychain yn hwnnw gall anadlu'r awyr sy'n dod i lawr y twll. Hefyd, yng nghanolbarth Awstralia, y mae bywyd perthynas pell i'r pysgodyn hwn, sef y llyffant dyfrddal, *Cyclorana*, yn dibynnu ar ddull tebyg. Yn ystod yr ysbeidiau byrion ac eithriadol brin y ceir glaw yno, bydd yn ymlenwi â dŵr ac yna'n ymgladdu'n ddwfn yn nhywod yr anialwch, a llwyddo felly i oroesi o leiaf ddwy flynedd o sychder mewn cyflwr o fywyd ataliedig. Gw. David Attenborough, *Life on Earth* (London, 1980). (I'm mab Cerith yr wyf yn ddyledus am y cyfeiriad hwn.)

123. kyfelysset: am y ff., cf. *kybellet, kyuelynet, kyuynychet*; gw. *GPC*, d.g. cyn^2, amr. cy^{-2}.

welas: gw. Rhag., t.cxii.

125. auon . . . o uein: yr 'afon sabothol' gydag amrywiadau sydd yma. Yn ôl Josephus, *The Jewish War*, VII.97-9, y mae'r afon yn gorffwys am chwe diwrnod ac yn llifo'n ffrwd gref ar y seithfed dydd. Ar y llaw arall, gorffwys (nid llifo) a wna'r afon ar y Saboth yn ôl Plinius, *Hist. Nat.*, XXXI.2, *in Iudea rivus sabbatis omnibus siccatur*. Yn ei drosiad o Josephus sylwa Thackeray, Loeb Class. Lib., III (1928), 535: 'It is curious that the Jewish historian represents the river as a sabbathbreaker, working on one day in seven; while the pagan Pliny makes it strictly sabbatarian.' Yn wir, y mae hyn mor groes i'r disgwyliad fel y camsyniodd hyd yn oed yr *OED*, gw. d.g. *sabbatical*, 1 (*b*). Cytuno â Plinius y mae Isidore, *Etym.*, XIII.13, 8, a gwir hynny am rai fersiynau o lythyr y Preutur yntau, e.e. y ddau fersiwn Hebraeg, *JQR*, 1.192, 193; y fersiwn Ffrangeg, *MF*, 268, 303; a'r fersiwn Saesneg, *FTEBA*, t.xxxiv. Hefyd, dyna'r nodwedd neilltuol a briodolir i'r afon mewn carol Nadolig o waith William Bifan, Y Gadlys, yn 1772, gw. *Cymru*, 25 (1903), 285:

> Ar gyfer Ethiopia
> Mae afon Sabbatha
> Chwe diwrnod y rheda
> Prydnawn y gwenera
> Gorffwyso ar ei gyrfa ydi 'harfer.

Â Josephus, fodd bynnag, y cytuna Mawndfil, *Travels*, Pt. I (EETS, No. 153), 212. Ni welais ffurf ar hanes yr afon sy'n honni, fel y gwneir yn y testun, ei bod yn llifo am dridiau ac yna'n sych yn ystod y pedwar diwrnod arall o'r wythnos. Haera Dr W. M. Thomson, y cenhadwr, iddo ef ei darganfod, ond y pryd hynny (1840) arferai'r afon orffwys am ddeuddydd a llifo am ran o'r trydydd (nid yw'n amhosibl, meddai, gyfrif am yr anghysondeb rhwng y ffaith hon a'r hyn a ddywaid Josephus). Esbonia ef y ffenomen naturiol o ffrydiau ysbeidiol fel 'merely the draining of subterranean reservoirs of water, on the principle of the siphon'; gw. *The Land and the Book* (1885), 263–6.

Cymharer 'Ryfeddode yr Ynys', (1543) *Pen* 163, 8b, 'Gerllaw Rrvddlan y mae ffynon vechan a Rrvw amser yny dydd y bydd digon o ddwfr ynthi/ a rrvw amser arall ni bydd vn dafn.'

Gellir olrhain cysylltiad yr afon sabothol â'r afon o feini yn ôl i gronicl Eldad y Daniad, teithiwr Iddewig yn y 9 g. Dyma ei ddisgrifiad ef, *JQR*, 1.102:

> The river Sambatyon is 200 yards broad . . . full of sand and stones, but without water; the stones make a great noise like the waves of the sea and a stormy wind . . . And this river of stone and sand rolls during the six working days and rests on the Sabbath day. As soon as the Sabbath begins, fire surrounds the river, and the flames remain till the next evening, when the Sabbath ends. Thus no human being can reach the river for a distance of half a mile on either side; the fire consumes all that grows there.

Ceir hefyd sylwadau tra diddorol yn (1728) T. Baddy: *DDG*, 94–5. Y mae'n werth cofio hefyd nad dieithr, hyd yn oed yn llenyddiaeth yr hen fyd, mo'r syniad o lifeiriant tanllyd yn treiglo meini trystfawr, cf. darlun Fyrsil (*Aen.*, VI.550–1) o un o afonydd Annwfn: *Quae [moenia] rapidus flammis ambit torrentibus amnis/ Tartareus Phlegethon, torquetque sonantia saxa.*

Yn yr Oesoedd Canol, cysylltir yr afon Sambatyon yn bur fynych â'r chwedlau am y Deg Llwyth Colledig (cf. T. Baddy, loc. cit.), a gwneir hynny yn rhai fersiynau o lythyr y Preutur, e.e. yn y ddau fersiwn Hebraeg, y fersiwn Ffrangeg a'r Saesneg y cyfeiriwyd atynt eisoes yn y nodyn hwn. Yn y testun Cymraeg, fodd bynnag, anodd bod yn sicr ai'r afon ysbeidiol a olygir wrth yr 'auon veinawc honno' (152) y mae deg llwyth o'r Iddewon y tu draw iddi, gan fod sôn am ddwy afon arall yn y paragraff blaenorol. Yn ôl *EBr*, y mae'n bwysig gwahaniaethu rhwng y Sambatyon chwedlonol hon a'r un y mae Josephus yn cyfeirio ati.

a hynny: 'a'r rhai hynny', gw. *PKM*, 94–5, *GCC*, 56–7.

130. **rei wyd**: Atod.I, 33 *ligna*, yn syml, ond cf. amr. C, 'pob ryw wyd'. Gwahanol yw'r Saesneg, *FTEBA*, t.xxxiv, 'all that she fyndeth in here waye', sy'n cytuno â'r ddau destun Ffr., Jubinal, *OCR*, II.461, 'quant que il encontre'; *MF* 268, 303, 'tout ce qu'elle treuve'. Y mae peth petruster ynglŷn â'r drll. *rei* yma am ddau reswm: (*a*) Ymddengys mai diweddar yw'r defnydd ohono o flaen e., ond digwydd *neb rei* felly mewn Cym. C., *WG*, 300; e.e. (14 g.) *BT*, 47, 'oachaws neb rei saesson'; *LlA*, 102, 'neb rei rinwedeu'. Daw *rhai* yn ansoddeiriol o flaen yr e., ac weithiau ar ei ôl, e.e. (1588) Luc 8.2, *rhai* gwragedd (1955, gwragedd *rai*). (*b*) Ni threigla'r enw sy'n dilyn *rhai* yn uniongyrchol. Gellir awgrymu y dylid dileu *rei* yn y testun, a'i ystyried fel gwall o dan ddylanwad *rei* (ddwywaith) yn y llinell flaenorol. Fodd bynnag, rhaid cyfeirio at nodyn godre yn J. Morris-Jones, *Welsh Syntax*, 131: 'Iolo Morganwg (or his son and editor) mutates after *rhai* as rhai *f*annau, *Cyfrinach*, 189. There is no literary authority for it, and it is as foreign to the dialect of Glamorgan (J. Ifano Jones) as to any other.' Nid yw'r sylw olaf yn gywir, oherwydd y mae tr. meddal ar ôl *rhai*, e.e. 'rai *dd*ynon', yn nodweddiadol o dafodiaith rhan o'r Fro, gw. traethawd MA anghyhoeddedig (Prifysgol Cymru, 1971) gan John Bevan, *Astudiaeth Seinyddol o Gymraeg Llafar Coety Walia a Rhuthun ym Mro Morgannwg*, t.728. Wele enghrau eraill allan o weithiau Iolo: *Llr* C, 51, 274, dechreuwyd [y] ffordd hon o ganu . . . gan rai *b*rydyddion; *IMSS*, 61, y cylch hwnn hefyd a elwid y Trwn mewn rhai *w*ledydd. Y mae geiriadurwyr Morgannwg hwythau'n arfer treiglo, er nad yn gyson, cf. (1746) T. Richards: *CER*, 19, rhai *F*onachod; 56, [r]hai *Dd*ynion (gthg. 17, rhai Brwydrau; 53, rhai Bywiolaethau); (1753) *TR*, xxi, rhai *b*ethau; [rh]ai *f*iloedd; xxiii, rhai *f*eiau (ddwywaith); rhai *f*annau; (1770–94) *W*, rhai *l*ysiau paladr-freision, d.g. *balm*; He tarried there certain days, Efe a arhosodd yno rai dyddiau. Certain men came in, Rhai wŷr a ddaethant i mewn, d.g. *certain* [some]; Some things, rhai pethau. Some houses, rhai *d*ai, d.g. *some* [*apply'd to thing, &c.*]; rai (ar rai) *b*rydiau, d.g. *sometimes* (gthg. rai . . . prydiau, d.g. *some* [*at some*] *times*; rhai . . . blynyddau gwedy'n, d.g. *year, some years after*); (1772) Ioan Wallter: *DB*, 19, rhai *dd*ynion (hefyd 20, 26 (ddwywaith), ond gthg. 8, rhai

dychweliadau; 18, rhai pechaduriaid; 23, rhai dynion). (Yn (1675) R. Davies: *PY*, 157, 'ystyr y rhai eiriau yw hyn', saif *rhai* am 'cyfryw', nid 'some', ac fel hwnnw fe'i dilynir yn naturiol gan y tr. meddal.) Arwyddocaol hefyd yw fod testunau Morgannwg yn dueddol iawn i dreiglo'r e. ar ôl *gormod*(*d*), *cymaint*, *mwy*, ac yn y blaen, gw. *Treigladau*, 50, 95. Gellir cynnig bod dylanwad y rhain a'u tebyg ar *rhai*, ac mai'r ymresymiad y tu ôl i'r tr. meddal yw hyn: os yw 'ychydig o bethau' yn rhoi 'ychydig bethau', paham na allai 'rhai o bynciau', dyweder – ceir hynny yn (1670) J. Hughes: *AP*, 115 – roi 'rhai bynciau'? Dichon hefyd fod y tr. meddal yn digwydd mewn cydweddiad â *rhyw*.

134.   auon y dan y dayar: am afonydd tanddaearol mewn chwedloniaeth glasurol, cf. Cocytus, Phlegethon, Styx ac Acheron. Credid hefyd (cf. Fyrsil, *Aen.*, III.694–6) mai afon Alpheus yn tarddu allan ar ôl llifo dan y môr o'r Peloponnesus oedd ffynnon enwog Arethusa. Y gred ganoloesol ynglŷn â tharddiad afonydd ydoedd fod eu dyfroedd wedi dychwelyd o'r môr drwy sianelau tanddaearol, cf. *DB*, 25, 'a fford trwydi [y ddaear] y'r dyfred, megys gwythi trwy gorff dyn'. A cf. yn arbennig y syniad fod afonydd Paradwys yn dyfrhau'r holl ddaear, ibid. 27, 'A'r auonoed hynny a ant yn y dayar o vywn paratwys; ac y deyrnassoed ereill ympell yd ant ... Nil ... yn dirgel y kerda yn y dayar hyt yn traeth Mor Rud.' Y mae'n ffaith fod afonydd yn diflannu i'r ddaear mewn parthau tywodlyd ac mewn tiroedd calch, e.e. Gorynys y Balcanau; mewn lleoedd o'r fath, gwelir afon ambell waith yn 'tarddu' yn ei llawn faint, gw. Wright, *GLTC*, 27–8.

Am gyfeiriad yn chwedlau Sinbad at afon a'i gro'n emau, gw. Rhag., t.xliii. Awgryma Letts, *N&Q*, 188, 206, y gall mai adlais sydd yn enghr. y testun o'r hanes yn Pseudo-Callisthenes am Alecsander a'i filwyr yn dwyn yn ôl berlau a meini gwerthfawr o Wlad y Tywyllwch, cf. E. A. Wallis Budge, *The Alexander Book in Ethiopia* (London, 1933), 227.

135.   onyt damwein: Atod.I, 38 *nisi ex fortuito casu*; am enghrau eraill o *damwain* gyda grym adf., 'ar dro siawns, ar antur, drwy hap', gw. d.g. yn *GPC*.

138.   attoeth: Atod.I, 38 *forte*; gw. *GPC*, d.g. *atoedd*. Hon yw'r unig engh. a nodir yno.

141.   voe: am *moe*, sef amr. ar *mwy*, gw. *GCC*, 146, a cf. *eisoes*, *eiswys*. Am y naill afon yn ymarllwys i'r llall, cf. Fyrsil, *Aen.*, VI.297, *aestuat Acheron atque omnem Cocyto eructat harenam*.

145.   hyt pann y mynaccont: rh. mewnol gwrthrychol yw'r *y*.

147.   ni a'e kymerwn: cf. *FfBO*, 45, 'O'r mein hynny ny chymer y brenhin namyn vnweith [neu dwy yn] y vlwydyn ydaw ehun; dieithyr gadu y dlodyon eu kynnull.' Hefyd gw. Rhag., t.xxxviii.

149.   meibon ... yn vyw dan y dwfyr: cf. y cyfeiriad at y plymwyr am

berlau yn ynys Silan (Ceylon), *FfBO*, 45; hefyd *WM*, 470.37-9, 'angerd oed ar gei naw nos a naw diwarnawt hyt y anadyl y dan dwuyr'.
150. **vrth geissaw**: am *wrth* yn dynodi achos, pwrpas, ac yn y blaen, gw. *Celtica*, 3 (1936), 142-3, *GCC*, 128.
gallon: am golli *-t* ar ddiwedd 3 prs. ll. y ferf, cf. n.157 'ny allan'. Diflanasai *-t* yn y cyfryw ffurfiau ar lafar cyn y 12 g. o leiaf, cf. *C*, 2.5, *dygan*; 2.8, *deuthan* (yn odli ag *elgan*).
151. **vot yn vyw**: 'y gallont fyw' a ddywedid yn naturiol heddiw. Ymddengys mai prin iawn yw'r enghrau o'r f. *bywiaf*: *byw* mewn Cym. C., gw. *GPC*; cf. n.181.
152. **dec llwyth o'r Idewon**: sef y rhai a gaethgludwyd gan Salmaneser, y Deg Llwyth Colledig.
153. **Kyt**: gw. *GCC*, 150, *GPC*, d.g. *cyd²*, *cyni²*.
 eissoes: gw. n.21.
 keith: ff. 1. *caeth* (fel e.).
154. **a threthwyr**: gw. n.56.
155. **gyr llaw y lle y byd yr ynys**: Atod.I, 42 *iuxta torridam zonam*; cf. Testun II, 436, 'Yn emyl y wlat a elwir Torrida Zona'. Anodd cyfrif am y trosiad 'ynys', onid oedd copi Lladin y cyfieithydd yn darllen *iuxta insulam* (nid yw Zarncke yn nodi'r amr. hwnnw). Tybed ai Sri Lanka (Ceylon) a olygir? Gellir nodi dwy ystyriaeth o blaid yr awgrym hwn: (i) safle daearyddol yr ynys honno o fewn y gylchfa grasboeth; (ii) yr hynodrwydd a berthynai iddi yn ôl syniad y cyfnod, fel nad yw'n syn pe cyfeirid ati yn y testun. Yr oedd yn hysbys i'r Groegiaid a'r Rhufeiniaid wrth yr enw Taprobane, e.e. Ofydd, *Epistulae ex Ponto*, 1, 5, 80: *ubi Taprobanen Indica tingit aqua*. Ac meddai Isidore o Seville, *Etymologiarum*, lib. XIV, vi.12: *Taprobane insula . . . tota margaritis repleta et gemmis: pars eius bestiis et elephantis repleta est . . . In hac insula dicunt in uno anno duas esse aestates et duas hiemes, et bis floribus vernare locum*. Hefyd, ystyriai Isidore mai dyma darddle'r ddynoliaeth. Cyfeirir ati yn *T*, 5.17, 'deproffani ynys'; a gw. *DB*, 29 a'r nodyn yno, t.119. Hyd yn oed yn y ganrif hon y mae iddi swyn a hudoliaeth, cf. Eifion Wyn, *Telynegion Maes a Môr* (1908), 37, 'Cartre'r haf yw Deffrobani'.

Yn ogystal ag 'island', y mae i *ynys*, fel i'r Gwydd. *inis* a'r Gael. *innis*, yr ystyr 'dôl ar lan afon, tir gwastad ar fin y dŵr,' gw. I. Williams, *ELl*, 29; J. Lloyd-Jones, *Enwau Lleoedd Sir Gaernarfon* (1928), 117; *RC*, 35 (1914), 290; *B*, 17 (1958), 268-9; hefyd cf. S. C. *inch* 'a small island; also, locally, a meadow by a river (as the Inches of Perth)', *OED*. Yn *DN*, 73, 'Aeth hanner gwerth i *hynys/* I wydraw hwn wedi Rhys', y mae'n golygu tir a berthynai i abaty Ystrad-fflur. Digwydd *Yr Ynys* yn enw fferm yn ardal Pennal, a'i thir yn cynnwys y gwastadedd yng nghyffiniau aber afon Dyfi.

156. pryfet: Atod.I, 42 *vermes*. Arferir 'pryf' am anifail (bychan), a hwnnw'n aml yn anifail a helir, e.e. ysgyfarnog. Clywir 'pryf llwyd' yn gyffredin am froch, sef 'badger', a cf. *PKM*, 68, 'y ryw *bryuet* . . . Moch y gelwir weithon'; *AL*, i. 448, 'Tri *phryf* . . . llostlydan a beleu a charlwg'. Digwydd yn yr ystyron eraill 'worm; insect, fly' ynglŷn â sidan yn y testun ac ynghyd â'r 'ednog. ar gwydbet' yn *LlA*, 10. Gw. Ifor Williams, *Hen Chwedlau* (1949), 32.

salamandre: dywaid Aristotlys (*Hist. Anim.*, V.19) fod y salamander yn mynd ohono'i hun i ganol y tân, a hynny heb unrhyw niwed; yn hytrach, fe ddiffydd y fflamau. Ymhelaethir arno gan Aelian, *De Nat. Anim.*, II.31. Cyfeiria Plinius hefyd (*Hist. Nat.*, X.86, XXIX.23) at ei allu i wrthsefyll effeithiau tân, ond y mae'n bur betrus yn ei gylch. Defnyddia Awstin Sant yntau y ffaith hon am y salamander i brofi na lwyr ysir popeth a fo yn y tân (*De Civitate Dei*, XVII.iv). Edrydd Cellini (1500–71), cerflunydd a gof aur, fod ei dad wedi rhoi bonclust iddo pan oedd tua phump oed, fel nad anghofiai byth iddo weld salamander yn y tân y pryd hynny (*The Autobiography of Benvenuto Cellini*, tr. Bull, Penguin Classics, 1956, t.20). Ar lafar yn Arfon golyga *salimander* 'offer a allai wrthsefyll gwres mawr, e.e. procer i danio powdwr du; yn ôl *FC*, 472, "clinker, adhesive mass of coal products such as obstruct the nozzle of a smith's bellows" ', J. Jones (Myrddin Fardd), *Gwerin-eiriau Sir Gaernarfon* (adarg. 1979), 193.

Y gwir yw mai mewn lleoedd llaith y mae'r salamander yn byw. Yn y testun fe'i cysylltir â'r defnydd anllosgadwy asbestos, y gwneir ohono ddillad a lanheir â thân. Y mae hyn yn gyffredin yn yr Oesoedd Canol, ond nid oes sicrwydd pa bryd y dechreuwyd eu cysylltu â'i gilydd, gw. Yule, *MP³*, I.216, a cf. *Caxton's Mirrour of the World* (ed. Prior, EETS, E.S. 110), 75, 'Salemandre, whiche is fedde and nourysshed in the fyre . . . berith wulle of whiche is made cloth and gyrdles that may not brenne in the fyre.' Cf. *salamander's wool*, enw ar asbestos. Yr oedd gan Siarlymaen wisg o'r deunydd hwn, Thorndike, *HMES*, II.242, n.4. Dywaid Gervase o Tilbury (*Otia Imperialia*, Hannover, 1856, t.13) iddo ef weld yn Rhufain rimyn llydan o groen salamander, a bu'n dyst o'r proses o'i 'olchi' mewn tân. Cyfeiria Ieuan Deulwyn at y deunydd hynod hwn wrth sôn am wallt merch, *ID*, 22: 'tebig yw'r galenig lan/ i edafedd gwlad Ifan'.

157. ny allan: am golli -*t*, gw. n.150.

158. y pryfet a wna y sydan: gw. Rhag. t.li. Daw *sydan* o'r H. S. *sīde*, *EEW*, 33.

159. nyddu . . . yw gweith arglwydesseu yn llys ni: cf. 440 'gwisgoed mawrweirthioc . . . a gwraged y llys a'e gwna'. Am gyfeiriadau at waith llaw gan wragedd bonheddig ac eraill, cf. *RC,* 33 (1912), 240, 'Hi [y Forwyn Fair] . . . a lavuryei y nydu gwlan ar hyn ny allei wraged oedyauc y wneithyr hi ae cuplaei en er yeuenctit hvnnv'; *WM,* 226.3-6, 'Ac yno yd oed pedeir morwyn arugeint yn gwniaw pali wrth fenestyr'; *RB,* ii.387, 'yw uerchet y peris ef aruer o gogeil a gwerthyt a nytwyd. A dyscu nydu a gwniaw udunt.' Eto, y mae Iolo Goch, *IGE*², 26, yn cyfeirio at wraig Syr Hywel y Fwyall: 'A'i llawforynion ton teg –/ Ydd oeddynt hwy bob ddeuddeg/ Yn gwau sidan glân gloywliw/ Wrth haul belydr drwy'r gwydr gwiw.' Ac meddai Gruffydd ab Ieuan yn ei gywydd i'r wniadferch, LlGC 5283, 275: 'Os wyt yn gweu sidan gwiw/ Yn un swydd â'r nwns heddiw,/ Haeddych air heddiw ych hun,/ Nis haeddai y nwns euddun.'

Wrth sôn am safonau uchel y Saeson mewn amrywiol fathau o grefftwaith, a hynny cyn y Goresgyniad Normanaidd, sylwa C. L. Barber, *The Story of Language* (Pan Books, 1972), 151: 'They were also famous for their needlework, and the celebrated Bayeux tapestry was no doubt a piece of cultural loot, for it was almost certainly made in England.'

160. **o hwnnw y gwneir pob ryw aruer y'n arderchogrwyd ni**: Atod.I, 43 *inde habemus vestes et pannos ad omnem usum excellentiae nostrae.* Gwelir nad yw'r testun fel y mae yn drosiad manwl o'r Lladin, eto y mae'n foddhaol o ran synnwyr os dehonglir 'aruer' fel 'gwisg, dillad'. Yr ystyr honno sydd iddo yma yn ôl *GPC,* lle y dyfynnir un engh. arall, *YBH,* 50a, 'ti a wisky wisc gwr ymdanat ac yn *aruer* gwr ti a gerdy'; cf. hefyd y S. *habit.* Er hynny, gellir dadlau mai trosiad o *omnem usum* yw 'pob ryw aruer'. Os felly, rhaid cytuno â *LlA,* 290, 'The word *dillat* and a preposition are omitted here.' Disgwylid cyfieithiad tebyg i hyn: 'o hwnnw y mae gennym wisgoedd a brethynnau ar gyfer holl ddibenion ein hardderchogrwydd ni.'

165. **Dyn got**: Atod.I, 46 *adulator* 'gwenieithiwr', ond yn *LlA,* 240, *adulterium.* Fodd bynnag, digwydd y fr. *Adulter non est inter nos* yn Atod.I, 52, ond yno ni chynrychiolir hi yn Gymraeg ac eithrio yn nhestun C (golyga hyn fod C yn cyfeirio ato ddwywaith: 'Dyn god ny cheif lle yno . . . Ny byd neb got yn plith ni'). Sylwer hefyd fod gwahaniaeth yma rhwng y testun Cymraeg a'r Lladin o ran trefn y brawddegau.

166. **yn ynawster ni**: dyma oddrych y frawddeg.

170. **meirch dielw**: cf. Beckingham, *APJ,* 14: 'As Dr Slessarev has remarked, in alluding to the poor quality of his horses (an unusual example of modesty in the letter) he includes one of the best known facts about India.' Yn rhai o'r fersiynau Ffrangeg, fodd bynnag, y mae ansawdd y meirch yn fwy cyson â chywair ymffrostgar y llythyr yn gyffredinol, oherwydd fe honnir eu bod yn gallu dwyn marchog mewn cyflawn arfogaeth am dri neu bedwar diwrnod cyfan heb na bwyd na diod; gw. *MF*, 268, 306, Langlois, *VFMA*, III, 64.

171. kyffelyb a ni: hyn yn bendant yw'r drll. cywir, nid *LlA*, 168, *am*. Prin yw'r enghrau o'r gystrawen ag *a*, ond cf. *R*, 1363. 22, 'Kyffelyp *ar* son y digones'. Yr ardd. *i* sy'n dilyn gan amlaf, fel yn amr. DFG ac yn 207–8, 'kyffelyb yw *idi*'.

172. Ban elom ni ar ryfel: Atod.I, 47 *Quando procedimus ad bella*. Treiglir cyts. fl. *pan* yn aml yn y farddoniaeth, e.e. *C*, 19.3–4, '*B*an wanha. y gnaud'; 42.14–15, '*B*an dywu guas duv diwarnaud attav'; *DN*, 24, '*B*an aeth gwroliaeth ar elawr'; *TA*, 234, '*B*an welais ben i elawr'. Anfynych y digwydd y treiglad mewn rhyddiaith, ac engh. y testun yw'r unig un a nodir yn J. Morris-Jones, *Welsh Syntax* 110–11.

Yn wyneb amr. C *ar ryuel* a'r ymad. cyferbyniol *ar yn heddwch* yn n.178 isod, rhesymol yw dehongli *aryfel* y llsgr. fel y gwneir yn y testun, yn hytrach nag fel *a rhyfel*. Y mae hyn hefyd mewn cydweddiad â llawer o gyfuniadau ar y patrwm *mynd* + *ar* + e., mynd ar encil, ar ffo, ar gyfeiliorn, ar herw, ar bererindod, ac yn y blaen. Cf. ymhellach (1556–64) *Pen* 135, 60, 'kyvodes Ywain ar y chweigeinved o ddireidwyr a lladron ac y ddaeth ef ac wynt *ar ryvel* i flaenev keredigion.' Er hynny, y mae'r dehongliad arall yn bosibl, cf. (1588) Ecclus 46.7, 'Efe a ruthrodd ar y cenhedloedd a rhyfel' (*BCN* mewn cyrch); hefyd yr ymad. Lladin *inferre bellum* 'to carry war against, wage war upon'.

yn lluyd: 'accompanied by an army, in a host', *GPC*; enw un. yw *lluyd*.

173. teir croc ar dec ... vn ym pob kerbyt yn lle arwydon: rhif symbolaidd, a all fod yn sefyll yma am Grist a'r deuddeg disgybl yn ôl Knefelkamp, *JMH*, 14, 345; cf. n.41. Y mae'r croesau'n dynodi byddin o Groesgadwyr, cf. n.42. Gall *yn lle arwydon* (Atod.I, 47 *loco vexillorum*) olygu naill ai 'instead of (ordinary) standards' neu 'as/for standards'. Am *yn lle* = 'yn, fel', cf. 230 'yn lle goleuat'; gw. *BY*, 114, *BR*, 45. O Lombardi yn yr unfed ganrif ar ddeg y daeth sôn gyntaf oll am gerbydau'n cludo ystondardau, gw. Knefelkamp, loc. cit.

176. yn ol pob vn: h.y., yn dilyn pob un, gw. *GCC*, 141.

deudec mil ... a chan mil: rhifedi sy'n cyfateb i'r nifer arferol o filwyr yn adrannau byddin, yma'n symbolaidd yn ôl Knefelkamp, loc. cit.

177. o bedyt o wyr ymlad: Atod.I, 47 *peditum armatorum*. Dealler yr ail *o* fel *o* 'rhwng dau e. mewn cyfosodiad, a'r cyntaf yn llai cyffredinol na'r ail neu'n ei ddiffinio,' gw. *GPC* d.g. o^1, 7, (*b*). Daw *peddyd* 'gwŷr traed' o'r Llad. *pedites*.

heb a uo vrth y pynnvil: am gymal pth. dan reolaeth ardd. a'r rhagflaenydd heb ei fynegi, cf. 241, 'heb a el ac a del o westeion'; gthg. 278, 'heb y rei a uo gossodedic'. Cynrychioli Atod.I, 47 *qui . . . deputati sunt* y mae 'a uo vrth', felly swyddogaeth *wrth* yma yw dynodi 'the object of application. attention, industry or the like', *Celtica*, 3 (1956), 136. Am ystyr arall *bod wrth*, sef 'ymostwng i, cydymffurfio â', cf. *PKM*, 20, 50, a gw. *B*, 1 (1922), 106, *ChO*, 36.

Pynnvil = 'beasts of burden'.
178. **ar yn heddwch**: Atod.I, 48 *simpliciter*; *FTEBA*, t.xxxv, 'pecesably'; isod 453, 'o'r llys bwygilid idaw'. Cf. *FfBO*, 52, 'Pan varchokao ef o wlat y gilyd.'
180. **ysgwthyr**: Atod.I, 48 *pictura*; gw. *BY*, 71–2.
181. **hyt pann del cof**: cf. 454. Nid yw'r f. *cofio* yn digwydd o gwbl mewn Cym. C.; gw. *GCC*, 123.

yn preswyl: 'semper', cf. *T*, 28. 3–4, 'py gynheil magwyr dayar *yn bresswyl*'; *YCM*, 73, 'a'r neb a el yn ymwaneu . . . ny dianc yn iach *yn bresswyl*'. Gw. *ZCP*, 21 (1938), 302, 'Old Welsh *pressuir, adfixa, VVB*, 206 . . . later gave *preswyl* as an adj. meaning "constant, continuous, regular".' Gw. hefyd *CA*, 251, *PKM*, 258. Am enghrau o ystyr debyg, 'gwastadol, parhaus, cyson', sydd i *cyfannedd*, gw. *GPC*.

diodeifeint: am yr amrywiol ff., gw. *GPC*.
183. **yn y briawt voned**: am *bonedd* 'tarddiad, dechreuad, ffynhonnell', gw. *GPC*, d.g., hefyd *FfBO*, 32. Am atgoffa dyn o'i farwoldeb, gw. Rhag. tt.xlii, xlvi.
189. **dan y wybot idaw**: nid oes dim cyfwerth â hyn yn Atod.I, 51, ond cf. *LlA*, 240, *scienter*. Am enghrau eraill o'r ymad., gw. *B*, 8 (1936), 138, 139 (hefyd 136, 137, lle y digwydd heb *idaw*, fel yn amr. C). Yn *B*, 13 (1950), 190, dywedir bod y rh. bl. 'yn sicr yn cynrychioli goddrych y b.e.'. Er hynny, ymddengys y gellir dadlau mai swyddogaeth gystrawennol *ei* yma yw dynodi gwrthrych, nid goddrych, y be., h.y., mai cyfeirio y mae, nid at y person sy'n gwybod, ond at yr hyn sy'n wybyddus iddo, sef (yn y testun) y weithred o ddweud celwydd. Gellir yn hollol deg aralleirio'r cymal 'ac yntau'n gwybod *hynny*', sy'n ategu'r dehongliad a awgrymir.
190. **y byd marw**: am beth tebyg, cf. H. C. Wyld, *Dict. of the Eng. Lang.*, d.g. *outlawry*: 'A legal process whereby a person evading justice . . . was declared outside the law and considered civilly dead.'

ny dodir messur arnaw . . . ny delhir adlo ymdanaw: ymad. tebyg o ran ystyr, 'ni wneir cyfrif ohono', 'ni phoenir amdano'. Am *adlo, dal(a) adlo*, gw. *B*, 1 (1922), 116–18, *GPC*, d.g. *adlo*.
192. **erlynn**: am *erlyn* = 'dilyn', nid 'erlid', gw. *BY*, 96, *GPC*, d.g. *erlynaf: erlyn*, (*b*).

y wironed: engh. o ddefnyddio'r fannod o flaen e. han., gw.

GCC. 14, a cf. G. Melville Richards, *Llawlyfr H. Wydd.*, 68. Am *gwirionedd* fel eb., cf. *C*, 44.12, 'irolev guironet'; *PKM* 21, 'dywedut y wirioned.'

193. wers tragywers: gw. n.28.

195. Pob blwydynn: bron yn ddieithriad yn y testunau cynnar ni threiglir cytsain flaen e. abladol neu ymad. adfl. pan ddaw ar ddechrau'r frawddeg, gthg. 172, a gw. *Treigladau*, 254.

196. Babilon diffeith: gw. n.52.

199. dellir: engh. o *l* ddwbl, nid *ll*.

ryw byscawt... y porffor gwerthussaf: wrth nodi bod sylw tebyg ynglŷn â'r porffor yn digwydd hefyd yn y rhamant Ffrangeg *Eneas*, dywaid Faral, *Recherches*, 163, ei fod yn adlewyrchu dau gamsyniad poblogaidd: (*a*) nid pysgod, ond cregynbysg, yw'r *purpura* a'r *murex*, y ceid ohonynt y nodd a ddefnyddid i lifo deunydd porffor, er mai yn y bennod ar bysgod y mae Isidore, *Etym*. XII, vi. 50, yn sôn amdanynt; (*b*) nid o'i waed y ceid y lliw, ond y mae'r dyb naturiol hon i'w chael yn gynnar, e.e. yng ngweithiau Martial. Yn hytrach, mewn gwythïen wen yn agos i ben y cregynbysg y ceid yr hylif, ac ymhen ysbaid ar ôl ei gymhwyso at y lliain neu'r brethyn, a than effaith goleuni'r haul, y trôi'n borffor; gw. Charles, *Geiriadur Ysgrythyrol*, d.g. *porphor*. Y mae'n bosibl mai dyma'r lliw parhaol a roed ar frethyn gyntaf erioed, ac yr oedd Tyrus gynt yn enwog neilltuol amdano, cf. Fyrsil, *Aen.*, IV.262, *Tyrioque ardebat murice laena*. Tystir i arogl tra annymunol y gwisgoedd a liwiesid yn y modd hwn, Martial, *Ep.*, I, xlix.32; IV, iv.6.

Porffor yw'r lliw brenhinol ac ymerodrol, cf. Dan 5.29, Marc 15–17, Luc 16.19, hefyd yr ymad. S. *born in (the) purple*, e.e. am etifedd brenin. Yn Eglwys Rufain dynoda gardinaliaeth. Dyma'r lliw a gysylltir ag edifeirwch, penyd, ac yn y blaen, cf. *GDG*, 270, 'Mae'm hirffawd, mae ym mhorffor,/ Os byw, rhwng Mynyw a môr.' Y mae *A*, 14.6, 'luchdor y borfor beryerin', yn rhoi inni gip ar olygfa gynhesol, sef neuadd y wledd yn y nos a'i golau'n tywynnu allan drwy'r drws agored, gan ddenu'r pererin yn ei wisg borffor i gerdded i mewn; gw. *CA*, 233.

gwerthussaf: nid oes unrhyw a. cyfatebol yn y Llad. ond cf. amr. C, *gwedussaf*. Er gwaethaf Bodvan, '†*gwerthus*, a. = gwerthfawr', ymddengys yr awgrym (gw. *G* a *GPC*) mai bai am *gwerthuawrussaf* ydyw, yn ddigon teg, yn enw. gan mai hon yw'r unig engh. o *gwerthus* yng nghasgliad slipiau *GPC*.

201. o leoed kadarn: cf. *HGK*, 18, 'y gvnaeth kestyll a *lleoed cadarn* o deuaut y Freinc'.

kenedyloeth dewrhaf ... a hagyr: mewn cyfosodiad â '[ll]eoed kadarn', nid â 'ni'. Am -*th* = -*dd*, gw. Rhag., t.cxi, ac am *hagyr*, Atod.I, 55 *diversiformes*, cf. *LlA*, 241, *deformes*.

203. Amazoneit: yn chwedloniaeth Groeg, cenedl o wragedd rhyfelgar. Cyfeirir atynt yn hanes chwedlonol Alecsander, cf. *The Prose Life of Alexander* (EETS, O.S. No.143), 65.

Bragmanyeit: sonnir amdanynt hwythau yn hanes Alecsander, ibid. 77 ymlaen. Yn ei lythyr at Dindimus eu brenin, mynega Alecsander ei awydd am ddysgu doethineb ganddynt.

204. Y llys ... yndi: eb. oedd *llys* yn gyff. gynt, cf. *PKM*, 15, 'yn y llys hon' (a gw. y nod.); *YBH*, 46b, 'yr llys vrenhinawl'; gthg., fodd bynnag, *LlB*, 1, 'y lys peunydyawl'; *TA*, 399, 'Pa lys a'i frig fal Powls fry?'; E. Wynne: *BC*, 16, 'Llys teg iawn, ac arno ... hanner lleuad'.

205. ar ansawd: Atod.I, 56 *ad instar*; cf. *PKM*, 62, 'Pryf ... ar ansawd llygoden'. Gw. *GPC*, d.g. *ansawdd*, 2. (*c*).

y llys a vrddassawd Thomas Ebostol y Wyndofforus: dengys y Lladin, Atod.I, 56 *ordinavit*, mai 'trefnu' yw ystyr *urddasu* yma, ac nid 'to dignify, honour' fel heddiw. Prin iawn yw'r enghrau ohono yn yr ystyr sydd iddo yn y testun, ond am yr e. *urddas* yn golygu 'trefn', cf. isod 275, 'seith brenhin ... pob vn ohonunt yn y *vrdas*' (*in ordine suo*); *LlA*, 53, 'dayar y tywyllwch yw hi, lle nat oes vn *vrdas* (*ubi nullus ordo*) namyn aruthred tragywyd' (cf. Job 10.22, 'Tir tywyllwch ... a heb drefn'); *BY*, 19, 'megys y keffir yn *vrdas* y Brawdwyr' (gw. y nodyn, t.84); G. Robert: *DC*, 18b, 'na bu er pan wnaed y byd ddim cam ordor na cham *vrddas* ar y planedau'.

Wyndofforus: Atod.I, 56 *Gundoforo*, cf. isod n.471, Gwyndafred. Profwyd yn ddiamheuol fod y brenin Gundaphorus yn berson hanesyddol a deyrnasai ar ran o'r India yn ystod y ganrif gyntaf o Oed Crist. Darganfuwyd yng ngogledd-orllewin y wlad honno ddarnau arian yn dwyn ei enw, er bod peth amrywiaeth yn ei ffurf; gw. CWT^2, III.252; M. R. James, *The Apocryphal New Testament* (Oxford, 1953), 365; *CE*, dan *Thomas, Saint, the Apostle*.

Yr India, yn ôl traddodiad, oedd maes llafur yr Apostol Thomas, ac yr oedd yno gymuned Gristnogol a elwid ar ei enw. Yn yr Oesoedd Canol priodolid iddo wyrthiau lawer. Dywedir ddarfod ei ferthyru yng nghyffiniau Madras (yn yr 'Yndia Eithaf' y gorffwys ei gorff yn ôl 50 uchod). Cyfeiriad sydd yn y testun at yr hanes a geir yn Actau Sant Thomas fod y brenin Gundaphorus wedi cyflogi'r Apostol i adeiladu palas iddo. Fodd bynnag, afradodd Thomas yr arian a gawsai at y pwrpas hwnnw gan y brenin ar elusennau i'r tlawd a'r anghenus. Ffromodd y brenin yn ddirfawr pan ddeallodd hyn a bwriodd Thomas i garchar. Yn y cyfamser, bu farw brawd Gundaphorus, a bu hynny'n gyfrwng i ddatguddio i'r brenin, mewn modd goruwchnaturiol, fod yr Apostol wedi'r cyfan, drwy ei weithredoedd dyngarol, wedi codi iddo balas llawer rhagorach na'r un bwriadedig, sef 'tŷ nid o waith llaw, tragwyddol yn y nefoedd'. Y canlyniad fu rhyddhau Thomas ac ennill y brenin i'r Ffydd Gristnogol; gw. M. R. James, loc. cit. Ar bwys yr hanes hwn, daethpwyd i gysylltu'r Apostol â chrefft y saer neu'r adeiladydd. Yn ôl Englebert, *The Lives of the Saints* (London, 1951), 484, 'He is sometimes represented with a square rule in his hand, and both architects and masons have chosen him as their patron.'

Sylwa Letts, *N & Q*, 188, 247, fod graddau helaeth o debygrwydd rhwng llys y Preutur a llys y frenhines Candace yn hanes chwedlonol Alecsander, yn ogystal â llys y brenin Ahasferus yn Susan, Esth 1.6. Am lys Porus, gw. Rhag., t.xliv.

207. yspoydeu: Atod.I, 56 *officinis*; *LlA*, 241, *OCR*, II.450, *officiis*. '? Sc. error for *yspydeu*, "hospitia"' yw'r sylw yn *LlA*, 291. Y mae'n amlwg mai rhannau o'r adeilad a olygir, a chan fod croeso i westeion a phererinion yn llys y Preutur (gw. 165-7 uchod), anodd rhagori ar *hospitia* 'hospices' fel gair i gyfleu'r union ystyr sy'n gweddu i'r cyd-destun. Nid 'yspydeu', fodd bynnag, a ddisgwylid felly yn Gymraeg. Yn hytrach, y tebyg yw mai 'yspytyeu' (am y ff., cf. *hundyeu, lletyeu*) a oedd ym meddwl y cyfieithydd.

Yn *HMSS*, II.668, cyfieithir *yspoydeu* yn 'wings' (? oherwydd ei ddehongli fel *ysbodau*, sef ff. 1. *ysbáwd* 'shoulder'). Os felly, gellir cymharu'r defnydd o *adain* am ran o adeilad, ac o *braich* am esgair o fynydd neu am bentir.

208. a'e hystyffyleu: am *ystyffwl* 'post, colofn, piler' (weithiau'n ffig.), cf. *C*, 68.15-17, 'Bet deheveint . . . *ystifful* kedwir cadarn'; *WM*, 129.22-3, '*ystyffwl* hayarn mawr oed yn llawr y neuad'; *LlB*, 95, '*ystyffyleu*, amhinogeu, trothwyeu [gaeafdy]'. Yn y testun, ymddengys mai trawstiau 'beams, rafters' a olygir, gan fod y pyst, h.y. pileri'r neuadd, wedi eu nodi eisoes. Yn 221 a 245, fe'i harferir am y trestlau sy'n cynnal bwrdd. Ystyr arall i *ystwffwl* yw 'morthwyl drws', ac yng Ngwynedd fe'i defnyddir am 'staple', gw. *CLlH*, 147. Y mae Ogof *Stwffwl* Glas yn Enlli.

a'e phe[i]thyneu: ar *peithyn*, o'r Llad. *pectin-em*, gw. *CLlH*, 87-8, *BY*, 77-8. 'Teilsen doi (o bridd neu bren)', hefyd 'bricsen', yw'r ystyr, cf. *BY*, 12, 'A'r mur a wnaethpwyt o *beithyneu* pryd berwedic'; *LGC*, 159, 'Pond tew'r peithyndo newydd?/ Pob *peithyn* vinvin a vydd.' Gan fod llurig gennog yn debyg o ran patrwm i do tŷ, nid syn fod enghrau o'r gair yn digwydd mewn disgrifiadau o arfwisg, cf. *GGl*, 193, *TA*, 459.

Am un o ystyron eraill *peithyn*, sef 'the reed of a loom' neu 'slay' (ff. dafodieithol), cf. *LlDW*, 102.16; *D, peithyn* . . . pecten textoris.

209. cethim: sef coed Sittim, y cyfeirir atynt yn y Beibl. Ohonynt hwy y gwnaed Arch y Cyfamod a' r polion i'w chario, bwrdd y Bara Gosod,

NODIADAU 53

ac eraill o ddodrefn y tabernacl, gw. Ecs 25.10, 13, 23; 26.15, 26. 'Coed acasia' yw'r cyfieithiad yn y *BCN* ym mhob un o'r cyfeiriadau hyn.
210. hebenus: cf. Esec 27.15, 'dygasant gyrn ifori ac ebenus [*BCN*, eboni] yn anrheg i ti'. Rhuddin amrywiol rywogaethau o goed trofannol ydyw, a'r math tywyll yw'r gwerthfawrocaf. Ar ôl ei gaboli, â hwnnw'n hollol ddu ac y mae'n nodedig am ei galedwch a'i loywder. Yr oedd eboni mewn bri yn yr hen oesoedd ac yn ôl Solinus fe'i defnyddid gan frenhinoedd yr India i wneud cwpanau, gan y tybid ei fod yn wrthwynebol i wenwyn, gw. *EBr*, d.g. *ebony*. Credid hefyd na ddygai'r goeden a'i cynhyrchai na dail na ffrwyth, gw. *D*, d.g. *ebenus*; Southey, *Thalaba the Destroyer* I (1801), 22. Cyfeirir at goeden o'r fath (ond heb ei henwi) yn chwedl Alecsander, gw. Pfister, *KTA*, 41. Yn y testun, honnir bod y pren eboni'n anllosgadwy – ei galedwch, yn ddiamau, sy'n gyfrifol am y dyb hon. Dywaid Plinius, *Hist. Nat.*, XII.20, nad yw'r pren yn cynnau'n fflam, eithr yn marwlosgi.
212. aual: gw. *GPC*, d.g. *afal*[1], 2.
213. hyt bann oleuhao . . . a'r mein y nos: cf. 230, 328–30, 337–9; *B*, 5 (1930), 212, 'maen carbonclus oed . . . yn y dydhav [ystafell] . . . pan draghei y dyd'; *YBH*, 14a–b; *YCM*, 54–5. Y mae'r syniad fod y carbwncl yn llewyrchu yn y tywyllwch yn bod er yn gynnar. Yr oedd Awstin Sant, e.e., yn cymryd hynny'n ganiataol, gw. Faral, *Recherches*, 97, n.l. Cf. *EML*, 15, 'The twelfth is called Carbuncle, which is like a burning coal' (perthyn y testun, yn ei ff. wr., i'r 11 g.). Dywaid Benjamin o Tudela am lys yr ymherodr yng Nghaergystennin, *JQR*, 16 (1904),729: 'At night time no lights were required, for every one could see by the light which the stones gave forth.' Yn 230 isod, priodolir i'r onics y gallu i oleuo, ac yn 329 i'r topas.
214. Y rannev mwyhaf: Atod.I, 58 *Maiores palacii portae*; cf. 477, 'Y *porth* mawr y'r llys'. Dichon fod amr. *partes* yn digwydd ac mai hwnnw a gynrychiolir gan *rannev*.
216. hyt na allo neb . . . y mywn: yn 478, eglurir sut y rhwystrai'r maen i neb ddod â gwenwyn i mewn i'r llys yn lladradaidd: 'chwys a daw y hwnnw pan del gwenwyn yny emyl'. Cf. Joan Evans, *MJ*, 114:

> Enuenymes to destroye and to detect was, indeed, the chief use of precious stones in the precarious days of the Middle Ages and early Renaissance. Holinshed, describing the death of King John, tells us 'the King suspected (the pears) to be poisoned indeed, by reason that such precious stones as he had about him cast forth a certain sweat as it were bewraeing the poison'. This property of detecting poison was attributed to many stones.

Cf. ibid., 225, *adamas* . . . *venenum fugat et prodit. Dicitur autem sudare si venenum adhibeas.*
220. amestic: Atod.I, 59 *ametisto*.
221. ascwrnn moruil: sef ifori; cf. *LII*, 8, 'tavlbvrd o *ascvrn moruyl*'; *WS*, '*ascwrn morfil*, ivery bone'; gw. hefyd *GPC*, d.g. *asgwrn*.
222. heol: yn ogystal â 'ffordd, stryd', y mae i *heol* yr ystyr 'lle agored, lawnt, buarth, iard, cwrt'. Cf. Esra 10.9, 'a'r holl bobl a eisteddasant yn *heol* [*BCN*, yn y sgwâr o flaen] tŷ Dduw'; Neh 8.1, 'ymgasglasant . . . i'r *heol* [*BCN*, yn y sgwâr] oedd o flaen porth y dwfr'; hefyd adn. 3, 16. Defnyddir y gair yn yr ystyron hyn ar lafar o hyd, e.e. yn Arfon, '*hewl*, farm-yard = buarth; *hewl* yr efal, an enclosed space where horses are placed preparatory to being shod', *WVBD*, 204; ac yn Nyfed, '*Hiol*, a farmyard. The land (excluding the garden) about a farm house and outbuildings', *GDD*, 165; gw. hefyd T. H. Parry-Williams, *O'r Pedwar Gwynt* (1944), 67. Cf. 482, *plas*; gw. *GPC*, d.g. *plas*, (*b*).

Crybwyllwyd eisoes (Rhag., t.xxxii) farn Finlay mai ffeithiau gwirioneddol ynglŷn â'r Ymherodr Manuel ei hun, ei lys, a'i ymerodraeth, yw sail neu gnewyllyn y disgrifiadau o'r Preutur a'i deyrnas a geir yn y llythyr. Yn sicr, ni ellir llai na chytuno bod y sôn am yr 'heol' a'r 'ornestwyr' mor bleidiol i'r farn honno â dim, oherwydd yr oedd Manuel yn eithriadol o hoff o'r twrnamaint (gw. n.3), ac yr oedd y lawnt o flaen ei balas yn enwog ledled Ewrop. Dyma a ddywaid Benjamin o Tudela yn Navarre, a fu'n teithio yn y Dwyrain rhwng 1160 a 1173, *JQR*, 16 (1904), 728-9:

> Close to the walls of the palace is also a place of amusement belonging to the king, which is called the Hippodrome, and every year on the anniversary of the birth of Jesus the king gives a great entertainment there. And in that place men from all the races of the world come before the king and queen with jugglery and without jugglery, and they introduce lions, leopards, bears, and wild asses, and they engage them in combat with one another; and the same thing is done with birds. No entertainment like this is to be found in any other land.

Wele dystiolaeth ddiweddarach, rywdro rhwng 1394 a 1427, gan Schiltberger, *BTJS*, 79: 'In front of the palace is a fine square for tilting, and for all kinds of pastime that might be desired in front of the palace.' Yn y nod., t.228, sylwa Telfer: 'When Edrisi visited Constantinople, circa 1161, sports were held in the hippodrome, which he considered the most marvellous in the universe. It had to be passed before reaching the palace.' Y mae tystiolaethau Benjamin ac Edrisi i fri'r chwaraefa yn gyfamserol felly, i bob pwrpas, ag ymddangosiad cyntaf llythyr y Preutur.

223. ymladwyr yn ornest: Atod.I, 60 *triumphos* (*LlA*, 241, *pugnantes*) *in duello*. Os bernir mai e. yw *ornest* yma, rhaid ystyried *yn* yn gyfwerth â *mewn* mewn Cym. Diw., gw. n.5. Ond er gwaethaf y Llad., gellir yn deg ei ddeall fel be., cf. *YCM*, 164–5, 'dodi deu wr y *ornest* y dangos gwirioned am hynny'. Ornest ? < H. S. *ornest* 'wager of battle', ff. ablawt wahanol ar wr. y S. *earnest*, gw. *EEW*, 110, *OED*, d.g. *earnest*. Diweddar yw'r ff. *gornest* yn Gym.

    Penn y neuad a'e pharwydyd: cyf. anghywir am ddau reswm. Nid pen neu do adeilad yw Atod.I, 60 *Pavimentum*, ond ei lawr, ac nid am y neuadd y sonnir yno chwaith, ond am y sgwâr agored o flaen y llys (prin y byddai to uwchben hwnnw sut bynnag). Y muriau o'i amgylch yw'r *parietes*. Trosir *pavimentum* yn gywir, 'llawr', yn 330.

    Y mae'n werth nodi, fodd bynnag, fod mewn Llad. clasurol un engh. bosibl o *pavimentum* yn yr ystyr 'teilsen doi', cf. Caesar (neu Hirtius), *De Bello Alexandrino* (tr. A. G. Way, Loeb Class. Lib., 1955), 10, *Nam incendio fere tuta est Alexandrea, quod sine contignatione . . .sunt aedificia . . . tectaque sunt rudere aut pavimentis*. Cyfieithir 'tiling', gan ychwanegu'r sylw, 'This seems to be the meaning of *pavimentum* here; elsewhere it is used only of floors.' Gw. hefyd d.g. yng ngeiriadur Lewis a Short.

224. onichino: engh. o fenthyca e. mewn cyflwr traws, sef yn yr un ff. yn union ag y digwydd yn y gwreiddiol Lladin.

225. hyt pann kychwynno ynni yn ymladdwyr: Atod.I, 60 *ut . . . animus crescat pugnantibus*. Mabwysiadwyd drll. B gan fod rhaid wrth 'ynni' i gyfateb i *animus*. Parthed *yn ymladwyr*, y mae tri dehongliad yn bosibl: (*a*) 'mewn ymladdwyr', gw. n.5; (*b*) 'ein ymladdwyr', cf. C, *yn ymladwyr ni*; (*c*) 'yn ein (h)ymladdwyr', gw. n.25 (nid yw absenoldeb *h-* ddilynol yn rhwystr i dderbyn (*b*) ac (*c*), gw. n.7).

    Y tebyg yw mai bai am 'kychwynno ynni' yw 'kychwynno hynny' yn A (dan ddyl. yr 'hynny' arall sydd newydd ddigwydd). Os 'kychwynno hynny' a fwriadwyd yno, fodd bynnag, gellir deall 'hynny' fel 'y rhai hynny', sef pen y neuadd a'i pharwydydd, 'so that those may arouse (incite, encourage) our combatants'. Er nad yw'r trosiad bellach mor ffyddlon i'r gwreiddiol, nid amherir nemor ddim ar y synnwyr, gan fod y syniad o gyffroi yn oblygedig yn y f. *kychwynno*.

    o nerth y mein: Atod.I, 60 *ex virtute lapidis*. Digwydd *nerth* 'rhin, effaith, effeithiolrwydd' ar lafar, e.e. sonnir bod finegr, ac ati, 'wedi colli ei nerth', h.y. wedi egru. Am y rhinwedd a briodolir i'r onics yma, cf. Marbode, *Lapid.*, ix, *onyx . . . multiplicat lites, et commovet undique rixas* (dyf. yn *N & Q*, 188, 246); Joan Evans, *MJ*, 218, *hominem reddit iracundum et animosum*.

226. Yn yn neuad honno: gall mai bai am *y* yw'r ail 'yn', ond cf.

Atod.I, 61 *In praedicto palacio nostro.* Dichon felly mai am 'ein' y saif.
227. **balsamwm**: ynglŷn â'r defnydd ohono i oleuo, gw. Rhag., t.xlvi, a cf. *B*, 9 (1939), 339, 'rac bronn er allavr honno offrymv lamp kyflavn o ireit gverthvaur nyt amgen e balsamvm'. Ceir nodyn diddorol arno yn Schiltberger, *BTJS*, 207–9. Cymh. ymhellach 1 Br 11.36, 'fel y caiff fy ngwas Dafydd lamp ger fy mron am byth yn Jerwsalem'. Eglurir yn *Geir B*, d.g. *lamp* 'y cedwid lamp deuluaidd y cyfiawn yn olau yn wastadol'.
230. **ytinus . . . yn lle goleuat**: Atod.I, 62 *Si vero alicubi propter ornatum sit onichi[n]us* 'ond os oes onics yn rhywle fel addurn'. Y mae'n amlwg fod rhywbeth o le ar y testun gan fod y cymal dan sylw, nid yn unig yn anghytuno â'r Llad., ond hefyd yn ymddangos yn ddigyswllt. Ped awgrymid (gan fod sôn am oleuad) mai cyfeiriad at y sylwedd rhyfedd hwnnw *ystinos* a fwriadwyd yma, ni ellid derbyn hynny heb newid *maen onichinus* yn *maen ystinos.* Ar *ystinos*, gw. *IGE*², 366, *HGCref*, 252, *GDG*, 457; cf. hefyd E. Lewis: *Drex*, 30, 'Solinus sydd yn sôn fod maen y elwir Ystinos yr hwn gwedi ei ynnyn unwaith a lysg yn wastadol: o herwydd pa ham yr oeddynt hwy yn yr amserau a fu yn arfer o wneuthur o honaw Lampau i'r Temlau a'r Beddrodau.'
ragor: yn yr ystyr han., 'rhagoriaeth', cf. *LlA*, 68, 'Mwy lawer yw eu *ragor* hwy (*longe excellentius*) no hynny'; *YCM*, 23, 'y mae amlwc *ragor* Cristonogawl ffyd rac holl dedueu yr holl uyt'. Arno, gw. *CA*, 167, 381; *B*, 1 (1921), 2; ibid., 2 (1925), 307–8; *GCC*, 70.
231. **gweith pedryfual**: Atod.I, 62 *quatuor . . . corneolae* 'pedwar cornelian', sef math o faen lled werthfawr, gw. d.g. yn *GPC*. Ymddengys fod y cyfieithydd wedi camddehongli hyn fel 'pedair cornel' ac mai dyna sy'n cyfrif am 'gweith pedryfual'.
232. **y rei hynny**: nid yw'r lluosog yn gweddu i'r camgyfieithiad 'gweith pedryfual', ond at y pedwar maen y cyfeirir wrth reswm.

yd ardymherer enwired y maen onix: dengys y Llad. na chamddeallodd y cyfieithydd mo'r gwreiddiol, fel yr honnir yn *LlA*, 291. Am briodoli i rai meini gwerthfawr y gallu i wrthweithio effeithiau niweidiol yr onics, cf. Joan Evans, *MJ*, 234, 'Sardonyx . . . Nullam virtutem habet, nisi quod onix nocere non potest ubi sardonix presens est . . . Resistit potestatibus onicis; ac yn arbennig, ibid., Sardius . . . lapis onix nocere nequit. Cum sardius presens fuerit. Quidam dicunt hunc esse cornelium lapidem.' Gw. hefyd Marbode (dyf. gan Letts, *N & Q*, 188, 246). Am *enwired y maen onix*, cf. Joan Evans, op. cit., 41, 'Onyx used as a seal brings sorrow, bad dreams, and quarrels.'
234. **saffyr . . . diweirdeb**: cf. Marbode, v, *qui gestat eum, castissimus esse jubetur* (*N & Q*, 188, 246); *EML*, 23.
237. **pedeir gweith . . . o achos etiueddu**: cf. hanes yr Amasoniaid yn

NODIADAU 57

cyrchu gwŷr bob blwyddyn i genhedlu plant, gw. Caxton, *Mirrour of the World* (ed. Prior, EETS, E.S. 110), 84. Golyga *etiueddu* yma 'ymddŵyn, planta, epilio', cf. *WML*, 80, 'Teithi gwreic yw. dyuot arwyd *etiuedu* idi.'

239. Bersabe: bai yw Bersabee yn y Llad. am *Bethsabee*, sef Bathseba, gwraig Urias, ac yn ddiweddarach gwraig y brenin Dafydd a mam Solomon. Cyfeiriad sydd yn y testun at 2 Sam 11.4, gw. Rhag., t.xlviii. Noder, fodd bynnag, nad Bathseba yw'r wraig dan sylw yn (1605–10) *CRC*, 124:

> Pan oedd Dafydd broffwyd gv
> gan henaint yn gwanhychv
> Beisaets merch oedd yw ymgleddv
> gylch saith mlynedd ar vntv
> ag yw wely main i hael
> heb nai chael nai llygrv.

Ar ôl chwilio drwy holl wlad Israel am ferch i ofalu am y brenin, dygwyd ato Abisag y Sunamees, llances hynod o brydweddol; gw. 1 Br 1.1–4.

240. Vn weith . . . y bwytteir: cf. Alvarez, *Narrative of the Portuguese Embassy to Abyssinia* (Hak. Soc., 1881), 76, 'In this country it is not the custom to give victuals more than once a day, and it is the custom to do that at night, in all the kingdoms and lordships of Prester John.' Cf. hefyd *WM*, 189.27–9, 'Peunyd pob hanher dyd ykymerei ydeu amherawdyr eu bwyt.'

Ef a vwyta: sylwer ar ff. y 3 un. (diweddarach yw *bwyty*); gw. *GCC*, 79.

241. dec mil ar hugeint . . . heb a el ac a del o westeion: cf. 1 Br 4.27; *FfBO*, 51–2, 'naw mil o varwnyeit . . . yn gwassanaethu arnaw . . . yn kael y reid yn llys yr Arglwyd Kan'. Am *heb a el*, gw. n.177.

242. oc: ff. ar yr ardd. *o* o flaen llaf., gw. *PKM*, 183.

244. ysmaracdus: sef 'emerald'. Y ff. heb *y*- sydd fwyaf cyff., cf. amr. C, hefyd Dat 21.19 (*BCN* emrallt).

246. y vedwi: camddarllenwyd yn *LlA*, 170, 'y vedwl'. Am y rhinwedd a briodolir i'r maen hwn, cf. Joan Evans, *MJ*, 218 *Amatiste . . . confortat contra ebriositatem*. Ystyr y Gr. ἀμέθυστος yw 'heb fod yn feddw'.

247. amhinogeu: Atod.I, 67 *fores*. Er mai rhan isaf ffrâm drws tŷ ac yn y blaen, a olygir bellach wrth (*r*)*hiniog*, h.y. y trothwy, sef y pren sy'n gorwedd ar y llawr, y mae iddo'n ogystal ystyr ehangach, 'unrhyw ran o ffrâm drws, capan neu ystlysbost drws; holl ymylwaith drws'.

Gw. *GPC*, d.g. *amhiniog*, hefyd *B*, 2 (1925), 304, ibid., 24 (1971), 179, Ifor Williams, *ELl*, 19. Am y defnydd ohono yn y testun i olygu 'porth, mynedfa', cf. ymadrodd S. fel 'on the *threshold* of a new century'.
248. **discwylua**: gw. n.266.
       y huchet: gw. n.64.
250. **o vein porffiret**: Atod.I, 68 *de porfiritico*; cf. *Con. Oxf. Dict.*, 'hard rock . . . composed of crystals of white or red feldspar in red ground-mass', d.g. *porphyry*.
251. **o waet seirff**: Atod.I, 68 *de serpentino*; 'a wonderful paraphrase', *LlA*, 291. Cf. *Con. Oxf. Dict.*, 'kinds of . . . soft rocks of dark green & other colours sometimes mottled or spotted like serpent's skin, taking high polish & used as decorative material', d.g. *serpentine*.
       alabawstrum: ff. Lad., gw. *GPC*, a cf. *alabastr*.
       Y trayan issaf y'r rei hynny: cynigir y dehongliad hwn o 'yrei hynny' yn y llsgr. ar batrwm 242 'A'r rei hynny' (llsgr. 'arei hynny'). Am *i* yn dynodi perthynas neu fod peth yn rhan o'r cyfan, cf. 152 'Y parth draw *y*'r auon veinawc hon', a gw. GPC d.g. *i*^{2}, 5 (*a*) am ragor o enghrau. Ond y mae'n bosibl mai 'y rei hynny' sydd i'w ddarllen yma, ac ystyried yr *y* o flaen *trayan* yn engh. o'r fannod o flaen e. sydd ag e. genidol pendant yn dibynnu arno, cf. *B*, 10 (1939), 59, '*y* korff kyssygredic y wynuydedic Uargret'; *WM* 154.30, 'meibon *y* brenhin y diodeifeint'; gw. *GCC*, 14, ac yn enw. *BY*, 67–8.
255. **bas**: 'sail, sylfaen, gwaelod', *GPC*, d.g. *bas*^{2} (gw. hefyd *B*, 4 (1929), 343); cf. Isidore, *Etym*. XV, viii.13, *Bases fulturae sunt columnarum, quae a fundamento consurgunt et superpositae fabricae sustinent pondus*. Sylwer bod cenedl y gair yn amrywio yn y testun (eg. yn 256, ond eb. yn 257).
       sef . . . velle: gw. Rhag., t.cviii.
256. **sef . . . breicheu**: gw. ibid.
258. **elchwyl**: amr., gw. *GPC*, d.g. *eilchwyl*.
       vn vreich ar bymthec: yn y testun Cym., collwyd y bedwaredd ris yng nghynnydd nifer y colofnau. Gwelir oddi wrth y Llad. mai'n ôl egwyddor dilyniant geometrig y cynydda eu nifer: 1, 2, 4, 8, 16, 32, 64 (ac mewn rhai fersiynau, 128). Ynglŷn â'r adeilad hynod hwn, gw. Rhag., t.xlvii.
259. **y kerddir ar y gweith**: 'yr eir ymlaen â'r gwaith', gw. n.118.
260. **y lleiheir rif y basseu**: y mae hyn yn amhosibl ac nid yw'r sylw'n digwydd yn y testun Lladin.
262. **gan ysgynnv y vynyd**: Atod.I, 69 *Et sic descendendo diminuuntur columpnae*. Yn ei nodyn ar *descendendo*, eglura Zarncke, *Abh*, 7, 931, mai arwyddocáu'r lleihad yn rhif y colofnau a wna, ac nid dynodi symudiad i lawr y grisiau. Ystyr y frawddeg Lad., felly, yw fod y lleihad

yn nifer y colofnau ar raddfa gyfatebol i'r cynnydd a nodwyd yn barod. Wedi ennyd o ystyriaeth, gwelir bod y trosiad Cymraeg (er nad yw'n cytuno â'r Llad.) yntau'n rhesymegol gywir yn ei ffordd ei hun. Os ystyrir bod *ysgynnv* yma yn golygu symud tuag i fyny o'r naill lawr (*bas*) i'r llall, ceir yr allwedd i'r synnwyr. Dyma ymresymiad y Cymro: esgynner o'r ddaear hyd hanner yr adeilad a chynydda'r colofnau (1–64); esgynner eto o'i hanner i'w frig ac fe leiha eu nifer (64–1).

Ar *y vynyd*, gw. *GPC*, d.g. *fyny*.

266. discwylua: Atod.I, 71 *speculum*, gan gyfeirio, y mae'n amlwg, at y drych gwyrthiol, y sonnir amdano yn rhai o chwedlau'r Oesoedd Canol, e.e. yn *SDR*, 59–60:

> Fferyll . . . a ossodes colofyn ym perued Rufein, ac ar benn y golofyn drych o geluydyt igyrmars. Ac yn y drych y gwelas senedwyr Ruuein, pa deyrnas bynnac a geisynt, na wrthwynepei neb udunt . . . A'r golofyn a'r drych a oedynt yn peri y pob teyrnas ofynhav rac gwyr Ruuein yn vwy no chynt.

Yr oedd y syniad o ddrych y gellid gweld ynddo bopeth a ddigwyddai bellter i ffwrdd yn gyffredin yn y Dwyrain ymhell cyn hyn, gw. Comparetti, *VMA*, 303; hefyd cf. Slessarev, *PJLL*, 49:

> It is the magic mirror that constitutes an addition of Oriental origin. Towers with magic mirrors occur frequently in Arabic tales of wonders and sorcery. A tenth century Arabic story reports, for example, a certain King Saurid who built a mirror from various metals, and with its help he could see all good and evil deeds under the sun.

Diben amddiffynnol sydd i'r drych yn *SDR* fel yn llythyr y Preutur, ac awgryma hyn yn bur sicr mai eu cynsail uniongyrchol yw'r drych a oedd ar un adeg ar ben goleudy enwog Alecsandria. Ceir cyfeiriad at hwnnw gan Benjamin o Tudela, gw. *JQR*, 18 (1906), 685–6, hefyd nodyn Adler yno. Dywaid Benjamin y gellid gweld llongau'r gelyn yn y drych a hwythau eto daith ugain niwrnod o Alecsandria. Cyflwyna Bruun (gw. *BTJS*, 215) farn De Sacy y gall mai cylchau mawrion y seryddwyr (a osodid yn gyffredin ar ben adeiladau uchel fel y goleudy hwn) a awgrymodd i'r Arabiaid, a hwythau mor hoff o adrodd rhyfeddodau, mai'r diben ydoedd gwylio llongau'r Groegiaid yn gadael porthladd. Gw. hefyd Faral, *Recherches*, 79–80.

Ambell waith, y mae'r drych gwyrthiol yn ddigon bychan i'w ddal yn y llaw a'i ddefnyddio i amcanion personol, cf. *Gesta Romanorum* (ed. Oesterley, Berlin, 1872), 428 ymlaen.

Ar y pwnc, gw. yn ogystal Hasluck, *Letters on Religion and Folklore* (1926), 173, 193–5. Gw. hefyd n.273 a Rhag. t.xlvii.

Cyfeirir at y drych rhyfeddol yn *GDG*, 92, a chan Wilym ab Ieuan Hen (*Gwaith Deio ab Ieuan Du*, . . ., Caerdydd, 1992), 96:

> Yn Rhufain yn wir hefyd
> Y bu bost wyneb y byd
> Yn dal drych i'r genedl draw
> Y byd oedd wybod iddaw.

268. **yn hollawl**: 'o gwbl'.
269. **na chyfarwydon**: Atod.I, 71 *machinationes*. Gw. *GPC*, d.g. *cyfarwydd* fel e., 3. Yma golyga 'cynllwynion'.
271. **na pheth**: heddiw disgwylid 'a pheth'. Am y defnydd hwn o *na*, cf. *LlA*, 17, 'A allei ef dywedut pann anet. *na*cherdet.' Diddorol yw dilyn hynt y ddwy engh. sy'n digwydd yn y Litani, (1567) *LlGG*, 11a, 'pawb ar sydd yn ymddeith ar vor *na* thir . . . mewn caethywet *na* charchar'. Yn arg. 1664 newidiwyd yr ail *na* yn *a*, i aros felly hyd heddiw, ond goroesodd y *na* cyntaf (ac eithrio arg. 1700, 'ar for a thir') hyd 1752, pryd y caed 'ar for neu dir', sef y drll. presennol. Awgryma'r cyfnewidiadau hyn y teimlid gyda threigl amser fod blas hynafol ar gystrawen *na*.
273. **y thorri nev y bwrw y'r llawr**: naturiol oedd i'r bobl yr oedd y drych, fel y tybid, yn bradychu eu cynlluniau a'u symudiadau, deimlo'n ddig wrtho a dyfeisio ffordd i'w ddistrywio. Tynged y drych ar ben y goleudy yn Alecsandria fu ei falurio drwy gynllwyn, gw. Benjamin o Tudela, loc. cit. Drylliwyd drych Fferyll yn Rhufain yntau, a hynny drwy ystryw o'r eiddo brenin Apulia, yn ôl y fersiwn o'r stori a geir yn *SDR*, 60, ond gw. Comparetti, *VMA*, 304. Diau mai i arbed ei 'ddisgwylfa' rhag cyffelyb dynged y gosododd y Preutur 3,000 (ac yn ôl y Llad. 12,000) o wŷr arfog i'w gwarchod yn gyson ddydd a nos.
274. **Pob mis**: gw. n.195.
275. **yn y vrdas**: gw. n.205.
277. **a thrychant**: am *try*- 'tri', cf. *trybedd, trywyr*, gw. *CA*, 89, 125.
279. **y bwyttaant beunyd**: gw. n.240.
280. **deudec archescyb . . . vgein escyb**: bob amser bellach, e. unigol sy'n dilyn rhifol fel ans., ond mewn Cym. C. ceir llu o enghrau lle mae'r e. yn ll., gw. *GCC*, 29–30.
282. **yn lle pab**: am *yn lle*, gw. n.173.
283. **Sar[ma]gantius**: nid enw'r gŵr, ond ymgais i drosi Atod.I, 74 *Sarmagantinum* 'o Samarcand'; cf. amr. C, *Sarcingancius*, hefyd 523 *Sarganavicum*.

o Susa: anodd penderfynu ai *osvri, osuxi*, ynteu *ososi* yw drll. y llsgr., ond yng ngoleuni Atod.I, 74 *de Susis*, y mae'n fwy na thebyg

mai'r olaf sydd (neu o leiaf a fwriadwyd) yno. Bu Susa(n) ar un adeg yn un o dair prifddinas ymerodraeth Persia. Bu Nehemia yn y palas yno, ac ar ei orsedd yn Susan y brifddinas y teyrnasai'r Brenin Ahasferus 'ar gant dau ddeg a saith o daleithiau, o India i Ethiopia' (Esth 1.1, 2). Gw. *Geir B*, d.g. *Susan.*
284. gwastadrwyt: cf. *PKM*, 67, 'Ac ynteu [Math] yg Kaer Dathyl yn Aruon yd oed y *wastatrwyd*', sef ei drigfan arhosol neu ei breswylfod.' Gw. *GPC*.
285. A chyniverwch a hynny: 'rhifedi cyfartal', gw. *GPC*, d.g. *cyfniferwch, cyniferwch*.
a daw pob mis yn y lle wy: am gylchdro misol y swyddogion (gw. hefyd 527–9), cf. 1 Br 4.7, 'Yr oedd gan Solomon ddeuddeg rhaglaw yn holl Israel yn gofalu am ymborth y brenin a'i dŷ; am fis yn y flwyddyn y gofalai pob un am yr ymborth.' Gw. hefyd 1 Br 5.14.
287. Abbadev . . . kyfvr[i]fuedi a diwarnodev y vlwydyn: am enghrau o'r rhifedi hwn, cf. 'The Itinerary of Benjamin of Tudela', *JQR*, 16 (1904), 471, 'In Rome is . . . the Colosseum, in which edifice there are 365 sections, according to the days of the solar year'; 728, 'In Constantinople . . . are also churches according to the number of the days of the year'; ibid., 17 (1905), 299, 'a wall of crystal glass . . . with apertures according to the days of the year'; (1766) *CD*, 3, 'pump a thriugain a thri chant . . . Yr unrhyw rifedi sydd o Ffenestri ar Eglwys Salisburi yn Wiltsir' (gw. hefyd *CM*, 33, 85b); (1782) M. Williams, *BM*, 14, 'cynnifer o oppinynau a sydd o ddiwarnodau mewn blwyddyn'.
289. a'r gymeint arall: gw. *Treigladau*, 80, 143.
291. dy brudder di: cf. *RB*, ii.142, 'dy *brudder* di athoethineb'; ibid.. 163, 'gwr goruchel y *brud der* [*sic*] ae synnwyr'; *BT*, 95, 'o *brudder* y gygor'. Daw *prudd* o'r Llad. *prūdens*, ac yr oedd iddo gynt yr ystyr 'doeth', *Elf. Lad.*, 46.
pa achos na adawyd: Disgwylid 'na ad ein goruchelder ni'. Am *pa achos* 'for what reason', gw. *PKM*, 173.
295. teilygdawt: nid 'worth(iness), merit' fel heddiw, ond 'safle uchel, statws', cf. *RB*, ii.44, 'ymhoelut ar y hen *deilygdawt* ae rydit'; ibid., 55, 'yn aruer o vn *teilygdawt* ac o vn gyfreith'; *LlA*, 2, '*teilygdawt* yr ebestyl (*apostolica dignitas*)'; gw. *PKM*, 98, *BY*, 95.
296. sef yw hynny: llsgr. 'sef yw y hynny', a dichon fod *rei* wedi'i golli. Y mae drll. C, 'sef yw hynny', yn gwbl foddhaol, fodd bynnag; gw. n.125.
297. primas: o Lad. Diw. *Primas* 'y prif swyddog eglwysig mewn gwlad', cf. S. *Primate*. Ceir enghrau yn *IGE*², 42, 85, ac yn yr eirfa yno rhoir iddo'r ystyr 'penadur'. Gw. ymhellach *GDG*, 461.
299. marscal: cf. S. C. *mar(e)scal* < H. Ffr. *mareschal* < Llad. Diw. *mariscalcus*. Am enghrau eraill o'r ff., gw. *GPC*, d.g. *marsial*¹.

archimandrita: gair Llad. C. (bnth. o'r Roeg), yn golygu pennaeth mynachlog neu gwfaint yn yr Eglwys Roegaidd; gw. Rhag., t.xxviii.

302. o achaws vfvylldawt: o ran y gwyleidd-dra neu'r hunanddibristod, cf. arfer y Pab o'i alw ei hun yn *servus servorum Dei* mewn dogfennau swyddogol, e.e. yn Atod.II, 1 isod.

305. ar lled: am galedu *l* i *ll* ar ôl *ar*, gw. *CLlH*, 77, 102, a cf. isod 344, 'ar llawr y nevad', ond gthg. 332, 'ar lvn nodwyd'. Am ehangder tir y Preutur, cf. *FfBO*, 52, 'Kyflet yw kyuoeth yr Arglwyd Kan ac na ellit y gerdet yn chwe mis.' Hefyd Esth 1.3: 'Daeth . . . y penaethiaid a thywysogion y taleithiau o'i flaen [Ahasferus], a threuliodd yntau amser maith, sef cant wyth deg o ddyddiau, yn dangos iddynt gyfoeth ei deyrnas odidog.'

306. hagen: gw. n.33; teimlir, fodd bynnag, fod ei angen yma (fel yn 287 a 311) i bwysleisio'r cyferbyniad.

307. syr y nef a thywot y mor: gw. Rhag., t.xlviii.

ryfvaw: ynglŷn â'r sêr a'r tywod, yr ystyr arferol 'cyfrif fesul un' sydd i *rhifo*, ond yma golyga 'nodi maint, mesur: to calculate, reckon, measure'. Gw. hefyd *PKM*, 128, *HGK*, 56.

311. moe: gw. n.141.

y hvchet a'e thecket: gw. n.64.

313. y leindit: ff. wr. yr e. *glendid*; am enghrau eraill, gw. *GPC*.

314. pwyll: yma = 'ystyr', cf. *LlA*, 147, 'llyma *pwyll* y pater ae dyall'; *YCM*, 167, 'y dyeill y lleodron . . . *pwyll* yr ymadrawd a darlleont'; (1567) *LlGG* (Sall), d.d., 'Psallwyr . . . wedy ei Gambereigaw yn nesaf ac 'allit, a' chadw'r *bwyll*, i'r llythyr Ebrew.' Esboniad o eiddo'r cyfieithydd yw'r cymal *sef . . . dvw*.

trwy y hun: am ragfynegi genedigaeth mab drwy gyfrwng breuddwyd neu weledigaeth, cf. *LlA*, 105, 'ac y hwnnw yr ymdangoses angel yn y hvn a dywedut wrthaw . . . dyro dylyet y tir ygadw y vab ny anet etwo. ef bieiuyd deu le hyt dydbrawt'; Luc 1.13-15, 'bydd dy wraig Elisabeth yn esgor ar fab i ti, a gelwi ef Ioan . . . mawr fydd ef gerbron yr Arglwydd; ibid., 31-3, 'byddi . . . yn esgor ar fab, a gelwi ef Iesu. Bydd hwn yn fawr, a Mab y Goruchaf y gelwir ef . . . ac ar ei deyrnas ni bydd diwedd'; gw. hefyd Rhag., t.xlviii.

316. brenhin y brenhined . . . dayarolyon: cf. Rhag., t.cvi.

319. or byd: yn y modd mynegol gan amlaf y mae'r f. sy'n dilyn y cys. *or* (< *o* + *ry*), ond gthg. 320, 'or bei'. Gw. *GCC*, 153.

320. or bei gyn wannet: dengys y rhan fwyaf o'r enghrau gan y treiglid y dibeniad yn y gystrawen cys. + *bei* + dibeniad, ond lle ceir ffurfiad annibynnol ar *bei* cysefin y dibeniad sy'n dilyn yn ddieithriad, cf. 340, 'Bei kynn vrasset'. Gw. *Treigladau*, 326-7.

NODIADAU

321. **y mywn y nevad**: gw. n.69.
322. **a chyt bwyttaei**: am *kyt* = 'pe' gyda'r amhff. dib. ar ôl *a*, gw. *GCC*, 150.
323. **anrec**: 'saig, cwrs o fwyd', cf. 550, a gw. *GPC*.
     a chyny bei: 'a phe na bai', gw. *GCC*, 150.
324. **yr ban**: am y tr., cf. 213 a 328, 'hyt *b*an(n)'. Ceir rhagor o enghrau o'r olaf yn *GPC*.
326. **Edrych ar yr awyr a oruc**: a barnu wrth Atod.I, 87, 88, y mae'r cyfieithydd mewn trafferth ac yn ymbalfalu yma. I ddechrau, collodd y cymal sy'n disgrifio gwneuthuriad y neuadd. Wedyn, gellir awgrymu iddo ddarllen (neu gamddeall) *praecepit* fel *percepit* a'i gysylltu â *caelum*, gan ddehongli hwnnw fel 'awyr, ffurfafen' yn hytrach nag fel 'to, nenfwd'. Dyma'r unig engh. o *goruc* yn Nhestun I; cf. 471.
     Ef a welei fvrvedigaeth: amlygir camddealltwriaeth o *praecepit* yma eto. 'Ef a orchmynnodd wneuthur' fyddai'r trosiad cywir.
327. **o'r gloywhaf saffir . . .** : â'r cyfeiriadau yn yr adran hon at effeithiolrwydd llewyrch y meini gwerthfawr a'r awgrym fod hwnnw'n gwneud goleuni'r haul a'r lleuad yn afreidiol, cf. Dat 21.23: 'Nid oes ar y ddinas [y Jerwsalem Newydd] angen na'r haul na'r lleuad i dywynnu arni, oherwydd gogoniant Duw sy'n ei goleuo, a'i lamp hi yw'r Oen'; hefyd 22.5. Gw. ymhellach n.213.
328. **gwedy gossot**: y mae'r rh. prs. *y* 'eu' yn gynwysedig yn 'gwedy', cf. 334, 'wedy rylehau'. Gthg. *BD*, 76, un o'r guladoed goreu . . . guedy *y* ry darystvng ynn'; ibid., 125, 'y savl dylyedogyon . . . guedy *eu* ry lad'.
     hyt ban: gw. n.324.
329. **y gwir nef**: eg. oedd *nef* yn gyff. gynt; gw. *GPC*.
     ar vot y syr: Atod.I, 88 *in modum stellarum* (cf. ibid., 89 *ad modum acus*, a drosir yn 332 isod 'ar lvn nodwyd'). Cf. *ChO*, 3, 'edyn Seint Martin, a bychan yw *aruod* dryw', h.y. 'at faint dryw, megis dryw', gw. y nodyn arno, t.33. Ceir yno hefyd enghrau o *aruod* yn gyfystyr â *tua*, e.e. (*SG*) *HMSS*, I.318, 'hwy yw ef o *aruod* troetued no gwr arall' (byddai cyfieithu hyn yn 'he is taller by something like a foot than anyone else' yn dangos yn glir fod y syniad o debygrwydd yn oblygedig o hyd). Wele ragor o enghrau o gasgliad slipiau *GPC*: *LlDW*, 35.11–12, 'esaraehet honno aderkeuyr *ar vod* ehaner en vuy'; *LlA*, 61, 'goleuni *ar uod* ygroc' (*in modum crucis*); *B*, 4 (1928), 194, 'y kyvarvv y kythrel ac ef *ar vodd* dyn bydol' (*humana specie adsumpta*); *Mos*, 113, 49, 'siegker o ddu, ac amrafael o liw *ar fodd* [*Pen* 127, 207, 'ar vath'; *Card* 4.265, 'ar ddull'] bwrdd i chware ir gwyddbwll [*sic*] arnaw'. Gw. *GPC*, d.g. *arfodd, modd*[1] – *ar fodd*.
330. **yn golevhav**: gw. n.213.

332. **ar lvn**: gw. n.329.
   y mywn: gw. n.69.
333. **wedy yr ossot**: amr. ar y geiryn *ry* yw *yr*. Y mae'r rhagenw a saif am wrthrych y be. yn eisiau, cf. *B*, 9 (1939), 330, 'guelet y dreic coch wedy yr vwrw y dan vyn traet'; hefyd 334 isod, 'wedy rylehau'. Gw. *GCC*, 113.
335. **kvfvd**: gw. n.64.
   kyfvref: 'o'r un trwch neu braffter (â)', *GPC*.
336. **amgyfret**: bellach, ystyr yr e. *amgyffred* yw 'gafael â'r meddwl, dirnadaeth', ond mewn Cym. C. gallai olygu 'gafael â'r llaw neu â braich', cf. *WM*, 129.22–4, 'ystyffwl hayarn mawr . . . *amgyffret* milwr ymdanaw'. Gw. *GPC*, *B*, 5 (1930), 243–4.
337. **kymein**: ff. ar *cymaint*, gw. *GPC*. Digwydd *cimin* ar lafar yn y Gogledd.
   grenn: 'llestr mawr, cerwyn, twb, crwc, cawg', gw. *GPC*; cf. *LlCy*, 5 (1958), 35, '*Gren* a Desgl Rhagennydd Ysgolhaig'.
339. **Pa achos**: gw. n.291.
340. **Bei kynn vrasset**: gw. n.320.
342. **o vchel**: nid grym 'from' sydd i *o* yma, a chyfieither 'at the top', 'in the upper parts'; cf. *od uch*, *CA*, 107–8. '*From* the top', fodd bynnag, yw ystyr *o uchel* yn *Pen* 14, 39, 'y digwydus enteu *o uchel* hyt yg gvaelavt y pydew'. Cf. *DB*, 59, 'Gwynnyeu y deheu a wnant y tymestleu muyhaf en e mor, canys *o issel* (*ex humili*) y chuythant.'
343. **y vychanet a'e ardistrvhet**: Atod.I, 92 *tam exiguum, tam subtile*. Am *arddistru* 'bychan, eiddil, distadl', gw. *GPC*, d.g. *arddustru* (Atod.), hefyd n.64.
   y vedylyaw: 'dim . . . y gellir meddwl amdano' a ddywedid heddiw; cf. *LlA*, 92, 'llunyaw nev *vedylyaw* dwy yscubell o van adaued'.
344. **bei yt uei**: sef y ff. a roes *pedfai* yn ddiweddarach. Cf. *R*, 1277.15, '*Betuei* vyw'; (*SG*) *HMSS*, I.60, '*peituei* ymi varch'. Gw. *GCC*, 154, *Treigladau*, 327, *DB*, 129.
   ar llawr: am y calediad *l* > *ll*, gw. n.305.
345. **arnei**: am y gystrawen, cf. (*c*.1400) *DB*, 33, 'dinas . . . a chan porth euydawl *arnei*'.
   Pa achos: gw. n.291.
348. **Ygkyfenw**: am *cyfenw* 'anniversary', ac enghrau o *yng nghyfenw* (hefyd *ar gyfen*(*w*)), gw. *GPC*. Am arbenigrwydd dydd pen-blwydd a dydd coroni, cf. *FfBO*, 53, 'vn [wledd] ynghyueir y dyd y ganet . . . y betwared ynghyueir y dyd y koronhawyt'. Yr oedd seremoni gwisgo'r goron yn bwysig iawn yng ngolwg y brenhinoedd Normanaidd pan fyddent yn cynnal llys adeg y Nadolig, y Pasg a'r Sulgwyn. Yn *BD*,

157–60, ceir hanes y wledd fawr yng Nghaerllion ar Wysg ar y Sulgwyn ac Arthur yn 'guisgav coron y priawt teyrnas am y ben'.
349.   y mywn: gw. n.69.
351.   a chy darffei: am *cy-* 'pe', gw. *GPC*, d.g. *cyd³*.
352.   o'r yssyd: gw. n.41.
357.   o'e: 'i'w', gw. *GPC*, d.g. *o⁵*, a cf. 528 isod.
358.   kyny: 'er nad', gw. *GPC*, d.g. *cyd³*.
       Y oddunet: anodd bod yn sicr sut y mae dehongli *yaod*/*duunet* H. Naturiol fyddai drll. *y adduunet*, gan ystyried yr *o* yn wall. Ond diogelach efallai yw tybio bod y copïydd wedi sylweddoli ei gamgymeriad ar ôl ysgrifennu *a*, ac yna wedi ychwanegu *o* heb gofio dileu'r *a*; cf. 42, *ouunet* (eidunet C); 45, *Godunet* (Gouunet C). Yn *godduned* gwelir naill ai engh. o *f* ac *dd* yn ymgyfnewid, cf. *Eifionydd, Eiddionydd*, neu efallai ffrwyth cymysgu'r cyfystyron *gofuned* ac *adduned*, fel yn *gwystfil* < *gwyddfil* a *bwystfil*.
       holl: am *holl* yn dilyn enw, cf. *LlDW*, 23.14, 'guedhyll ekanuylleu *holl*'. Gw. *GPC*, d.g. *oll*, 2 (*d*).
359.   lluydd: gw. n.172.
360.   vuydhau . . . Grist: am *ufuddhau* fel ba., gw. n.47. Dyma'r dehongliad naturiol yma hefyd, 'ufuddhau ei oruchelder i'r Arglwydd Grist', gan fod 'yn goruchelder ni' yn digwydd amryw weithiau yn Nhestun I (13, 37, 228, 292, 300). Dehongliad arall posibl ond nid mor dderbyniol, yw 'ufuddhau i oruchelder yr Arglwydd Grist'.
362.   Tair India: gw. Rhag., t.lxi.
       Yr India diwaetha: cf. 50, 'o'r Yndia Eithaf' (*ab ulteriore India*).
371.   lleot: am golli *w* gytsain weithiau o flaen *o*, cf. *athraon, canaon, Ideon*; gw. *GCC*, 4.
372.   eirth gwynyon: gw. n.60.
       meurule: cf. Atod.I, 14 *merulae* ('blackbird, ousel, merle'), hefyd uchod 60, mwyeilch. Digwydd y ff. *merwys* yn yr un ystyr, ond o (1803) *P* y daw'r unig engh. o honno a nodir yn *GPC*.
375.   kuuyd: gw. n.64.
377.   amdler: amr. ar *amlder*, gw. *GPC*.
378.   nyt a'r gywenwyn: felly H, ond ceir bwlch yn J, 'nyt arg[   ]wenwyn', cf. 68, 'nyt argyweda neb ryw wenwyn'.
396.   [y s]arffot poethyon: cf. Atod.I, 26 *serpentes assos*. Am *poeth* 'wedi llosgi, llosg, llosgedig', cf. yr e. lle *Coed-poeth*, hefyd *Burntwood* yn swydd Stafford.
       deisiau: ff. 1. yr e. *das*, cf. 97, gruceu (*acervos*). Y mae'r ff. *tas* yn gyff. hefyd.
399.   y fynydd Oliver: cf. Atod.I, 27 *montis Olimpi*; uchod 101, 'y dan vynyd Olimpy'. Credid gynt mai ar fynydd Olifer (Mynydd yr

Olewydd) y cynhelid y Farn Fawr, cf. *C*, 26.12–27.1, 'A chin deginullemne eilivert vedit' (gw. nod., t.119); *IGE*², 24; ibid., 79, 'Ar ben *Mynydd*, lle'i bydd barn,/ I gyd, *Olifer* gadarn'; *Mos* 136, 155, 'Pan fo'r trillu'n dih[u]naw/ Ar drum fawr *Olifer* draw'. Digwydd y ff. *Olifed* hefyd, cf. *IGE*², 72, 'Yno bydd . . ./ Lefain ym Mwnd *Olifed*'. Gw. y nodiadau yn *IGE*², 350, 384 (dan *Siosoffad*).

402. **adnewyda chweith**: cf. 103, 'symut y vlas' (*Variatur . . . sapor*). *Chwaith* oedd ff. wr. yr e. *chwaeth*, gw. *GPC*.

405. **deg mlwydd ar ugeint**: gw. n.109.

414. **mor r[yf]et**: 'mor r[   ]et' sydd yn J, a phrin y gellir adfer y testun ond drwy gynnig darllen *ryfet*, cf. 117, 'Llyna heuyt beth ryued . . . Mor tywawt ysyd yno.' Ar y llaw arall, gan fod y copïydd wedi cael anhawster i ddehongli'r gair, ac yn enwedig yn wyneb y Lladin *harenosum mare*, gellir awgrymu mai *tywot* oedd yn ei gynsail, cf. ll.421 uchod, 'y mor tyfot'.

432. **ae . . . ai**: *ae* yw'r ff. mewn Cym. C., cf. *T* 27.26, '*ae* corff *ae* eneit'; *WM*, 24.26–8, 'taraw . . . *ae* a'e droet *ae* a throssawl'; ibid., 27.16–18, 'rod . . . *ae* o gae, *ae* o uodrwy'. Diamau mai diweddariad gan John Jones yw *ai* yma.

437. **y byt by[w] . . . ny vyt byw**: gw. *Treigladau*, 335–9.

438. **pan**: am *pân* 'cloth, fur, ermine', gw. *CA*, 65; cf. *DGG*², 67, 'Ai celwydd wedi'r Calan/ Wisgo o bawb wisg o *bân*?' [i'r eira]; *W*, d.g. *down* [*soft wool or hair*]; ibid., gwlaniach (*pân*) a fydd ar rai aeron, d.g. *lanugo* [*in Botany* . . .].

440. **gwraged y llys a'e gwna**: gw. n.159.

445. **achanoc**: gw. n.43.

446. **ossymdeith**: 'ymborth, lluniaeth, cynhaliaeth', gw. *GPC*, d.g. *gosymdaith*.

447. **kynghawal**: ? amr. ar *cyhafal*; am hwnnw, gw. *GPC*.

452. **kapplanieit**: y mae *nieit* yn eglur yn H, ond nid felly ran gyntaf y gair, a *kapplanieit* oedd fy nehongliad i ohono ar y cyntaf, dehongliad y tueddaf (er yn betrus) i'w arddel o hyd. Gwyddom fod 365 ohonynt (gw. 287–8), ond bychan iawn o nifer yw hynny i'w grybwyll ar yr un gwynt â'r holl filoedd o filwyr. Yn J, fodd bynnag, *Sarasinieit* yw'r drll., ond tybed a ddisgwylid eu cael hwy ym myddin llywodraethwr o Gristion? Fe'u hystyrid yn elynion i Gristnogaeth yng ngwledydd Ewrop yng nghyfnod y Croesgadau. Nid yw'r Lladin chwaith yn help i dorri'r ddadl gan mai'r rhai a ofalai am y celfi a'r cerbydau ac am gyflenwi rheidiau'r fyddin a nodir yno (Atod.I, 47), cf. 177–8. Gellir efallai awgrymu i *sarcinis* fod yn dramgwydd i'r cyfieithydd.

A phan el . . . o'r llys bwygilid idaw: gw. n.178.

454. **y dyuot cof idaw**: gw. n.181.

NODIADAU

457. **adnabot**: 'sylweddoli, deall', gw. *GPC*, d.g. *adwaen*: *adnabod*, 4. (*c*).
461. **kyn ny chreder**: 'gan na chredir', gw. *GPC*, d.g. *cyni²*.
467. **y gyuoeth ef**: am *cyfoeth* 'gwlad, tiriogaeth, teyrnas', gw. *PKM*, 103, a gthg. n.7 uchod.
    dybryt yw kerdd: am *dybryt*, cf. n.201. Anodd esbonio *cerdd* yma a diau mai camgyfieithu sy'n cyfrif amdano. Gall olygu 'cerddediad, symudiad', gw. *GPC*, d.g. *cerdd²*.
469. **Amazones a Bwrganis**: gw. n.203.
471. **a oruc**: dyma'r unig engh. yn Nhestun II; cf. n.326. Am y llys a adeiladodd yr Apostol Thomas i'r brenin, gw. n.205.
    Gwyndafred: cf. n.205, Wyndofforus.
472. **braswyd**: 'coed mawr', cf. 208, 'Pyst y neuad a'e hystyffyleu a'e pheithyneu'. Am *pren bras* ynglŷn â thŷ, cf. *LlDW*, 99.7.
476. **Ny welir namyn yn eur**: y mae'r testun yn llwgr.
484. **onusius**: cf. 224, 'o onichino'.
485. **o nert[h] eu meyrch**: diamau fod camddarllen yma, gw. n.225.
488. **pedwar mein**: cf. Atod.I, 62 *quatuor . . . corneolae*. Y mae'r trosiad hwn yn amlygu gwell dealltwriaeth o'r Llad. na 231, 'gweith pedryfual'.
495. **Bersabe**: gw. n.239.
496. **Dwyweith**: gthg. n.240, 'Vn weith'.
505–11. cf. n.258, lle y gwelir bod y cynnydd yn nifer y colofnau yn ôl dilyniant geometrig; yma, fodd bynnag, dim ond am un ris yn y cynnydd y mae hynny'n wir, gan fod y gweddill yn hollol afreolaidd.
511. **fegis y maent fwyfwy . . . y waeret**: gw. n.262.
516. **a geissiaw**: 3 un. pres. dib., ond newidiodd y copïydd -*o* yn -*aw*, fel petai'n trafod y be.
523. **Sarganavicum**: gw. n.283.
528. **o'e**: 'i'w', gw. n.357.
536. **primas**: gw. n.297.
    y wallofyat: cf. 297, trvllyat (*pincerna*).
538. **y farsgal**: gw. n.299.
541. **llet**: 'lletach', gw. *GPC*, d.g. *lled²*.
543. **noethweith**: nis ceir yn *GPC*; ? amr. ar *nosweith*, cf. *beunoeth/ beunos*, hefyd *drannoeth* a'r Cym. C. *henoeth* 'heno'.
545. **y'r mab a enir yt**: gw. n.314.
547. **byeuuyd**: 3 un. dyf., gw. *GCC*, 53.
548. **deuawt**: 'nodwedd', gw. *GPC*, d.g. *defod*, (*a*).
550. **kyn llawnet**: gthg. 322, 'yn gyn lawnet'.
    a chyn caffei: am *cyn* = 'pe', gw. *GPC*, d.g. *cyd³*, *GCC*, 150.
    anregion: 'seigiau', gw. n.323.

554. uelly: diweddarwyd yn *felly* yn J fel y disgwylid, ond yng ngoleuni ll.234–554 dichon y byddai'r frawddeg yn fwy ystyrlon pe gellid gweld yma gyfeiriad at 'ystafell wely' mewn orgraff hŷn, gydag *u* am *w* (cf. 428, ffr*u*t 'ffrwd', ac efallai 567, dy*u*awt 'dywawd'), ac *ll* = *l* ddwbl. Rhaid nodi, fodd bynnag, mai diweddarach yw'r enghrau cynharaf o *ystafell* (*ei*) *wely*, ac yn y blaen, yng nghasgliad slipiau *GPC*: (1588) 2 Sam 4.7, 'yn gorwedd . . . o fewn *stafell ei wely*'; (1620) 2 Br 6.12, 'y'nghanol dy *ystafell wely*'; (1632) *D*, *ystafell gwely* d.g. *dormitorium*; ibid., *ystafell wely* d.g. *exedra*; (1693) *Hyfforddwr Cyfarwydd*, 57, *stafell-wely*.

556. cuuyd: gw. n.64.

557. a chyfre[t] deuwr: 'â chyffred deuwr'; am *cyffred* 'estyniad: reach', gw. *GPC*, d.g. *cyffred*[1], a cf. 'amgyfret devwr', n.336.

563. arnei: gw. n.345.

564. kyfnot y'r dyd y ganet: 'on the anniversary of his birthday', cf. (1588) 2 Sam 11.1, y*ng-hyfnod* y flwyddyn (*BCN*, 'Tua throad y flwyddyn'; *RV*, 'at the return of the year'). Cf. hefyd 348, *Ygkyfenw*, a gw. y nod. yno.

565. pan wisco goron y vreninyaeth: gw. n.348.

567. Corstinobyl: gw. n.3.

ATODIAD I

Testun beirniadol Lladin a gyhoeddwyd gan Friedrich Zarncke, *Abhandlungen königlich-sächsische Gesellschaft der Wissenschaften, Philologisch-historische Klasse*, vol. 7 (Leipzig, 1879) 909–24

1. Iohannes presbiter, potentia et virtute Dei et domini nostri Iesu Christi rex regum terrenorum et dominus dominantium, Emanueli, Romeon gubernatori, salute gaudere et gratia ditandi ad ulteriora transire.[1]
2. Nuntiabatur apud maiestatem nostram, quod diligebas excellentiam nostram et mentio altitudinis nostrae erat apud te. Sed per apocrisiarium nostrum cognovimus, quod quaedam ludicra et iocunda volebas nobis mittere, unde delectaretur iusticia nostra. 3. Etenim si homo sum, pro bono habeo, et de nostris per apocrisiarium nostrum tibi aliqua transmittimus, quia scire volumus et desideramus, si nobiscum rectam fidem habes et si per omnia credis in domino nostro Iesu Christo. 4. Cum enim hominem nos esse cognoscamus, te Graeculi tui Deum esse existimant, cum te mortalem et humanae corruptioni subiacere cognoscamus. 5. De consueta largitatis nostrae munificentia, si aliquorum, quae ad gaudia pertinent, habes indigentiam, per apocrisiarium nostrum et per scedulam dilectionis tuae nos certifica et impetrabis. 6. Accipe ierarcham in nomine nostro et utere tibi, quia libenter utimur lechito tuo, ut sic confortemus et corroboremus virtutem nostram ad invicem. Tigna quoque nostrum respice et considera. 7. Quodsi ad dominationem nostram venire volueris, maiorem et digniorem domus nostrae te constituemus, et poteris frui habundantia nostra, et ex his, quae apud nos habundant, si redire volueris, locupletatus redibis. 8. Memorare novissima tua et in aeternum non peccabis.
9. Si vero vis cognoscere magnitudinem et excellentiam nostrae celsitudinis et in quibus terris dominetur potentia nostra, intellige et sine dubitatione crede, quia ego, presbiter Iohannes, dominus sum

---

[1]Argreffir §1 yn y ffurf sy'n cyd-fynd â rhyngosodiadau AB; gw. Rhag. t.cvi.

dominantium et praecello in omnibus divitiis, quae sub caelo sunt, virtute et potentia omnes reges universae terrae. Septuaginta duo reges nobis tributarii sunt. 10. Devotus sum christianus, et ubique pauperes christianos, quos clementiae nostrae regit imperium, defendimus et elemosinis nostris sustentamus. 11. In voto habemus visitare sepulchrum domini cum maximo exercitu, prout decet gloriam maiestatis nostrae humiliare et debellare inimicos crucis Christi et nomen eius benedictum exaltare.

12. In tribus Indiis dominatur magnificentia nostra, et transit terra nostra ab ulteriore India, in qua corpus sancti Thomae apostoli requiescit, per desertum et progreditur ad solis ortum, et redit per declivum in Babilonem desertam iuxta turrim Babel. 13. Septuaginta duae provinciae serviunt nobis, quarum paucae sunt christianorum, et unaquaeque habet regem per se, qui omnes sunt nobis tributarii. 14. In terra nostra oriuntur et nutriuntur elephantes, dromedarii, cameli, ypotami, cocodrilli, methagallinarii, cametheternis, thinsiretae, pantherae, onagri, leones albi et rubei, ursi albi, merulae albae, cicades mutae, grifones, tigres, lamiae, hienae . . . boves agrestes, sagittarii, homines agrestes, homines cornuti, fauni, satiri et mulieres eiusdem generis, pigmei, cenocephali, gygantes, quorum altitudo est quadraginta cubitorum, monoculi, cyclopes et avis, quae vocatur fenix, et fere omne genus animalium, quae sub caelo sunt . . .

21. Terra nostra melle fluit lacte habundat. In aliqua terra nostra

> nulla venena nocent nec garrula rana coaxat,
> scorpio nullus ibi, nec serpens serpit in herba.

Venenata animalia non possunt habitare in eo loco nec aliquos laedere. 22. Inter paganos per quandam provinciam nostram transit fluvius, qui vocatur Ydonus. Fluvius iste de paradiso progrediens expandit sinus suos per universam provinciam illam diversis meatibus, et ibi inveniuntur naturales lapides, smaragdi, saphiri, carbunculi, topazii, crisoliti, onichini, berilli, ametisti, sardii et plures preciosi lapides. 23. Ibidem nascitur herba, quae vocatur assidios, cuius radicem si quis super se portaverit, spiritum immundum effugat et cogit eum dicere, quis sit et unde sit et nomen eius. Quare immundi spiritus in terra illa neminem audent invadere. 24. In alia quadam provincia nostra universum piper nascitur et colligitur, quod in frumentum et in annonam et corium et pannos commutatur. 25. Est autem terra illa nemorosa ad modum salicti, plena per omnia serpentibus . . . Sed cum piper maturescit veniunt[2] universi populi de proximis regionibus, secum ferentes paleas, stipulas et ligna aridissima, quibus cingunt totum nemus undique, et cum ventus flaverit vehementer, ponunt ignem infra nemus et extra, ne aliquis serpens extra nemus possit exire, et sic omnes serpentes in igne fortiter accenso moriuntur praeter illos, qui suas intrant cavernas. 26. Ecce consumpto igne viri et mulieres, parvi et magni, portantes furcas in manibus, intrant nemus et omnes serpentes assos furcis extra nemus proiciunt et ex his densissimos acervos componunt . . . Sic siccatur piper et de arbusculis combustis colligitur et coquitur,[3] sed qualiter coquatur, nullus extraneus scire permittitur. 27. Quod nemus situm est ad radicem montis Olimpi, unde fons perspicuus oritur, omnium in se specierum saporem retinens. Variatur autem sapor per singulas horas diei et noctis, et progreditur itinere dierum trium non longe a paradyso, unde Adam fuit expulsus. 28. Si quis de fonte illo ter ieiunus gustaverit, nullam[4] ex illa die infirmitatem patietur, semperque erit quasi in aetate XXX duorum annorum, quamdiu vixerit. 29. Ibi sunt lapilli, qui vocantur midriosi, quos frequenter ad partes nostras deportare solent aquilae, per quos reiuvenescunt et lumen recuperant. 30. Si quis illum in digito portaverit, ei lumen non deficit, et si est imminutum, restituitur et cum plus inspicitur, magis lumen acuitur. Legitimo carmine consecratus hominem reddit invisibilem, fugat odia, concordiam parat, pellit invidiam . . .

31. Inter cetera, quae mirabiliter in terra nostra contingunt, est harenosum mare sine aqua. Harena enim movetur et tumescit in undas ad similitudinem omnis maris et nunquam est tranquillum. Hoc mare neque navigio neque alio modo transiri potest, et ideo cuiusmodi terra ultra sit sciri non potest. Et quamvis omnino careat aqua, inveniuntur tamen iuxta ripam a nostra parte diversa genera piscium ad comedendum gratissima et sapidissima, alibi nunquam visa. 32. Tribus dietis longe ab hoc mari sunt montes quidam, ex quibus descendit fluvius lapidum eodem modo sine aqua, et fluit per terram nostram usque ad mare harenosum. 33. Tribus diebus in septimana fluit et labuntur parvi et magni lapides et trahunt secum ligna usque ad mare harenosum, et postquam mare intraverit fluvius, lapides et ligna

---

[2,3]Dechrau a diwedd rhyngosodiad A; am yr adran gyfatebol yn y testun sylfaenol, gw. Rhag. t.civ.
[4]*nullum* yn y gwreiddiol; *Pen* 382, *nullam*.

evanescunt nec ultra apparent. Nec quamdiu fluit, aliquis eum transire potest. Aliis quatuor diebus patet transitus . . .

38. Iuxta desertum inter montes inhabitabiles sub terra fluit rivulus quidam, ad quem non patet aditus nisi ex fortuito casu. Aperitur enim aliquando terra et si quis inde transit tunc potest intrare et sub velocitate exire, ne forte terra claudatur. Et quicquit de harena rapit, lapides preciosi sunt et gemmae preciosae, quia harena et sabulum nichil sunt nisi lapides preciosi et gemmae preciosae. 39. Et rivulus iste fluit in aliud flumen amplioris magnitudinis, in quod homines terrae nostrae intrant et maximam habundantiam preciosorum lapidum inde trahunt: nec audent illos vendere, nisi prius excellentiae nostrae ipsos demonstrent. Et si eos in thesauro nostro vel ad usum potentiae nostrae retinere volumus data medietate precii accipimus; sin autem, libere eos vendere possunt. 40. Nutriuntur autem in terra illa pueri in aqua, ita ut propter inveniendos lapides aliquando tribus vel quatuor mensibus sub aqua tantum vivant.

41. Ultra fluvium vero lapidum sunt X tribus Iudaeorum, qui quamvis fingant sibi reges, servi tamen nostri sunt et tributarii excellentiae nostrae.

42. In alia quadam provincia iuxta torridam zonam sunt vermes, qui lingua nostra dicuntur salamandrae. Isti vermes non possunt vivere nisi in igne, et faciunt pelliculam quandam circa se, sicut alii vermes, qui faciunt sericum. 43. Haec pellicula a dominabus palatii nostri studiose operatur, et inde habemus vestes et pannos ad omnem usum excellentiae nostrae. Isti panni non nisi in igne fortiter accenso lavantur.

44. In auro et argento et lapidibus preciosis, elephantibus, dromedariis, camelis et canibus habundat serenitas nostra. 45. Omnes extraneos hospites et peregrinos recipit mansuetudo nostra. Nullus pauper est inter nos. 46. Fur nec praedo invenitur apud nos, nec adulator habet ibi locum neque avaricia. Nulla divisio est apud nos. Homines nostri habundant in omnibus diviciis. Equos paucos habemus et viles. Neminem nobis habere credimus parem in diviciis nec in numero gentium . . .

47. Quando procedimus ad bella contra inimicos nostros, XIII cruces magnas et praecelsas, factas ex auro et lapidibus pretiosis, in singulis plaustris loco vexillorum ante faciem nostram portari facimus, et unamquamque ipsarum secuntur X milia militum et C milia peditum armatorum, exceptis aliis, qui sarcinis et curribus et inducendis victualibus exercitus deputati sunt. 48. Cum vero simpliciter

equitamus, ante maiestatem nostram praecedit lignea crux, nulla pictura neque auro aut gemmis ornata, ut semper simus memores passionis domini nostri Iesu Christi, et vas unum aureum, plenum terra, ut cognoscamus, quia caro nostra in propriam redigetur originem i. terram. 49. Et aliut vas argenteum, plenum auro, portatur ante nos, ut omnes intelligant nos dominum esse dominantium. 50. Omnibus diviciis, quae sunt in mundo, superhabundat et praecellit magnificentia nostra.

51. Inter nos nullus mentitur, nec aliquis potest mentiri. Et si quis ibi mentiri coeperit, statim moritur i. quasi mortuus inter nos reputatur, nec eius mentio fit apud nos i. nec honorem ulterius apud nos consequitur. 52. Omnes sequimur veritatem et diligimus nos invicem. Adulter non est inter nos. Nullum vicium apud nos regnat.

53. Singulis annis visitamus corpus sancti Danielis prophetae cum exercitu magno in Babilone deserta, et omnes armati sunt propter tyros et alios serpentes, qui vocantur terrentes. 54. Apud nos capiuntur pisces, quorum sanguine tinguitur purpura. 55. Municiones habemus multas, gentes fortissimas et diversiformes. Dominamur Amazonibus et etiam Pragmanis . . .

56. Palatium vero, quod inhabitat sublimitas nostra, ad instar et similitudinem palacii, quod apostolus Thomas ordinavit Gundoforo, regi Indorum, in officinis et reliqua structura per omnia simile est illi. 57. Laquearia, tigna quoque et epistilia sunt de lignis cethim. Coopertura eiusdem palacii est de ebeno, ne aliquo casu possit comburi. In extremitatibus vero super culmen palacii sunt duo poma aurea, et in unoquoque sunt duo carbunculi, ut aurum splendeat in die et carbunculi luceant in nocte. 58. Maiores palacii portae sunt de sardonico inmixto cornu cerastis, ne aliquis latenter possit intrare cum veneno, ceterae ex ebeno, fenestrae de cristallo. 59. Mensae, ubi curia nostra comedit, aliae ex auro aliae ex ametisto, columpnae, quae sustinent mensas, ex ebore. 60. Ante palacium nostrum est platea quaedam, in qua solet iusticia nostra spectare triumphos in duello. Pavimentum est de onichino et parietes intexti onichino, ut ex virtute lapidis animus crescat pugnantibus.

61. In praedicto palacio nostro non accenditur lumen in nocte nisi quod nutritur balsamo. 62. Camera, in qua requiescit sublimitas nostra, mirabili opere auro et omni genere lapidum est ornata. Si vero alicubi propter ornatum sit onichi[n]us, circa ipsum eiusdem quantitatis quatuor sunt corneolae, ut ex virtute earum iniquitas onichini temperetur. 63. Balsamum semper in eadem camera ardet.

Lectus noster est de saphiro propter virtutem castitatis. 64. Mulieres speciosissimas habemus, sed non accedunt ad nos nisi causa procreandorum filiorum quater in anno, et sic a nobis sanctificatae, ut Bersabee a David, redit unaquaeque ad locum suum. 65. Semel in die comedit curia nostra. In mensa nostra comedunt omni die XXX milia hominum praeter ingredientes et exeuntes. Et hi omnes accipiunt expensas singulis diebus de camera nostra tam in equis quam in aliis expensis. 66. Haec mensa est de pretioso smaragdo, quam sustinent duae columpnae de ametisto. Huius lapidis virtus neminem sedentem ad mensam permittit inebriari . . .

67. Ante fores palatii nostri iuxta locum, ubi pugnantes in duello agonizant, est speculum praecelsae magnitudinis, ad quod per CXXV gradus ascenditur. 68. Gradus vero sunt de porfiritico, partim de serpentino et alabastro a tercia parte inferius. Hinc usque ad terciam partem superius sunt de cristallo lapide et sardonico. Superior vero tercia pars de ametisto, ambra, iaspide et panthera. 69. Speculum vero una sola columpna innititur. Super ipsam vero basis iacens, super basim columpnae duae, super quas item alia basis et super ipsam quatuor columpnae, super quas item alia basis et super ipsam VIII columpnae, super quas item alia basis et super ipsam columpnae XVI, super quas item alia basis, super quam columpnae XXXII, super quas item alia basis et super ipsam columpnae LXIIII, super quas item alia basis, super quam item columpnae LXIIII, super quas item alia basis et super ipsam columpnae XXXII. Et sic descendendo diminuuntur columpnae, sicut ascendendo creverunt, usque ad unam. 70. Columpnae autem et bases eiusdem generis lapidum sunt, cuius et gradus, per quos ascenditur ad eas. 71. In summitate vero supremae columpnae est speculum, tali arte consecratum, quod omnes machinationes et omnia, quae pro nobis et contra nos in adiacentibus et subiectis nobis provinciis fiunt, a contuentibus liquidissime videri possunt et cognosci. 72. Custoditur autem a XII milibus armatorum tam in die quam in nocte, ne forte aliquo casu frangi possit aut deici.

73. Singulis mensibus serviunt nobis reges VII, unusquisque illorum in ordine suo, duces LXII, comites CCCLXV in mensa nostra, exceptis illis, qui diversis officiis deputati sunt in curia nostra. 74. In mensa nostra comedunt omni die iuxta latus nostrum in dextra parte archiepiscopi XII, in sinistra parte episcopi XX, praeter patriarcham sancti Thomae et protopapaten Sarmagantinum et archiprotopapaten de Susis, ubi thronus et solium gloriae nostrae residet et palacium imperiale. Quorum unusquisque singulis mensibus redeunt ad domum

propriam per vices suas. Ceteri a lateri nostro nunquam discedunt.
75. Abbates vero secundum numerum dierum anni serviunt nobis in capella nostra et singulis mensibus redeunt ad propria, et alii totidem singulis kalendis ad idem officium capellae revertuntur . . .[5]
97. . . . Quare sublimitas nostra digniori quam presbiteratus nomine nuncupari se non permittat, non debet prudentia tua admirari. 98. Plures enim in curia nostra ministrales habemus, qui digniori nomine et officio, quantum ad ecclesiasticam dignitatem spectat, et etiam maiori quam nos in divinis officiis praediti sunt. Dapifer enim noster primas est et rex, pincerna noster archiepiscopus et rex, camerarius noster episcopus et rex, marescalcus noster rex et archimandrita, princeps cocorum rex et abbas. Et icirco altitudo nostra non est passa se nominari eisdem nominibus aut ipsis ordinibus insigniri, quibus curia nostra plena esse videtur, et ideo minori nomine et inferiori gradu propter humilitatem magis elegit nuncupari.
99. . . . Extenditur terra nostra in partem unam fere ad quatuor menses in amplitudine, in altera vero parte nemo potest scire quantum protendatur dominium nostrum. 100. Si potes dinumerare stellas caeli et harenam maris, dinumera et dominium nostrum et potestatem nostram.
76. Habemus aliud palatium non maioris longitudinis sed maioris altitudinis et pulcritudinis, quod factum est per revelationem, quae, antequam nasceremur, apparuit patri nostro, qui ob sanctitatem et iusticiam, quae mirabiliter vigebant in eo, vocabatur Quasideus. 77. Dictum namque est ei in somnis: 'Fac palatium filio tuo, qui nasciturus est tibi, qui erit rex regum terrenorum et dominus dominantium universae terrae. 78. Et habebit illud palatium a Deo sibi talem gratiam collatam: quod ibi nullus unquam esuriet, nullus infirmabitur, nullus etiam intus existens poterit mori in illa die, qua intraverit. Et si validissimam famem quis habuerit et infirmetur ad mortem, si intraverit palatium et steterit ibi per aliquam moram, ita exiet satur, ac si de centum ferculis comedisset, et ita sanus, quasi nullam infirmitatem in vita sua passus fuisset . . .'
85. Mane facto Quasideus, pater meus, perterritus de tanta visione, surrexit et . . . 86 . . . 87 . . . praecepit palatium fieri, in cuius compositione non sunt nisi lapides preciosi et aurum optimum liquatum pro cemento. 88. Caelum eiusdem, i. tectum, est de lucidissimis saphiris, et clarissimi topazii passim sunt interpositi, ut

[5]Am y drefn, gw. Rhag., t.cv.

saphiri ad similitudinem purissimi caeli et topacii in modum stellarum palatium illuminent. 89. Pavimentum vero est de magnis tabulis cristallinis. Camera nec alia divisio est infra palatium. Quinquaginta columnae de auro purissimo ad modum acus formatae intra palatium iuxta parietes sunt dispositae. 90. In unoquoque angulo est una, reliquae infra ipsas locatae sunt. Longitudo uniuscuiusque columpnae est LX cubitorum, grossitudo est, quantum duo homines suis ulnis circumcingere possunt, et unaquaeque in suo cacumine habet unum carbunculum adeo magnum, ut est magna amphora, quibus illuminatur palatium ut mundus illuminatur a sole. 91. . . . Quare columpnae sint ut acus acutae? Hac videlicet de causa, quia, si ita essent grossae superius ut inferius, pavimentum et totum palatium non ita illuminaretur splendore carbunculorum. 92. . . . Tanta est namque claritas ibi, ut nichil tam exiguum, tam subtile possit excogitari, si in pavimento esset, quin posset ab aliquo intueri. 93. Nulla fenestra nec aliquod foramen est ibi, ne claritas carbunculorum et aliorum lapidum claritate serenissimi caeli et solis aliquo modo possit obnubilari. 94. . . . 95. . . . 96. In die nativitatis nostrae et cotiens coronamur, intramus palatium istud et tamdiu sumus intus, donec potuissemus ibi comedisse, et inde eximus saturi, ac si omni genere ciborum essemus repleti . . .

ATODIAD II

Llythyr y Pab Alecsander III

Testun beirniadol gan Friedrich Zarncke, yn *Abh*, 7 (1879), tt. 941-4.

1. Alexander episcopus, servus servorum Dei, karissimo in Christo filio Iohanni, illustri et magnifico Indorum regi,[1] salutem et apostolicam benedictionem. 2. Apostolica sedes, cui licet immeriti praesidemus, omnium in Christo credentium caput est et magistra, domino attestante, qui ait beato Petro, cui licet indigni successimus; *Tu es Petrus et super hanc petram aedificabo ecclesiam meam et portae inferi non praevalebunt adversus eam.* 3. Hanc siquidem petram Christus esse voluit in ecclesiae fundamentum, quam praesciverat nullis ventorum turbinibus nullisque tempestatibus quatiendam. 4. Et ideo non inmerito beatus Petrus, super quem fundavit ecclesiam, ligandi atque solvendi specialiter et praecipue inter apostolos alios recipere meruit potestatem. 5. Cui dictum est a domino: *Tibi dabo claves regni caelorum. Et quodcumque ligaveris super terram, erit ligatum et in caelis; et quodcumque solveris super terram, erit solutum et in caelis.*
6. Audiveramus utique iampridem referentibus multis et etiam fama communi, quomodo, cum sis christianam religionem professus, piis velis operibus indesinenter intendere, et circa ea tuum animum geras, quae Deo grata sunt et accepta. 7. Sed et dilectus filius noster, magister Philippus, medicus et familiaris noster, qui de intentione pia et proposito tuo cum magnis et honorabilibus viris tui regni se in partibus illis verbum habuisse proponit, sicut vir providus et discretus, circumspectus et prudens, constanter nobis et sollicite retulit, se manifestius ab his audivisse, quod tuae voluntatis sit et propositi erudiri catholica et apostolica disciplina, et ad hoc ferventer intendas, ut tu et terra tuae sublimitati commissa nil unquam videamini in fide vestra tenere, quod a doctrina sedis apostolicae dissentiat quomodolibet vel discordet. 8. Super quo sane tibi, sicut karissimo filio, plurimum in domino congaudeamus et ei, a quo cuncta bona procedunt, inmensas gratiarum exsolvimus actiones, vota votis et

[1]Gw. Rhag., t.xix.

preces precibus adiungentes, ut qui dedit tibi nomen christianitatis suscipere, menti tuae per suam ineffabilem pietatem inspiret, quod omnino velis sapere, quae super omnibus articulis fidei tenere debet religio christiana. 9. Non enim vere potest de christiana professione sperare salutem, qui eidem professioni verbo et opere non concordat, quia non sufficit cuilibet nomine christiano censeri, qui de fide sentit aliud quam habeat catholica et apostolica disciplina, iuxta illud, quod dominus in evangelio dicit: *Non omnis, qui dicit mihi 'domine, domine' intrabit in regnum caelorum, sed qui facit voluntatem patris mei, qui in caelis est.* 10. Illud autem nichilominus ad commendationem tuae virtutis accedit, quod, sicut praedictus magister Philippus se a tuis asserit audivisse, ferventi desiderio cuperes in urbe habere ecclesiam, et Jerusalem altare aliquod, ubi viri prudentes de regno tuo manere possent et apostolica plenius instrui disciplina, per quos postmodum te et homines regni tui doctrinam ipsam reciperent facilius et tenerent.

11. Nos autem, qui licet insufficientibus meritis in beati Petri cathedra positi, *sapientibus et insipientibus*, divitibus et pauperibus, iuxta apostolum nos recognoscimus *debitores*, de salute tua et tuorum omnimodam gerimus sollicitudinem, et vos ab his articulis, in quibus erratis a christiana et catholica fide, prompto animo, prout tenemur ex ministerio suscepti regiminis, volumus revocare, cum ipse dominus beato Petro, quem omnium apostolorum principem fecit, dixerit: *Et tu conversus aliquando confirma fratres tuos.* 12. Licet autem grave nimis videatur et laboriosum existere, ad praesentiam tuam inter tot labores et varia rerum ac locorum discrimina, inter linguas barbaras et ignotas, quemlibet a nostro latere destinare, considerato tamen offitii nostri debito et tuo pio proposito et intentione pensata, praefatum Philippum, medicum et familiarem nostrum, virum utique discretum, circumspectum et providum, ad tuam magnitudinem mittimus, de Jhesu Christi misericordia confidentes, quod, si volueris in eo proposito et intentione persistere, quam te inspirante domino intelleximus concepisse, de articulis christianae fidei, in quibus tu et tui a nobis discordare videamini, in Christo per dei gratiam eruditus, nichil prorsus timere poteris, quod de errore tuam vel tuorum salutem praepediat vel in vobis nomen christianitatis obfuscet.

13. Rogamus itaque regiam excellentiam tuam, monemus et hortamur in domino, quatinus eundem Philippum pro reverentia beati Petri et nostra sicut virum honestum, discretum et providum, et a nostro latere destinatum, debita benignitate suscipias et reverenter et devote pertractes, et, si tuae voluntatis est et propositi, sicut omnino esse debet, ut erudiaris apostolica disciplina, super his, quae idem Philippus ex nostra tibi parte proponet, ipsum diligenter audias et

exaudias, et personas honestas et litteras tuo sigillo signatas, quibus propositum et voluntatem tuam possimus plene cognoscere, ad nos cum ipso transmittas, quia, quanto sublimior et maior haberis et minus de divitiis et potentia tua videris inflatus, tanto libentius tam de concessione ecclesiae in urbe quam etiam de conferendis altaribus in ecclesia beatorum Petri et Pauli et Jerusalem in ecclesia dominici sepulcri, et in aliis, quae iuste quaesiveris, tuas curabimus peticiones admittere et efficatius exaudire, utpote qui desiderium tuum super hoc, quod multa commendatione dignum existit, modis omnibus, quibus secundum Deum possumus, volumus promovere, et tuam et tuorum animas desideramus domino lucrifacere. [Datum Venetiae, in Rivo Alto, quinto Kalendas Octobris.]

ATODIAD III

Ottonis Frisingensis Chronicon, lib. vii, yn *MGH Script.*, XX, 266.

Vidimus etiam ibi tunc praetaxatum de Syria Gabulensem episcopum . . . Audivimus eum periculum transmarinae ecclesiae post captam Edissam lacrimabiliter conquerentem et ob hoc Alpes transcendere ad regem Romanorum et Francorum pro flagitando auxilio volentem. Narrabat etiam, quod ante non multos annos Iohannes quidam, qui ultra Persidem et Armeniam, in extremo Oriente habitans rex et sacerdos cum gente sua christianus est, sed Nestorianus, Persarum et Medorum reges fratres, Samiardos dictos, bello petierit, atque Ebactani . . . sedem regni eorum expugnaverit. Cui dum praefati reges cum Persarum, Medorum, Assyriorum copiis occurrerent, triduo utrisque mori magis quam fugere volentibus, dimicatum est, presbyter Iohannes – sic enim eum nominare solent – tandem versis in fugam Persis, cruentissima caede victor extitit. Post hanc victoriam dicebat praedictum Iohannem ad auxilium Hierosolimitanae ecclesiae procinctum movisse, sed dum ad Tygrim venisset, ibique nullo vehiculo traducere exercitum potuisset, ad septentrionalem plagam, ubi eundem amnem hyemali glacie congelari didicerat, iter flexisse. Ibi dum per aliquot annos moratus gelu expectaret, sed minime hoc impediente aeris temperie obtineret, multos ex insueto coelo de exercitu amittens, ad propria redire compulsus est. Fertur enim iste de antiqua progenie illorum, quorum in euangelio mentio fit, esse magorum, eisdemque quibus et isti gentibus imperans, tanta gloria et habundantia frui, ut non nisi sceptro smaragdino uti dicatur. Patrum itaque suorum, qui in cunabulis Christum adorare venerunt, accensus exemplo, Hierosolimam ire proposuerat, sed praetaxata causa impeditum fuisse asserunt. Sed haec hactenus.

GEIRFA

a¹, ac *cys.*, 4, 13, 15, 25, 54, 73, 103, 108, etc.; a . . . a 'both . . . and' 95 (2), 517, ac . . . ac 243 (*tam . . . quam*)
a², ac (= â, ag) *ardd.* a *chys.* (i) (ar ôl gradd gfrt. a. neu air ag ystyr gfrt. iddo, e.e. *unrhyw, cyniferwch*) 64, 123, n.171, 232, 239, 264, 285, 287, 320, 322, 323, 335, 337, 340, 342(2), 350, 351, 476, 495; (ii) (yn dynodi cyfrwng, &c., 'with') 215, 379; gw. hefyd [**gyda(g)**]
a³ *gn. gof.* (mewn cwestiwn anuniongyrchol) 17, 18
a⁴ *rh. pth.*, 2, 11, 23, 65, 99, 158,?n.294, etc.; gw. hefyd **y**
abat 300 (*abbas*), 538; *ll.* abbadev 287 (*abbates*), 527
ac gw. **a¹,²**
achanoc, ychennawc 164 (*pauper*), 445; *ll.* ychenogyonn 43 (*pauperes*)
achaws, achos 210, 216, 224, 230, 293, 340, 533, 560; o achaws, o achos 197 (*propter*), 235, 237 (*causa*), 313 (*ob*); pa achos n.291 (*quare*), 339, 345
adeiledigaetheu 207 (*structura*)
[**adfywiocáu**] *3 ll. pres. myn.* atuywockaant 112 (*reiuvenescunt*)
adlo n.191
adnabot 36 (*cognoscere*), 271, 457; *1 ll. pres. myn.* adwaenam 21 (*cognoscamus*); *1 ll. grff.* adnabuam 13 (*cognovimus*); *3 un. pres. dib.* adnappo 19; *1 ll.* adnapom 183
[**adnewyddu**] *3 un. pres. myn.* adnewyda 402
adref 289
ae ae . . . ae 'either . . . or' n.432
aeduet 88
aual 212 (*poma*), 474
auon 73(2) (*fluvius*), n.125, 127, n.134 (*rivulus*), 137, 140(2) (*flumen*), 142, 152, 380, 419, 428, 429, 433
affidos n.79 (*assidios*)

[**agor**] *3 un. pres. myn.* egyr 135 (*aperitur*)
aghawr 167
aghev 321 (*mortem*)
alabastir 502; alabawstrum 251 (*alabastro*)
allan(n) 106, 322, allann o'r dyd hwnnw 108 (*ex illa die*), o'r dydd hwnnw allan 405; o hynny allann 128 (*ultra*)
am *ardd.*, 354, 441; *3 un. g.* ymdanaw 191; *3 ll.* amdanadunt 557
amdler gw. [**amlder**]
amdiffynn *be.*, 44 (*defendimus*)
amestic 220
ametist n.245, 253, 499, ametisti 78, ametisto 480, amatisto 504
amgen 304; nyt amgen 9, 166, 444
amgyfret amgyfret devwr n.336 (*quantum duo homines suis ulnis circumcingere possunt*)
am(h)erawdyr n.2, 448, 487, 490, 530, 567
amherodraeth 285
amhinogeu n.247 (*fores*)
[**aml**] amhyl 32, amyl 169
[**amlder**] amylder 164, amdler 377
amled 13, 31 (*habundantia*), amyled 144, amylhed 67, 169
amlhau *3 un. pres. myn.* amylha 186 (*superhabundat*); *grff.* amhrs. amlhawyt 262
amlwc yn amlwc 270 (*liquidissime*)
amryuael 122 (*diversa*), amryfyal 75, amrafael 504, *ll.* amryuaelon 3, ymrauaelon 278
an 'ein', gw. **yn**
anbra 253
anuon 10, 14 (*mittere*); *1 ll. pres. myn.* anuonwn 16 (*transmittimus*); *3 un. grff.* anuones 2
anyan 492
anyanawl mein a., gw. **maen**
aniueyl 376, *ll.* anifeileit 57, 66, anyueileit n.70 (*animalia*), aniueil(i)eit 197, 369, 444

annerch *e.*, 10
annoc *be.*, 115 (*parat*)
anrec 'rhodd' 25; *ll.* anregyon n.27; 'saig' 323 (*ferculis*), *ll.* anregion 550
anryfedv 291 (*admirari*); cf. **enryfed**
ansawd ar a., gw. **ar**[1]
ar[1] *ardd.*, 11, 23, 28, 30, 103, 113, 124, n.172, 211, 223, 241, 243(2), etc; *1 un.* arnaf 534; *2 un.* arnnat 22; *3 un. g.* arn(n)aw 81, 120, 138, 246, 404, 423, 460, 535, *b.* arnei 180, 401, 402, 454, 563; *3 ll.* arnunt 63, 480, 492; ar ansawd 205 (*ad instar*); ar veis n.120; ar vwyt 521; ar . . . .[g]yffelybrwyd 205 (*ad . . . similitudinem*); ar y gythlwng 107 (*ieiunus*); ar ffrwst 137 (*sub velocitate*); ar warthaf 507, 508, 510; ar wyr n.52 (*per declivum*); ar yn heddwch n.178 (*simpliciter*); ar hynt 190 (*statim*); ar llawr 344 (*in pavimento*); ar l(l)et (*in amplitudine*), 305, 539; ar lvn 332 (*ad modum*); ar vot n.329 (*in modum*); ar ryfel n.172 (*ad bella*)
ar[2] *rh. dng.*, 460, (*yn y ff.* 'r yn dilyn o) o'r ys(s)yd, 41, 66, 186, 352
arall *a.*, 67, 84 (*alia*), 119, 120 (*alio*), 133, 140 (*aliud*), 155, 184, 306 (*altera*), 310 (*aliud*), 378, 416, etc.; *ll.* ereill 5, 17, 78, 118 (*aliis*), 198 (*alios*), 217, etc.; *e.*, 220 (*aliae*), 432, 480, 528
arch-bab 523
archescob 297 (*archiepiscopus*), 524, 538; *ll.* archescyb 280, 522
archimandrita n.299 (*archimandrita*)
[ardymheru] *pres. dib. amhrs.* ardymherer 233 (*temperetur*)
arderchawc 102 (*perspicuus*), 173 (*praecelsas*)
arderchogrwyd 12 (*excellentiam*), 37, 146, 154, 200, 204 (*sublimitas*)
ardistrvhet 343 (*tam subtile*)
aruawc 197 (*armati*); gw. hefyd **gwr**
aruer n.160 (*vestes et pannos*)
aruerv (o) 31 (*frui*); *1 ll. pres. myn.* aruerwn 26 (*utimur*); *2 un. grch.* aruera 26 (*utere*)
[arfoll(i)] *3 un. pres. myn.* eruyll 166 (*recipit*)
arglwyd Arglwyd 7 (*domini*), 19, 46, 182, 359, 361; arglwyd 458; *ll.* arglwydi 439, 440; arglwyd yr arglwydi n.8 (*dominus dominantium*), 39, 185, 316, 546
arglwydesseu 159 (*dominabus*)
arglwydiaeth 307, 308 (*dominium*)
[arglwydockau] *3 un. pres. myn.* arglwydocka 38 (*dominetur*), arglwydocaa 49 (*dominatur*); *1 ll.* arglwydoccawn 202 (*dominamur*)
argywed gwneuthur argywed 71 (*laedere*)
[argywedu] *3 un. pres. myn.* argyweda 68 (*nocent*)
arian(t) *e.*, arian 454, aryant 163 (*argento*), 174, 181, 443; (fel *a.*) llestri aryant 456
aruthyr 552
arwein 176 (*portari*); *3 un. pres. dib.* arwedho 79, 113 (*portaverit*)
arwyd(y)on n.28, 175 (*vexillorum*), 450
as (= *a*, gn. cynhaliol + *'s*, rh. mewnol gwrth. *3 ll.*) n.112
ascwrnn ascwrnn moruil n.221 (*ebore*); *ll.* esgyrn moruil 481
asseu gw. **llaw**
at *ardd.*, 29 (*ad*); *1 ll.* attam 236 (*ad nos*); gw. hefyd **parth**
attal 146 (*retinere*)
attoeth 138 (*forte*)
awr 323; gw. hefyd **pob**
awyr 98, 326

balsamwm n.227 (*balsamo*), balsamws 490
barwnyeit 521
bas n.255 (*basis*), 256, 257, 258; *ll.* basseu 261, 263 (*bases*)
bed 46 (*sepulchrum*), 281, 359, 363, 463
bei gw. **bot**
beis ar v., gw. **ar**[1]
ben(n)digeit 1, 48 (*benedictum*)
berilli 77
berwi 399; *pres. myn. amhrs.* berwir n.100(2) (*coquitur . . . coquatur*), 398; *pres. dib. amhrs.* berwer 398
beunoeth 521
beunyd 241 (*omni die*), 280
blaen 454
blaenllym 339 (*acutae*), 555, 560
blas 103, 104 (*sapor*)
blew 439
blwydd 405
blwydyn(n) 237 (*in anno*), 274, 288

GEIRFA

(*anni*), 357, 463, 493, 527, 529; gw.
hefyd **pob**
bot 20(2) (*esse*), 21, 39, 42, 153, 185, 295, 320, etc., a gw. hefyd **byw**; *1 un. pres. myn.* wyf n.15 (*sum*); *3 un.* mae 4, 50, 102, 110, 124, 222 (*est*), 266 (*est*), 283, 310, etc.; yw 15, 34, 44, 45, 148, 159, 207 (*est*), 297 (*est*), 342 (*est*), 389(2), 470, etc.; oes 17, 141, 168, 331 (*est*), 343, 345, 402, 445, 447, 459, 540, 563; osit n.22 (*si*); ys(s)yd (-t) 9, 10, 32, 54, 55, 56, 67, 101, 103, etc.; o'r ys(s)yd, gw. **ar**²; *3 ll.* maent 511, 512; ynt 87, 154 (*sunt*), 220, 221, 264 (*sunt*), 428, 494, 513, 556; *3 un. pres. arf.* (*hefyd dyf.*) byd 108 (*erit*), 155 (*est*), 158, 164, 190, 247, 315 (*erit*), ef a wyd . . . y honno 317 (*habebit*), na byd newyn 317 (*nullus* . . . *esuriet*), na byd claf 318 (*nullus infirmabitur*), na byd marw 318 (*nullus poterit mori*), 319, 437(2), 441, etc.; *1 ll.* bydwn 350 (*sumus*); *3 ll.* bydant 139 (*sunt*), 170, 412, 451; *3 un. amhff.* oed 543, 544, 553; *3 ll.* oedynt 219; *3 un. grff.* bu 320, 495, 552; *3 un. pres. dib.* bo 27, 81 (*sit*), 88, 91, 130, 136, n.177, 232, 246, 278, 413, 459, etc.; *3 ll.* bont 11, 43, bwynt 358, 412; *3 un. amhff.* bydei 411, bei 292, 303, n.320, 323, 340 (*si . . . essent*), n.344(2), pei 410, 411; bae 410; *3 un. grch.* bit 530
boned n.183 (*originem*)
bort 241 (*mensa*), 243, 278, 279; gw. hefyd **byrdeu**
brat 269, 489, 516
[**bras**] kynn vrasset 340 (*ita . . . grossae*), 556
braswyd 472
breich 258; *ll.* breicheu 257
bren(h)in 2, 41, 55 (*regem*), 297, 298(2), 299(2), 356, 366, 471, 536, 537(2), 538(2), *ll.* bren(h)ined 40 (*reges*), 153, 520, 522; bren(h)in y bren(h)ined n.8, 316, 546
brenhindref 53 (*provinciae*), 73
bren(h)inyaeth 84 (*provincia*), 433, 565, brenhinaeth 74, 155; *ll.* brenhin(i)aethev 89 (*regionibus*), 354, 391, 395
brethyn 86 (*pannos*)
breudwyd 543, 552

briwyd 99 (*arbusculis*)
brywys 14
bwrd 498, 499, 500; *ll.* byrdeu 219 (*mensae*), 221, 479, 481
bwrw 273 (*deici*); *3 ll. pres. myn.* byr(r)yant 96 (*proiciunt*), 395, boriant 406
bwyt 178, 350, 352 (*ciborum*), 404, 521, 566
bwygilid 453
[**bwytta**] *3 un. pres. myn.* bwytta n.240 (*comedunt*), bwytu 521; *3 ll.* bwyttaant 279 (*comedunt*); *amhrs.* bwyt(t)eir n.240 (*comedit*), 480, 496; *3 un. amhff. dib.* bwyttaei 322 (*comedisset*)
bychan 95 (*parvi*), 321, bychanet 343 (*tam exiguum*), 562, *b.* bechan 424
byt 338 (*mundus*), o'r byt 230, yn y byt 186 (*in mundo*), 458, yn yr holl vyt 546 (*universae terrae*); (ar ôl neg., 'any, whatever, at all') 180, 211, 331, 393, 474; (ar ôl gradd eithaf a. 'in the world, of all') 236, 417
bynnac gw. **pa, pwy**
byth 386(2), 404, 423, 461, 500, 526, vyth 114, 119 (*nunquam*), 128, 286, 410
byw bot yn vyw n.151 (*vivant*), 157 (*vivere*), 408, 437(2)

kadarn(n) 93 (*fortiter*), 162, 484; gw. hefyd **lle**
cadw 272 (*custoditur*)
caeth 54, *ll.* keith 153 (*servi*)
[**caffael**] *2 un. pres. myn.* keffy 25 (*impetrabis*); *3 un.* ceif(f) 135, 137 (*habet*), 446, 547, 552; *3 ll.* caffant 112, 409; *amhrs.* keffir 5, 75 (*inveniuntur*), 122, 132, 165, 167, 381, 384, 387, 397, 417, 423, 429; *3 un. pres. dib.* kaf(f)o n.94 (*intrant*), 409, 427, 430; *3 un. amhff.* kaffei 410, 550
kalan gw. **pob**
camel(i)eit 58 (*cameli*), 164, 445, kamyll 370
camedenirij 59, kametrini 371
kann 21 (*cum*)
kanyat ('caniatâd') 430
cant 550, can(n) 177, 322 (*centum*), 452
kan(n)ys 293, 301, 360, 425, 492
cap(p)el 290 (*capellae*), 526
cap(p)lanyeit 288, n.452

carbunck n.213, carbvnkvlvs 337, carbunculi 77, 382
cardodeu 45 (*elemosinis*)
karyat 412
caru 192 (*diligimus*); *3 un. amhff. myn.* carut 12 (*diligebas*)
cas 115 (*odia*)
[**cáu**] cayv 138 (*claudatur*), kaeu 426
keilogev redyn mudyon 60 (*cicades mutae*)
keiss(i)aw 150, 494, *3 un. pres. dib.* n.516
keluydyt 267 (*arte*)
celwyd 188, 189
kenedyl 29, 72, 398, *ll.* kenedloed 202, 447, 467, 468, kenedyloeth 201 (*gentes*); 'math, rhywogaeth' 64 (*generis*), 66 (*genus*), 122, 264, 374, 376
cenofali n.64 (*cenocephali*), cinopali 375
cerastes 215 (*cornu cerastis*)
kerbyt 175 (*plaustris*)
kerdd 468
kerdet *e., ll.* kerdedeu 75 (*meatibus*); *be.* kerdet n.118 (*movetur*), 131 (*fluit*), 136 (*transit*), 137 (*exire*); *3 un. pres. myn.* kerd(h)a 50 (*transit*), 73 (*transit*), 74 (*expandit*), 104 (*progreditur*), 140 (*fluit*), 363, 380, 449, 465; *3 ll.* kerdant 129; *amhrs.* kerddir 259, 514; *1 ll. pres. dib.* kerdom 178 (*equitamus*)
cethim n.209 (*cethim*), 472
kewri 64 (*gygantes*), 375
cicades 372
ciclopes 65 (*cyclopes*), 376
claf 318
kleuyt 107 (*infirmitatem*), 320, 324
clywed *grff. myn. amhrs.* clywyspwyt 5
knawt 183 (*caro*)
cocodrilli 58 (*cocodrilli*), 371
coch 467, *ll.* cochyon 60 (*rubei*)
coet 90 (*nemus*), 92, 96, 97, 101, 389(2), 392, 393, 396, 399
coedawc 87 (*nemorosa*)
cof 181, 454, 455
[**cofáu**] *2 un. grch.* coffa 33 (*memorare*)
cogyl 333 (*angulo*)
colofyn 256 (*columpnae*), 258, 260, 266, 335, 498, 505, 507, 508, 509, 511, 554; *ll.* colofneu 261, 263, 481, 513, 560
[**colli**] *3 un. pres. myn.* cyll 410; *3 ll. pres. dib.* collont 113

corff 50 (*corpus*), 195, 491
c(h)orniti 63 (*homines cornuti*)
coron 349, 565
correit 63, corryet 374
cospi 491
cost 242 (*expensas*)
[**credu**] *2 un. pres. myn.* credy 18 (*credis*); *amhrs.* credir 461; *pres. dib. amhrs.* creder 462; *2 un. grch.* cret 38 (*crede*)
crisoliti 77, 382
crist(i)al 219 (*cristallo*), 252, 331, 479
Cristawn 43 (*christianus*); *ll.* Crist(o)nogyon 55 (*christianorum*), 367, Cristyanogyon 358
Cristnogaeth 357
croc 48, 173 (*cruces*), 180, 449, 453
[**crogleisio**] *3 un. pres. myn.* crogleissa n.68 (*coaxat*)
kruceu 97 (*acervos*)
crwyn(n) 85 (*corium*), 157 (*pelliculam*), 158, 387, 438
kufyt 64 (*cubitorum*), kvfvd 335, kuuyd 375, 556
cwn 445
ky-[1] (gn. + gradd gfrt. a., = 'cyn'), gw. kyfelysset a cf. **kyn(n)**[1]
[**cychwyn**] *3 un. pres. dib.* kychwynno n.225 (*crescat*)
kyt, cy[2], **cyn**[3] *cys.*, kyt 153 (*quamvis*), kyt 322 (*si*), cy 351 (*si*), cyn 'pe' 550; *neg.*, cyny 'pe na' 323 (*quasi* + neg.), kyny 'er na' 358
kyfvadas 334
cyfarwydon n.269 (*machinationes*)
cyfeir 67
kyfelysset n.123
kyfenw ygkyfenw 'on the anniversary (of)' n.348; cf. **kyfnod**
kyfvlawn 302 (*plena*)
[**kyfnewid**] *pres. myn. amhrs.* kyfnewidir 85 (*commutatur*)
kyfnifver *gw.* gweith[2]
kyfnot 564; cf. **kyfenw**
[**kyuodi**] *3 un. pres. myn.* kyuyt 364
cyuoeth n.7 (*potentia*), 532; 'tiriogaeth, gwlad, teyrnas' 362, 400, 467, 468, 515, 539
cyfuoethawc 33 (*locupletatus*), cyuoethoccaf 458; *ll.* cyuoethogyon (*e.*) 439
kyfref 335
kyfvrifuedi n.287 (*secundum numerum* . . .)

GEIRFA 85

kyfundeb 116 (*concordiam*)
kyffelyb n.171 (*parem*), 207 (*simile*)
kyffelybrwyd ar g., gw. **ar**[1]
kyfret 557
kynghawal 447
kyghoruynt 116 (*invidiam*), 168 (*divisio*), 413
kyhyt 350 (*donec*)
kylch gylch ogylch 90 (*undique*); y gylch 391; yn ev kylch 158 (*circa se*), 427; ygkylch 178, 231 (*circa*), 418 (*iuxta*)
kymein(t) 232, 317 (*talem*), 337 (*adeo magnum*), 342 (*tanta*), 561; kymint 533; a'r gymeint arall 289 (*alii totidem*)
[**kymell**] *3 un. pres. myn.* kymell 81 (*cogit*)
[**kymryt**] *1 ll. pres. myn.* kymerwn n.147 (*accipimus*); *3 ll.* kymerant 242 (*accipiunt*); *2 un. grch.* kymer 25 (*accipe*)
kymyscu 251
kymysgedic 215 (*inmixto*)
kyn(n)[1] (gn. + gradd gfrt. a.) 238, 320, 322 (*ita*), 323 (*ita*), 340 (*ita*), 351, 476, 494, 550, 556, 559; cf. **kyfelysset**.
kynn[2] *ardd.*, 312 (*antequam*), 404, 542
cyn[3] *cys.* ('pe'), gw. **kyt**
cyneuodic 24 (*consueta*)
kynhebic 470 (*ad instar et similitudinem*)
kyniverwch 285
kynnal 45 (*sustentamus*), 245 (*sustinent*), 506; *3 un. pres. myn.* kynneil 221 (*sustinent*), 481, 498; *amhrs.* kynnhelir 254 (*innititur*)
[**kynnull**] *pres. myn. amhrs.* kynullir 85 (*colligitur*); *pres. dib. amhrs.* kynnuller 99
cyntaf 501; yn gyntaf 145 (*prius*), gyntaf 506
cyny gw. **kyt**
[**kyrchu**] *pres. myn. amhrs.* kyrchir 470
kyrreu ar y kyrreu eithaf 211 (*in extremitatibus*)
cyrrnn 62
cysegredig 412, 515
kysgu 543; *3 un. pres. dib.* kysgo 487, 492
kystal 123, 341 (*ita*), (fel *e.*) 123
cythlwng ar y gythlwng, gw. **ar**[1]
[**kyweiraw**] *grff. myn.amhrs.* kyweirwyt 228 (*est ornata*)

chweith ('blas') 402

[**chwibanu**] *3 un. pres. myn.* chwibana 69
chwys 478
chwythu 91 (*flaverit*)

da *a.* 15 (*pro bono*); *e.* 'cyfoeth, meddiannau' 459
daear, dayar 40 (*universae terrae*), 135 (*terra*), 136, 138, 171, 388, 401, 427, 432, 456, 458
dayarol dayrawl 8 (*terrenorum*), *ll.* dayarolyon 316
dafyn 414, 420
[**dal**] *pres. myn. amhrs.* delhir n.191; dellir 199 (*capiuntur*)
dall 410
damlywychu, danllewychu 476, 558
[**damuno**] *1 ll. pres. myn.* damunwn 17 (*desideramus*)
damwein n.135 (*ex fortuito casu*), 415, o damwein 273 (*forte aliquo casu*)
dan *ardd.* 151 (*sub*), 356; dan y wybot n.189; gw. hefyd **y dan**
darestw(n)g, darystwng 22 (*subiacere*), 47 (*debellare*); *3 ll. pres. myn.* darystyngant 358, 434
[**daruot**] *3 un. pres. dib.* darffo 94 (*consumpto*), 98
darystyngedic 268 (*subiectis*)
dechreu *e.*, 1
deuawt 548
defnyd 472
dec, deng 152; dec a devgein(t) 332 (*quinquaginta*), 554; deg mil 451; dec mil ar hugeint 241, deng mil ar ugeint 497; degmlwyd ar (h)ugeint n.109, 405
deheu ar yn deheu 280 (*in dextra parte*)
deisiau 396
deu 212 (*duo*), 245 (*duae*), 474; deu a deugeint 276; *b.* dwy 256 (*duae*), 498
deucant 511
deudec n.176, 280; deudec . . . a thrugein(t) n.41, 53, 356, 365; deuddeg . . . ar ugein 509
deugein(t) 64 (*quadraginta*), 276, 277, 332, 375, 555
deuites 198
deuwr 336 (*duo homines*), 557
dewrhaf 201 (*fortissimas*)
diawt 178, 566
dichawn 306 (*potest*)
dielw n.170 (*viles*)
dieu 422; gw. hefyd **tridieu**

[diflannu] *3 un. pres. myn.* difulanna 127 (*evanescunt*)
diffeith *e.*, 51, 133 (*desertum*); *a.*, 53 (*desertam*), 196, 464
[diffygyaw] *3 un. pres. myn.* diffyccya 114 (*deficit*), 286
digawn 350, 352, digon 443
digryf 14 (*iocunda*)
[dihuno] *3 un. grff. myn.* dyhvnawd 325 (*surrexit*)
dillat 161 (*panni*)
dim 268, 343 (*nichil*), 379, 562; dim o 23, 141
[diodef] *3 un. grff. myn.* diodefawd 300 (*est passa*)
diodeifeint 181 (*passionis*), 455
diruawr 91, diruawr y huchet 248 (*praecelsae magnitudinis*)
discwylua 248, 254 (*speculum*), n.266, 270, 272
distein 525
diwaetha gw. dan **India** yn y rhestr o 'Enwau Lleoedd a Phersonau'
diwarnnawt 124, 128, 131 (*diebus*), 420; *ll.* diwarnodev 287
diwed 34
[diweir] diweiriet 494
diweirdeb 235 (*castitatis*)
[dodi] *3 ll. pres. myn.* dodant 91 (*ponunt*); *amhrs.* dodir n.190; *1 ll. amhff. dib.* dottem 348
dracheuen 33, 290
draw gw. **parth**
[dringo] *pres. myn. amhrs.* dringir 249 (*ascenditur*)
dromedari(i) 57, 370, 444; dromedaryeit 163
drwc *a.*, 80 (*immundum*), 82; *e.*, 379
drwy gw. **trwy**
drygysbryd 385 (*spiritum immundum*), 386
Duw 7 (*Dei*), n.9 (*Deum*), 317; duw 21, 314
dwfyr 103, 106, 118 (*aqua*), 126, 151, 404, 415, 420, 506
dwy gw. **dau**
dwyfawl, dwywawl 295 (*divinis*), 544
dwylaw 96 (*manibus*)
dwyn 178 (*inducendis*); *3 un. pres. myn.* dwc 111 (*deportare*); *3 ll.* dygant 89 (*ferentes*), 130, 143 (*trahunt*); *amhrs.* dygir 184 (*portatur*); *3 un. pres. dib.* dycco 139 (*rapit*)
dwyweith gw. **gweith**²

dy *rh. dib. gen. blaen*, 20 (*tui*), 21, 24, 34, 291 (*tua*); *mewnol*, 'th 315 (*tuo*)
[dyall] *pres. myn. amhrs.* dyellir 3; *3 un. pres. dib.* dyallo 185 (*intelligant*); *2 un. grch.* dyall 38 (*intellige*)
dybryt n.467
dyd 104 (*diei*), 214, 240, 319, 348, 401, 476, 496, 549, 559, 562, 564; dyd a nos (*adfl*) 272, 476, 517; *ll.* dyddyeu 527; gw. hefyd **allan(n)**
dyvot 29 (*venire*), 103 (*oritur*), 454, 455, 518, dyvot . . . y mywn 216 (*intrare*); *3 un. pres. myn.* daw 107, 125 (*descendit*), 286, 380, 394, 397, 419, 478, 528, 563, 564; *3 ll.* deuant 95, 390; doant 88 (*veniunt*), y doant y'r coet 96 (*intrant nemus*), ny doant attam 236 (*non accedunt ad nos*), a doant . . . dracheven 289 (*revertuntur*); *3 un. pres. dib.* del 74 (*progrediens*), n.181, 242 (*ingredientes*), 392, 478, 549(2), 551, 565; *amhrs.* delher 259, 261
[dylyu] *3 un. pres. myn.* dyly 291 (*debet*), 533
dyn 15 (*homo*), 123, 191, 318(2), 319, 344, 458, 500, 548, 549(2), 551; *ll.* dynyon 20, 62, 65, 143 (*homines*), 169, 241, 394, 422, 434; dyn got n.165 (*adulter*); dyn(yon) gwlat arall 100 (*extraneus*), 165; dynyon gwyllt 62 (*homines agrestes*), 373
dynawl 22 (*humanae*)
dyrchauel 48 (*exaltare*)
dywedut 81 (*dicere*), 189, 460; *3 un. pres. myn.* dyweit 188; *amhrs.* dywedir 460; *3 un. amhff.* dywedei 544; *3 un. grff.* dyfod 530, dyuawt 567; *1 ll. grff.* dywedassam 310; *amhrs.* dywespwyt 314 (*dictum est*), dywetpwyt 513; *3 un. pres. dib.* dywetto 189

ebostol gw. dan **Thomas** yn y rhestr o 'Enwau Lleoedd a Phersonau'
ederyn 65, 376
edrych 223 (*spectare*), n.326, 398; *3 un. amhff. myn.* edrychei 411; *2 un. grch.* edrych 29
ef *rh. prs.*, (yn ategol) 362, 417, 418, 431(2), 445, 457, 467, 496, 545, 546; *ef a* (fel gn. bfl. o flaen ff. 3 un. ac amhrs. y f.) 11, 121, 135, 149, 240,

271, 274, 305, 314, 317, 417, 547; (gyda grym rh.) 80, 114, 118, 137, 315, 326, 410
effeir(i)at gw. dan **Ieuan** yn y rhestr o 'Enwau Lleoedd a Phersonau'.
[**eglur**] **eglvraf** 327 (*clarissimi*), 329 (*purissimi*)
eglurder 164 (*serenitas*), 341 (*splendore*), 342, 346 (*claritate*)
eglwyssawl 295 (*ecclesiasticam*)
ehegyr 426
[ei] gw. y (= i)
eidaw *rh. medd.*, *3 un. g.*, 459; *1 ll.* einym 15
eil 503
eilweith 461
[ein] gw. **yn einym** gw. **eidaw**
eiroet 5, 123, 324
eirth n.60 (*ursi*), 372
eisseu 23 (*indigentiam*)
eissoes n.21, 153 (*tamen*)
eisted 246 (*sedentem*), 284 (*residet*)
eithaf gw. **kyrreu**, hefyd dan **India** yn y rhestr o 'Enwau Lleoedd a Phersonau'
eithyr 394
elchwyl 258
elefannyeit 370, **elifannyeit** 444, **eliffeint** 57 (*elephantes*)
emyl yn emyl 133, 424, 436, 482, yn y emyl 478
enkyt n.321 (*moram*)
[**ennyn**] *3 ll. pres. myn.* **enynnant** n.90, 392; *amhrs.* **ennynnyr** 226 (*accenditur*); *pres. dib. amhrs.* **ennynner** 93 (*accenso*)
enryfed 229 (*mirabili*); cf. **anryfedv**
enw 25 (*nomine*), 48, 82 (*nomen*), 292, 303; *ll.* **enweu** 76, 296, 301, 302 (*nominibus*)
enwired n.233 (*iniquitas*)
erbyn yn erbyn 172 (*contra*), 360, 448, yn yn erbyn ni 269 (*contra nos*)
ergrynedic 325 (*perterritus*)
[**erlit**] *3 un. pres. myn.* **erlynn** n.192 (*sequimur*)
eryrot n.111 (*aquilae*), 406
escob 298 (*episcopus*), 524, 537(2); *ll.* **escyb** 281 (*episcopi*), 522
estrawn *a.*, 398; *e.*, *ll.* **estronyon** 446
etiueddu o achos etiueddu n.237 (*causa procreandorum filiorum*)

[**ethol**] *1 ll. grff. myn.* **etholassam** 303 (*elegit*)
eu, y, 'e, 'y, 's *rh. prs. 3 ll.* (*gen. bl.*) eu 76, 123, 146, 148, 153, 158, 161, 175, 296, 375, 427, 430, 431, 441, 485; y 44, 64, 94 (*suas*), 96, 149, 242, 286; (gen. mewnol) 'e, a'e kynnal 44; (gwrth.) y, pann y mynaccont 145 (*ipsos*); (gwrth. mewnol) 'e, 'y, 's, ni a'e kymerwn 147 (*eos*), onys mynnwn 148, a'r neb a'y kafo 430, os pryn ef ... onys pryn ef 430–1, gwraged y llys a'e gwna 441; cf. y[1] (= ei) dan **i**
eur 163 (*auro*), 174, 180, 184, 212, 214, 220, 229, 443, 449, 454, 457, 480, 488; (fel *a.*) 455, 474
eurgrawn 147 (*thesauro*)

val, mal *ardd.*, ual hyn(n) 369, 407; *cys.* mal y dyd 562; val y(d) (+ myn., yn dynodi modd neu ddull) 15, 470, 524; (yn dynodi canlyniad) 558; (+ dib., yn dynodi pwrpas) 476, 484, 491, 517, 560
vegis gw. **megys**
velle velle 27 (*sic*), 31, 92, 256, 259; uelly 397(2), 512, n.554
vry 311, 501
vyth gw. **byth**

fenester 345 (*fenestra*), 563; *ll.* ffenestri 218 (*fenestrae*), 479
ffenix n.66 (*fenix*), 376
ffo *be.*, 115 (*fugat*); *3 un. pres. myn.* ffy n.80 (*effugat*), 385
fford 132 (*transitus*), 135 (*aditus*), 137, 464; ('modd, dull') 121, 474
ffrut 428
ffrwst gw. **ar**[1]
ffunud un ffunud a 389
ffuryf ba ffuryf 100 (*qualiter*)
fvrvedigaeth 327
ffyd 18 (*fidem*)
ffynnawn n.107 (*fonte*), ffynnyawn 102, ffynnon 400
[**ffyrch**] (ph-) 96 (*furcas*), 395

[**gadel, gadu**] *3 un. pres. myn.* gat 246 (*permittit*), 526; *amhrs.* gedir n.100 (*permittitur*), 398; *grff. amhrs.* gadawyd 292
gaflev n.74 (*sinus*)
galw 292 (*nuncupari*), 301 (*nominari*),

303, 531; *pres. myn. amhrs.* gelwir 57, 65 (*vocatur*), 72, 73, 79, 110, 156 (*dicuntur*), 197, 198, 202, 209, 210, 213, 215, 218, 227, 244, 256, 364, 370, 376, 380, 381(2), 407, 435, 436, 471, 472, 473, 484, 523; *amhff. amhrs.* gelwit 313 (*vocabatur*)
gallu *e.*, 38, 40 (*potentia*), 532 (*potestatem*); *be.*, 273, 345 (*possit*); *2 un. pres. myn.* gelly 31 (*poteris*), 307 (*potes*), 308; *3 un.* gall 424, geill 131, 188 (*potest*), 267, 392, 415, 489, 561; *3 ll.* gallant 69, gallan 157 (*possunt*); *amhrs.* gellir n.120, 121, 161, 441, 473; *3 un. pres. dib.* gallo 92, 216 (*possit*), 379, 491, 517; *3 ll.* gallon n.150; *amhrs.* galler 210, galleher 343; *3 un. amhff.* gallei 344 (*posset*); *1 ll.* gallem 350 (*potuissemus*)
gan(n) + be., 11, 262; + e., 16 (*per*), 562; *1 un.* gennyf 15; *2 un.* gennyt 18, 531; *3 un. g.* gantaw 80 (*super se*), 139, 217; ganthaw 360, 385, 449, 465, 552; *1 ll.* gennym 45; *3 ll.* gantunt 89 (*secum*), 130; ganthun 391; ganthunt 395; am *y gan, y gantunt*, gw. **y** (dan i)
gelyn(n)yon 48, 173 (*inimicos*), 360, 448
gemmev 140 (*gemmae*), 144, 428
geni kynn yn geni ni 312 (*antequam nasceremur*), 542; *pres. myn. amhrs.* genir 57 (*oriuntur*), 79 (*nascitur*), 369, (gyda grym dyf.) 315 (*nasciturus est*), 545; *grff. amhrs.* ganet 324, 348, 565
geu 460
glanneu 418 (*ripam*)
gleindit 313 (*sanctitatem*)
gloywhaf n.327 (*lucidissimis*)
[**gnotáu**] *3 un. pres. myn.* gnottaa 222 (*solet*)
got gw. **dyn**
godineb 491
godinebus 492
godunet, gouunet godunet . . . yw gennym ni 45 (*in voto habemus*), n.358, minheu a rodeis ouunet 42 (*devotus sum*)
gofwy 46 (*visitare*)
gogofeu 94 (*cavernas*), 394
gogon(n)yant 47 (*gloriam*), 284
golchi 161 (*lavantur*), 442
goleu *a.*, 554; goleuet 476, 559; goleuach 560; golevhaf 346 (*serenissimi*)

goleuat 226 (*lumen*), 231, 485, 561
goleuder 563
golevhav 330 (*illuminent*); *pres. myn. amhrs.* golevheir 338(2) (*illuminatur*); *3 un. pres. dib.* goleuhao n.213 (*splendeat*); *3 un. amhff.* golevhaei 341 (*illuminaretur*)
golevrwyd 346 (*claritas*)
goludoed 40 (*divitiis*), 169, 171, 186
golwg 411, 423
gorchygnerth n.44 (*imperium*)
goreu 417, 551
gorffwys *be.*, 51; *3 un. pres. myn.* gorffwys 119 (*est tranquillum*), 228 (*requiescit*)
gorllewin n.52
goruchelder 13 (*altitudinis*), 37 (*celsitudinis*), 228 (*sublimitas*), 266 (*summitate*), 292, 300, n.361
gossot gwedy gossot 328 (*sunt interpositi*), wedy yr ossot 333 (*sunt dispositae*); *1 ll. pres. (dyf.) myn.* gossodwn 30 (*constituemus*)
gossodedic 101 (*positum*), 267, 278 (*deputati*)
gossymdeith 446
grad 249; *ll.* gradeu 250 (*gradus*), 264, 501, 513
graean 427
grawn 99
grenn n.337 (*amphora*)
griffones 61, 373
grissial 503
gro n.118, 141 (*harena*)
grym n.6
gwaet n.199 (*sanguine*), 251, 466
gwaelot 427
gwahan 331 (*divisio*)
gwallofyat 536
[**gwan**] 320 gyn wannet
[**gwarchod**] *3 un. pres. myn.* gwercheidw 517
gwaret 551
gwarthaf gw. **ar**[1]
gwas gwas ystavell 298 (*camerarius*), 537
gwassannaeth 289 (*officium*), 295; *ll.* gwassannaetheu 279 (*officiis*)
gwassanaethu 275 (*serviunt*), 366, 534; *3 un. pres. myn.* gwassanaetha 54 (*serviunt*), 519, 526, 536
gwassannaethwyr 294 (*ministrales*), 497
[**gwastat**] yn wastat 234 (*semper*), 271, 277, 437, 490, 516, 525

GEIRFA 89

gwastadrwyt n.284 (*solium*)
gwedy, wedy *ardd.*, 173, 238, 328, 334; *cys.* (a'i ddilyn weithiau gan *a, y, yr, ry, r*) 74, 94, 98, 112, 127, wedyr ennynner 93 (*accenso*)
gwed 120 (*modo*)
[gwedu] *3 un. pres. myn.* gwedha 46 (*decet*), 360
gweith[1] ('work') 159, n.229 (*opere*), 231, 255, 259
gweith[2] ('time') a'r gyfnifver gweith 348 (*cotiens*); dwyweith 401(2), 496; pedeir gweith 237 (*quater*), pedeirgweith 493; teir gweith 107 (*ter*), teirgweith 404; vn weith n.240 (*semel*), vnweith 463; gw. hefyd **nosweith, weitheu**
gwelet 344 (*intueri*); *pres. myn. amhrs.* gwelir 476, 515; *3 un. amhff.* gwelei n.326, 543; *3 un. grff.* gwelas 123; *3 un. grb.* gwelsei 326; *3 un. pres. dib.* gwelho n.115; *amhrs.* gwel(h)er 128 (*apparent*), 270 (*videri*), 562
gweledigaeth 326 (*visione*)
gwely 234 (*lectus*), 490
gwenith 85 (*frumentum*)
gwenwyn 68 (*venena*), n.217 (*veneno*), 378, 379, 478
gwen(n)wynic 70 (*venenata*), 465
gwers dragwers 28 (*ad invicem*), 193 (*invicem*), 328 (*passim*)
gwerth 148 (*precii*), 431
gwerthuawr 227, 233, 387, 486; gw. hefyd **maen**
gwerthu 145 (*vendere*), 149, 430; *3 un. grch.* gwerthet 431
gwerthussaf n.200
gwesteion 166 (*hospites*), 242
gwir *a.*, 329
gwironed n.192 (*veritatem*), 223 (*iusticia*), 313
[gwisg] *ll.* gwisgoedd 440
[gwisco] *3 un. pres. dib.* gwisco 565
gwlat 1, 117 (*terra*), 143, 150, 363, 369, 378, 379, 380, 386, 387, 388, 407, 414, 416, 435, 436, 445, 523, 525; yn yn gwlat ni 199 (*apud nos*); *ll.* gwledydd 365; dyn(yon) gwlat arall, gw. **dyn**
gwlan 388
gwneuthur 70, gwedy gwnneuthur 173 (*factas*), 268, 489, 516; *3 un. pres. myn.* gwna 104, 114, 115, 158 (*faciunt*), 192, 441; *3 ll.* gwnant 97

(*componunt*); *amhrs.* gwneir 160, 231, 396, 438, 439, gwnair 466; *3 un. grff.* goruc 326, 471; *amhrs.* gwnaethpwyt 205, 312 (*factum est*), 542; *3 un. pres. dib.* gwnel 516; *3 ll.* gwnelhont 271; *2 un. grch.* gwna 315 (*fac*), 544
gwneuthuredic 483
gwr 9, 95 (*viri*), 282, 494; *ll.* gwyr 519, 533, 535; gwyr aruawc 176, 272 (*armatorum*), 464; gwyr y llys 441; gwr mawr 524, 543, gwyr mowryon 532; gwyr ymlad n.177
gwreid 80 (*radicem*)
gwreic 95 (*mulieres*), 494; *ll.* gwraged 63, 236, 374, 439, 440(2), 493
gwrthlad 116 (*pellit*)
gwrysc 90 (*ligna*)
gwybot 101 (*scire*), 121 (*sciri*), n.189, 306 (*scire*); *pres. myn. amhrs.* gwys 416; *3 un. pres. dib.* gwypo 540; *amhrs.* gwyper 460
gwyd 130 (*ligna*), 392
gwyllt gw. **dyn, ychen**
gwyn(n)yon 59 (*albi*), 60(2) (*albi, albae*), 372(2)
gwynt 91 (*ventus*), 392
[gŵyr] ar wyr, gw. **ar**[1]
[gyda(g)] y gyt a ni 18 (*nobiscum*), y gyt a 46 (*cum*), y gyt a phetheu ereill 117 (*inter cetera*), 196, 451, 459, y gyd ag ef 525
gynt 262
gyr llaw 53 (*iuxta*), 133, 155, 247, 333
[gyrru] *grff. myn. amhrs.* gyrrwyt 106 (*fuit expulsus*), 403

haelder 25 (*largitatis*)
haeach hayach 66 (*fere*), 377
haf 559
hagen 33, 36 (*vero*), 100, 122 (*tamen*), 178, 263 (*autem*), 287, 291, 306, 311, 367, 541, 542
hagyr n.202
haint 404, 551
hanuot 456; *3 un. pres. myn.* henyw 209 (*est*), 218, 224, 234, 244, 250, 252, 330; *1 ll.* henym 29; *3 ll.* hen(n)ynt 208, 215 (*sunt*)
hanner hanner eu gwerth 148 (*medietate precii*), 431
heb *ardd.*, 118 (*sine*), 177 (*exceptis*), 180, 241 (*praeter*), 414, 419, 430, 452, 454(2), 497

hebenus n.210, 218 (*ebeno*), 473, 479
[**hebu**] heb ef 531, 545(2)
heddwch gw. **ar**¹
heuyt 45, 110, 117, 124, 375
heibaw 136
helyg 389
helygos n.87 (*salicti*)
heol n.222 (*platea*)
herwyd 294 (*quantum ad . . . spectat*)
heul 52 (*solis*), 339, 346, haul 364, 564
hi *rh. prs., 3 un. b.*, 141, 421
hir 408
holl *a.*, 40 (*omnes*), 400, 546; (yn adfl. ar ôl e., = oll) n.358
hollawl yn hollawl 18, 207 (*per omnia*); (mewn cyd-destun neg., = 'o gwbl') 268
hollre n.40 (*omnibus*), 66 (*omne*), 84 (*universum*), 267
honn, honno gw. **hwnn, hwnnw**
hvn ('cwsg') trwy y hvn 312 (*per revelationem*), n.314 (*in somnis*)
hunan trwydi e hunan 56 (*per se*), e hunan 232
hwnn *rh. ac a. dng. un. g., b.* honn (fel rhagflaenydd cym. pth. a'r fannod o'i flaen) 3, 50, 105, 222, 310, 312, 315; (*yn ansoddeiriol*) 25, 243, 254, 458
hwnnw *rh. ac a. dng. un. g., b.* honno (*yn enwol*) 160, 231, 255, 257, 258, 304, 311, 317, 381, 384, 388, 404, 473, 478, 482, 515, 542; (*yn ansoddeiriol ar ôl e. penodol*) 73, 80, 83, 99, 101, 103, 108, 113, 124, 143, 212, 234, 256, 270, 277, 286, 428
hwy¹, **wynt** *rh. prs. 3 ll.* (dib. ategol) eu henweu hwy 76, yd atuywockaant hwy 112, 147, wy 145, vdunt wy 149, 153, 154, 286; (annib. syml) y kyfnewidir wynt 85, 370
hwy² (ff. gmhl yr *a. hir*) nyt hwy 310 (*non maioris longitudinis*), 541
hyt¹ *e.*, 335 (*longitudo*), 375, 540, 556; ba hyt 306 (*quantum*)
hyt² *ardd.*, 52 (*ad*), 98, 126 (*usque ad*), 130, 364, 421; hyt ar 263; hyt y mywn 140; hyt na (pwrpas, + dib.) 92 (*ne*), 210, 216; (canlyniad, + dib.) 127, (+ myn.) 267; hyt pann (amser, + dib.) 145 (*nisi prius*), 261; (pwrpas, + dib.) 27 (*ut*), 181, 182, 185, 225, 232, hyt bann 213; (canlyniad, + dib.) hyt ban 328

hyn(n) *rh. ac a. dng. un.* (*diryw*) a *ll.* (*yn enwol*) 369, 407, 496, 533, 539; (*yn ansoddeiriol*) 468, 534
hynny *rh. ac a. dng. un.* (*diryw*) a *ll.* (*yn enwol*) 15, 28, 82, n.125, 128, 184, 238, 285, 353, 566; (ar ôl y cys. *a*) 197, 229, 261, 452, 454, 484, 491; (*yn ansoddeiriol*) 34, 54, 86, 99, 157, 161, 250, 301
hynt ar h., gw. **ar**¹
[**hysbyssu**] 2 *un.* grch. hysbyssa 23 (*certifica*)

y¹ (= ei) *rh. prs. dib. 3 un.* (1) blaen (a) (gyda rhgfl. g.) 48, 81, 104, 107, 113, 121, etc. (b) (gyda rhgfl.b.) 211, 238, 245, 248, 273(2) 506; (2) mewnol genidol *'e* (a) (gyda rhgfl. g.) 313, 320, 343; (b) (gyda rhgfl. b.) 55, 206, 207, 208(2), 224, 311; (3) mewnol gwrth. *-s*, nas 115 (cf. **as**); y gilyd 193 (*invicem*); gw. hefyd **eu**
y² (= i) *ardd.*, 2, 9(2), 17, 18, 22, 47, 54, 100, etc.; (yn dynodi cyrchfan) y'r lle 195, 359, 463; (yn dynodi meddiant neu berthynas) 73, 92, 121, 310, 378, 429, 433, 453, 474, 477; (yn dynodi pwrpas) 454, 455, 457, 494; *2 un.* it 28, yt 315 (*tibi*), 545; *3 un. g.* idaw 108, 114, 137, 357, 454, 461, 544, 566, etc., dan y wybot idaw n.189, ydaw 360, 448, 456; *b.* idi 135 (*ad quem*), 143 (*in quod*), 208, 249 (*ad quod*), 319, 456, 549, 564; *1 ll.* ynni 14 (*nobis*), 42, 268 (cf. y ni 56, 154, 181, 201, 275, 288, etc.), yn 351; *3 ll.* vdunt 148, 149; y dan 41 (*sub*), 66, 101 (*ad radicem*), 134, 376, 432, 459, *1 un.* y danaf 532, gw. hefyd **tan**; y vyny(d) 262, 512, 514(2); y gan Dvw 317 (*a Deo*), y gann yr hevl 338 (*a sole*), *3 ll.* y gantunt 143, gw. hefyd **gan(n)**; **y gyt a**, gw. [**gyda(g)**]; y maes 92, 97 (*extra*); y mywn n.69 (*in*), 92, 155, 157, 161, 321, 332 (*intra*), 435, 442, (= 'into') 217, 349, 428; y rwng 379, 521, *3 ll.* y rygtvnt 334 (*infra ipsas*), gw. hefyd **rwg**; y waeret 512; y vrth 105 (*a*), 115, 239 (*a*), 286, *3 un. g.* y vrthaw 81, 526; gw. hefyd **wrth**
y³ (= i) ardd. (+ rh.m. = 'yn') y'm henwi n.25 (*in nomine nostro*), y'n gwlat ni 117 (*in terra nostra*), y'n plith ni 170

GEIRFA

[yach] yn gynn yachet 238 (*sic*...
  sanctificatae, ut...), 323 (*ita sanus*)
iaspis 252, 253 (*iaspide*), 504
yawn 18 (*rectam*)
ieirll 276 (*comites*)
ieith 156 (*lingua*)
jene n.61 (*hienae*)
ireit 227, 233, 251, 486

lamie n.61 (*lamiae*)

llaeth 67 (*lacte*), 377
[llafasu] *3 un. pres. myn.* lleueis 82
  (*audent*), 386, 430; *3 ll.* llyuassant
  145
llall 541
[llanw] *3 un. pres. myn.* lleinw 119
  (*tumescit*)
llaw ar y law 113 (*in digito*); ar y llaw
  asseu 280 (*in sinistra parte*); law yn
  llaw 336; gw. hefyd gyr llaw
llawen 26 (*libenter*)
llawer (yn enwol + *o* + e. amhd.) 3, 78
  (*plures*), 201 (*multas*), 369, 383, 464,
  467; (yn ansoddeiriol, yn dilyn e.)
  pobyloed lawer 391
llawn 87 (*plena*), 182, 184 (*plenum*), 389,
  455, 456; yn gyn lawnet 322 (*ita*...
  satur), 351 (*saturi, ac si*...), kyn
  llawnet 550
llawr y bwrw y'r llawr 273 (*deici*); 330
  (*pavimentum*), 344, 554; (cf. *bas*) 506,
  507, 508, 509, 510; ar llawr, gw. **ar¹**
lle 82 (*terra*), 149, 155, 195, 363, 364,
  403, 412, 413, 463, yn y lle 238 (*ad
  locum suum*), yn lle y mae... 283
  (*ubi residet*); lleoed kadarn 201
  (*municiones*); yn y lle wy 286; yn lle
  arwyd(y)on (*loco vexillorum*), 175,
  450; yn lle Duw 9; yn lle goleuat 230;
  [y] gwr ysyd yn lle pab 282
  (*protopapaten*); gw. hefyd **pa**
llet (gr. gmhl., = 'lletach') 541; ar llet,
  gw. **ar¹**
llef 544
llehau wedy rylehau 334 (*locatae sunt*)
?llei 543
lleidyr 167 (*fur*)
[lleihau] *pres. myn. amhrs.* lleiheir 260
  (*diminuuntur*)
lleilei 512
llestyr 182 (*vas*), 455, llester 184; *ll.*
  llestri 456

lleufer 112, 114 (*lumen*), lleuer 409,
  410(2)
llewot 59 (*leones*), lleot 371
llif 421
[llithro] *3 ll. pres. myn.* llithrant 129
  (*labuntur*)
[lliwio] *pres. myn. amhrs.* lliwir 200
  (*tinguitur*)
llong 416
llosci 211 (*comburi*), 473; *3 un. pres.
  myn.* llysc 233 (*ardet*), 393; *amhrs.*
  llosgir 485, 490
llu 46 (*exercitu*); *ll.* lluoed 196
llvn ar lvn, gw. **ar¹**
lluyd n.172, 359, 447, 448
llwyth n.152 (*tribus*)
llyuyr n.2, 6, 353; *ll.* llyureu 5
llyffan n.69 (*rana*); *ll.* llyfain 378
llygeit 410
llygredigaeth 22 (*corruptioni*)
llygru 83 (*invadere*)
llyma 1, 2, 5, 76, 133, 293, 340, 470,
  519, 533, 535, 560
llynn ('diod') 499
llyna 117
llys 30 (*domus*), 159, n.204 (*palatium*),
  n.205, 219, 222 (*curia*), 279, 287, 294,
  302, 407, 440, 453, 470(2), 471, etc.;
  gw. hefyd **gwr**
llyssewyn 79 (*herba*), 80; *ll.* llysseu 69,
  210, 218
llywawdyr 9 (*gubernatori*)
llywenyd 10, 23 (*gaudia*)

mab 315 (*filio*), 545(2), 547; *ll.* meibon
  149 (*pueri*), meibion 432
machagalinarii gw. **metagalinarij**
maen 113, 230, 233, 245 (*lapidis*), 337,
  409, 413, 477, 499; (fel *a.*) 255; *ll.*
  mein 110 (*lapilli*), 125, 127, 129, 150,
  408, 488, 491, 492, 553, etc., main
  381, 407; mein anyanawl 75
  (*naturales lapides*); maen
  gwerthuawr, etc. 213, 244, 475, 502,
  558, mein gwerthuawr 78 (*preciosi
  lapides*), 139, 142, 144, 163, 174, 220,
  229, 383, 428, 429, etc.; main (mein)
  mawrweirthiawc 406, 443
[magu] *pres. myn. amhrs.* megir 149
  (*nutriuntur*), 432; *3 un. pres. dib.*
  macco 227 (*nutritur*)
maint (gr. gftl., = 'mor fawr, cymaint')
  531; *e.*, 539

mal gw. val
marchogaeth 453
marchogyon 451
marscal n.299 (*marescalcus*), 538
marw 93, n.190, 191 (*mortuus*), 318, 460, 461, 549, 550
marwawl 21 (*mortalem*)
mawr 46 (*maximo*), 95 (*magni*), 129, 161, 173, 196, 331, etc.; *ll.* mowryon 532; *gr. gfrt.* kymein(t), gw. d.g.; *gr. gmhl* moe 141 (*amplioris magnitudinis*), 191, 311 (*maioris*); *gr. eith.* mwy(h)af 30, 214 (*maiores*), 320 (*validissimam*), 411(2)
mawrweirthioc 440; gw. hefyd maen, pan (= pân)
mawrwrdaaeth, etc. 12 (*maiestatem*), 36 (*magnitudinem*), 47, 49 (*magnificentia*), 179, 187
meddw 500
medwi 246 (*inebriari*)
medylyaw n.343 (*excogitari*); *2 un. grch.* medylya 29 (*considera*)
megys 46 (*prout*), 87 (*ad modum*), 119 (*ad similitudinem*), 126, 150 (*ita ut*), 158 (*sicut*), 262 (*sicut*), 314 (*Quasi*), 338 (*ut*), 339 (*ut*), 461, vegis 511, 525, 553, 555
meinawc 152
meirch n.170(2) (*equos*), 243, 485
mel 67 (*melle*), 377
melyster 400
menegi 312; *amhff. myn. amhrs.* menegit 11 (*nuntiabatur*); *3 ll. pres. dib.* mynaccont 145 (*demonstrent*)
messur n.190
metagalinarij n.58 (*methagallinarii*), machagalinarii 371
meurule n.372
midiosi n.110 (*midriosi*), 408
mil 176 (*milia*), 177, 241, 272, 451, 452, 497, 516
minheu *rh. prs. annib. cys. 1 un.* 42, 534; *2 un.* titheu 17, *dib.* ategol dy Roegwyr ditheu 20; o'th anregyon titheu 27; *1 ll.* nynheu: nynheu a anuonwn 16, 26, *dib.* ategol o'r petheu einym nynhev 16, onys mynnwn [n]ynhev 148
mis 151 (*mensibus*), 286, 305, 433, 527, 539; gw. hefyd kalan, pob
mod ar vod, gw. ar¹; o neb modd, gw. neb

moe gw. mawr
mor 119 (*maris*), 124, 127, 308, 414, 418, 420, 423; mor tywawt n.118 (*harenosum mare*), 126, 130, mor tyfot 421
moruil gw. ascwrnn
mudyon gw. keilogev
mwyeilch 60 (*merulae*)
mwyfwy 511
mwyhaf gw. mawr
mynachlogoedd 528
mynet 120, 359, 393, 415, 422, 424, 426, 512(2); mynet drosti 131 (*transire*); mynet . . . yn y briawt voned 183 (*in propriam redigetur originem*); yn mynet y aghev 321 (*infirmetur ad mortem*); *3 un. pres. myn.* a 142, 364, ?378, 428, 463 (grym dyf.) 456; *1 ll.* awn 195, 349, 351; *3 ll.* ant 288, 528; *3 un. pres. dib.* el 127, 319, 394, 426, 448, 452, a el 241 (*exeuntes*), 423; *1 ll.* el(h)om 172 (*procedimus*), 351; *3 un. amhff.* aei 322, 323
[mynnu] *2 un. pres. myn.* mynny 29, 32 (*volueris*), 36 (vis); *3 un.* mynn 114, 494; *1 ll.* mynnwn 17, 146 (*volumus*), 148; *2 un. amhff.* mynnut 14 (*volebas*); *3 ll. pres. dib.* mynnont 149
mynws 89 (*stipulas*), 98
mynych 111
mynyd 102 (*montis*), n.399, 419(2), 424; *ll.* mynyded 125 (*montes*), 134

na¹ *gn. neg.*, Na vit rhyfedd 542; gw. hefyd hyt² – hyt na
na², nac *cys.*, (a) = 'neu, a(c)' n.271; (b) na(c) . . . na(c) 180 (*neque . . . aut*), 416, 489, 517, 563, 566
namyn 142, 157, 161 (*nisi*), 227, 237, 307, 402, 412, 442, 477, 486, 564
neb 71, 83 (*neminem*), 115, 131, 134, 135, 171, etc.; (a'i ddilyn gan e.) neb gwahan 331, o neb mod 210, 345 (*ne . . . aliquo modo*), neb ryw 68 (*nullo*), 168, 193, 474; neb vn 72 (*quandam*)
nef 41 (*caelo*), 66, 308, n.329, 346, 377, 459
negeswas 13 (*apocrisiarium*), 16, 24
nerth 7, 40 (*virtute*), n.225, 232, 235, 245, 485, 489, 499, 561; *ll.* nerthoed 28
nessaf 89 (*proximis*), 395, 399
neuad 208, 209 (*palacii*), 212, 214, 217, 224, 247, 285, 310, etc.

GEIRFA 93

newyd 4; *gr. eith.* **newydhaf** n.34 (*novissima*)
newyn 317, 319 (*famem*), 548, 550
ny[1], **nyt** *gn. neg.*, 68(2), 69(2), 82, 100, 105, 141, 168, 169, 170, 226, 310 etc.; gw. hefyd **cyny**
ny[2] *rh. pth. neg.*, n.4, 5, 134, 344, 459, 461
nifer 496
niferwch 527
nynheu gw. **minheu**
no, noc 105, 141, 191, 293, 304, 310, 524(2), 535, 541
nodwyd 332 (*acus*), 339; *ll.* **nodwydeu** 555
noethweith n.543
nos 104 (*noctis*), 214 (*in nocte*), 226, 272, 401, 476, 517, 559, 562
nyddu n.159

o[1] *ardd.* (enghrau o rai o'r amrywiol ystyron) (offerynnol) n.45, 254; (yn dynodi'r defnydd neu'r sylwedd y gwnaed peth ohono) 160, 180, 199, 220, 221, 437, 439; (rhwng dau enw mewn cyfosodiad ac yn diffinio'r ail) [p]edyt o wyr ymlad n.177; (yn dynodi goddrych be.) y adnabot o bawb 457; (ar ôl gradd eithaf a.) yn gyuoethoccaf . . . o dyn; *2 un.* ohonat 22; *3 un. g.* ohonaw 321, 385, 403, *b.* ohonei 26, 30, 106; *1 ll.* ohonam 192, 193; *3 ll.* ohonunt 55, 97, 125, 176, 212, 220, 250, 275; ohonun 468; onad(d)unt 363, 366, 367, 397, 451, 475, 556, 557; o vaes 91 (*extra*); o vywn 91 (*infra*); o blith 99 (*de*); o rat n.10 (*gratia*); o vchel n.342; o'r ys(s)yd, gw. **ar**[2]
o[2], **or, os** *cys.*, (+ myn.) o 32 (*si*), 437; or 29 (*quodsi*), 36 (*si*), 114, 146, 307, 319, (+ dib.) 320; os (= *o* + *'s*, rh. mewnol gwrth.) 430
oc 242 (*de*)
odit 54 (*paucae*)
odidawc n.4
odiethyr *ardd.*, 396
odyna, odd yna 260, 364, 400
odyno 102 (*unde*), 104, 144 (*inde*)
o'e (= 'i'w') *un.*, 357, *ll.*, 528
oed 405
oedran 109 (*aetate*)
offeirat gw. dan **Ieuan** yn y rhestr o 'Enwau Lleoedd a Phersonau'

offeir(i)adaeth 293 (*presbiteratus*), 296, 535
oherwyd 544
ol yn ol n.176
oll 56 (*omnes*), 75 (*universam*), 87 (*per omnia*), 88 (*universi*), 94 (*omnes*), 95, 97, 242, 497; gw. hefyd **holl**
onagri n.59, 371
onichinus 230, **onichini** 77, **onichino** n.224
onyt *ardd.*, 94 (*praeter*), 135 (*nisi*), 415
onys *cys. neg.* (*ony* + *'s*, rh. m. gwrth.) 148 (*sin*), 431
onix n.233 (*onichini*), 382
onusius 484
optami gw. **ypotamy**
or gw. **o**[2]
ornest n.223 (*duello*)
ornestwyr 248 (*pugnantes in duello*)
os gw. **o**[2]
osit gw. **bot**

pa, py pa 37, n.291, 339, 345, 416; ba n.100, 306; pa beth bynnac 138 (*quicquit*), pa haint bynnac 551; py le bynnac n.43, py ryw 120 (*cuiusmodi*)
pab 524; a'r gwr ysyd yn lle pab 282 (*protopapaten*), a'r pab pennaf (*archiprotopapaten*) 283
paham 559
pan(n) (+ dib.) 19 (*cum*), 88, 90, 178, 390, 392, 398, 448, 452, 478, 549, 551, 565(2), ban n.172 (*quando*); yr ban (+ myn.) 324; gw. hefyd **hyt**[2] – **hyt pann (bann)**
pan (= pân) 438
panthera (maen) 254, **panthe[r]e** 505
panthere (anifeiliaid) 59 (*pantherae*), pant[h]ere 371
parth 305 (*partem*), 306; parth ac attam ni 111 (*ad partes nostras*), y parth attam ni 122 (*a nostra parte*), y (o'r) parth draw i 121(*ultra*), 152 (*ultra*), 417, 433
parwydyd n.224 (*parietes*), 333
pawb n.95, 115, 165 (*omnes*), 185, 192(2), 367, 457
pechawt 194 (*vicium*)
[pechu] *2 un. pres.* (*dyf.*) myn. pechy 35 (*peccabis*)
pedeirgweith gw. **gweith**[2]
pedriarch 281 (*patriarcham*), 522
pedruster 38 (*dubitatione*)

pedryfual 231
pedwar 131 (*quatuor*), 151, 305, 422, 433, 488, 539; *b*. pedair 257, 260, 263, 507; gw. hefyd **gweith**[2]
pedyt n.177, 452
pei gw. **bot**
peithyneu n.208 (*epistilia*)
pellach nyt pellach 105 (*non longe*)
pen(n) 211 (*culmen*), n.223, 336 (*cacumine*), 340, 341, 349, 399, 473, 514, 527, 553, 557; pen coc 299 (*princeps cocorum*), 538; pennswydwr 297 (*dapifer*); gr. eith. pennaf 283
pennadvryaeth 284 (*thronus*)
pererindawt 195
pererinyon 166 (*peregrinos*), 445
perued 365
perueduis 559
[**peri**] *1 ll. pres. myn.* parwn 175 (*facimus*)
[**perthyn(u)**] *3 un. pres. myn.* perthyn 294; *3 ll. pres. dib.* perthynont n.23 (*pertinent*)
peth 117, 271, *ll.* **petheu** 4(2), 11, 14, 15, 16, 23, 30, 31, 34, 217, 243; gw. hefyd **pa**
[**pieu**] *3 un. dyf.* pyeuuyd 547
planckeu 330 (*tabulis*)
plant 494
plas 482
plith o blith, gw. **o**; ym plith 72 (*inter*), 147; yn yn plith ni 32 (*apud nos*), 165 (*inter nos*), 167, 168, 188
pob ym pob awr 104 (*per singulas horas*), pob blwydynn n.195 (*singulis annis*), 357; pob kalan mis 528 (*singulis kalendis*), pob mis 274, 288 (*singulis mensibus*); 376, 474, 527; pob vn 55 (*unaquaeque*), 238, 275 (*unusquisque*), 366, 451, 475, 556, 557; gw. hefyd **ryw**
pob(y)loed 88 (*populi*), 391
poethyon n.396 (*assos*)
porffiret 250 (*porfiritico*)
porffor n.200 (*purpura*), 466
porth 477; *ll.* pyrth 478
post 255 (*columpna*), 332, 336; *ll.* pyst 208, 339, 340
prenn 209 (*lignis*), 483, 484; (fel *a.*) croc brenn 180 (*lignea*)
preswyl yn preswyl n.181 (*semper*)
presswylaw 70 (*habitare*); *3 un. pres. myn.* presswyla 134 (*inhabitat*)

priawt 183 (*propriam*)
prid 182 (*terra*), 184, 455
primas n.297 (*primas*), 536
prophwyt gw. dan **Daniel** yn y rhestr o 'Enwau Lleoedd a Phersonau'
prvdder n.291 (*prudentia*)
prydest n.10
pryf 393, 435; *ll.* pryfet n.156(2) (*vermes*), 158 (*vermes*), 390, 394, 438, 465, 466
[**prynu**] *3 un. pres. myn.* pryn 431(2)
pump pumb grad ar hugain 249
pwy n.81(2) (*quis*); pwy bynnac 79 (*si quis*), 106, 113, 136, 189
pwyll n.314
pybyr n.84, 88 (*piper*), pypyr 390, 397
pynnvil 177
pyscawt 122 (*piscium*), n.199 (*pisces*), 417

rac *ardd.*, 138 (*ne*), 273, 345, 426, 465, 491; *3 un.* rhagddaw 385; rac bronn 179 (*antc*), 222, 247; rhag y vron 457; rac yn bronn (ni) 175 (*ante faciem nostram*), 184 (*ante nos*)
raculaennv 39 (*praecello*); *3 un. pres. myn.* raculaenha 179 (*praecedit*), 187 (*praecellit*)
rat 317 (*gratiam*); o rat, gw. **o**
radlawn 267
ragor *e.*, n.230
rann 253, 501, 503; *ll.* rannev n.214
redec 125; *3 un. pres. myn.* ret 126 (*fluit*)
redyn gw. **keilogev**
rei 129(2), n.130, 220 (*aliae*), 250, 468, 480, 553; (a'r fannod o'i flaen) y rei einym ni 19; 94, 394; y rei hynn(y) 34, 54, 110, 145, 159, 232, 242, n.252, 256, 257, 466, 534, etc.
reit 137, 426, 566
rif 260, 286, 527
rifaw 307, n.308
riuedi 260, 277
r[h]inweddeu 408
[**rodi**] *3 un. pres. myn.* dyry 431; *1 ll.* rodwn 147; *1 un. grff.* rodeis 42, *3 un.* roes 359
rwg 331; gw. hefyd **y**[2] (= i)
ry, yr *gn. prff.*, 333, 334; gw. hefyd **wedyr**
rybucheidrwyd n.24 (*munificentia*), 44 (*clementiae*)
ryd 148 (*libere*)

GEIRFA

ryued 117 (*quae mirabiliter* . . . *contingunt*), 369, 414, 505, 531
ryuedawt 133; *ll.* rhyfeddodau 354
ryuel 172 (*bella*)
ryw n.72, pob ryw aruer 160, [p]ob ryw vlas 103 (*omnium* . . . *specierum saporem*), pob ryw oludoed 169 (*omnibus diviciis*), ryw vynyded 125 (*montes quidam*), 198, 199, 209(2), 255, 301(2), 302; y rhyw wyr 519, 535; vn r(h)yw 374, 513; gw. hefyd **neb, pa**

saethu 373
saffyr n.234 (*saphiro*), saffir 327 (*saphiris*), 328 (*saphiri*); saphiri 76, 382; mein saffir (-ph-) 491, 553, 554
sagittarij n.62
salamandre n.156, salamandra 435
sardine 78 (*sardii*), sardini 252, 477
sardonic 254, sardonici 215, sardonico 503
sarf(f) 379, 393; *ll.* sarffod 390, 393, 396, seirff 69, 87, 92, 94, 97 (*serpentes*), 198, 251, 465
satiri 63, 374
scorpion 379
sef 34, 183, 190, 210, 216, etc.
sevyll 321
seith 274, 519
ser 553, syr 307 (*stellas*), 329
serpentino 502
sydan 158 (*sericum*)
smaragdi 76, 382
sych 90 (*aridissima*), 402
sychet 548
[**sychu**] *pres. myn. amhrs.* sychir 99 (*siccatur*)
symut n.103 (*variatur*)

tat 312 (*patri*), 325 (*pater*), 544
tair gw. **tri**
tal ('talcen') 474
talu 356; *3 ll. pres. myn.* talant 367
tan *ardd.*, dan 151 (*sub*), 356, dan y wybot 189
tan *e.*, 91 (*ignem*), 93, 95, 157, 161, 437(2), 442
[**tebygu**] *3 un. pres. myn.* tebic 20 (*existimant*); *1 ll.* tebygwn 170 (*credimus*); *3 ll. pres. dib.* tebyccont 153 (*fingant sibi*)
teg 493, tecket 311 (*pulcritudinis*); teckaf 236 (*speciosissimas*)

teilyngach 293 (*digniori*)
teilygdawt n.295 (*dignitatem*)
teirgweith gw. **gweith**[2]
[**tervynu**] *3 un. pres. myn.* tervyna 353, 568
tigres gw. **tygres**
tir 50, 57 (*terra*), 67, 68, 121, 126, 268, 305; *ll.* tired 37 (*terris*), 86(2)
titheu, ditheu gw. **minheu**
toat 209 (*coopertura*)
tonnev 119 (*undas*)
topazion 77, 328, 329, topazi(j) 382, 553
torri n.273 (*frangi*)
tra *cys.*, (+ dib.) 130 (*quamdiu*), 246, 548
trayan 251
traethu *pres. myn. amhrs.* treuthir 354
tragywyd yn tragywyd 35 (*in aeternum*), 108 (*semper*)
trannoeth 325 (*mane facto*)
treis 518
treisswr 167 (*praedo*)
trethawl 42 (*tributarii*)
tretheu 357, 368
trethwyr n.56 (*tributarii*)
treul 497
tri 124, 128, 151 (*tribus*), 420, 432, cf. **trychant**; *b.* teir 49 (*tribus*), 272, 372, 516; teir . . . ar dec n.173, 433, 449; gw. hefyd **gweith**[2]
tridieu 105 (*dierum trium*), 403
[**tros**] *3 un. b.* drosti 131
trugeint 260, 334, trugein 263, 520, 556; gw. hefyd **deudec**
trvllyat 297 (*pincerna*)
trwy 10, 51 (*per*), 111, 126; drwy 13, 24, 72, 74, 249, 363; *3 un. g.* drwyddaw 415, *b.* trwyd(d)i 56, 422, 425, drwydi 426; *3 ll.* drwydunt 265; trwy y hvn 312, n.314 (*in somnis*)
trychant 277, 521
twll 563 (*foramen*)
twnsirete 59 (*thinsiretae*)
twr Twr Babilon, gw. dan **Babilon** yn y rhestr o 'Enwau Lleoedd a Phersonau'
twyll 269, 489, 516, 517
ty 342
[**tyfu**] *3 un. pres. myn.* tyf 84 (*nascitur*)
tygres, tigres 61, 373
tygrydot 197 (*tyros*); cf. **tigres**
[**tynnu**] *3 ll. pres. myn.* tynnant 143 (*trahunt*); *amhrs.* tynnir 437

tywawt 139 (*harena*), 142, tywot 308; mor tywawt, gw. **mor**
tywyllv 346 (*obnubilari*)
tywyssogyon 276 (*duces*), 520

vchel 97 (*densissimos*); uchet n.65 (*altitudo*), diruawr y huchet 248 (*praecelsae magnitudinis*), 311 (*altitudinis*), vch 11 (*ulteriora*), 292 (*digniori*), 296, uwch 523, 524; vchaf 253, 266, 340, 503, 514; o vchel, gw. **o¹**, *ardd*.
uchot 513
vfydhav n.47, n.360
vfvylldawt 303 (*humilitatem*)
ugein(t) 521; gw. hefyd **dec**
un 92, 120, 121, 174, 254, 261, 305, 414, 419, 505; pob vn, gw. **pob**; un ffunud, gw. **ffunud**; vn ryw, gw. **ryw**
vnllygeidawc 65
vnweith gw. **gweith²**
vrdas n.275 (*ordine*)
[vrddassu] *3 un. grff. myn.* vrddassawd n.205 (*ordinavit*)
vrddev 301 (*ordinibus*), 534
vs 89 (*paleas*)
uwchbenn 506

wedy(r) gw. **gwedy**
weitheu gw. **gweith²**
vrth 12 (*apud*), 495, 567; (yn dynodi achos) vrth geissaw y mein n.150 (*propter inveniendos lapides*); vrth hynny 82 (*quare*), 300 (*icirco*), 302 (*ideo*), 416; *3 un. g.* wrthaw 314, 494; bod wrth, gw. **bod**; y vrth, gw. **y** (= **i**)
wynt gw. **hwy¹**
wyth 508, wyth a deugein 510
wythnos 128 (*septimana*), 421

y¹, yr, 'r (y fannod) 6, 8, 29, 34, 40, 41, etc.; yr 2, 25, 80, 82, 84, etc.; 'r 9, 15, 54, 56, 73, 86, 92, etc.
y², yd, yr (*gn.* rhagferfol a pherthynol) y 73, 84, 88, 89, etc.; yd 51, 112, 142, 195, etc.; yr 49, 52, 90, etc.
ychen ychen gwyllt 373 (*boves agrestes*; cf. 61)
ychennawc gw. **achanoc**
[yfed] *3 un. pres. dib.* yfo 106 (*gustaverit*), 403; *amhrs.* yfer 499
yma 354, 397
ymborth 86 (*annonam*)

ymdeith 105 (*itinere*), 124, 403, 539
[ymgadarnhau] *1 ll. pres. dib.* ymgadarnnhaom 27 (*confortemus et corroboremus*)
ymgelu 114
ymhoelut 32 (*redire*); *2 un. pres. (dyf.)* myn. ymhoely 33 (*redibis*); *3 un.* ymhwel 52 (*redit*), ymhoel 238 (*redit*)
ymlad *bg.*, *3 un. pres. dib.* ymladdo 484; gwyr ymlad, gw. **gwr**
ymlad(d)wyr 223, 225 (*pugnantibus*), 485
ymrauaelon gw. **amryuael**
[ymystyn] *3 un. pres. myn.* ymystynn 51 (*progreditur*), 305 (*extenditur*), 307 (*protendatur*)
yn¹ *ardd.* (= in) 3, n.5, 30, 49, 57, 128, 141, 150, etc.; (= into) gwedy el yr auon yn y mor 127 (*postquam mare intraverit fluvius*), y rei a el yn y gogofeu 394 (*qui suas intrant cavernas*), a el yn y mor 423; *3 un. g.* ynd(d)aw 4, 415, *b.* ynd(d)i 204, 228, 318, 386, 407, 420, 421, 487, 490, 548; *3 ll.* ynd(d)unt 174, 411, 450; yn y byt, yn emyl, yn erbyn, gw. **byt, emyl, erbyn**
yn², an ('ein') *rh. prs. dib. 1. ll.* (a) blaen: 7 (*nostri*), 12 (*nostram*), 13, 28, 30, 36, 37, 38, etc.; an 285; (b) mewnol gen. '*n*: 18, 31, 45, 146, 160, 169, etc.
yna (yn dynodi adeg, canlyniad, trefn) 136 (*inde*), 392, 393, 394, 506, 507, 508, 509, 510, 530
ynawster 167 (*mansuetudo*)
ynni 225 (*animus*)
yno 70 (*in eo loco*), 75 (*ibi*), 78 (*ibidem*), 110, 118, 406, 429, 432, 443, 446, etc.; (= 'hyd yno') o Baradwys yno 402, 528
ynteu 540, 565
yny ('hyd oni') 259
ynys n.155
ypotamy n.58, optami 370
yr¹ (y fannod, hefyd gn. bfl., etc.), gw. **y¹,²**
yr² *gn. prff.*, gw. **ry**
yr³ ('er') (a) 'yn gyfnewid am' 85 (*in*); (b) 'since', yr ban anet eiroet 324 (*in vita sua*); (c) 'in spite of', yr y vychanet 343 (*tam exiguum*), 562, yr a yfer o lynn 499

ysgwthyr 180 (*pictura*)
ysgynnv 11, n.262(2); *pres. myn. amhrs.*
   ysgynnir 264 (*ascenditur*)
ysgytwaw n.98
ysmaracdus 244
yspoydeu n.207 (*officinis*)
yspryd 80 (*spiritum*); *ll.* ysprydoed 82;
   gw. hefyd **drygysbryd**
yssu 350 (*comedisse*), 352

ystauell 228, 234 (*camera*), 332, 487,
   488, 501, 505, 514, n.554
ystondardeu 450
ystorya n.1
ystym 416
ystyphwl 245 (*columpnae*); *ll.* ystyffyleu
   n.208, (-ph-) 221
ytinus n.230

ENWAU LLEOEDD A PHERSONAU

Ad(d)af 106 (*Adam*), 403
Amazoneit n.203 (*Amazonibus*), Amazones 469
Babilon n.52 (*Babilonem*), 196, 464; Twr Babilon n.53 (*turrim Babel*)
Bersabe n.239 (*Bersabee*), 495
Bragmanyeit n.203 (*Pragmanis*), Bwrganis 469
Constantinobyl n.3; Corstinobyl 567
Crist 43, 48 (*Christi*), 360, 455, yr Arglwyd Grist 359, 361, Iessu Grist 7 (*Iesu Christi*), 19, 182
Dauid 239, Dafydd 495
Daniel Prophwyt 196 (*Danielis Prophetae*), Daniel Brofwyt 463
Emanuel 567
Groegwyr 20 (*Graeculi*)
Gwyndafred gw. **Wyndofforus**
Idon n.73 (*Ydonus*), Ydoneus 381
Idewon n.153 (*Iudaeorum*)
Ieuan 359, 366, 369, 378, etc.; Jeuan Amerawdyr 448; Ieuan Vendigeit n.1; Jeuan Effeir(y)at, etc. 354, 356, 368, 434, 531; Ieuan Offeirat 7 (*Iohannes presbiter*), 39
India, yr 2, 206; yr India Diwaetha 362; yr Yndia Eithaf 50 (*ulteriore India*); teir Yndia (*tribus Indiis*) 49, 362
Oliver n.399
Olimpy 102
Pagannyeit n.72 (*paganos*), Paganos 380
Paradwys 74 (*paradiso*), 105, 381, 402
Pigmei n.64 (*pigmei*), Pigmein 375
Quasi-deus 313
Rufein 9, 530
Sarmagantivs 283, Sarganavicum 523
Susa n.283
Thomas 363, Sein Tomas 522, Thomas Ebostol 51 (*sancti Thomae apostoli*), n.206, 471
Torrida Zona 436
Wyndofforus n.206 (*Gundoforo*), Gwyndafred 471